KB160977

朝鮮前期 寺院經濟 研究

朝鮮前期 寺院經濟 研究

李 炳 熙

경인문화사

머리말

본서는 조선전기 사원경제를 다룬 8편의 글을 모은 것이다. 발표한 지 오래된 글도 있고, 최근에 새로이 작성한 원고도 있는데, 출간을 준비하면서 기존 글의 논지를 크게 조정하지는 않았다. 오·탈자의 교정, 자구의 수정, 각주 형식의 통일 등에 중점을 두었으며, 새로운 성과를 가급적 반영하고자 했다.

조선전기 사원경제를 기준으로 보면, 사원이 위축된 것은 분명하며, 또 불교계가 약화된 것도 명백한 사실이다. 그렇다고 사원이나 불교계가 絶滅한 것은 결코 아니다. 고려시기에는 국가의 제도적 지원 속에서 불교계가 경제 기반을 마련하고, 경제 활동을 영위했지만, 조선초는 사정이 크게 변하여 국가의 제도적 지원이 크게 축소되어 이전보다 사원경제는 어려운 상황에 놓이게 되었다.

고려에서 조선으로 이행을 사회·문화사의 시각에서 거시적으로 본다면, 종교 영역의 축소, 세속 영역의 확대로 특징지을 수 있을 것이다. 신비보다 합리를 강조하는 방향으로, 초월적인 것보다 현실을 중시하는 것으로, 종교 영역보다 과학이 부상하는 방향으로 커다란 전환이 이 시기에 이루어졌다. 경제면에서는 분배·교환보다는 생산을 더욱 중시하는 방향으로의 전환이 진행되었다. 이러한 전반적인 추세가 그대로 반영되어 사원경제가 크게 위축되고 반면에 세속 경제는 현저히 확대되었다. '종교 경제'의 후퇴, 세속 경제의 부상으로 규정할 수 있을 것이다.

종교 경제는 종교 이념이 전제된 경제 활동으로 종교적 명분을 내세우는 속성을 갖는다. 종교인이 참여하고 나아가 주도하며, 민인은 신앙을 전제로 善業을 쌓는다는 관념 하에서 기꺼이 부담을 지는 것이 종교 경제의 특징이다. 가장 전형적인 모습은 '寶'에서 찾을 수 있다. 보는 종교적 명분

을 표방해 만들어지고, 승려가 그것을 관장하며, 세속인은 보가 표방하는 선한 일에 참여한다는 마음을 갖고 보의 이자를 부담한다. 고려시기 사원경제는 이러한 종교 경제의 성격을 다분히 띠고 있었다고 할 수 있겠다.

필자는 고려시기 사원경제를 중심으로 작업하면서 조선전기의 사원경제에 대해서도 관심을 갖고 기회가 닿는 대로 내용을 정리해 왔다. 고려 사원경제를 큰 흐름 속에서 이해하기 위해서는 최소한 조선전기 사원경제를 함께 살펴야 한다는 생각이 있었기 때문이다. 조선전기 사원경제에 관해 틈틈이 소묘한 결과가 이 책에 수록되어 있다.

본서는 사찰의 경제 활동, 승려의 생산 및 사회 활동, 개별 사찰의 위상과 경제, 사찰의 망폐와 유물 등 크게 4부로 구성되어 있다. 제1부 사찰의 경제 활동에서는 사찰의 토지, 보의 운영, 공물 방납을 다루었다. 제1장에서는 고려시기 비보사찰을 기준으로 한 토지분급 체제가 고려말의 과전법을 거쳐 태종대 242사로, 다시 세종대 36사로 제한된 사찰에 토지를 분급하는 것으로 크게 변화했음을 지적했다. 분급 대상 사찰이 축소된 것은 물론이고, 토지 분급의 기준이 비보사찰 여부에서 벗어나 새로운 기준으로 변화했다는 것을 구명했으며, 토지의 절대 지급액이 현저하게 축소되었다는 것을 언급했다. 그리고 고려시기와는 달리 사찰의 수조지가 稅를 부담하는 것으로 변화했음을 밝혔다. 토지지급 체제의 변동은 곧 사원의 경제적 위상이 상당히 축소되고, 나아가 불교의 위상이 크게 하락한 것을 상징한다.

제1부의 제2장에서는 고려 사원의 借貸 행위인 寶가 조선초에 어떠한 변화를 겪는가를 구명했다. 조선초에도 일부 사찰과 승려가 참여한 기구에서 보의 명목으로 차대를 행하고 있었지만, 그 규모가 현저히 축소되면서 보의 명칭이 사라져갔음을 지적했다. 고려 사원의 보는 빈민구제의 의미를 크게 띠고 있었는데, 조선초에 들어와 국가의 빈민구제 기능이 크게 확대되면서, 그 영역에서 사찰이 개입할 여지가 현저히 축소되었다는 점을 주

목했다. 이후의 차대는 보의 명칭 대신에 長利라는 용어로 일컬어졌음을 확인할 수 있었다. 이것은 차대에서 종교 관념이 퇴색하고 세속의 경제 논리가 중시되는 방향으로 전환한 것을 의미한다.

제1부의 제3장에서는 승려의 방납 활동을 검토했다. 조선초 승려가 소속한 특정 기구에 貢物 防納의 특혜를 부여했다. 그 기구가 수행한 일은 기와의 제작, 수륙사의 조성, 서적의 인출, 불경의 간행, 빈민구제 등이었는데, 이런 일은 사회적으로 중요한 의미를 갖지만, 궂은 일이어서 세속인이 적극 참여하지 않았다는 점을 주목했다. 그 소임을 담당한 별와요, 진관사 수륙사, 교서관, 간경도감, 4대원 등에 재정을 지원하기 위해 방납의 특혜를 부여한 것임을 분명히 했다. 국가의 공식적 재정 지원이 어려운 영역이기에 방납의 특권을 제공한 것으로 이해했다. 방납을 문제삼는 분위기 속에서 성종대부터 승려의 방납은 사라졌는데, 이것은 곧 승려 경제 활동의 축소를 의미하는 것으로 보았다.

제2부에서는 승려의 생산 및 사회 활동을 기와 생산과 자선활동을 중심으로 검토했다. 첫 번째 글에서는 조선초 승려가 두드러진 활약을 한 별와요의 기와 생산을 다루었다. 별와요는 일반 민인에게 기와를 공급하기 위한 기구인데, 승려의 건의로 설치되었으며, 이곳에서의 기와 생산은 승려가 주도했음을 지적했다. 단종 초 별와요가 폐지되면서 승려의 기와 제작 활동이 중단되었으며, 이후 별와서의 이름으로 복귀되었지만, 승려가 배제되고 세속인이 기와 생산을 담당했음을 구명했다. 기와 생산 영역에서 승려를 배제해 간 것을 분명하게 정리한 것이다.

두 번째 논문은 승려의 자선활동을 살핀 글이다. 고려시기 이래로 승려의 자선활동이 매우 활발했는데, 대표적인 일은 여행자에게 편의를 제공하는 것, 빈민을 구제하는 것, 질병을 치료하는 것, 장례용품을 제작하고 喪禮를 지원하는 것 등이었다. 조선초에도 이런 영역에서 승려들이 두드러진 활동을 펼쳤음을 밝혔다. 대체로 궂은 일이어서 세속인이 꺼리는 것이었는데, 승려가 慈悲心·善心을 전제로 크게 활약했음을 지적했다. 조선초 이 영역에서 점차 승려를 배제시키고 속인이 전담하는 것으로 정책이 변화해 갔음을 확인했다. 이것은 불교 영역의 활동을 세속 영역이 주관하는 것으로 변화한 것을 뜻하며, 또 불교의 위상 하락과 깊이 관련되는 것으로 해석했다.

제3부에서는 개별 사원의 기능과 위상 및 경제 활동을 검토했다. 첫 번째 논문에서는 圓覺寺가 세조대에 국가의 전폭적인 지원 속에서 창건되었으며 고위 관원이 건립 과정을 지휘했음을 확인할 수 있었다. 원각사는 국가적으로 중요한 기능을 수행했으며 상당한 경제 기반을 구축하고 있었지만, 고려의 큰 사찰에 비하면 가람의 규모가 작고 경제 기반도 엄청나지 못했음을 지적했다. 원각사는 연산군대에 크게 퇴락한 이후 회복되지 못하고 결국 사라졌음을 분명히 정리했다. 도성의 중앙에 건립한 원각사의 퇴락·소멸의 과정은 이 시기 불교계가 겪는 모습을 상징적으로 보여준다.

두 번째 논문은 세조릉인 광릉과 연관된 奉先寺를 다룬 글이다. 봉선사는 세조 사후 건립된 뒤 陵寢 사찰로서 세조 및 왕실을 위한 다양한 행사를 수행하고, 광릉을 배알하는 국왕이 찾았으며, 당시 불교계를 대표하는 승려가 주지로 선임된 사실을 정리했다. 국가로부터 수조지를 받았으며, 장리곡을 확보하고 있어 상당한 경제 기반을 구축하고 있었음을 지적했다. 봉선사는 세조를 追崇하는 역할을 했기 때문에 왕실의 적극적인 비호가 이어졌지만 연산군대와 중종대에 걸쳐 기능이 축소되고 위상이 하락했으며, 명종대 선교 양종이 복원될 때 교종의 중심 사찰 위상을 가졌음을 확인했다. 문정 왕후 사망 후 봉선사의 위상은 크게 하락했지만 폐사에 이르지는 않았음을 지적했다.

제4부에서는 亡廢 사찰의 실태를 파악하고 그 사찰이 소장한 遺物이 어떻게 귀속되는가를 검토했다. 주지하듯이 조선초 불교계가 위축되면서 많은 사찰이 망폐하게 되었다. 그것은 자연 재해, 경제기반의 위축, 세속인의

핍박, 외침의 영향 등 다양한 요인에 기인한 것이었음을 확인했다. 망폐한 사찰의 기와와 목재는 국가 기구나 역참·향교 등을 조성하는 데 재사용되는 경우가 많았으며, 소장한 금속제 유물은 국가에서 회수해 무기와 동전 제작 등에 활용하는 수가 흔했고 국외로 반출되는 수도 적지 않았음을 구명했다. 이런 과정을 통해 망폐한 사찰의 유물이 대거 사라지게 되었는데, 이것은 불교 위상의 하락에서 오는 참담한 일이었음을 지적했다.

이렇게 몇 편의 글로 조선전기 사원경제를 온전히 구명했다고 하기는 어렵다. 시간의 제약으로, 또 자료 확보의 미흡으로 정리하지 못한 영역이 다수 남아 있다. 사찰의 소유지 경영, 사찰 노비의 추이, 승려의 수공업 활동 등은 우선적으로 더 검토될 소지가 있다. 불교 미술품의 제작과 사원경제의 관계도 작업을 기다리는 중요한 주제이다. 아쉬움이 많이 남음에도 불구하고 이렇게 출간하는 것은 정년을 맞아 연구를 일단락하고자 하는 마음이 있기 때문이다. 앞으로 새로운 작업을 진행하면서 기회가 닿는 데까지 사원경제에 관한 작업도 이어가고자 한다.

이 책을 출간하는 일은 경인문화사에서 맡아 줬다. 시간이 촉박함에도 불구하고 흔쾌히 허락해준 한정희 사장님께 깊이 감사드리며, 바쁜 일정 속에서 서둘러 작업을 진행해 준 편집부에게도 고맙다는 말을 전한다. 항상 그러하듯이 책을 만드는 과정에 많은 수고가 필요한데 교정 작업도 그 하나이다. 이번 교정 작업에 차출된 학부생은 강현채, 권민상, 박성훈, 박찬, 이재욱, 조성진 군이다. 그리고 학부 1학년 학생도 교정 작업에서 일정한 역할을 담당했다. 고마운 인연이다. 이들의 앞길에 행운이 함께 하기를 소망해 본다.

2023. 7. 2 李 炳 熙

차 례

x

제4부 寺刹의 亡廢와 遺物

○ 본문 출처

제1부 제1장 『全南史學』7, 1993. 12. 게재.
　　　제2장 『東國史學』61, 2016. 12. 게재.
　　　제3장 『史學硏究』150, 2023. 6. 게재.
제2부 제1장 『청람사학』23, 2014. 12. 게재.
　　　제2장 『사회과학연구』13(한국교원대), 2012. 12. 게재.
제3부 제1장 『文化史學』34, 2010. 12. 게재.
　　　제2장 2023. 6. 새 원고.
제4부 제1장 『佛敎學報』59, 2011. 8. 게재.

제 1부

寺刹의 經濟 活動

제1장 朝鮮初期 寺社田의 整理와 運營

1. 序言

고려말 조선초는 중세 토지제도사에서 중요한 분기점을 이루는 시기이다. 우리나라 중세 토지제도의 두 축, 곧 收租權的 토지지배와 所有權的 토지지배에서 전자가 크게 약화되고 후자가 한층 안정되는 시기이다. 고려말 祖業田化했던 私田은 科田法의 시행을 거치면서 전체 토지제도에서 차지하는 양적 비중이 크게 축소되었으며, 또 사전을 매개로 한 농민지배 측면에도 상당한 제약이 가해지게 되었다. 그렇지만 15세기 말까지 사전은 여전히 수조권적 토지지배로서 일정한 의미를 갖고 있었다.

고려후기 農莊으로 운영되었던 寺院田도 일반 사전의 변화 추세와 유사한 길을 걸었다. 10만 결 이상에 달했던 사찰의[1] 토지는 여말선초를 지나면서 1만 결 내외로 크게 축소되었고, 寺社田에 대한 국가의 통제가 한층 강화되었으며, 사사전을 매개로 한 농민지배 측면에도 여러 제약이 가해지게 되었다.

그렇지만 이 시기 사찰의 토지는 여전히 양적인 비중에서나 농민지배라는 측면에서 중요한 의미를 갖고 있었다. 사찰 토지 문제는 사찰의 농지경

---

1) 승려가 수행하고 교화하는 공간의 명칭을 본고에서는 寺刹, 寺院, 寺社를 혼용할 것이다. 고려시기의 경우에는 대부분 사원으로 일컫고 있어, 사원이란 표현을 많이 사용할 것이다. 조선초에는 사찰과 원이 분리되고 있어, 사원이라는 표현을 사용하는 경우가 드물고, 대부분 사사로 표현하고 있다. 따라서 조선초에는 특별한 경우가 아니면 사사로 사용하고자 한다. 보통의 경우는 일반 칭호로서 사찰을 사용하고자 한다.

영이나 농민지배를 이해하는 데 중요할 뿐만 아니라 나아가 이 시기 토지 제도를 체계적이고 풍부하게 이해하기 위해서 면밀한 검토를 요한다. 뿐만 아니라 사사전의 해명은 이 시기 불교계의 변화를 체계적으로 이해하는 데에도 상당한 시사를 줄 수 있다.

사찰의 토지문제는 이처럼 조선초기 중요한 과제의 하나였기에, 일찍부터 관심을 끌어 이를 구명하는 작업이 몇 차례 시도된 바 있다. 그리하여 사사전 정리의 실상과 동기가 소상하게 밝혀졌으며,[2] 사찰의 전토에는 수조지와 소유지의 2계통이 있었다는 것,[3] 그리고 국가가 토지를 지급한 사찰은 왕실과 관련하고 있었다는 것을 알 수 있게 되었다.[4] 그러나 지금까지의 연구는 소중한 성과에도 불구하고 고려말에서 조선초에 이르는 변화의 과정을 체계적으로 설명하지 못했으며, 사사전의 운영 실상을 거의 언급하지 못했다. 그리고 사사전을 정리하는 기준 문제에 대해서도 충분한 관심을 기울이지 못했다.

본고는 이러한 한계를 극복하기 위하여 사사전을 일차적으로 토지제도

---

2) 李相佰, 1938, 1939,「儒佛兩教 交代의 機緣에 관한 一研究」『東洋思想研究』 2,3(同, 1947,『韓國文化史研究論攷』, 乙酉文化社 재수록) ; 韓㳓劤, 1957,「麗末鮮初의 佛教政策」『서울大學校 論文集 - 人文社會科學 -』6(同, 1993,『儒教政治와 佛教 - 麗末鮮初 對佛教施策 -』, 一潮閣 재수록) ; 韓㳓劤, 1964,「世宗朝에 있어서의 對佛教施策」『震檀學報』25・26・27合輯(同, 1993, 위의 책 재수록) ; 金甲周, 1983,「朝鮮初期 寺院田 槪觀」『朝鮮時代 寺院經濟 研究』, 同和出版公社 ; 李載昌, 1986,「朝鮮朝 社會에 있어서의 佛教教團」『韓國史學』7(同, 1993,『韓國 佛教寺院經濟 研究』, 불교시대사 재수록) ; 金甲周, 1992,「朝鮮時代 寺院田의 性格」『李智冠스님 華甲紀念論叢 韓國佛教文化思想史』上(同, 2007,『조선시대 사원경제사 연구』, 景仁文化社 재수록) ; 김용태, 2011,「조선전기 억불정책의 전개와 사원경제의 변화상」『朝鮮時代史學報』58.

3) 有井智德, 1976,「李朝初期における收租地としての寺社田」『朝鮮學報』81 ; 有井智德, 1979,「李朝初期における私的土地所有としての寺社田」『旗田巍古稀記念 朝鮮歷史論集』上.

4) 宋洙煥, 1992,「朝鮮前期의 寺院田 - 특히 王室關聯 寺院을 중심으로 -」『韓國史研究』79.

의 시각에서 접근했다. 사사전을 둘러싼 사찰과 국가, 양반 관료, 농민의 관계를 주목했으며, 사찰 상호간의 문제도 고려했다. 이 시기 사사전의 특징을 보여주기 위해서, 또 사사전의 추이를 구명하기 위해서 수조지와 소유지의 2계통의 토지 가운데 수조지를 중심으로 검토했다. 또 고려시기의 사찰 토지 운영에서 벗어나 조선시기적인 사찰 토지 운영의 원칙이 마련되는 시기가 세종조이므로 사찰의 토지 운영 문제는 세종조까지를 중심으로 했으며, 성종조까지의 자료도 부분적으로 활용했다.

2. 高麗末 寺院의 田土問題와 對策

고려전기 裨補寺刹에는 수조지를 분급했다.[5] 고려후기에도 비보사찰은 수조지를 지배하고 있었다. 또한 이 시기에는 비보사찰의 수가 증가하고 있었다. 비보사찰의 수가 증가한다는 것은 곧 국가에 조세를 납부하지 않는 사찰이 늘어나고 있음을 의미하는 것이었다. 사찰의 免租地만이 증가하는 데 그치는 것이 아니었다. 나아가 사찰이 토지를 매개로 하여 농민에 대한 수취를 한층 강화시켜 가고 있었다. 그리고 사찰은 그 토지를 農莊으로 경영했다. 고려후기 농장을 발달시키는 여러 세력 가운데 사찰도 중요한 주체의 하나였다.

이 시기 사찰은 토지를 크게 확대해 갔는데, 그 토지의 계통은 단일하지 않았으며, 또한 확대하는 방법에는 여러 가지가 있었다. 고려후기에도 국가 내지 국왕이 주도해서 사찰을 건립할 경우 수조지가 지급되는 것이 관례였다. 최씨 정권 하에서 禪源社를 강화도에 건립할 때나 충렬왕대에 妙蓮寺를 개경에 창건할 때 토지를 지급했다고 생각한다. 그리고 충선왕 1년

---

5) 李炳熙, 1988,「高麗前期 寺院田의 分給과 經營」,『韓國史論』18, 서울대 국사학과(同, 2009,『高麗時期 寺院經濟 研究』, 景仁文化社 재수록).

(1309) 壽寧宮을 희사하여 旻天寺로 賜額했는데,6) 이 경우에는 수녕궁 소속의 토지를 민천사에 그대로 移屬했으리라 추측할 수 있겠다. 공민왕대 雲巖寺의 경우에는 2,240결이라는 엄청난 규모의 토지를 지급받고 있었음을 확인할 수 있다.7) 이렇게 국가에서 수조지를 지급하는 사찰은 대체로 비보사찰로 지정되었다고 여겨진다.8)

사원은 사적인 노력에 의해서도 토지를 확대해 갈 수 있었는데, 후기의 대표적인 방법이 施納과 開墾이었다. 개간을 한다거나 시납을 받은 경우 지배하게 되는 토지는 소유지였다. 시납은 개인의 신앙행위의 결과 행해지는 것인데, 어느 시기에나 있을 수 있었다. 그러나 이 시기에는 토지의 분쟁이 심각했고 또한 사회가 혼란했기 때문에 토지의 시납이 성행하게 되었다. 고려후기 특히 원 간섭기에는 사원에 토지를 시납하는 것이 유행이 되다시피했다.9) 그리하여 李齊賢은 당시 민인과 국가에 해독을 끼치는 것 가운데 하나로서 사찰에 시납된 토지를 지목하고 있다.10) 조선초기에는 고려시기의 그러한 사정을 '施納田民 代代增加'했다거나,11) '田盡歸於寺社'라고12) 표현했다.

사원은 시납에 의해 토지를 확대하는 데 그치지 않고 개간 활동에 참여해서도 토지를 확대했다. 사원은 개간에 적극적일 수 있는 조건을 가지고 있었다. 예컨대 玄化寺, 王輪寺, 石方寺는 소를 소유하고 있음이 확인된

---

6) 『高麗史』권33, 世家33, 忠宣王 1년 9월, 亞細亞文化社 影印本 上冊, 684쪽(이하 같음).

7) 『高麗史』권89, 列傳2, 后妃2, 魯國大長公主, 下冊, 34쪽.

8) 비보사찰과 토지의 관계는 李炳熙, 2009, 『高麗時期 寺院經濟 研究』, 景仁文化社, 101~140쪽 참조.

9) 李炳熙, 1992, 「高麗後期 寺院經濟의 研究」, 서울대 국사학과 박사학위논문, 23~25쪽.

10) 李齊賢, 「策問」, 『益齋亂藁』권9下.

11) 『太宗實錄』권3, 太宗 2년 4월 甲戌(22일), 1-231(국사편찬위원회 影印本 1冊, 231쪽을 의미함. 이하 같음).

12) 『世宗實錄』권55, 世宗 14년 3월 甲子(5일), 3-374.

다.[13] 사원이 이처럼 소를 소유하는 것이 흔한 일이었기 때문에, 일반 소
농민보다는 개간에 있어서 유리했다.[14]

정부의 적극적인 개간장려와 관련하여 사원이 토지를 개간하는 일도 있
었다. 賜牌를 받아서 개간하는 것이 그것이었다. 몽골과의 전란 후에는 정
국이 '田野荒廢'했는데 황무지의 개간과 관련하여 사원도 최고 지배층과
함께 사패전을 분급받았다.[15] 사원이 토지를 확대하는 것은 이와는 달리
당시 성행하고 있는 토지의 奪占・兼併을 통해서도 가능했다. 특히 사패를
매개로 해서 탈점하는 수가 많았다.[16]

고려후기에 사찰이 이처럼 여러 가지 수단을 동원하여 농지를 확대했는
데, 그 규모는 10만 결 이상으로 전 농토의 1/8 정도에 이르렀다.[17]

이렇게 확대된 토지에서는 토지의 성격에 따라 여러 경영 방식이 가능
했다. 국가에서 분급한 수조지의 경우에는 소출의 1/10을 田租로 수취했으
며, 시납이나 개간을 통해 확보한 소유지에서는 소출의 1/2을 地代로 수취
했다. 원래 사원의 소유토지는 국가에 대해 전조를 부담하는 것이 원칙이
었다. 그런데 이 시기에 사찰이 裨補寺院으로 편입되면서 국가에 대해 전
조를 납부하지 않는 것이 가능했다.[18] 또 사패전으로 받아 개간한 경우에

---

13) 許興植 編著, 1984,『韓國金石全文』(中世上), 亞細亞文化社,「玄化寺碑」, 441~
453쪽 ;『高麗史』권55, 志9, 五行3, 高宗 18년 11월, 中册, 250쪽 ;『高麗史』권55,
志9, 五行3, 辛禑 10년 4월, 中册, 250쪽.

14) 이병희, 1992, 앞의 논문, 27~29쪽.

15)『高麗史』권78, 志32, 食貨1, 田制, 經理, 忠烈王 11년 3월, 中册, 706~707쪽.

16)『高麗史』권78, 志32, 食貨1, 田制, 經理, 忠烈王 11년 3월, 中册, 706~707쪽 ;『高
麗史』권84, 志38, 刑法1, 職制, 忠烈王 24년 忠宣王 즉위년 1월, 中册, 844쪽.

17) 姜晉哲, 1980,『高麗土地制度史硏究』, 高麗大 出版部, 142쪽 ; 有井智德, 1976,
앞의 논문, 21~22쪽.

18)『太宗實錄』권3, 太宗 2년 4월 甲戌(22일), 1-232. "禪敎各寺 爭執有土民之寺 請
載裨補之籍 僧人之徒 收其田租 斂其奴貢". 이렇게 하여 비보사찰의 수가 증가
했기 때문에 '密記付增置寺刹'(『太宗實錄』권10, 太宗 5년 11월 癸丑(21일), 1-
344)이라는 표현이 나올 수 있는 것이다.

도 국가에 대해 전조를 납부하지 않는 것을 보장받았다. 사패전은 사원이 개간했기 때문에 사원의 소유지였으며, 또한 국가로부터 사패 형식으로 받은 것이었기 때문에 사원의 수조지였으니, 결국 사원이 소유권과 수조권을 중첩하여 가지고 있는 토지였다. 그런데 사패를 받을 수 있는 사찰은 왕실이나 국가와 연결된 사찰이 중심이었기 때문에, 그 사찰도 비보사찰의 범주에 포함되었으리라 여겨진다. 그리하여 이 시기에는 국가에 전조를 납부하지 않는 사찰 토지가 격증하여 갔다. 또한 그 토지의 경영은 1/10의 전조를 수취하는 것을 기본으로 하면서도 1/2의 지대를 수취하는 형태도 증가했다.

사찰이 농민을 지배하는 것은 전조나 지대의 징수에 그치지 않았다. 상업이나 고리대를 통해서도 농민을 지배했다. 당시 사찰이나 승려는 지배신분의 위치에 있었고, 농민은 지배를 받는 위치에 있어서 양자는 상하 관계로 연결되어 있었다. 때문에 사찰과 농민의 교역은 농민의 잉여물을 수탈하는 강제교역의 성격을 띠는 수가 많았다. 또한 공물의 대납을 통해서도, 또 불교신앙과 관련한 緣化를 매개로 해서도 농민의 잉여를 수탈하고 있었다.[19] 농민은 또한 재생산의 확보를 위하여 고리대와 관련을 맺지 않을 수 없었다. 고리대도 상업과 마찬가지로 불평등한 관계에서 행해지는 수가 허다했다. 당시의 규정된 이자율은 年 1/3이었는데, 이를 훨씬 초과하는 고율로 운영하는가 하면, 원치도 않는 米·布 등을 강제로 대여하기도 했다.[20] 결국 사원은 농지경영이나 상업·고리대를 통해 농민의 잉여를 수취하고 있었으니, 그것은 農莊 경영의 내용이었다. 이러한 가혹한 농민지배는 양자 사이의 갈등을 첨예화시켰다.

사찰은 전토문제를 둘러싸고 농민하고만 갈등을 보이는 것이 아니었다. 사원이 비보사원으로 편입되면서, 또 사찰의 토지경영 등으로 인해 국가의

---

19) 이병희, 1992, 앞의 논문, 86~100쪽.
20) 이병희, 1992, 앞의 논문, 110~119쪽.

재정 수입은 감소했으며,21) 이 때문에 사원과 국가 사이에 갈등이 심각했다. 결국 비보사원의 증가로 인한 免租地의 확대가 국가의 재정수입을 감소시켰던 것이며, 이로 인해 국가와 사찰 사이에는 갈등이 초래되었다. 특히 국가재정 및 행정의 실무를 담당하는 지방관과 충돌하는 일이 적지 않았다. 사원은 국가와만 갈등하고 있는 것이 아니었다. 분쟁은 사원과 양반귀족 사이에서도 심각했으며,22) 또한 사원 상호 간에도 치열했으니,23) 이러한 분쟁은 곧 지배층 상호간의 갈등으로서 계급적 동반자라는 관계가 동요하는 것을 의미하는 것이다. 사찰은 이처럼 전토문제를 둘러싸고 국가나 양반, 타 사찰과 갈등하고 있는 것이었다. 그러나 무엇보다도 심각한 문제는 농장경영을 둘러싸고 전개되는 농민과의 첨예한 갈등이었다.

사찰의 농장경영을 둘러싸고 전개되는 저러한 갈등과 충돌은 고려 사회 체제를 동요시키는 중요한 문제 중의 하나였다. 사찰의 전토문제는 그 심각성 때문에 중앙정부의 정치문제화되어 많은 논의가 있었으며 여러 가지 대책들이 모색되었다. 정부는 정부대로 신료층은 그들대로, 각 계층이 처한 사회경제적 위치에 따라 다양한 차원의 대책을 제시하고 있었다. 사원 자체의 팽창을 막기 위한 방책을 제시하기도 했고, 사원의 여러 경제행위에 대한 제한 조치를 취하기도 했다. 국가나 신료층이 취하는 수습안의 하나가 寺院 新設의 억제와 출가에 대한 제한이었다.24) 이 방안은 사찰을 현상태로 제한하고 더 이상 확대할 수 없도록 하는 것인데 사찰의 경제 행위

---

21) 『世宗實錄』권55, 世宗 14년 3월 甲子(5일), 3-374.
22) 『高麗史』권78, 志32, 食貨1, 田制, 經理, 忠烈王 11년 3월, 中冊, 706~707쪽 ; 『高麗史』권84, 志38, 刑法1, 職制, 忠烈王 24년 忠宣王 즉위년 1월, 中冊, 844쪽 ; 『高麗史』권132, 列傳45, 叛逆6, 辛旽, 下冊, 857쪽.
23) 대표적인 사원으로는 瑩原寺·萬義寺·雲巖寺가 있다(이병희, 1992, 앞의 논문, 41~43쪽). 조선초 승려인 尙聰도 불교계의 이러한 분쟁을 지적하고 있다. "前朝之季 禪與敎 利名是籑 爭占名刹 其修禪衍敎處 僅存一二 豈國家創立裨補之本意乎"(『太祖實錄』권14, 太祖 7년 5월 己未(13일), 1-122).
24) 이병희, 1992, 앞의 논문, 120~143쪽.

를 직접 제한하는 것은 아니었지만, 사원의 경제가 팽창하지 못하도록 하는 효과를 갖는 것이었다.

그러한 간접적인 조치로는 사찰의 전토문제를 해결하는 데에 불충분했다. 사원의 경제 활동이 사회적으로 많은 문제를 야기시키고 있었기에, 사원의 경제 활동 자체에 대해서 제한하는 조치를 마련했다. 정부가 취하는 대책은 田民辨整의 차원에 머무는 것이었다. 사원의 농지를 둘러싼 분규가 있을 때는 법적인 처리를 했다.[25) 사원이 사패를 빙자하여 주인이 있는 토지를 탈취하는 일이 없도록 조치했으며, 良人을 影占한 경우에도 推刷했다. 공민왕대 辛旽의 요청으로 田民辨整都監을 설치한 후 中外에 榜諭한 내용도 寺院田 등 토지를 탈점한 것을 원래 주인에게 되돌리고, 認民爲隷한 자는 모두 良人으로 還元하라는 것이었다.[26)

정부는 또한 사원이 제 기능을 하지 못하면, 즉 亡寺가 되어 사찰이 국가를 위해 기능을 수행하지 못할 때, 그 토지를 몰수했다. 때때로 그 토지를 다른 사찰에 再折給해주는 일도 있었지만[27) 원 간섭기부터는 국가에서 수취하여 국가수요에 충당했다.[28)

그리고 나아가 때때로 사원의 수조권 행사를 제한하기도 했다. 寺院田租의 公收 조치가 그것이었다. 국가의 재정적 어려움이 전제되어서 행해지는 것이었지만, 그리고 항상적으로 시행되는 것은 아니었지만, 사원의 수조권 행사에 위협을 줄 수 있는 것이었다. 국가의 사원전조 공수 조치는 원 간섭기부터 취해지고 있었다.[29)

---

25) 이병희, 1992, 앞의 논문, 145쪽.

26) 『高麗史』권132, 列傳45, 叛逆6, 辛旽, 下冊, 857쪽.

27) 명종대에 醴泉의 龍門寺에는 近州縣의 亡寺田 30頃이 지급되었으며, 禮安의 龍壽寺에는 古寺田柴 10結이 지급되었다(이병희, 1991, 「高麗中期 寺院의 助成과 經濟運營」 『李元淳教授停年紀念 歷史學論叢』, 129~130쪽).

28) 『高麗史』권78, 志32, 食貨1, 田制, 公廨田柴, 中冊, 713쪽 ; 『高麗史』권82, 志36, 兵2, 屯田, 中冊, 813쪽.

29) 『高麗史』권78, 志32, 食貨1, 田制, 租稅, 忠宣王 1년 3월, 中冊, 727쪽 ; 『高麗史』

농민과 사원의 갈등에 대해서는 非法的인 전조의 濫收를 제한하려고 노력했다. 결국 이 시기 정부가 사원전에 대해 취하는 조치는, 사원전의 운영에서 야기되는 비법적인 문제를 시정하는 데 머무르고 있었다. 아직 사원이 전주·지주로서 농민을 지배하는 구조 자체를 문제삼지는 않았다. 그러나 위화도 회군 후 이성계 일파가 정권을 잡게 되면서는, 신료들 사이에 사원의 경제운영을 둘러싼 주장은 이전과는 차원을 달리하게 되었다. 위화도 회군 후 창왕이 즉위하자 교서에서 料物庫에 속한 360의 莊·處田으로 先代에 사원에 시납된 것은 모두 요물고로 환원하라는[30] 조치를 취했다.

이후 사전개혁에 대해 본격적으로 논의하는데, 그 과정에서 사원전에 대해서도 의견이 제출되고 있었다. 趙浚은 田制改革에 관해 여러 차례 상소하고 있는데,[31] 그 가운데 제1차 상소에서 寺院田에 대해 다음과 같은 개혁안을 제시했다.

> 태조[祖聖] 이래의 5대 사원, 10대 사원 등 국가의 裨補所 중에서 京城에 있는 사원에게는 지급하고, 지방에 있는 사원에게는 柴地를 지급한다. 『道詵密記』에 기록된 사원 이외에 新羅·百濟·高句麗에서 창건한 사원과 새로 만들어진 사원에는 지급하지 않는다.[32]

즉 사원전은 국초 이래의 5大寺 10大寺 등[33] 國家裨補所로서 京城에 있는 사찰에게만 지급하고 비보소 가운데 외방에 있는 사찰에는 田地는 지

권82, 志36, 兵2, 屯田, 辛禑 1년 9월, 中册, 813쪽 ;『高麗史』권78, 志32, 食貨1, 田制, 租稅, 辛禑 2년 윤9월, 中册, 728쪽.

30)『高麗史』권78, 志32, 食貨1, 田制, 中册, 714쪽.

31) 이병희, 2003,「조준 - 조선국가 경제제도의 밑그림을 그린 현실주의적 경세가 -」『63인의 역사학자가 쓴 한국사 인물 열전』1, 한영우선생정년기념논총 간행위원회.

32)『高麗史』권78, 志32, 食貨1, 田制, 中册, 717~718쪽.

33) 10대사는 法王寺, 慈雲寺, 王輪寺, 內帝釋院, 舍那寺, 普濟寺, 新興寺, 文殊寺, 圓通寺, 地藏寺를 가리키는 듯하다(『三國遺事』권1, 王曆1).

급하지 말고 柴地만을 지급하라는 것이다. 그리고 토지지급의 대상이 되는 사원은『道詵密記』에 기재되어 있는 비보사원으로 한정하면서도 모든 비보사원을 대상으로 하고 있지는 않았다. 고려시기에 토지가 지급되고 있던 비보사원 중에서 경성에 소재한 사찰만이 전토를 받을 수 있을 뿐 외방에 위치한 비보사원은 전토를 받지 못하고 다만 시지만을 받을 수 있도록 하자는 것이었다. 그동안 사찰이 지급받고 있었던 전지를 극히 일부의 사찰에게만 인정하고 나머지의 사찰에게는 전혀 토지를 지급하지 말자는 것이었다. 사찰의 전토를 완전히 혁파하자는 것은 아니었지만 종래의 사원 전토를 현저히 축소시키자는 주장이었다. 처음으로 제시된 사원경제에 대한 적극적이고 구체적인 개혁안이었던 것이다.

이후의 주장들은 조준의 주장보다 훨씬 적극적인 형태로 나타나기도 했다. 그해 12월에 典法判書인 趙仁沃 등은 불교는 '淸淨寡欲 離世絶俗'을 宗旨로 하므로 천하국가를 다스리는 도가 아니라고 전제하고서 사원경제에 대한 견해를 제시했다. 근세 이래로 僧徒들이 土田之租와 奴婢之傭을 가지고 佛僧을 공양하지 않고 자신만을 부유하게 하고 있고, 또한 權勢之門에 賂物을 바쳐 巨刹을 구하고 있다고 당시의 승려들을 비판하고서는 다음과 같은 주장을 했다.

> 이제부터는 도덕적 행실이 있고 이익에 대한 욕심이 없는 자를 선발하여 여러 寺院의 주지로 삼고, 토지의 조세[土田之租]와 노비의 노동력[奴婢之傭]은 소재 관으로 하여금 거둬들여 公案에 기재하고 승려들의 수를 헤아려 지급하며, 주지가 훔쳐 쓰는 것을 금지하십시오.[34]

우선 사원의 주지를 도행이 있고 利欲이 없는 자로 선택해서 임명할 것을 주장하고 있다.[35] 그리고 토지로부터 거둬들이는 租와 노비에게서 거

---

34)『高麗史節要』권33, 辛昌 즉위년 12월, 亞細亞文化社 影印本 842쪽.
35) 고려시기 주지제에 관해서는 다음의 글이 참고된다. 韓基汶, 1997,「高麗時代 寺

뒤들이는 傭은 각 지방관이 거둬서 公案에 기재하고 승도의 수를 헤아려 지급하라는 것이니, 곧 사원전조의 官收官給인 것이다. 이렇게 되면 사원이 경작농민을 직접 지배하고 수탈하는 것이 차단되는 것이다. 불교를 일정하게 온존시키면서도 사원의 경제행위를 중단시키려는 것이다. 이러한 개혁론은 주지를 파견하는 사찰을 재정리하고 또 승려의 수를 철저하게 파악하는 것을 전제한 위에서의 주장일 것이다. 이렇게 되면 불교계도 어느 정도 정비되고 승려의 경제적 지위 또한 일정하게 유지되면서도, 사원의 농민에 대한 침탈은 불가능해지는 것이다.

다음해 공양왕이 즉위한 12월에 조준은 재차 田制改革을 주장했다.[36] 전국의 墾田數는 50만 결에 차지 않는데, 供上에는 13만 결이, 祿俸에는 10만 결이, 朝士의 科田으로는 畿田 10만 결이 소요된다고 하면서, 나머지는 겨우 17만 결의 토지로서, 軍士·津·院·驛·寺田, 鄕吏·使客·廩給·衙祿에 충당하여야 하는데 부족한 실정이고, 그러니 軍須는 무엇으로써 충당할 것인가 고심하고 있다. 여기에서 알 수 있는 것은 조준은 전제개혁을 하면서 사원에도 田地를 지급하여야 한다는 것을 기본전제로 인식하고 있는 점이다. 이 논의에서는 어떤 사원에 토지를 지급할 것인지, 혹은 사원에 어느 정도의 토지를 지급할 것인지는 명확하지 않지만[37] 사원에 토지를 지급해야 한다는 견해를 가지고 있는 점은 분명하다.

전제개혁 논의는 일단 공양왕 3년(1391) 5월 과전법에 의해 마무리되었다. 과전법에는 사원경제와 관련한 조문이 3개 찾아지나, 양반 과전을 중심으로 한 개혁이었기에 사원전에 대해서는 미봉적인 개혁이 이루어졌다.

公私의 예전 토지대장[田籍]을 강제로 거두어 모두 조사를 진행하여

院 住持制度」『佛教史研究』1 ; 李炳熙, 2008, 「高麗時期 住持制 運營과 寺院 經濟」『史學研究』90.
36) 『高麗史』권78, 志32, 食貨1, 田制, 中冊, 722쪽.
37) 아마도 1차 上疏에서의 주장을 견지하고 있으리라 여겨진다.

그 진위를 판별하고, 옛 것을 기준으로 덜거나 더하여 陵寢田·倉庫田·宮司田·軍資寺田 및 寺院田·外官職田·廩給田, 鄕吏田·津吏田·驛吏田·軍田·匠田·雜色田을 정하였다.[38]

사원전은 왕년의 전적을 거두어서 모두 진위를 조사한 뒤 舊에 따라 손익하여 정한다는 것이다. 기준이 되고 있는 구, 즉 옛것이란 조준의 1차 상소에서 기준이 되고 있는 『道詵密記』일 것이다. 『도선밀기』에 기재되어 있는 사찰 여부, 즉 비보사원 여부가 토지지급의 기준이었을 것이다. 비보지적에 탈법적으로 등재된 사원의 경우에는 수조권·수조지를 몰수당했을 것이다. 비보사원이 아니면서 수조지를 점유하고 있는 경우에도 수조지를 몰수당했다고 보인다. 결국 비보사원 여부를 고려한 수조지 재분급이었다고 이해할 수 있다. 소유지는 아직 과전법에서 정리되지 않았다. 사원전에 대한 전면적인 개혁은 아니었지만 과전법에서는 이처럼 비보사원 여부를 고려하여 일정하게 사원전을 정리했던 것이다.[39]

---

38) 『高麗史』권78, 志32, 食貨1, 田制, 中冊, 723쪽.

39) 기존의 연구에는 科田法에 의해 寺社田이 개혁되었다고 보는 견해도 있고(金甲周, 1983, 앞의 논문), 개혁되지 않았다고 보는 견해도 있다(有井智德, 1976, 앞의 논문). 그러나 과전법에서는 사찰의 전토가 일정하게 정리되었다고 보아야 할 것이다. 과전법에서 사찰의 토지가 일정하게 정리되고 있음은 여러 예에서 확인할 수 있다.
우선 조선 개국 후 태조 4년(1395) 5월에 諫官 韓尙桓 등은 "凡寺社之田 充給外 毋得加給"(『太祖實錄』권7, 太祖 4년 5월 乙巳(13일), 1-79)이라 하여 충급은 허용하되 가급하는 것은 금하도록 상언했다. 기준액이 정해져 있어서 그 기준액에서 달하지 못할 때는 보충하는 것, 즉 충급하는 것은 허용되지만, 그 기준액을 초과하여 더 지급하는 것, 곧 가급하는 것은 허용되지 않는다는 것이다. 사사전 지급액이 정해져 있음을 알 수 있는 것이다. 태조대에는 사사전에 대한 전면적인 개혁이 시행된 바 없기 때문에, 그 지급액을 정한 것은 과전법으로 볼 수밖에 없는 것이다. 또 태종 2년 5월에 檜巖寺에 전토를 지급하는 조치에서도 그러한 사실을 추측할 수 있다. 회암사의 전토는 본래 500결이었는데 1398년에 300결을 除해 공신에게 지급한 일이 있었는데 이때에 와서 그 토지를 다시 회암사에 되돌려 주는 조치가 있었고 동시에 60결을 더 속하게 했다(『太宗實錄』권3, 太宗 2년 5월 甲辰(22일),

그리고 과전법에서는 사원에 토지를 시납하는 것을 금했으며, 또한 僧尼 자신이나 자손이 토지를 받지 못하도록 규정하고 있다.[40]

사원의 토지에 대한 전면적인 개혁은 이처럼 고려말기까지도 실시되지 못했다. 조선이 창업되고 나서야 비로소 본격적인 개혁에 착수했다.

3. 太宗代 裨補寺社의 縮小와 寺社田의 減縮

조선이 건국되고 나서 사원의 토지에 대한 본격적인 정리 조치가 취해지기 시작했다. 사찰의 토지는 고려말의 커다란 문제를 야기했던 私田·農莊의 문제와 직결되기 때문에 사전문제의 정리와 함께 처리되지 않을 수 없었다. 양반에게 지급하는 科田을 크게 축소하는 실정에서 사찰의 수조지는 축소당하지 않을 수 없었다. 농민의 지지를 얻기 위해서도, 국가재정 상으로도 전국의 1/8에 이르는 사찰의 농지는 흡수하지 않을 수 없었다.

사원전토를 정리할 수 있는 이면에는 불교사상이 당시 사회에서 점하는

1-234). 본래 500결이라고 하는 것이 주목된다. 회암사는 500결의 전토를 받도록 되어 있는 것이다. 태종 2년보다 앞선 태조나 정종대에는 사사전에 대한 개혁이 추진된 바가 없기 때문에 그 이전에 정해진 것으로 보이는데, 그것은 결국 과전법에서 정해졌다고 보아야 한다. 이 500결을 받도록 규정한 것이 과전법으로 보아 틀림없을 것이다.

그리고 雲巖寺의 예에서도 그러한 사실을 알 수 있다. 태종 8년 1월에 운암사 전지를 上等寺例에 의거하여 200결을 지급하고 나머지 120결은 속공하는 조치가 취해졌다(『太宗實錄』권15, 太宗 8년 1월 癸酉(24일), 1-427). 이것은 태종 6년 규정에 따른 운암사 전토의 조정을 가리키는 것이다. 결국 태종 6년 경에 운암사는 320결의 토지를 가지고 있었다는 것이 된다. 그런데 운암사는 공민왕대에 2,240결에 달하는 토지를 가지고 있었다(『高麗史』권89, 列傳2, 后妃2, 魯國大長公主, 下册, 34쪽). 그 토지가 태종 6년 경에 320결이 되고 나머지의 1,920결의 토지가 몰수되었다는 것으로 볼 수 있는 것이다. 1,920결의 토지가 몰수당한 시점은 역시 과전법의 시행시기로 보아야 할 것이다.

40) 『高麗史』권78, 志32, 食貨1, 田制, 中册, 723쪽.

위상이 축소된다고 하는 사실이 전제되어 있었다. 당시 전반적인 사회발전을 전제로 불교의 정치사상, 경제사상, 사회사상으로서의 역할이 크게 축소되었다. 이제 불교는 주로 종교관념으로서만 역할을 했고, 그 종교관념으로서의 역할을 전제로 불교가 전개되었다.

불교계 및 사사전을 정리하는 방법 기준 등은 당시의 여건이 고려되는 가운데 점진적으로 이루어졌다. 일거에, 전면적으로 불교 및 사찰경제에 대한 혁파가 이루어지지 않았다. 승려의 환속, 모든 토지의 몰수, 사찰의 파괴를 수반하는 철저한 정리가 시도되지 않았다. 불교의 말살을 목표로 하지 않았으며, 점진적으로 진행되었다.

조선이 건국되고 나서 곧바로 사찰의 경제에 대해서, 불교계 전체에 대해서 대대적인 조치는 취해지지 않았다. 태조와 정종대에는 사찰의 토지에 대해서 이렇다 할 조치가 취해지고 있지 않았다. 태종대에 이르러서야 사찰의 토지에 대한 전면적인 혁파 조치가 취해졌다.

그러나 태조가 즉위한 직후부터 불교계를 정리해야 한다는 주장은 제기되고 있었다.[41] 사헌부에서 僧尼를 汰해야 한다고 상소하자 이에 대해 태조는 지금은 개국한 초기이므로 그러한 조치를 갑자기 취할 수 없다는 자세를 보였다.[42] 태조도 개혁의 필요성을 느끼고 있었는지는 몰라도 실제로 불교를 억제하는 조치를 취하려는 자세를 보이지는 않았다. 양광도 按廉인 趙璞과 경상도 안렴인 沈孝生이, 喪을 당했을 때 사찰에 가 供佛하는 것을 금하고 있다는 말을 듣고, 李穡은 대유학자였으면서도 崇佛했다고 하면서, '此輩讀何書 不喜佛若是'라고 마땅치 않아 한 것이나,[43] 東部學堂의 학생들이 佛寺를 汚毀한 것에 대해 동부유학 교수관을 責하고서 오부학당의 학생을 사찰에 머물지 못하게 한 조치에서[44] 불교계에 대해 철저한 혁

---

41) 『太祖實錄』권1, 太祖 1년 7월 己亥(20일), 1-21 ; 『太祖實錄』권3, 太祖 2년 1월 壬戌(16일), 1-40.
42) 『太祖實錄』권1, 太祖 1년 7월 己亥(20일), 1-21.
43) 『太祖實錄』권2, 太祖 1년 12월 壬子(6일), 1-36.

파를 주장하는 유자들의 입장에 비판적이었음을 알 수 있다. 그러나 태조
도 불교계의 문제를 인식하고 있었다. 주지가 産業을 영위함을 힘쓰고 女
色을 好한다고 지적한 것이나, 제자들이 사사와 노비를 法孫相傳이라 칭하
면서 서로 소송을 제기하고 있음을 보면서 왕위에 오르기 전부터 개혁하
려고 생각했다고 함은[45] 태조가 불교계에 대한 개혁의 필요성을 인식하고
있음을 말하는 것이다. 그러나 불교계의 문제를 주로 주지가 본 신분을 벗
어난 행위를 하는 것, 승려들이 노비 문제로 소송하는 것에 한정하여 인식
하고 있을 뿐 불교 전체를 문제삼고 있지는 않았다. 그러하기 때문에 사원
경제의 문제를 전면적으로 개혁하고자 하는 구상을 갖고 있지는 않았다.

태조가 불교계에 대해 취한 조치는 출가 행위와 새로운 사찰의 조성을
제한하는 것이었다.[46] 이것은 고려말 이래 정부가 취해오던 조치와 동일
선상에 있는 것이다. 사찰의 토지와 관련한 조치로서는 특별한 정책을 시
행한 바가 없고 다만 寺社間閣, 노비와 전지, 법손노비의 수를 조사해서 보
고하라는 조치가 취해지고 있다.[47] 이것은 매우 중요한 조치라고 여겨진
다. 이때 조사한 결과에 관해서는 자료에서 언급이 없지만, 이후 사찰경제
에 관한 조치를 취해갈 때 기초자료로서 중요한 역할을 했다고 추정된다.

태조대에는 이처럼 과전법의 개혁 내용을 답습할 뿐 사사전에 대한 대
대적인 개혁조치를 취하지는 않았다.[48] 다만 태조 6년 10월에 公私田租의

---

44) 『太祖實錄』권3, 太祖 2년 3월 乙丑(20일), 1-42.
45) 『太祖實錄』권12, 太祖 6년 7월 甲寅(5일), 1-108.
46) 『太祖實錄』권1, 太祖 1년 9월 壬寅(24일), 1-31.
47) 『太祖實錄』권12, 太祖 6년 7월 甲寅(5일), 1-108.
48) 태조대에는 이상과 같은 조치가 취해지고 있었기에 뒷 시기의 자료에서 '嚴立祝
髮營寺之法'했다고(『世宗實錄』권94, 世宗 23년 윤11월 癸酉(10일), 4-372) 언급
되고 있는 것이다. 그런데 태조 4년 4월 대사헌 박경의 상언 중에 "殿下卽位之初
損益制度 遂正經界 將京畿左右道 及六道之田 以定陵寢倉庫軍資公廨寺院田
學校神祠鄕津驛吏紙匠等田"(『太祖實錄』권7, 太祖 4년 4월 丁卯(4일), 1-76~77)
했다는 기록이 보인다. 마치 태조가 즉위 후에 사사전에 대해 정리한 듯한 인상을
주지만, 위의 내용은 과전법의 내용을 가리키는 것으로 보아야 할 것이다. 태조대

公收조치를 취했을 뿐이다.49)

결국 태조대에는 불교계의 문제점을 한정적으로 인식한 결과 사찰의 전토와 관련해서는 특별한 억제조치가 없었고, 다만 전지의 조사와 일시적인 전조공수 조치가 있었을 뿐이었다.

정종대에도 사찰의 토지에 관해서 적극적인 조치가 취해진 바가 없다. 다만 승려들의 緣化가 문제로서 거론되고 있을 뿐이다.50) 사찰의 토지와 관련해서는

중외의 寺社에 소속한 전지는 本社로 하여금 오로지 租를 걷는 것을 허락한다.51)

는 조치가 취해지고 있을 뿐이다. 本末寺 관계가 발달하는 가운데 末寺가 전조를 수취하는 일이 있었을 것이고 이에 따라 농민에 대한 수취가 1회에 그치지 않는 일도 있었으리라 생각되는데, 그러한 사정 하에서 이러한 조치가 취해져서 본사만이 전조를 수취할 수 있도록 한 것이라고 하겠다.

태종대에 이르면 사찰의 경제, 불교계에 대한 정책은 매우 적극적인 형태를 띠게 된다. 태종 스스로 적극적이었고, 신료들도 이에 적극적으로 호응하여 사찰의 토지에 대한 전면적인 조정이 이루어졌다. 그리하여 고려시기의 사사전이 크게 축소되었고 운영방식이 상당한 변화를 겪게 되었다.

태종은 즉위하자마자 神佛之寺는 영험이 없다고 하면서 다만 太上王과 上王이 모두 崇信하니 비록 곧 혁파할 수 없다 할지라도 參酌可除者를 아뢰라고 했다.52) 이에 따라 신료들의 상소가 이어졌고, 국왕도 적극적으로

의 기록에 사찰 토지의 정리에 관한 내용이 없고, 태조대의 분위기로 보아서도 혁파 조치를 취하지는 않았다고 생각한다.

49) 『太祖實錄』권12, 太祖 6년 10월 辛卯(13일), 1-111.
50) 『太祖實錄』권15, 定宗 즉위년 11월 癸未(11일), 1-140.
51) 『定宗實錄』권2, 定宗 1년 8월 乙巳(8일), 1-154.
52) 『定宗實錄』권6, 太宗 즉위년 11월 癸酉(13일), 1-187.

개혁을 추진했다. 그러나 태조의 압력으로 그러한 개혁의 시도가 구체적으로 시행되는 데에는 우여곡절이 따를 수밖에 없었다.

태종은 즉위한 해 12월에 中外寺社의 道場·法席 등 佛事를 罷하면서[53] 불교에 대한 자신의 입장을 표현했다. 법석은 사회구성원의 일체감을 조성하고, 사회 질서를 초월적인 종교행위로 합리화시키는 의미를 갖는 것이다. 그것의 혁파는 불교로 사회질서의 정당성을 확보하지 않아도 된다는 자신감이 전제된 것이다. 국왕 스스로가 이러한 자세를 보이자 이에 신료들도 불교계 및 사찰경제에 대한 적극적인 개혁안을 제시했다. 그러나 주장하는 내용에는 상당한 차이가 있었다. 혹자는 완전한 혁파를 주장했으며, 혹자는 부분적인 정리를 주장했다. 후자의 경우는 혁파의 대상, 存置의 규모는 논자에 따라 상이했다.

사원경제에 대한 철저한 혁파를 주장하는 경우는, 門下府와 司憲府의 상소에서 확인된다. 태종 1년(1401) 문하부 郎舍는 五敎兩宗을 혁파하고 사사의 전토와 노비를 모두 속공하라고 주장했으며,[54] 사헌부 대사헌 柳觀 등은 오교양종을 혁파하고 僧徒는 知法持戒者만을 두고 소위 道衆은 持戒行者만을 두고 환속시키라는 주장을 했다.[55] 오교양종을 혁파하라고 주장하는 점에서 양 부서는 그 내용이 동일했다. 오교양종의 혁파란 곧 사사전의 전면적인 몰수를 의미하는 것이다.

이러한 전면적인 혁파는 아니지만 거의 그에 준하는 주장도 있었다. 齊陵齋宮 興天社와 5대사 10대사를 제외한 중외사사의 전지를 모두 혁거해서 군자에 속하게 하라는 주장이 그것이었다.[56] 이 주장은 태종 3년 사간원에서 올린 時務에서 확인된다. 사사전을 모두 혁거하라는 것이 아니라 흥천사와 극히 일부의 사찰의 전지만을 유지시키라는 것이다. 趙浚의 1차

---

53) 『定宗實錄』권6, 太宗 즉위년 12월 壬子(22일), 1-189.
54) 『太宗實錄』권1, 太宗 1년 1월 甲戌(14일), 1-191.
55) 『太宗實錄』권1, 太宗 1년 윤3월 辛亥(22일), 1-200~201.
56) 『太宗實錄』권5, 太宗 3년 6월 壬子(6일), 1-267.

상소와 유사한 주장인 것이었다.

그러나 이와는 달리 書雲觀은 상당히 다른 입장을 보이고 있었다. 태종 2년 서운관은 禪宗은 曹溪로 통합하고, 五敎는 華嚴으로 통합해서 密記付 京外 70사를 兩宗에 분속하고 주지를 가려서 임명하라는 주장을 했다. 그리고 밀기부 70사를 제외하고 그 나머지 神補所載 京外各寺의 土田之租는 軍資에 永屬시키고 그 노비는 各司와 州郡에 分屬시키면 兵食이 족할 것이라고 했다.[57] 앞의 사간원의 주장보다는 한층 완화된 것으로 토지를 지급하는 사찰을 70사로 한정한다는 것이다. 앞의 주장보다는 존치의 대상 사찰이 확대된 것이지만, 사찰토지에 대한 상당한 개혁의 의미를 갖는 것이다.

이렇듯 신료들은 모두 사사전에 대한 개혁 내지 혁파를 주장하고 있었는데, 이 가운데 태종 정권이 추진한 사사전의 개혁은 혁파의 방향, 즉 門下府나 司憲府 계통이 아니라 온건한 개혁의 방향이었다. 서운관의 주장보다도 완화된 내용을 개혁의 방향으로 채택하고 있었다.

태조의 佛敎崇信으로[58] 인한 압력, 명의 황제가 好佛하고 있다는 사실,[59] 그리고 불교가 우리나라에 들어온 지 1,000년이 경과했고 신앙으로 받드는 자가 많다는 점[60] 등이 태종의 사찰경제 정리를 온건하고 더디게 한 요인이었다. 또한 불교계의 반발도 고려하지 않을 수 없었다. 그리하여 태종대 사사전을 정리하는 과정은 상당한 곡절을 겪으면서 이루어졌다. 1년 1월에 문하부 낭사의 상소가 있었고,[61] 같은 해 윤3월에는 사헌부 대사한 유관 등의 상소가 있어[62] 전면적인 사사전의 혁파를 주장했지만, 이것

---

57) 『太宗實錄』권3, 太宗 2년 4월 甲戌(22일), 1-231~232.
58) 『定宗實錄』권6, 太宗 즉위년 11월 癸酉(13일), 1-187 ; 『太宗實錄』권2, 太宗 1년 12월 乙丑(11일), 1-219 ; 『太宗實錄』권13, 太宗 7년 1월 己卯(24일), 1-384.
59) 『世宗實錄』권6, 世宗 1년 12월 庚辰(10일), 2-349.
60) 『太宗實錄』권10, 太宗 5년 11월 癸丑(21일), 1-343 ; 『端宗實錄』권9, 端宗 1년 12월 乙未(13일), 6-652.
61) 『太宗實錄』권1, 太宗 1년 1월 甲戌(14일), 1-191.

은 실행되지 않았다. 그러나 經筵에서 국왕은 사헌부의 요청을 수용하여 사사전을 혁파하고자 한다는 의견을 개진했다.[63]

태종은 사사전에 대한 전면적인 개혁에 앞서 사사전의 收稅法을 수립하여 고려시기 이래 稅(租가 아님)를 납부하지 않던 사찰의 전토에 세를 부과시켜[64] 사사전 개혁의지를 실행에 옮겼다.

사사전에 대한 혁파는 2년 4월 서운관의 상언을 계기로 해서 구체적으로 구상되고 실행에 옮겨졌다. 서운관에서는 密記에 付되어 있는 70사를 제외하고 그 나머지 裨補所載 京外各寺의 土田之租를 軍資에 永屬시키고, 그 노비는 各司와 州郡에 분속시켜 兵食을 족하게 할 것이며 富國强兵을 위해서는 이러한 혁파조치가 필요하다고 했다. 서운관의 상언에 대해 議政府·司平府·承樞府도 동의했다. 이에 그러한 주장을 따르면서, 밀기부 사사 가운데 토지와 노비가 부족한 곳은, 혁파한 사사의 田民을 가급했으며, 밀기에 不付되어 있다 하더라도 常住僧이 100명 이상이면 그대로 두고 고치지 말도록 했다.[65] 『道詵密記』에 등재되어 있는 여부를 가지고 사사전의 정리 기준으로 삼은 것이다. 70사를 기준으로 하고, 100명 이상의 승려가 있는 사찰도 사사전의 유지가 가능한 것이다. 상당한 정도의 사사전 혁파를 목적으로 하는 것이다. 고려시기 이래의 비보사찰을 기준으로 하여 정리하면서도, 현실적으로 寺勢가 큰 사찰은 예외적으로 사사전의 유지를 허용하는 조치였다. 고려시기 이래 토지분급의 기준이 된 비보사찰이 여기에 이르러, 다소의 융통성을 두는 것으로 변했으며, 이것은 곧 고려시기 이래의 사사전에 대한 정책이 변화하고 있음을 의미하는 것이다.

태종 2년 4월의 사사전에 대한 전면적인 정리 구상이 곧바로 실행에 옮겨지지는 못했다. 그것은 태조의 강력한 반대가 있었기 때문이었다. 태조

62) 『太宗實錄』권1, 太宗 1년 윤3월 辛亥(22일), 1-200~201.
63) 『太宗實錄』권1, 太宗 1년 윤3월 壬子(23일), 1-201.
64) 『太宗實錄』권3, 太宗 2년 2월 戊午(5일), 1-224~225.
65) 『太宗實錄』권3, 太宗 2년 4월 甲戌(22일), 1-231~232.

는 태종의 혁신적인 사사전의 정리에 대해 斷酒肉하면서 반대하자 이에
태종은 정책을 후퇴시켰다. 그 내용은 우선 密記付外 사사라도 전지를 還
屬시키는 것이었고, 다음은 敗亡寺社 전지는 成衆作法處에 移屬시켜 重創
을 기다려 환속시키는 것이었다.[66] 결국 기존의 사찰이 가지고 있던 토지
를 환급하는 조치였으며 나아가 패망사사의 전지도 무리지어 법을 수행하
고 있으면 移屬시키고 중창이 이루어진 후 환속하도록 하는 것이었다. 그
리하여 태종의 사사전 개혁의 구상은 완전히 수포로 돌아가게 되었다.

3년 6월에는 사간원에서 제릉재궁 홍천사와 5대사 10대사를 제외한 중
외사사의 전지를 모두 혁거해서 군자에 속하게 하라는 주장을 했지만,[67]
보류되고 말았다. 그후 2년이 경과한 5년 8월에는 廢寺田口의 屬公 조치가
있었다.[68] 사찰이 폐사가 되는 일은 고려시기 이래로 늘상 있는 일이었다.
이 경우 사사전은 원래 속공되지 않고 다른 사찰에 재절급하는 것이 보통
이었다.[69] 고려후기가 되면서는 이러한 폐사의 전지는 종종 국가에서 公
收하는 일이 있었다.[70] 그런데 태종 5년에 와서 대대적인 속공조치가 취해
지고 있는 것은 다른 사찰에 지급하던 관행을 포기한다는 의미를 갖는 것
이다. 사사전을 계기만 되면 줄여가겠다는 의지를 읽을 수 있다. 이 조치로
사사전 가운데 국가에 공수된 규모는 적지 않았을 것으로 사료된다.[71]

---

66) 『太宗實錄』권4, 太宗 2년 8월 乙卯(4일), 1-243~244.
67) 『太宗實錄』권5, 太宗 3년 6월 壬子(6일), 1-267.
68) 『太宗實錄』권10, 太宗 5년 8월 壬辰(29일), 1-334.
69) 이병희, 1991, 앞의 논문.
70) 이병희, 1992, 앞의 논문, 146~148쪽 ; 李炳熙, 2008, 『高麗後期 寺院經濟 硏究』,
    景仁文化社, 193~200쪽.
71) 동왕 5년 9월에 司諫院의 上疏 중에서 태종은 "日接儒雅 討論經史 崇重斯道 攘
    斥異端"하고 寺社의 土田과 노비를 削減했는데 이것은 근고 이래 없는 바라고
    했다(『太宗實錄』권10, 太宗 5년 9월 壬子(20일), 1-338). 태종이 즉위한 후 이때까
    지 사사전을 삭감한 적이 없는데 위와 같이 언급한 것이 무엇을 의미하는지 궁금
    하다. 실제로 시행된 적이 있는데 사료에 기록이 남아 있지 않는 때문으로 보이기
    도 한다. 그러나 현전하는 자료상 아마 5년 8월의 폐사전구의 속공 조치를 지칭하

태종 5년 11월 金山寺 住持가 寺婢를 奸하고 토지의 소출과 노비의 貢
貨를 모두 私用하고, 臥龍寺 주지가 寺婢를 간한 일을 계기로, 의정부가 上
書해서 寺社田口를 혁거할 것을 요청했는데 태종은 이를 따랐다. 이때 의
정부가 상서한 내용은 다음과 같다. 前朝 密記付 裨補寺社, 外方 各官 踏山
記付 寺社 가운데, ① 新·舊京에는 五教兩宗 각 1사로 모두 14개 사찰, ② 외
방 각도의 경우 府 이상은 禪教 각 1사, 監務官 이상은 禪教 중 1사의 토지를
유지하는 것은 허용하되 나머지 사찰의 토지는 몰수한다는 것이었다.[72]

세종대를 기준으로 한다면, 부 이상은 계수관 지역을 지칭할 것으로 보
이는데 계수관의 수를 보면, 경기는 5, 충청도는 4, 전라도는 5, 경상도는
4, 강원도는 6, 평안도는 5, 함길도는 4로서 모두 33개에 이르기 때문에[73]
선교 각 1사를 두면 모두 66개에 이른다. 감무관 이상은 역시 세종대를 기
준으로 할 때 경기는 36, 충청도는 51, 전라도는 51, 경상도는 62, 강원도는
18, 황해도는 21, 평안도는 42, 함길도는 17로서 모두 298개에 이른다.[74]
따라서 각 1개의 사찰을 인정한다면 모두 298개의 사찰이 된다. 모두 합하
면 378개의 사찰이 유지되고 나머지의 사찰이 혁거의 대상이 되는 것이다.
의정부의 상서를 국왕이 따르면서 다만 몇가지 예외 사찰을 인정했다. 혁
파의 대상이지만 존속이 허용된 사찰은 衍慶寺·興天社·華藏寺·新光寺·
釋王寺·洛山寺·聖燈寺·津寬寺·上院寺·見巖寺·觀音窟·檜巖寺·般若殿·萬
義寺·京甘露寺였다. 결국 존치가 허용된 사찰은 모두 393개에 달했다. 존
치할 대상 사찰은 정했지만 각 사찰에 지급하는 토지의 규모는 詳定하지
않았다.

태종 6년 3월, 종전 태종 5년 11월의 내용을 가지고 논의한 뒤 의정부에

는 것으로 볼 수밖에 없다.

72) 『太宗實錄』권10, 太宗 5년 11월 癸丑(21일), 1-343~344.
73) 李存熙, 1990, 『朝鮮時代 地方行政制度 研究』, 一志社, 362~366쪽. <表 2> 世宗
代의 界首官 참조.
74) 註 73)과 같음

서 계를 올리니 태종이 이를 따랐다. 그 내용은 아래와 같다.75)

> ① 新·舊都 各寺 내에서 선교 각 1사에는 屬田 200결, 노비 100구, 常養 100員으로 하고, 그 나머지 각사에는 전 100결, 노비 50구, 상양 50원으로 한다.
> ② 各道 界首官 선교 중 1사에는 전 100결, 노비 50구로 한다.
> ③ 各官 邑內 資福寺에는 전 20결, 노비 10구, 상양 10원으로 한다.
> ④ 邑外 각사에는 전 60결, 노비 30구, 상양 30원으로 한다.
> ⑤ 曹溪宗·摠持宗 합 70사, 天台·疏字·法事宗 합 43사, 華嚴·道門宗 합 43사, 慈恩宗 36사, 中道·神印宗 합 30사, 南山·始興宗 각 10사 전부 242사를 남게 한다.

국왕은 이를 따르면서 檜巖寺를 예외로 규정하여 전지 100결, 노비 50구를 加給하도록 했고, 表訓寺와 楡岾寺도 역시 회암사의 예에 따라 元屬田民을 이전대로 두고 감하지 말라고 했으며, 定數 외의 寺社에는 柴地 1,2결을 量給하라고 했다. 이 조치는 태종 5년 11월의 내용을 조정한 것인데, 존치가 허용되는 사찰을 393개에서 242개로 크게 축소시킨 것이었다. 그리고 하나의 사찰에 지급하는 토지는 최고 200결이고, 나머지는 100결, 60결, 20결이었다. 그리하여 사찰 당 지급하는 토지의 규모도 상당히 축소된 것이다. 회암사·표훈사·유점사만이 종전의 토지지급액을 유지하도록 허용되었을 뿐이다.

6년 3월에 이렇게 규정한 후 다음달에는 定數外 寺社 전지와 노비를 各司에 分屬시켰다. 전지는 모두 軍資에 속하게 하여 船軍糧餉에 보충토록 했으며, 노비는 모두 典農寺에 소속시켜 舊居處에 있으면서 屯田토록 했다.76)

그런데 고려 이래의 비보사찰이지만 퇴락한 경우도 있었고 또 비보사찰은 아니면서 혁거의 대상이 된 대사찰도 있었을 것이다. 이를 조정하는 문

---

75) 『太宗實錄』권11, 太宗 6년 3월 丁巳(27일), 1-352.
76) 『太宗實錄』권11, 太宗 6년 4월 辛酉(1일), 1-353.

제가 곧 제기되었다. 6년 윤7월에 사간원이 국왕이 비보 외에 不緊한 사찰
은 汰去시켰다고 하면서 그러나 삼한 이래의 대가람이 태거된 예도 있고
망폐사원에 주지가 差下된 경우도 간혹 있으니 원컨대 山水勝處 大伽藍으
로 망폐사원을 대신케 하라고 하니 국왕이 이를 따랐다.[77] 구체적인 시행
에는 1년 이상이 경과되었다,

　7년 12월에는 의정부가 지난해 사사를 혁거할 때, 三韓 이래의 대가람이
도리어 태거된 예가 있고 또 망폐사사에 주지가 차하된 경우도 간혹 있다
고 하면서 산수승처 대가람으로써 망폐사원을 대체하라고 했다. 그러면서
구체적으로 88寺를 들었다.[78] 6년 윤7월의 주장을 구체화한 것으로 보인
다. 그러나 이 조치를 통해 불교계는 상당한 변화를 겪지 않을 수 없었다.
고려 이래 비보사찰이 우대를 받고 있던 실정에서 비보사찰이 아니면서
우대를 받아 토지를 분급받는 경우가 출현한 것이다. 242사는 비보를 기준

---

77) 『太宗實錄』권12, 太宗 6년 윤7월 戊午(1일), 1-365.
78) 『太宗實錄』권14, 태종 7년 12월 辛巳(2일), 1-425. 88사의 소속 종파와 사찰은 다
　음과 같다.

曹溪宗 (24사)	梁州通度寺 松生雙巖寺 昌寧蓮花寺 砥平菩提岬寺 義城氷山寺 永州鼎覺寺 彦陽石南寺 義興麟角寺 長興迦智寺 樂安澄光寺 谷城桐裏寺 咸陰靈覺寺 軍威法住寺 基川淨林寺 靈巖道岬寺 永春德泉寺 南陽弘法寺 仁同嘉林寺 山陰地谷寺 沃州智勒寺 耽津萬德寺 靑陽長谷寺 稷山天興寺 安城石南寺
天台宗 (17사)	忠州嚴正寺 草溪白巖寺 泰山興龍寺 定山雞鳳寺 永平白雲寺 廣州靑溪寺 寧海雨長寺 大丘龍泉寺 道康無爲寺 雲峯原水寺 大興松林寺 文化區業寺 金山眞興寺 務安大崛寺 長沙禪雲寺 提州長樂寺 龍駒瑞峯寺
華嚴宗 (11사)	長興金藏寺 密陽嚴光寺 原州法泉寺 淸州原興寺 義昌熊神寺 江華栴香寺 襄州成佛寺 安邊毗沙寺 順天香林寺 淸道七葉寺 新寧功德寺
慈恩宗 (17사)	僧嶺觀音寺 楊州神穴寺 開寧獅子寺 楊根白巖寺 藍浦聖住寺 林州普光寺 宜寧熊仁寺 河東陽景寺 綾城公林寺 鳳州成佛寺 驪興神異寺 金海甘露寺 善州原興寺 咸陽嚴川寺 水原彰聖寺 晉州法輪寺 光州鎭國寺
中神宗 (8사)	任實珍丘寺 咸豐君尼寺 牙州桐林寺 淸州菩慶寺 奉化太子寺 固城法泉寺 白州見佛寺 益州彌勒寺
摠南宗 (8사)	江陰天神寺 臨津昌和寺 三陟三和寺 和順萬淵寺 羅州普光寺 昌平瑞峯寺 麟蹄玄高寺 鷄林天王寺
始興宗 (3사)	漣州五峯寺 連豐霞居寺 高興寂照寺

으로 설정된 것이고, 88사는 242사에 포함되어 있지 않아 고려시기 이래 비보사원으로 인정받지 못한 사찰로 볼 수 있다. 고려시기 비보사찰에 토지를 분급하던 정책이 이에 이르러서 상당한 원리상의 변화를 겪게 된 것이다. 곧 토지를 분급하는 비보사사를 축소하면서 비보사찰이 아닌 대사찰을 토지지급의 대상으로 설정한 것이다.

이리하여 고려시기 이래의 사사전에 대한 정리가 일단락되었다, 토지를 받는 사찰의 수는 242사였다. 242사를 기준으로 사사전을 운영 관리하는 것이다. 이것은 토지를 지급받는 사찰이 현저히 축소된 것을 의미한다. 흔히 후대에 태종이 사찰과 사사전을 혁거하여 겨우 1/10이 남게 되었다고 하는데[79] 여기에서 추론하면 고려시기 토지를 받는 사찰의 수는 2,420에 이른다.[80] 개별 사찰에 지급된 토지의 규모도 고려시기보다는 크게 축소되었으며, 사사전의 전체 규모도 총 11,000여 결에 불과했다. 현저하게 사사전을 정리했다고 볼 수 있다.[81] 11,000여 결의 토지를 242개 사찰이 나누어 보유하고 있는 것이니 1개 사찰당 평균 45.5결 정도의 전토를 지배하게 된 것이다.

이러한 태종의 사사전민에 대한 대대적인 정리는 개성에 있던 옛사찰들

---

79) 『世宗實錄』권6, 世宗 1년 12월 庚辰(10일), 2-349. "我國則前旣革寺社田民 僅存十一 今又盡去寺社奴婢" ; 『世宗實錄』권64, 世宗 16년 4월 戊午(11일), 3-555. "惟我太宗恭定大王 … 革寺社 十置其一 減臧獲 百有其十".

80) "道詵設三千裨補"(『成宗實錄』권174, 成宗 16년 1월 戊子(5일), 10-662)나 "道詵三千裨補之說"(『成宗實錄』권174, 成宗 16년 1월 戊戌(15일), 10-670)의 표현에서 알 수 있듯이 고려시기의 비보사찰은 3천 내외로 추정된다.

81) 혁거대상이 된 사찰은 종전부터 지배해 오던 수조지를 몰수당했지만 국가 차원에서 대대적으로 훼철한 것은 아니었다. 물론 사찰 토지를 몰수당해 亡廢의 상황에 처하게 된 사찰도 적지 않았을 것이다. 이 문제에 관해서는 손성필씨의 다음의 논문이 참고된다. 손성필, 2019, 「조선 태종·세종대 '혁거' 사원의 존립과 망폐 - 1406년과 1424년 승정체제(僧政體制) 개혁의 이해 방향과 관련하여 -」『韓國史研究』186 ; 손성필, 2019, 「寺刹의 혁거, 철훼, 망폐 - 조선 태종·세종대 승정체제 개혁에 대한 오해 -」『震檀學報』132.

의 몰락을 가져왔다. 이미 國都가 한양으로 옮아갔기 때문에 개경 소재 사찰 세력의 위축은 불가피했는데 이러한 사사전의 전면적인 축소는 특히 개경 사찰의 상당한 위축을 가져왔다. 그리하여 11년 7월에는 留後司의 無僧寺社에 積置軍糧하도록 의정부에 명한 바 있으며,[82] 같은 해 8월 국고가 모두 가득 찼으므로 조세를 납할 창고가 없자 비어 있는 개경의 사사에 납하는 문제가 논의되었던 것이다.[83] 개경의 사사가 비게 된 데에는 태종대의 대대적인 사사전의 혁거가 하나의 계기로 작용했을 것이다.

태종의 이러한 철저한 사사전 정리는 승려들의 저항을 초래했다. 승려들은 寺額이 줄고 田民을 삭탈당하자 날마다 정부에 호소하여 복고시켜 줄 것을 요청했으나, 政丞 河崙이 답하지 않자 수백 명이 무리를 지어 신문고를 쳤다.[84] 왕은 끝내 들어주지 않았다. 그러자 불교 개혁에 적극적이었던 하륜을 살해하려는 모의를 꾸미기도 했다.[85] 승려들의 이러한 행동에도 불구하고 개혁은 추진되었다.

태종 7년 이후에는 사찰의 토지에 대한 전면적인 정리 조치는 없었다. 그렇지만 제도적 조치가 아닌 개별적인 조치는 계속 취해지고 있었다. 특정 사찰에 새로이 토지를 지급하는 조치, 혹은 토지를 축소하는 조치는 취해지고 있었다.[86] 이러한 개별적인 조치는 이전부터 시행되고 있었다.[87]

---

82) 『太宗實錄』권22, 太宗 11년 7월 甲申(25일), 1-596.
83) 『太宗實錄』권22, 太宗 11년 8월 辛卯(2일), 1-598.
84) 『太宗實錄』권11, 太宗 6년 2월 丁亥(26일), 1-360.
85) 『太宗實錄』권11, 太宗 6년 6월 丁丑(19일), 1-361.
86) 『太宗實錄』권13, 太宗 7년 1월 己卯(24일), 1-384 ; 『太宗實錄』권15, 太宗 8년 1월 癸酉(24일), 1-427 ; 『太宗實錄』권16, 太宗 8년 7월 乙亥(29일), 1-446 ; 『太宗實錄』권16, 太宗 8년 10월 乙未(21일), 1-459 ; 『太宗實錄』권17, 太宗 9년 6월 庚戌(9일), 1-492 ; 『太宗實錄』권24, 太宗 12년 7월 壬子(29일), 1-645 ; 『太宗實錄』권25, 太宗 13년 5월 甲戌(6일), 1-670~671 ; 『太宗實錄』권26, 太宗 13년 12월 丙寅(21일), 1-700 ; 『太宗實錄』권28, 太宗 14년 윤9월 甲寅(14일), 2-39 ; 『太宗實錄』권35, 太宗 18년 4월 甲申(4일), 2-215.
87) 『太宗實錄』권3, 太宗 2년 5월 甲辰(22일), 1-234 ; 『太宗實錄』권3, 太宗 2년 6월 戊

태종 6년 이후 242사 이외에 추가로 토지를 지급받는 사찰은 대체로 왕실
국가와 관련하고 있다.

4. 世宗代 36寺로의 整理와 그 意味

태종대에 시작한 사찰경제의 개혁은 세종대에 와서 한층 철저하고 또
보완적인 성격을 띠면서 진행되었다. 다양한 사찰의 종파가 선종과 교종이
라는 2개의 종파로 통합되었으며, 사찰의 노비는 철저히 몰수되었고, 사찰
의 토지는 상당히 축소되었다.

세종초에 사찰의 노비를 우선적으로 혁파했다. 태종대에 사사전을 정리
하면서 노비의 수도 조정한 적이 있었지만, 전면적인 혁파는 아니었다. 세
종대에는 檜巖寺와 津寬寺의 승려가 그 사찰의 노비를 간한 사건을 계기
로 사사노비 문제가 크게 제기되었다. 이에 1년(1419) 11월에 京外寺社奴
婢를 혁거하는 파격적인 조치를 취했다. 그리고 국가와 긴밀한 관련을 가
진 개경사·연경사·대자암의 노비도 혁파되었다. 다만 정업원은 특수한 사
정이 고려되어 그대로 두는 조치를 취했다.[88]

法孫奴婢는 3년 8월 혁파되었다.[89] 법손노비는 승려들이 상호 간에 전
하는 개인의 노비였다. 사사노비의 소유주가 사찰이라면 법손노비의 소유
주는 승려 개인이었다. 법손노비는 승려가 여러 계기를 통해 노비를 전수
받음으로써 소유할 수 있었다. 이러한 법손노비에 대해 국가가 속공하는
조치를 취한 것이다.[90]

午(6일), 1-236 ; 『太宗實錄』권4, 太宗 2년 8월 戊午(7일), 1-244 ; 『太宗實錄』권5,
太宗 3년 1월 庚子(22일), 1-256 ; 『太宗實錄』권6, 太宗 3년 10월 乙卯(11일), 1-280.

88) 『世宗實錄』권6, 世宗 1년 11월 戊辰(28일), 2-346~347.

89) 『世宗實錄』권13, 世宗 3년 8월 乙未(5일), 2-445.

90) 이후 사사노비와 법손노비에 대한 보완적인 조치가 취해졌다. 즉 3년 9월에는 법

사사노비의 혁거, 뒤를 이은 법손노비의 혁거로 사찰이나 승려가 노비를 소유하는 것은 완전히 불가능하게 되었다. 사사노비의 혁거는 상당한 의미를 갖는 것이다. 사찰에 노비가 있음으로 해서 승려는 잡일에 종사하지 않고 修道에 전념할 수 있었다. 그러므로 승려가 지배자의 위치를 누리는 데 있어서 노비는 중요한 존재였다. 그러한 노비를 상실했다는 것은 승려의 전반적인 지위의 하락을 의미하는 것이다.

태종대에 이어서 세종대에도 사사전 정리에 대한 주장이 크게 제기되었다. 세종 6년 개혁이 시행되기 이전은 물론 시행된 이후에도 사사전 정리를 주장하는 견해가 제출되었다. 사사전의 완전한 혁파를 주장하는가 하면 혹자는 부분적인 혁파를 주장하기도 했다.

완전한 혁파를 주장하는 것은 세종 6년 성균관생원 申處中 중 101인이 詣闕上書한 내용에 잘 나타나 있다. 그들은 태조·태종·세종의 불교억압 정책을 개관하면서 사찰 및 사찰 경제에 대한 전면적인 철폐 주장을 펼쳤다. 사찰의 소속전은 군자에 속하게 하고, 경성 내의 각 종 사찰은 각 사 중 廨宇가 없는 데에 주고, 외방사찰은 모두 파괴해 州縣站驛과 鄕學屋舍를 만들라는 주장을 했다.[91] 사찰의 완전한 철폐를 주장하는 것이었다.

부분적인 혁파론은, 세종 2년 각 종 사사를 병합하고 給田하는 일을 회의하게 한 데에 잘 나타나 있다. 이것은 세종이 사찰을 통합하고 토지를 재조정하여 분급하기 위한 의견 청취였다. 이때 柳廷顯은 각 도 주군의 資福寺社를 혁파하고 山水勝處 寺社를 택해 100결을 지급하여 聚僧作法할

손노비를 僧徒가 입법 전에 族屬 및 有恩者에게 증여한 것은 還奪하지 말 것이며, 입법 후에 관을 속이고 成文한 자는 엄히 다스리도록 했으며(『世宗實錄』권13, 世宗 3년 9월 辛未(11일), 2-451), 4년 10월에는 慈恩宗·摠南宗 2宗에 속하는 勸學寶 奴婢는 他宗에는 없는 것이라 하여 이를 屬公했다(『世宗實錄』권18, 世宗 4년 10월 丙午(22일), 2-509). 그리고 6년 4월에는 당시 혁파한 各 宗 및 僧錄司 노비 모두 383口를 추쇄해서 禪敎兩宗 都會所에 분급했다(『世宗實錄』권24, 世宗 6년 4월 丁巳(12일), 2-593).

91) 『世宗實錄』권23, 世宗 6년 3월 戊子(12일), 2-586~587.

것을 주장했으며, 朴블은 혁거하지 않은 사찰은 모두 평지에 있으며, 표훈사와 같은 사찰이 혁거의 대상이 되어 불합리하다고 하면서 표훈사에는 500·600결을 지급하고 나머지는 모두 명산대찰을 택해 급전하라고 했다. 그리고 李原은 종파를 선교양종으로 통합하고 산수승처의 사사를 택해 나누어 소속시키고 나머지의 사사로서 촌락에 소재한 것은 모두 혁거하고 그 토지는 혁거하지 않은 사찰에 나누어 주라고 했다.[92] 3인은 모두 태종대 존치가 허용된 사찰에 불합리한 바가 있으며 산수승처나 명산대찰의 사사를 택해서 토지를 지급하라고 하는 점에서 모두 일치하고 있다. 고려 이래의 비보사찰을 기준으로 제시하고 있지 않은 점이 주목된다. 즉 『道詵密記』에 기재되어 있는 여부를 고려하는 것이 아니라, 산수승처를 기준으로 제시하고 있었다. 다만 이원이 주장한 것은 종파의 통합까지 포함하고 있었다. 사사전의 철저한 혁파를 3인 모두 주장하고 있지는 않은 것이다. 다만 전토를 지급하는 사찰을 종전과는 달리 산수승처에 위치한 것으로 기준을 달리 제시하고 있다.

그리고 세종 6년 사헌부 大司憲 河演 등이 상소하여 사사전에 대한 정리를 주장했는데 여기서도 부분적인 혁파였다. 京師에는 3곳만 두고, 유후사에는 1곳만을 두며, 諸道에도 2,3개 소를 넘지 않게 하고 나머지는 모두 혁제하라는 것이었다. 대사헌의 상소에 대해 세종은 정부와 6조에게 의논하게 했는데, 대체로 당시의 신료들은 사사전에 대해 전면적인 혁파를 주장하는 분위기였다.[93]

세종 6년에 사사전을 36사에 한정하도록 개혁한 후에도 사사전에 대해 보다 축소할 것을 주장하는 견해도 제기되었고 완전한 혁파를 주장하는 견해도 제출되었다.

우선 36사에서 더 축소해야 한다는 주장이 있었다. 홍천·홍덕의 兩寺를

---

92) 『世宗實錄』권7, 世宗 2년 1월 乙丑(26일), 2-367~368.
93) 『世宗實錄』권23, 世宗 6년 2월 癸丑(7일), 2-578.

혁거하고 선교양종도 합하여 津寬寺 하나에 통합시키고 여타 각 사의 전
토를 전부 혁제하라는 주장이 있는가 하면,[94] 京中은 선교 각 1사, 개성부
와 각 도는 선교 각 1사, 평안도와 함길도는 선교 중 1사를 두고 나머지는
모두 그 토지를 혁제하여 義倉에 속하게 하라는 주장도 제시되었다.[95] 이
와는 달리 완전한 혁파를 주장하는 견해도 계속 제기되었다.[96]

사사전에 대해서는 이처럼 더욱 축소하자는 온건한 주장이 있는가 하면,
또 나아가 완전히 혁파하자는 주장도 계속하여 제기되고 있었다. 세종이
취한 정책은 태종대보다 더욱 사사전을 축소시키는 것이었다. 즉 완전한
혁파는 아니었던 것이다.

세종 6년 3월 국왕은 아래와 같이 傳旨했다.

> 京外의 各 宗 寺社 안에서 승려들이 거처할 수 있는 寺社는 수를 정
> 해 革去하고 寺社田은 헤아려 合屬시키고, 나머지 유명무실한 각 官의
> 資福寺는 모두 革除하라.[97]

구체적인 내용은 알 수 없지만, 태종대에 존치가 허용된 자복사를 대대
적으로 革除할 것을 표방한 것이다.

6년 4월에 예조의 계에 따라 사찰 및 사사의 전토에 대한 대대적인 정리
가 이루어졌다.[98] 3월의 전지에 따라 예조에서 계를 올린 것으로 보인다.
태종에 뒤이은 세종의 혁신적인 조치였다. 우선 사찰의 소속 종파를 선종
과 교종으로 나눈다는 점이 중요했다. 曹溪·天台·摠南 3종은 선종으로, 華
嚴·慈恩·中神·始興 4종은 교종으로 통합했으며, 중외에 36사만을 두어 양

---

94) 『世宗實錄』권72, 世宗 18년 6월 癸丑(18일), 3-686~687.
95) 『世宗實錄』권88, 世宗 22년 3월 乙丑(23일), 4-276~278.
96) 『世宗實錄』권87, 世宗 21년 10월 乙酉(10일), 4-245~246 ; 『世宗實錄』권110, 世
　　宗 27년 10월 壬寅(2일), 4-639.
97) 『世宗實錄』권23, 世宗 6년 3월 己丑(13일), 2-587.
98) 『世宗實錄』권24, 世宗 6년 4월 庚戌(5일), 2-591~592.

종에 소속시키고 전지를 優給하고 居僧의 수를 정했다. 그리고 僧錄司를
혁파하고 京中 興天寺를 선종의 都會所로 했고, 興德寺를 교종의 도회소로
했다. 선종은 18사로 토지는 모두 4,250결이 되고, 교종은 18사로 전지는
모두 3,700결이 되었다. 이를 표로 나타내면 아래와 같다.

<표 1> 세종 6년 지정된 선종 사찰의 토지 결수와 승려 수

道	郡縣	寺名	元屬田(結)	加給田(結)	恒居僧(名)
京中		興天寺	160	90	120
留後司		崇孝寺	100	100	100
		演福寺	100	100	100
開城		觀音窟	45	105, 100(水陸位田)	70
京畿	楊州	僧伽寺	60	90	70
		開慶寺	400		200
		檜巖寺	500		250
		津寬寺	60	90, 100(水陸位田)	70
	高陽	大慈庵	152.96	97.04	120
忠淸	公州	鷄龍寺	100	50	70
慶尙	晉州	斷俗寺	100	100	100
	慶州	祇林寺	100	50	70
全羅	求禮	華嚴寺	100	50	70
	泰仁	興龍寺	80	70	70
江原	高城	楡岾寺	205	95	150
	原州	覺林寺	300		150
黃海	殷栗	亭谷寺	60	90	70
咸吉	安邊	釋王寺	200	50	120
계	18사		2,822.96	1,427.04	1,970
			4,250		

〈표 2〉 세종 6년 지정된 교종 사찰의 토지 결수와 승려 수

道	郡縣	寺名	元屬田(結)	加給田(結)	恒居僧(名)
京中		興德寺	250		120
留後司		廣明寺	100	100	100
		神巖寺	60	90	70
開城		甘露寺	40	160	100
京畿	海豊	衍慶寺	300	100	200
	松林	靈通寺	200		100
	楊州	藏義寺	200	50	120
		逍遙寺	150		70
忠淸	報恩	俗離寺	60	140	100
	忠州	寶蓮寺	80	70	70
慶尙	巨濟	見巖寺	50	100	70
	陜川	海印寺	80	120	100
全羅	昌平	瑞峯寺	60	90	70
	全州	景福寺	100	50	70
江原	淮陽	表訓寺	210	90	150
黃海	文化	月精寺	100	100	100
	海州	神光寺	200	50	120
平安	平壤	永明寺	100	50	70
계		18사	2,340	1,360	1,800
			3,700		

현저한 사사전의 감축이었다. 토지를 지급받는 사찰의 수가 태종대의 242사에서 36사로 크게 축소되었다. 토지를 분급받는 사찰이 고려시기에 2천을 상회했을 것을 생각한다면 거의 1/100로 축소된 것을 의미하는 것이다. 토지를 분급받은 사사의 수만이 감소한 것은 아니었다. 전체 사사전의 규모도 감소했다. 태종대 개혁 후 11,000여 결이던 것이 이제 7,900여 결로 축소되었다. 고려시기 10만 결을 상회하던 것에 비하면 상당한 축소라 할 것이다. 이것은 또한 사찰이 수조권을 기반으로 전토경영을 해 오던 것이 이제 크게 축소된 것을 의미하는 것이며, 이 시기 수조권적 토지지배가 약

화되어 가고 있던 추세와 긴밀한 관련을 갖는 것이기도 했다.[99]

그러나 1개 사찰이 점유하는 토지의 규모는 태종대에 비하여 크게 증가했다. 태종대에는 하나의 사찰이 200결에서 20결에 이르는 다양한 규모를 점유하여 평균 45.5결 정도였으나, 세종대에는 1개 사찰이 점유하는 전지가 150결에서 500결에 이르러 평균 221결에 이르렀다. 토지를 분급하는 사찰의 수는 감소시키되 1개 사찰이 지배하는 토지는 증가시키는 방침이었던 것이다.

그리고 지역적인 고려를 하여 36사를 선정했다. 사찰의 지역적 분포 상황을 보면 242사는 한성과 개성에 많이 소재했고, 나머지는 군현별로 배치되어 전국에 골고루 분포되어 있었다. 36사는 한성을 중심으로 하면서도 전국에 걸쳐 있다. 조선시기에 새로 세워진 興天寺·興德寺·開慶寺가 포함되고 있는 점, 태조와 관계 깊은 釋王寺, 태종과 관계깊은 覺林寺가 포함되고 있는 점이 두드러진다. 그러나 고려시기 이래 중요한 위치에 있던 개경 주위의 사찰로서 崇孝寺·演福寺·觀音窟·廣明寺·神巖寺·甘露寺·靈通寺가 포함되어 있기도 하다. 고려시기에 개경 주위에 많은 거찰들이 있었던 것을 고려하면 일부의 사찰로 보이지만, 36사 가운데 7개 사찰이라고 하는 것은 개경 주위 사찰에 대한 배려가 없지 않았음을 알려주는 것이라 하겠다. 전체적으로 보면 한성을 포함한 경기 지역의 사찰이 17개로서 거의 과반

---

99) 한편 사찰의 所耕田 즉 所有地도 부분적으로 혁파되었다. 242사에서 36사로 축소되면서 200여 사찰이 혁거의 대상이 되었는데 그 사찰이 점유하고 있던 수조지가 혁파된 것은 물론이겠지만, 그 사찰이 소유하고 있는 소경전의 향방은 궁금한데, 대체로 그 토지도 부분적으로 몰수되었다고 여겨진다. 그것은 세종 8년 11월에 혁거 대상이 된 忠州의 嚴政寺와 億政寺의 소경전을 승려들이 그대로 경작하고 있는 것이 문제되어 결국 無田平民에게 移給하도록 한 조치에서 확인된다. 이 조치는 위의 2사찰에 한정되지 않고 각종 승려들이 여전히 경작하고 있는 소유토지는 모두 그러한 조치의 적용을 받게 된 사실에서(『世宗實錄』권34, 世宗 8년 10월 丁亥(27일), 3-46) 분명히 알 수 있다. 그러나 이 시기 사찰의 소유지 전반의 변화과정은 앞으로 연구를 요하는 과제라 할 것이다.

수에 육박하고, 타도에는 나머지 19개의 사찰이 비교적 고르게 분포되어 있다. 경기지역에 소재한 사찰들은 대체로 왕실과 깊은 관련을 맺고 있었다.[100]

또한 사찰이 종전에는 군현과 긴밀한 관련을 갖고 선정되었지만 이제는 군현과 무관해졌다. 종전 군현과 관련한 사찰은 평지에 있는 경우가 많았는데,[101] 그러한 사찰이 이제 혁거된 것이다. 따라서 세종대의 개혁으로 평지에 소재한 사찰이 몰락하게 되었다고 여겨진다.

무엇보다도 중요한 점은 사찰을 남긴 기준이 고려의 그것과는 상이하다는 점이다. 즉 裨補 여부가 중요한 기준이 되지 않았다. 태종대까지는 비보를 고려했다. 즉 고려적인 제도를 배경으로 하고 있다. 그러나 세종대에 36사를 지정함에 이르러서는 그것은 완전히 조선적인 것이었다. 고려의 유풍은 단절되었고 비보가 기준이 되지 않았다.[102] 조선 왕실과 연결되는가 여부가 가장 중시되었다.

정부측에 의한 사사전 정리가 논의되고 시행되는 과정에서 승려들은 부분적으로 이에 대해 저항하기도 했다.[103] 태종대에는 신문고를 친다거나 척불의 주창자를 제거하려는 모의를 했는데 비해 세종대에는 佛心이 돈독했던 明帝에게 호소하는 방법을 택했다. 1년 12월에는 승려 30여 명이 몰래 국경을 넘어들어가 명제에게 본국의 불교 탄압의 정상을 상소하여 명나라로 하여금 조선의 불교 탄압을 중지토록 하려는 사건이 있었으며,[104] 동왕 3년 5월에는 평안도 묘향산의 適休가 그 무리인 信乃 등 8명과 함께 압록강을 건너서 명나라에 들어가 명제에게 본국의 배불중지를 소청한 일

---

100) 宋洙煥, 1992, 앞의 논문.
101) 『世宗實錄』권7, 世宗 2년 1월 乙丑(26일), 2-367.
102) 이 점은 이 시기 道詵의 裨補說이 비판받고 있는 실정과(『世宗實錄』권27, 世宗 7년 1월 丙申(25일), 2-650) 관련하고 있을 것이다. 裨補寺社說이 비판받고 있는 것은 이 시기에 도선의 지리학 체계가 도전받고 있던 사실과 관련하고 있으리라 여겨진다.
103) 李載昌, 1985, 앞의 논문.
104) 『世宗實錄』권6, 世宗 1년 12월 庚辰(10일), 2-349.

이 있었다.105) 이러한 승려들의 저항도 철저한 사사전의 혁파를 불가능하
게 한 하나의 요인이었다.

이후에도 사사전을 감축시키기 위한 노력은 지속되었다. 세종 9년 2월
에는 호조가 계하여 사찰 토지의 일부를 군자에 속하게 했다.106) 10년 9월
에는 석왕사의 토지를 감축시키는 조치를 취했다.107) 또 36사에 속한 사찰
가운데 5개 사찰을 교체하기도 했다. 전주의 경복사, 구례의 화엄사, 은율
의 정곡사, 태인의 홍룡사, 창평의 서봉사 등이 철폐되고 대신에 상원사,
송광사, 홍교사, 장안사, 정양사가 새로이 지정되었다.108)

세종은 대대적으로 사사전 혁거를 실행에 옮겼는데, 혁거된 사사전은
대체로 군자에 충당되었지만, 때때로 驛田으로 편입되는 일도 있었다.109)
혁파의 대상이 된 사찰에 간직되어 있는 大鍾·銅柱·銀佛器·金小塔·銀鉤
紐·香匙·銀軸子·銀佛藏·銀合·鍾磬110) 등을 몰수하기도 했다.111) 또 혁파
된 사찰의 材瓦를 다른 건물의 축조에 사용하는 수도 있었다.112)

세종이 이러한 조치를 취한 후 사정은 상당히 변화되었다. 13년 5월 崔
閏德이 계한 내용 중에 고려말에는 불법이 성행하여 갑자기 혁거할 수 없
었는데,

---

105) 『世宗實錄』권12, 世宗 3년 5월 庚辰(19일), 2-433.
106) 『世宗實錄』권35, 世宗 9년 2월 甲申(26일), 3-64.
107) 『世宗實錄』권41, 世宗 10년 9월 己巳(20일), 3-145.
108) 『世宗實錄』권24, 世宗 6년 4월 癸酉(28일), 2-595 ; 『世宗實錄』권25, 世宗 6년
     9월 庚辰(8일), 2-621 ; 『世宗實錄』권26, 世宗 6년 10월 丙寅(25일), 2-634 ; 『世
     宗實錄』권28, 世宗 7년 5월 辛巳(12일), 2-669.
109) 『世宗實錄』권27, 世宗 7년 2월 乙丑(25일), 2-657.
110) 『世宗實錄』권23, 世宗 6년 3월 壬辰(16일), 2-587 ; 『世宗實錄』권25, 世宗 7년
     9월 戊戌(2일), 2-691 ; 『世宗實錄』권57, 世宗 14년 8월 辛丑(15일), 3-409.
111) 조선초기 망폐한 사찰의 遺物 행방에 관해서는 李炳熙, 2011, 「朝鮮前期 寺刹
     의 亡廢와 遺物의 消失」『佛教學報』59(본서 수록) 참조.
112) 『世宗實錄』권29, 世宗 7년 8월 戊子(22일), 2-689. 승려가 거처하지 않아 비게
     된 사찰이 있을 때 그 사찰의 材瓦를 官衙·倉庫나 鄉校를 보수하는 데 사용하
     기도 했다(『世宗實錄』권45, 世宗 11년 8월 甲申(10일), 3-193~194).

우리 조정에서 聖君이 서로 이어받아서 寺社를 모두 혁파하였는데, 신이 지난해에 하삼도의 사사를 순찰하였는데, 거의 다 혁거되었으며, 다만 淫祀가 크게 성행하고 있다.[113]

고 지적했다. 하삼도의 사사가 대부분 혁거되어 있다는 것이다.

이렇게 축소된 사사전은 세종 6년 4월에는 총 7,950결이었다. 그러나 이후 다소의 증가가 있어 세종 19년 11월에는 8,915결이었고,[114] 동왕 21년 10월에는 총 7,982결이었다.[115] 그러나 이후 다소의 증가가 있어 성종대의 경우 대체로 1만 결 내외가 되었다.[116]

5. 寺社田의 規制와 運營

태종대와 세종대에 걸쳐 사사전은 대대적으로 정리되어 토지가 지급되는 사찰의 기준이나 사사전의 총액이 고려시기와 크게 상이했다. 그뿐만이 아니었다. 사사전에 대한 국가의 통제나 사찰의 사사전 경영 방식에서도 고려와는 상당한 차이가 있었다. 그리고 이 시기 私田의 대표적인 지목인 科田의 경우와도 전체적인 방향은 동일하면서도 세부적인 내용에서는 일정한 차이를 보였다.

우선 사사전에 대한 국가의 통제가 고려시기에 비해 매우 강화되었다는 점이 주목된다. 사사전이 지급된 총액과 사찰 수를 격감시킨 것에 그치지 않고 사사전에 대해서 국가는 여러 측면에서 규제를 가했다. 사사전의 총

---

113) 『世宗實錄』권52, 世宗 13년 5월 戊寅(15일), 3-316~317.
114) 『世宗實錄』권79, 世宗 19년 11월 丙申(10일), 4-114.
115) 『世宗實錄』권87, 世宗 21년 10월 乙酉(10일), 4-245~246.
116) 『成宗實錄』권95, 成宗 9년 8월 戊午(29일), 9-646 ;『成宗實錄』권96, 成宗 9년 9월 辛酉(3일), 9-647 ;『成宗實錄』권96, 成宗 9년 9월 丁亥(29일), 9-652 ;『成宗實錄』권166, 成宗 15년 5월 辛丑(15일), 10-590.

액이 늘어나지 않도록, 또 사사전을 지급받는 사찰의 수가 증가하지 못하도록 늘상 관심을 기울이고 있었다. 그러한 방법의 하나로서 사사전을 새로이 절급하는 것을 삼가고 종전의 사사전으로써 재절급하는 방식을 채택했다.

그러한 원칙은 이미 태종대부터 마련되어 있었다. 태종 7년(1407) 1월 태상왕이 신전을 흥덕사로 하고서 소속 종파를 화엄종으로 했으며, 전토 200결과 노비 50구를 지급했는데, 이때 전토와 노비를 새로이 지급한 것이 아니라 화엄종 소속 액내의 남양 관화사를 혁파하고 그 전민을 이급한 것이었다.117) 일정한 틀 내에서 사사 및 사사전을 유지시키려는 원칙을 엿볼 수 있다.

세종 8년(1426) 10월에는 새로이 창건한 개경사를 조계종에 가속시키고 조계종 소속의 흥천사를 화엄종에 이속시켰으며, 그리고 화엄종 소속의 지천사는 혁파하고서 그 전민을 흥천사에 속하게 했으며, 흥천사에 원래 속한 전민은 속공했다.118) 개경사를 조계종에 소속하게 하니 조계종의 사찰이 1개 늘어나므로 조계종에 소속했던 흥천사를 조계종에서 다른 종파로 소속을 바꾼 것이며, 흥천사가 화엄종으로 되니 화엄종의 사찰이 1개 증가하게 되므로 화엄종에 속했던 지천사를 혁거하는 것이었다. 사찰의 액은 소속 종파별로 정해져 있기 때문에119) 이러한 조치가 있게 된 것이다.

국가는 이처럼 사찰의 수를 종파별로 고정시키고 있으며 사사전은 새로이 민전으로써 절급하지 않고서 종전의 사사전으로써 지급하는 방식을 택하여 사사전의 증가를 억제하려고 노력했다.

세종대에 사사전을 지급받은 사찰이 36사로 축소되면서도 이 원칙은 지켜지고 있었다. 사찰의 전체 규모는 그대로 유지하면서 필요한 경우 사찰

---

117) 『太宗實錄』권13, 太宗 7년 1월 己卯(24일), 1-384.
118) 『太宗實錄』권16, 太宗 8년 10월 乙未(21일), 1-459.
119) 『太宗實錄』권16, 太宗 8년 10월 乙未(21일), 1-459. "各宗寺社 當初詳定 自有其額".

을 증가시키지 않고 교체하는 방식을 채택했다. 세종 6년 4월에 강원도 강릉의 上院寺는 水陸社인데도 革除의 대상이 되었다고 하면서 교종 소속 전주의 경복사를 혁파하고 상원사를 존치하도록 했다. 그러면서 元屬田 140결에다 60결을 加給하여 200결을 지급했다.[120] 경복사를 상원사로 교체한 것인데, 이때 상원사에 가급한 60결은 아마도 경복사가 분급받았던 150결 가운데 일부였을 것으로 추정된다.

세종 6년 10월 전라도 求禮의 華嚴寺와 황해도 殷栗의 亭谷寺를 혁파하고 松廣寺·興敎寺를 선종에 속하게 하는 조치를 취했다.[121] 이어서 7년 5월에는 선종 소속의 전라도 태인의 興龍寺와 교종 소속의 창평 瑞峯寺를 革除하고서 강원도 금강산의 長安寺를 선종에 속하게 하고 正陽寺를 교종에 속하게 하며 田地 또한 移給했다. 다만 장안사는 이미 대찰이므로 흥룡사전 150결로 공양하는 것이 부족하니 本宗의 不緊寺社田 150결을 減해 가급하도록 했다.[122] 토지는 혁파의 대상이 된 사찰이 지배하고 있던 전지를 이급시키는 형식을 취하고 있었다. 다만 장안사의 경우는 대찰이기 때문에 추가로 지급하도록 했다. 그러나 추가로 지급된 150결은 민전을 지급하는 것이 아니라 기존의 사사전 가운데 긴요하지 않은 사찰의 것을 감해서 지급하는 형식을 취하고 있는 것이다.[123] 사사전의 전체 규모를 확대하지 않고 그 범위 내에서 유지하려는 방침을 재차 확인할 수 있다.

세종대 토지를 분급받은 36사는 이러한 변화를 겪어서 5개의 사찰이 탈락하고 5개의 사찰이 새로이 지정되었다. 탈락한 사찰은 전주의 경복사,

---

120) 『世宗實錄』권24, 世宗 6년 4월 癸酉(28일), 2-595.
121) 『世宗實錄』권26, 世宗 6년 10월 丙寅(25일), 2-634.
122) 『世宗實錄』권28, 世宗 7년 5월 辛巳(12일), 2-669.
123) 새로운 전지의 지급은 되도록 억제하고 사사전을 사사전으로 재절급하려고 한 것은, 세종 6년 9월 仁德殿 卽位時 願堂인 華藏寺가 점유하던 田地 200結 가운데 이미 100결은 흥교사에 移賜한 바 있고, 나머지 100결도 화장사 혁거에 즈음하여 흥교사에 지급한 데서도(『世宗實錄』권25, 世宗 6년 9월 庚辰(8일), 2-621) 확인할 수 있다.

구례의 화엄사, 은률의 정곡사, 태인의 홍룡사, 창평의 서봉사였으며, 새로
이 편입된 사찰은 상원사, 송광사, 홍교사, 장안사, 정양사였다. 사사전을
지급받은 사찰을 36사에 고정시키려고 하는 정부의 자세를 읽을 수 있는
것이다.

그러한 국가의 규제에도 불구하고 사사전의 총액이 고정될 수 없었고,
사사전을 지급받는 사찰의 수가 불변일 수는 없었다. 이미 불교에 대해 심
히 억압적인 태종대에도 일부 그러한 예가 있었다. 태종 13년 5월에 檜巖
寺에 100결의 전토를 사여했으며,124) 13년 12월에는 興敎寺에 30결을 지급
했고,125) 14년 윤9월에는 覺林寺에 100결을 加給했다.126) 그리고 18년 4월
에는 大慈庵에 50결의 전토를 속하게 했다.127) 이처럼 사찰에 토지를 추가
로 지급하거나 새로이 절급하는 예가 있어, 국가의 사사전 규제가 제대로
지켜지지 않는 면을 보이는 것은 사실이다. 그러나 이 경우도 일상적인 것
이 아니라 특별한 사유가 있었기 때문이었다. 회암사에는 中宮이 위독하여
藥師精勤을 設했는데 疾이 다소 낫자 태종이 기뻐서 특별히 지급한 것이
며, 홍교사에는 上王(定宗)의 요청이 있었기 때문이며, 원주 覺林寺에는 태
종이 잠저시에 독서한 사찰이기 때문이고, 대자암에는 그 사찰이 昭頃公 ·
墳菴이기 때문에 각각 전토를 지급한 것이었다.

세종말년 이후, 왕실이 사찰과 개별적으로 관련을 맺는 예가 늘어가면
서 사사전을 지급받는 사찰의 수가 늘어났고 사사전의 총액도 다소 증가
했다. 그러면서도 되도록 사찰의 수를 늘리지 않으려고, 또 사찰의 토지를
중대시키지 않으려는 노력을 계속했다. 예컨대 성종 5년(1474) 7월 寶蓮寺
位田 140결과 藏義寺 位田 내 100결을 神勒寺에 移給하라는 조치가 그것
이었다.128) 충주의 보련사, 한성의 장의사는 36사 가운데 하나여서 모두

---

124) 『太宗實錄』권25, 太宗 13년 5월 甲申(6일), 1-670~671.
125) 『太宗實錄』권26, 太宗 13년 12월 丙寅(21일), 1-700.
126) 『太宗實錄』권28, 太宗 14년 윤9월 甲寅(14일), 2-39.
127) 『太宗實錄』권35, 太宗 18년 4월 甲申(4일), 2-215.

토지를 지급받고 있었는데 그 규모는 각각 150결, 250결이었다. 그런데 신륵사에 새로이 토지를 지급하도록 하면서 국가수조지가 아닌 사사전으로써 재절급하는 방법을 택하고 있으니, 이는 사사전의 증가를 억제하려는 국가의 자세를 말해주는 것이라 하겠다. 이 조치의 결과 보련사에는 겨우 10결의 토지만이 남게 되었으며, 장의사에는 150결의 토지가 남게 되었다. 그리고 신륵사는 새로이 토지를 지급받는 사찰의 대열에 들었다.

사찰의 총수를 일정한 틀 내에서 유지하고, 사사전도 그대로 유지하고 증가를 억제했지만, 기존의 寺社와 寺社田으로 불충분한 경우에는 불가피하게 사찰의 수를 늘리고, 새로이 토지를 지급하기도 했다. 그리하여 성종대에는 43개 사찰이 토지를 분급받고 있었으며, 사사전의 총규모는 1만 결 내외였다.129) 사사전의 총규모나 사사전을 지급받는 사찰의 수를 고정하려고 했지만, 이처럼 현실적으로는 다소의 증가가 불가피했다. 그러나 고려말과 같은 파행적인 격증 현상은 나타나지 않았다.

국가는 또한 사사전에 대해 그 田租를 公收하여 일시적이나마 사찰의 전조 수취를 중단시키는 조치를 취했다. 이는 사사전에 대한 국가의 관리를 강화하고 사사의 농민에 대한 지배를 약화시키는 의미를 갖는 것이다. 태조 6년(1397) 10월에 公私田租의 公收 조치의 일환으로 寺社田租의 공수도 시행되었다.130) 이에 대부분 사찰의 전조는 공수의 대상이 되었으나 극히 일부의 사찰, 곧 演福寺·安國寺,131) 重興寺·億正寺,132) 福靈寺·海印寺133) 등은 전조의 공수 조치에서 벗어나 사찰이 직접 전조를 수취할 수

---

128) 『成宗實錄』권45, 成宗 5년 7월 戊辰(15일), 9-130.
129) 『成宗實錄』권95, 成宗 9년 8얼 戊午(29일), 9-646 ; 『成宗實錄』권96, 成宗 9년 9월 辛酉(3일), 9-647 ; 『成宗實錄』권96, 成宗 9년 9월 丁亥(29일), 9-652 ; 『成宗實錄』권166, 成宗 15년 5월 辛丑(15일), 10-590.
130) 『太祖實錄』권12, 太祖 6년 10월 辛卯(13일), 1-111.
131) 『太祖實錄』권13, 太祖 7년 1월 丁巳(9일), 1-114.
132) 『太祖實錄』권13, 太祖 7년 1월 壬申(24일), 1-115.
133) 『太祖實錄』권13, 太祖 7년 1월 甲戌(26일), 1-115.

있었다. 이러한 사사전조의 공수 조치는 사찰의 토지에 대한 지배를 일시적이기는 하지만 약화시키는 의미를 갖는 것이다.

태종 3년 8월에는 사간원이 상소하여 경상·전라 양도의 전조를 霜降·水旱으로 전조를 면제할 것을 요청했으며, 대신 공신전과 사사전의 소출로 부족한 수를 충당할 것을 주장했지만, 실행에 옮겨지지는 않았다.134) 그리고 9년 10월에 사사전을 포함하여 사전의 전조에 관해 1/2의 공수조치를 취하려 하다가135) 다음달에 功臣田·元從功臣田·廻軍功臣田·別賜田과 함께 사사전의 공수는 면제되었다.136) 13년 8월 전쟁에 대비한 곡식 비축을 위하여, 各 官 文廟祭田을 제외하고 別賜田·元從功臣田·廻軍功臣田·寺社田·公廨田을 全收其租하며, 各品科田·三功臣田은 1/2을 공수하여 군량에 충당하라는 상소가 있었다.137) 이 상소는 물론 시행되지 않았지만, 사사전은 과전보다 많은 양을 公收해야 한다고 여기고 있는 점이 주목된다.

이러한 사사전조의 공수 논의나 조치는 사찰의 재정이나 사사전 지배를 불안케 하는 의미를 갖는 것이다. 결국 수조권자의 전주로서의 위치를 동요시키는 것이다.

그리고 私田主는 국가에 대해 稅를 납부하는 것이 원칙이었다. 과전법 규정상 전주는 전객농민에게서 1결당 租 30斗를 징수하여 그 가운데 2斗를 稅로 국가에 납부하도록 되어 있었다. 고려시기에도 세의 규정이 있어 전주들은 세를 납부하도록 되어 있었지만,138) 사찰의 전토는 그러한 부담을 지고 있지 않았다. 그것은 국가가 사사전에 대해 상당한 혜택을 주는

---

134) 『太宗實錄』권6, 太宗 3년 8월 己酉(4일), 1-272.

135) 『太宗實錄』권18, 太宗 9년 10월 辛亥(13일), 1-514.

136) 『太宗實錄』권18, 太宗 9년 11월 己卯(11일), 1-517.

137) 『太宗實錄』권26, 太宗 13년 8월 壬子(6일), 1-680.

138) 『高麗史』권78, 志32, 食貨1, 田制, 租稅, 中册, 726쪽. "顯宗 四年 十一月 判 文武兩班 諸宮院田 受三十結以上 一結 例收稅五升" ; 『高麗史』권78, 志32, 食貨1, 田制, 租稅, 中册, 727쪽. "(文宗) 二十三年 定稅 以十負出米七合五勺 積至一結米七升五合 二十結米一石".

것이었고, 그것은 곧 불교계를 우대한다는 의미까지 갖고 있는 것이었다. 그러나 조선이 개창된 후 사사전을 정리하면서 이와 병행하여 稅를 국가에 납부하도록 규정했다.

세를 납부토록 하는 조치는 사사전의 정리와 마찬가지로 점차적으로 진행되었다. 사사전의 收稅法은 오히려 사사전에 대한 전면적인 정리에 앞서서 실시되었다. 사사전에서 세를 납부하지 않는 원칙은 과전법에서도 인정되었는데, 태종 2년 2월 兩班의 과전과 마찬가지로 사사전에서도 收稅하여 군자에 보충하는 조치를 취했다.[139] 그러나 이때의 개혁 내용은 경기에 소재한 사사전에 한정하며 그 양도 과전의 1/2에 불과했다. 이 수세법은 이후 몇 차례의 변동을 겪었다.[140] 세종 6년 12월에는 각 품의 과전세는 수전 5결당 粳米 10두인 데 비하여 寺社折受 水田에서는 5결당 粳米 5두로, 수세하는 액이 같지 않아 과전과 동일하게 했다.[141] 세종 7년 2월에는 경기에서만 수납하던 사사전의 세를 충청·전라·황해·강원도에서도 과전의 예에 따라 수세하여 豊儲倉에 납부하고 평안·함길·경상도는 州倉에서 수납하는 조치가 취해졌다.[142] 이러한 수순을 밟으면서 사사전에서 세를 받는 것으로 바뀌어 갔다. 고려시기에 전혀 세를 부담하지 않던 사사전이 이제는 세를 납부하게 된 것이다. 이것은 사사전에 대한 국가의 관리가 철저해진 것을 가리키며 그만큼 사사전이 누리던 특혜의 상실을 뜻하는 것이다. 사사전에서의 세 납부는 곧 이제까지 과전과 달리 혜택을 누리던 위치에서 과전과 동일한 위치로 격하된 것을 의미하는 것이다. 결국 조선 사회에서 사사전이 점하는 위치가 현저하게 하락한 것을 뜻하는 것이다.

이밖에도 국가는 사사전에 대해 직접·간접으로 여러 가지 규제를 가하

---

139) 『太宗實錄』권3, 太宗 2년 2월 戊午(5일), 1-224~225.
140) 태종 9년 7월에는 일시 각 종파의 상언으로 인하여 각 종 사사의 전세미를 蠲免해 준 일이 있었다(『太宗實錄』권18, 太宗 9년 7월 甲申(14일), 1-498).
141) 『世宗實錄』권26, 世宗 6년 12월 乙巳(4일), 2-638~639.
142) 『世宗實錄』권27, 世宗 7년 2월 庚申(20일), 2-655.

여 팽창을 저지할 뿐만 아니라 전객농민에 대한 침탈을 억제했다. 국가는
가급적이면 軍資로 편입하려는 시도를 수시로 보이고 있었다. 亡寺田의 경
우에 분명하게 나타나고 있다. 사찰의 亡廢는 여러 가지 사정상 빈번하게
나타나는 현상이었다. 이 경우 사찰은 사찰로서의 소정의 역할을 수행할
수 없으므로 국가에서 지급한 전토는 당연히 몰수하는 것이 원칙이었다.
그러한 노력은 고려후기에도 보였으며[143] 조선초에도 역시 실행되고 있었
다. 태종 5년에는 대대적인 망폐사찰의 전토에 대한 속공조치가 강구되었
다.[144] 사찰이 망폐 혹은 기타 사유로 사찰로서의 역할을 하지 못할 때는
속공하는 것이 원칙이었다.[145]

그러나 36사로 한정되면서 그리고 그 사찰이 대체로 왕실과 긴밀한 관
련을 맺으면서는, 그 사찰의 유지를 위한 노력도 보이고 있다. 국가는 36사
로 지정된 사찰은 유지해 가려고 노력했다. 단종 원년(1453)에 楡岾寺가 실
화로 전소했으나 그 토지를 몰수하지 않고서 중창시키고 있는 데서[146] 명
확한 것이다.

또한 국가는 새로운 사찰의 소속 종파를 결정할 수 있고, 기존 사찰의
소속 종파를 변경할 수 있었다. 또 기존 종파를 통폐합할 수도 있었다. 태
종 7년 1월 興德寺를 화엄종 소속으로 한 것이나,[147] 8년 10월 開慶寺를
조계종 소속으로 한 것,[148] 또 18년 5월 관음굴을 조계종에 소속시킨
것,[149] 세종 원년 5월에 留後司 太祖眞殿의 佛堂을 崇孝寺로 命名하고서

---

143) 이병희, 1992, 앞의 논문, 146~147쪽.
144) 『太宗實錄』권10, 太宗 5년 8월 壬辰(29일), 1-334.
145) 亡寺의 경우 그 사찰이 소유하고 있는 私有田土도 몰수되어 속공되는 것이 원
    칙이었다고 보인다. 망사의 전토가 鄕校의 소속으로 바뀌는 것은『成宗實錄』권
    239, 成宗 21년 4월 乙未(13일), 11-584~585) 그러한 실정을 말해주는 것이라 하
    겠다.
146) 『端宗實錄』권9, 端宗 1년 12월 乙未(13일), 6-652.
147) 『太宗實錄』권13, 太宗 7년 1월 己卯(24일), 1-384.
148) 『太宗實錄』권16, 太宗 8년 10월 乙未(21일), 1-459.
149) 『太宗實錄』권35, 太宗 18년 5월 丁丑(28일), 2-228.

天台宗에 소속케 한 것[150] 등은 새로운 사찰의 소속 종파를 국가가 결정하고 있음을 말해주는 것이라 할 수 있다. 그리고 태종 8년 10월 홍천사를 조계종에서 화엄종으로 변경한 예는[151] 기존 사찰의 소속 종파를 변경시킨 경우라 하겠다. 그리고 무엇보다도 큰 종파 변경은 세종 6년 4월 여러 종파를 선종과 교종으로 통폐합한 예라 할 수 있다. 국가는 이러한 소속 종파의 조정을 통해 사찰을 관리하고 통제했다.[152] 국가는 또 사찰을 종파별로 구분하여 운영했다. 36사 설정 이전에는 승록사에서 각 종파로 이어지고 있었고, 36사 설정 이후에는 禪宗은 都會所인 興天社를 통해, 敎宗은 都會所인 興德社를 통해 관장했다. 국가는 종파로 분리하여 사찰을 관리하고 있는 것이다.

사사전의 下三道 移給을 통해서도 사사전에 대해 국가는 일정한 규제를 했다. 본래 私田의 하삼도 이급은 기본적으로 경기 농민에 대한 조선 국가의 지배방식·수취형태가 가져오는 여러 문제를 수습하고자 하는 데서 등장하고 있었다.[153] 그러나 사전의 이급은 佃客·田主·國家 등 제 세력의 이해를 엇갈리게 하는 중요한 문제였기에 시행에 옮기는 것은 간단치 않았다. 태종 17년에 경기 사전의 1/3이 외방에 이급될 때, 사사전도 移給의 대

---

150) 『世宗實錄』권4, 世宗 1년 5월 丙寅(22일), 2-317.
151) 『太宗實錄』권16, 太宗 8년 10월 乙未(21일), 1-459.
152) 242사나 36사에는 모두 소속 종파가 있었던 데서 추측되듯이 소속 종파가 있는 사찰은 전토를 지급받았다고 보인다. 세종 1년에 "其佛堂(=崇孝寺가 됨) 命名 而屬宗門 量給田民 甚便"하라고 朴블이 상소한 데서도(『世宗實錄』권4, 世宗 1년 5월 丁未(3일), 2-314) 그러한 사실을 알 수 있는 것이다. 그리고 "有住持諸寺 皆有田"(『成宗實錄』권82, 成宗 8년 7월 丁卯(2일), 9-469)에서는 주지가 파견되는 사찰에는 모두 토지가 있다는 것인데, 주지가 파견되는 사찰은 소속 종파가 있는 것이기 때문에 결국 종파가 있는 사찰은 국가로부터 전토를 지급받았다고 할 수 있는 것이다.
153) 태종대 私田의 下三道 移給에 관해서는 아래의 글이 참조된다. 深谷敏鐵, 1940, 「科田法から職田法へ」『史學雜誌』51-9·10 ; 韓永愚, 1969, 「太宗·世宗朝의 對 私田施策」『韓國史研究』3 ; 李景植, 1986, 「科田制度의 運營과 그 變動」『朝鮮前期 土地制度 硏究』, 一潮閣.

상이 되었다. 그러나 양반과전과는 달리 사사전은 이미 외방에 다수 소재하고 있었기 때문에 이급에 따른 사찰의 손실은 과전과는 달리 그다지 크지 않았다고 보인다. 하삼도에 이급한 사전은 세종 13년에 다시 경기에 환급했다. 이때 부분적으로 사사전도 경기에 환급되었다고 보인다. 그러나 그 양이 적었기 때문에 경기에 환급한 지목으로서 別賜田·功臣田·各品科田·守信田이 언급되고 있을 뿐[154] 사사전은 포함되지 않았다.

이처럼 국가는 사사전에 대해서 고려시기보다 훨씬 규제를 강화하여 사사전은 한층 국가의 통제 하에 놓여서 운영되게 되었다. 그만큼 사사전의 위치가 고려시기와 단계적인 차이를 보이는 것이라 하겠다. 사사전을 매개로 이루어지는 농민지배에서도 고려시기와는 상이한 양상을 띠었다.

조선초기 242사나 36사에 지급한 전토는 收租地였다. 그 토지는 민의 所耕田으로써 절급된 것이었다. 수조지로서의 사사전을 절급받은 사찰은 그 절급받은 수조지와 그 토지의 경작농민을 지배하는 권리를 보장받았다. 이는 고려시기의 寺院田의 성격과 동일한 점이라 하겠다.

사사전은 특히 36사로 한정되면서 그 사찰이 왕실과 관련을 맺고 있음에서, 민전 가운데서도 良質의 전토로써 지급되는 경우가 많았다. 당시의 結負制 운영 하에서 일정한 소출이 보장된 전토를 결부 단위로 파악하고는 있지만, 실제 같은 1결로 파악된 전토라 하더라도 瘠薄地와 肥沃地 사이의 생산력의 차이가 컸고 이에 따라 수조량에도 그만큼 영향이 있었다.[155] 특히 水旱의 경우에는 심각한 차이가 있었다. 비옥한 토지는 수한 등의 피해에서도 상대적으로 손실을 덜 입었다. 때문에 비옥한 전토를 점유한다는 것은 전주로서는 소망 사항이었다. 사찰이 비옥한 전토를 소지하고 있음은 그러한 우대의 의미가 있는 것이다. 예종 1년(1469)에 奉先寺에 비옥한 전토를 택해서 지급하고 있음은,[156] 사찰의 전토가 다른 일반 사전

---

154) 『世宗實錄』권51, 世宗 13년 1월 己丑(24일), 3-292.
155) 李景植, 1986, 앞의 책, 113쪽.
156) 『睿宗實錄』권7, 睿宗 1년 9월 己酉(29일), 8-420.

보다 비옥한 사실을 나타내는 것이라 할 수 있다.

그리고 사사전은 분산되어 있었다. 한 곳에 토지를 집중시켜 지급하지 않았다. 이것은 농민의 보호, 사찰의 세력화 방지 및 군현제의 운영과 관계되는 것이다. 또 과전과 달리 경기에 한정되어 있지 않았다. 태종 17년 사사전의 일부를 하삼도에 이급하지 않은 때에도 사사전은 경기 이외의 다른 지역에도 존재하고 있다. 개성부에 소재한 觀音窟에서는 水陸齋가 행해지는데, 수륙재를 위해 설정한 토지는 모두 100결이지만, 그 반은 개성이 아닌 경기에 있었다는 사실,[157] 楡岾寺의 전토 300결 가운데 180결이 강원도에 소재했으며, 또 그 180결 중 90결을 國用에 속하게 하고 충청·경상·전라도 전토로써 充給하게 했다는 사실,[158] 洛山寺의 收稅田을 경상도 三嘉縣의 300결로써 절급한 사실[159] 등에서 사찰의 전지가 외방에 소재하고 있었음을 알 수 있는 것이다. 또 長安寺의 토지는 충청도의 洪州와 公州에 소재하고 있었다.[160] 또 사사전세 규정을 마련하면서 사사전이 소재한 지역으로 경기 이외에 충청·전라·황해·강원도가 언급되고 있다.[161]

사찰의 전토가 경기 이외의 외방에 다수 소재하고 있음은[162] 사찰 자체가 경기에 한정되지 않는 사실에서 불가피한 면도 없지 않았다. 242사나

---

157) 『世宗實錄』권115, 世宗 29년 2월 乙巳(13일), 5-5.
158) 『睿宗實錄』권2, 睿宗 즉위년 11월 己卯(23일), 8-300.
159) 『成宗實錄』권4, 成宗 1년 3월 丁未(28일), 8-483.
160) 『世祖實錄』권45, 世祖 14년 3월 壬午(22일), 8-171.
161) 『世宗實錄』권27, 世宗 7년 2월 庚申(20일), 2-655.
162) 태종 2년 무렵에 경기 내의 지목 및 그 전결수는 아래와 같은데(李景植, 1986, 앞의 책, 171쪽), 사사전이 4,680결에 그치고 있음은 외방에 사사전이 대부분 소재하고 있음을 알려주는 것이라 하겠다.

科田	84,100결
功臣田	31,240결
寺社田	4,680결
倉庫宮司 各司位田	7,280결
軍資田	22,000결
합	149,300결

36사의 상당수가 경기가 아닌 외방에 분포하고 있는 사정에서 부득이한 일이었다. 그러나 당시 사전, 특히 과전을 그토록 경기에 한정하려고 했던 사실과는 상충된다고 하겠다.

사찰은 전조의 수취를 위해 收租人을 파견했다. 수조인은 수조지에서의 농사의 豊凶을 점검하며 수조의 實額을 사정하고, 그 전조의 수취를 집행 감독하기 위하여 파견했다. 조선초 세종대 이후에는 사찰의 노비가 혁거되 었기 때문에 수조인은 전적으로 승려들이었다. 수조인으로 파견된 승려는 '收稅之際 寢食田家 淹留旬月 或以犯戒'하는[163] 일도 있었다. 수조인이 담 당하는 중요한 임무의 하나는 답험을 통한 풍흉의 점검이었다. 태종 15년 11월, "津寬寺의 水陸齋位田은 100결인데, 陳損을 제외하고 거둔 米豆는 정월 수륙재에 부족하다."고[164] 함은 陳損을 고려하여 진관사에서 미두를 수취하고 있음을 가리키는 것인데, 그 진손의 사정은 진관사에서 파견한 수조인의 임무였다.

사사전의 점유는 이 토지와 이를 소유 경작하는 농민에 대한 지배권의 所持였는데, 실제로는 일정량의 전조를 취득하는 권리의 보유를 의미했다. 사찰이 사사전에서 수취하는 전조는 과전법의 규정에 따르면 1결당 30斗, 곧 2石이었다. 그러나 과전에서 전조 이외에 草價나 輸納價도 징수하는 권 리가 보장되어 실제로는 46~48斗를 징수하여 수확의 1/6~1/5에 상당했는 데[165] 이것은 사사전에서도 동일했다고 생각한다.

그러나 사찰은 규정된 전조에 그치지 않고 厚斂하여 전객이 관에 호소 한 일도 있었으며[166] 도량형을 조작하여 重斂하는 수도 있었다. 공·사전에 서 大斗로써 重斂하는 것은 정부에서도 문제삼고 있었는데,[167] 사찰에서

---

163) 『成宗實錄』권203, 成宗 18년 5월 己酉(10일), 11-211.
164) 『太宗實錄』권30, 太宗 15년 11월 己酉(16일), 2-91.
165) 李景植, 1986, 앞의 책, 125~134쪽.
166) 『太宗實錄』권24, 太宗 12년 10월 己巳(17일), 1-652.
167) 『太宗實錄』권14, 太宗 7년 12월 丁未(28일), 1-427.

도 도량형을 조작하여 전조를 과다하게 징수한 일이 있었다. 예컨대, 장의
사와 홍덕사가 斗量을 과다하게 하여 전조를 濫收하고 있었다.[168]

후렴이나 중렴과 달리 雜物을 징수하는 일도 있었다. 사찰에서는 箒瓢·
麻繩·菉豆나[169] 佛油·掃箒·席子·脚力價[170] 혹은 瓢刷·鞋革蔑·器皿[171] 등
도 징수했다. 잡물을 징수하되, 사찰에서 필요로 하는 물품인 佛油나 席子,
器皿을 징수하여 일반 과전과는 다른 내용의 잡물이 포함되어 있다. 36사
의 하나인 俗離寺는 소금을 징수하기도 했다.[172]

사찰은 또한 교환경제와 연결되어 있고, 여러 종류의 佛事를 행하고 있
었기 때문에 이에 편승하여 수취하는 일도 있었다. 성종대에 學悅·學祖 등
이 '廣殖財穀 斂散之際 虐民爲甚'하다고[173] 함은 고리대를 통한 농민의 잉
여를 수취하는 것을 가리키는 것이며, 水陸齋나 無遮大會를 통한 민의 재
력 흡수는[174] 종교행위와 관련한 것이었다. 또한 '把持勸文 誘民抽財'한다
거나[175] '依憑緣化 以匿其財'하는[176] 것은 연화를 통한 민의 잉여물을 수
취하는 것을 지칭했다. 교환경제를 통하거나 불사를 매개로 한 수취가 경
작농민만을 대상으로 한 것이라 할 수는 없겠지만, 일차적으로 사사전의
경작농민이 주 대상이 되었다고 보는 것이 순리일 것이다.

사찰이 사사전 점유를 전제로 이상과 같은 수취를 자행하고 있는 사정
에서, 경작민이 때때로 저항하는 일도 있었다. 覺林寺 승려의 厚斂에 대항
하여 佃客農民이 관에 호소한 사실이나[177] 또 長安寺 승려가 전조징수 시

---

168) 『睿宗實錄』권3, 睿宗 1년 2월 甲寅(29일), 8-335.
169) 『睿宗實錄』권3, 睿宗 1년 2월 甲寅(29일), 8-335.
170) 『成宗實錄』권181, 成宗 16년 7월 甲寅(6일), 11-36.
171) 『成宗實錄』권203, 成宗 18년 5월 己酉(10일), 11-211.
172) 『成宗實錄』권285, 成宗 24년 12월 庚辰(20일), 12-452~453.
173) 『成宗實錄』권68, 成宗 7년 6월 丁酉(26일), 9-354.
174) 『世宗實錄』권55, 世宗 14년 3월 甲子(5일), 3-374 ; 『世宗實錄』권64, 世宗 16년
    4월 戊午(11일), 3-555.
175) 『世宗實錄』권55, 世宗 14년 3월 甲子(5일), 3-374.
176) 『世宗實錄』권28, 世宗 7년 6월 辛酉(23일), 2-676.

에 피해를 주자 洪州에 거주하는 私奴와 公州의 正兵인 陳息忠이 호소한 사실은[178] 대표적인 예라 할 수 있을 것이다. 전객농민의 이러한 불만·저항이 전제되었기에 정부가 사사전을 적극적으로 정리해 갈 수 있었다고 여겨진다.

수조지로서의 사사전은 민전 위에 설정된 것이기에, 그 소유농민의 신분은 다양할 수밖에 없었다. 長安寺 승려가 전조징수 시에 피해를 주고 있다고 호소한 자로서 洪州에 거주하는 私奴와 公州의 正兵인 陳息忠이 보이는데,[179] 결국 사노와 정병이 전객농민인 것을 분명히 알 수 있는 것이다. 토지소유자가 다양하듯이 사찰의 수조지를 실제로 소유하고 있는 전객농민은 매우 다양했다. 승려가 전객농민인 경우는 극히 드문 일이었다.[180]

사찰에서 사사전 점유를 통해 수취한 물품은 사찰이나 승려들의 여러 경비에 충당해야 했다. 승려들의 생활비, 건물의 수선비, 불교행사의 비용이 대표적인 지출항목이었다. 흔히 조선초의 자료에서는 '供佛·齋僧'으로 표현되기도 했는데,[181] 이것은 불교행사와 승려의 식비를 의미하는 것이었다. 또한 '薦先王之冥福 祝願聖壽之萬年'에 지출해야 한다고 표현되기도 했다.[182] 수륙위전으로 지정된 경우에는 수륙재의 비용에 충당해야 하는 것이다.

사찰이 전토에서 수취하는 일이나 또 재원을 지출하는 일은 주지의 관

177) 『太宗實錄』권24, 太宗 12년 10월 己巳(17일), 1-652.

178) 『世祖實錄』권45, 世祖 14년 3월 壬午(22일), 8-171.

179) 『世祖實錄』권45, 世祖 14년 3월 壬午(22일), 8-171.

180) 그러나 사찰이 소유지를 가지고 있는 경우에는 승려가 경작농민일 수도 있었다. 예컨대 예종 1년에 "傳于承政院曰 僧人不解經文者 興販者 農作者 還俗當差之法 考啓"(『睿宗實錄』권5, 睿宗 1년 5월 辛卯(8일), 8-367)하라는 것이나, 또한 세종 8년 10월에 "革去寺社所耕田地 令入接僧人 仍舊許耕使之 各安其生"(『世宗實錄』권34, 世宗 8년 10월 丁亥(27일), 3-46)했다는 데서 알 수 있다.

181) 『太宗實錄』권1, 太宗 1년 윤3월 辛亥(22일), 1-200 ; 『世宗實錄』권87, 世宗 21년 10월 乙酉(10일), 4-245.

182) 『成宗實錄』권203, 成宗 18년 5월 己酉(10일), 11-211.

할 사항이었다. 주지는 당연히 파견된 本寺에 거처해야지 他寺에 옮겨가서
거처해서는 안 되었다.[183) 242사나 36사에는 국가에서 주지를 파견하여 우
대함과 동시에 통제 하에 편입했다.

　홍덕사에 都僧統 雪悟가 주지로 파견되었는데,[184) 대개 국가가 토지를
지급하는 사찰은 소속 종파가 정해져 주지가 파견되었다고 보아야 할 것
이다. 亡廢寺社에는 주지가 파견되어서는 안 되었다. 242사 가운데 망폐된 사
찰에 주지가 差下된 경우가 있었기 때문에 88개의 사찰을 교체한 것이다.[185)

　사찰에는 주지가 파견됨으로써 그 사찰의 격이 높아지는 것이었는데,
주지가 파견되지 않거나 파견이 중단되는 것은 사찰로서는 커다란 타격이
었다. 태종 18년에 국왕이 傳旨하여,

> 　摠持宗은 오로지 密員의 方術로 遁甲하고 사람을 구료한다고 하여
> 설치한 것인데, 종파의 중들은 그 직임을 알지 못하니, 이제부터 그 職
> 衝과 寺社의 住持는 差下하지 말도록 하라.[186)

고 한 것은 총지종으로서는 큰 손실을 입게 됨을 의미했다.

　주지는 책임이 컸기 때문에 그 인품이 중시되었다. 흔히 '淸淨寡欲者'라
든지 혹은 '德行足爲師表者'일 것을 요청받고 있었다.[187) 주지는 사찰의
경제만이 아니라 모든 일을 자신의 책임 하에 두고 있는 대표자였기 때문
에, 그에 상응하는 책임과 권리를 함께 소지하고 있었다. 유점사가 143칸
이 모두 소실되었을 때 주지를 국문하게 하는 것은 주지의 책임을 물은 것
이고,[188) 衍慶寺 住持가 사찰을 보수하기 위해 橡木을 요청하는 것은[189)

---

183) 『太宗實錄』권24, 太宗 12년 12월 壬戌(11일), 1-657~658.
184) 『太宗實錄』권13, 太宗 7년 1월 己卯(24일), 1-384.
185) 『太宗實錄』권14, 太宗 7년 12월 辛巳(2일), 1-425.
186) 『太宗實錄』권35, 太宗 18년 2월 辛卯(10일), 2-205.
187) 『太宗實錄』권3, 太宗 2년 4월 甲戌(22일), 1-231.
188) 『端宗實錄』권6, 端宗 1년 6월 辛卯(6일), 6-597.

주지가 사찰의 유지에 대한 책임이 있기 때문이었다.

사찰의 경제운영을 주지가 장악하고 있었기 때문에, 사사로이 운영할 소지가 컸다. 그리하여 고려말 이래 주지가 土田所出과 奴婢貢貨를 私用하고 있다거나, 또는 사사로이 畜用하고 있다는 지적이 많았다.[190] 주지가 전조를 사용하는 구체적인 항목을 보면, 鞍馬·衣服·酒食이었다.[191] 모두 주지의 품위와 관계되는 지출이라는 점이 특이하다. 주지가 전조를 사용한 결과 다른 승려가 飢餓 상태에 처하게 되는 수도 있었다.[192]

사찰이 사사전을 경영하는 과정에서 종종 문제를 야기하고는 있었지만, 크게 보면 이 시기 사사전을 통한 농민지배는 고려시기보다는 한층 완화된 것이었다. 국가가 수시로 수조권 행사에 제한을 가하고, 농민침탈 문제를 정부에서 거듭 문제삼고 있는 분위기 속에서, 고려후기와 같은 농민 잉여의 전면적인 수탈은 불가능하게 되었다. 그리고 주지의 전조 私用을 계속 문제시하여 사찰 내부의 재정운영에 대해서조차도 국가가 간여했다.

6. 結 語

고려말 조선초 사사전의 정리는 이상에서 보았듯이 중국의 三武一宗의 廢佛과는 달리 점진적인 방법을 채택했다. 불교가 사회이념으로서 수행하는 역할이 크게 축소되었다는 사실이 전제되어서 사사전의 정리는 가능한

---

189) 『成宗實錄』권243, 成宗 21년 8월 庚寅(10일), 11-630.
190) 『高麗史節要』권33, 辛昌 즉위년 12월, 842쪽 ;『太宗實錄』권5, 太宗 3년 6월 壬子(6일), 1-267 ;『世宗實錄』권72, 世宗 18년 6월 癸卯(8일), 3-686 ;『成宗實錄』권28, 成宗 4년 3월 乙未(5일), 9-12 ;『成宗實錄』권181, 成宗 16년 7월 甲寅(6일), 11-36.
191) 『太宗實錄』권3, 太宗 2년 4월 甲戌(22일), 1-231 ;『世宗實錄』권6, 世宗 1년 11월 戊辰(28일), 2-346~347 ;『世宗實錄』권87, 世宗 21년 10월 乙酉(10일), 4-245.
192) 『成宗實錄』권95, 成宗 9년 8월 癸丑(24일), 9-644.

것이었다. 지금까지 살핀 내용은 아래와 같이 요약할 수 있다.

고려후기에 비보사찰은 고려전기 이래의 수조지를 지배하고 있었으며, 또 그 수가 증가하고 있었다. 사찰은 개간이나 시납, 겸병을 통해 전토를 확대하고서, 또 나아가 비보사찰이 됨으로써 그 토지를 免租地化했다. 그리고 농민에 대한 수취도 강화했다. 사찰은 田租나 地代를 濫徵했으며, 商業이나 高利貸를 통해서도 농민의 잉여생산물을 흡수했다. 고려후기 이처럼 사찰은 그 전토를 농장으로 경영하고 있었다.

고려후기 사원이 농지를 확대하고, 농민에 대한 지배를 강화시켜 가면서, 허다한 문제를 야기하고 있었다. 免租地의 증가로 인해서는 국가와, 토지겸병으로 인해서는 양반이나 타 사찰과, 또 농장경영을 둘러싸고서는 농민과 첨예한 갈등을 보였다. 사찰의 농장경영을 둘러싸고 전개되는 이러한 갈등과 충돌은 고려 사회체제를 동요시키는 중요한 문제 중의 하나였다. 정부나 신료층은 寺院新設을 억제하고 出家를 제한하는 수습안을 제시했고, 사원의 농민에 대한 田租濫徵을 억제했으며, 良人農民의 招匿 문제는 田民辨整 차원의 조치를 취했다. 위화도 회군 후 이성계 일파가 정권을 잡게 되면서는, 私田개혁 논의가 활발해지는데, 이러한 논의는 공양왕 3년 5월 科田法에 의해 일단락되었다. 과전법에서는 비보사찰 여부를 고려하여 收租地를 再分給했다. 그리고 사원에 토지를 시납하는 것을 금했으며, 또한 僧尼 자신이나 자손이 토지를 받지 못하도록 규정하고 있다. 사원의 토지에 대한 전면적인 개혁은 이처럼 고려말기까지 실시되지 못했다.

조선이 건국되고 나서 곧바로 사찰의 경제에 대해서는 대대적인 조치는 취해지지 않았다. 태조가 즉위한 직후부터 불교계를 정리해야 한다는 주장은 제기되고 있었다. 그러나 태조와 정종대에는 사찰의 토지에 대해서는 이렇다 할 조치가 취해지고 있지 않았다. 태종대에 이르러서야 사찰의 토지에 대한 전면적인 혁파조치가 취해지고 있었다.

태종 6년 비보사찰 내에서 曹溪宗·摠持宗 합 70사, 天台·疏字·法事宗

합 43사, 華嚴·道門宗 합 43사, 慈恩宗 36사, 中道·神印宗 합 30사, 南山·始興宗 각 10사 총 242사를 남겨서 토지를 분급했다. 그리고 定額外 寺社田地와 奴婢를 各司에 분속시켰다. 7년 12월에는 山水勝處 88개의 대가람으로써 242사 가운데 88사를 대체했다. 이 조치를 통해 비보사찰이 아니면서 우대를 받아 토지를 분급받는 경우가 출현한 것이다.

이리하여 고려시기 이래의 사사전에 대한 정리가 일단락되었다. 토지를 분급받는 사찰의 수는 242사였으며, 전토의 총 규모는 11,000여 결이었다. 이것은 고려시기에 비해 1/10로 축소된 것이었다. 태종 7년 이후에는 전면적인 사사의 토지에 대한 정리 조치는 없었다.

태종대에 시작한 사찰경제의 개혁은 세종대에 와서 한층 철저하고 보완적인 성격을 띠면서 진행되었다. 세종은 초년에 사사노비, 법손노비 등 사찰의 노비를 우선적으로 혁파했다. 세종은 태종대보다 더욱 사사전을 축소시키는 방향의 조치를 취했다. 세종 6년 사찰의 소속 종파를 선종과 교종으로 나누어, 曹溪·天台·摠南 3종은 선종으로, 華嚴·慈恩·中神·始興 4종은 교종으로 통합하여 선종과 교종 소속 사찰을 각각 18사로 했으며, 토지는 각각 4,250결, 3,700결로 제한했다. 혁거대상이 된 사찰이 所耕田 즉 소유지를 가지고 있는 경우에는 몰수하여 無田平民에게 지급했다.

토지를 지급받는 사찰의 수가 태종대의 242사에서 36사로 크게 축소되었으며, 전체 사사전의 규모는 태종대의 11,000여 결에서 7,900여 결 정도로 줄어들었다. 무엇보다도 중요한 점은 토지를 분급받는 사찰이 고려의 경우와는 달리 비보 여부가 기준이 되지 않았다는 사실이다. 태종대까지는 비보를 고려했으나 세종대에 36사를 지정함에 이르러서는 비보 여부는 전혀 고려되지 않았다.

사찰경제를 일거에 전면적으로 혁파하지 않고 이처럼 20, 30년을 끌면서 정리한 것은, 불교가 우리나라에 들어온 지 1,000년이 경과했고 신앙으로 받드는 자가 많다는 점, 그리고 명의 황제가 好佛하고 있다는 사실 등이 전제되어 있기 때문이었다. 또한 불교계의 반발도 고려하지 않을 수 없었다.

태종대와 세종대에 걸쳐 사사전은 대대적으로 정리되어 토지가 지급되는 사찰의 기준이나 사사전의 총액이 고려시기와 크게 상이했다. 그 뿐만이 아니었다. 사사전에 대한 국가의 통제나 사찰의 사사전 경영 방식에서도 고려와는 상당한 차이가 있었다. 국가는 사사전의 총액이 늘어나지 않도록, 또 사사전을 지급받는 사찰의 수가 증가하지 못하도록 늘상 관심을 기울이고 있었다. 그러한 방법의 하나로 사사전을 새로이 절급하는 것을 삼가하면서 종전의 사사전으로써 재절급하는 방식을 채택했다.

국가는 또한 사사전에 대해 그 전조를 공수하여 일시적으로나마 사찰의 전조 수취를 중단시켜 사찰의 사사전 지배를 불안케 했으며, 사사전에서 고려와는 달리 稅를 납부하도록 조치했다. 또한 국가는 소속 종파의 조정을 통해 사찰을 관리하고 통제했다.

조선초기 242사나 36사에 지급한 전토는 收租地였다. 그 토지는 민의 所耕田으로써 절급된 것이었다. 수조지로서의 사사전을 절급받은 사찰은 그 절급받은 수조지와 그 토지의 경작농민을 지배하는 권리를 보장받았다. 그리고 사사전은 분산되어 있었으며, 과전과 달리 경기에 한정되어 있지 않았다.

사찰이 사사전에서 수취하는 전조는 소출의 1/10로 규정되어 있었지만, 실제로는 科田과 마찬가지로 수확의 1/6~1/5에 상당했다. 그러나 사찰은 규정된 징수에 그치지 않고 厚斂하거나 도량형을 조작하여 重斂하는 수도 있었고, 또 雜物을 징수하는 일도 있었다. 사찰은 또한 교환경제와 연결되어 있고 여러 종류의 佛事를 행하고 있었기 때문에 이에 편승하여 수취하는 일도 있었다. 사찰이 사사전 점유를 전제로 이상과 같은 수취를 자행하고 있는 사정에서, 경작민은 관에 호소하면서 저항하는 일도 있었다.

사찰에서 사사전 점유를 통해 수취한 물품은 사찰이나 승려들이 필요로 하는 여러 경비에 충당해야 했다. 사찰이 전토에서 수취하는 일이나 또 재원을 지출하는 일은 주지가 총괄하는 사항이었다.

사사전은 기본적으로 수조지이므로 사사전을 통한 농민지배는 크게 보면 고려시기와 동일한 것이었다. 그러나 전체 토지 가운데 차지하는 양적인 비중은 현저히 축소되었으며, 사사전을 통한 농민지배도 고려시기보다는 한층 완화된 것이었다. 국가가 사사전에 대해 여러 가지 규제를 가하고 있는 분위기 속에서, 고려후기와 같은 농민 잉여의 전면적인 수탈은 불가능하게 되었다.

이상이 본고에서 살핀 내용의 개요인데, 주로 세종대까지를 다루었고 부분적으로 성종대의 사실을 언급했다. 성종대 이후 수조지로서의 사사전은 부침을 거듭하면서 축소·소멸되는 방향으로 나아갔다. 이에 대한 치밀한 검토가 필요하다. 또 본고에서는 사찰이 私的으로 소유하고 있는 전토의 문제는 다루지 못했는데, 이에 대한 검토도 앞으로의 과제라 하겠다.

제2장 朝鮮初期 佛教界의 寶 運營과 그 意味

1. 序言

조선초 국가와 불교 관계에 대해서 기존에 많은 연구가 이루어졌다. 사찰경제, 度牒制과 僧役, 僧科와 僧階 및 住持制, 佛教儀禮, 사상계의 변동을 중심으로 풍부한 내용이 밝혀졌다. 그 결과 사찰의 토지가 크게 축소되었고, 노비가 몰수되었음을 알 수 있게 되었다.[1] 도첩제를 엄격하게 시행함으로써 속인이 출가하는 것을 억제하였으며, 역에 동원됨으로써 승려가 도첩을 받는 일이 많아졌음도 명확하게 해명되었다.[2] 조선초에 고려를 계승해서 일시적으로 승과가 실시되고 승계가 제수되었으며, 아울러 주지제

1) 金甲周, 1976,「朝鮮前期 寺院田을 中心으로 한 佛教界 動向의 一考」『東國史學』13 ; 金甲周, 1992,「朝鮮時代 寺院田의 性格」『伽山李智冠스님華甲紀念論叢 韓國佛教文化思想史』上 ; 宋洙煥, 1992,「朝鮮前期의 寺院田 - 특히 왕실관련 사원을 중심으로 -」『한국사연구』79 ; 李炳熙, 1993,「朝鮮 初期 寺社田의 整理와 運營」『全南史學』7(본서 수록) ; 河宗睦, 2000,「조선 초기의 사원경제」『대구사학』60 ; 林承禹, 2003,「조선전기 사원노비의 혁거와 처지 변화」『青藍史學』7, 한국교원대 청람사학회 ; 有井智德, 1976,「李朝初期における收租地としての寺社田」『朝鮮學報』81 ; 有井智德, 1979,「李朝初期における私的土地所有としての寺社田」『旗田巍先生古稀記念 朝鮮歷史論集』上.
2) 車文燮, 1969,「朝鮮成宗朝의 王室佛教와 役僧是非」『李弘稙博士 回甲紀念 韓國史學論叢』; 金煐泰, 1995,「朝鮮前期의 度僧 및 赴役僧 문제」『佛教學報』32 ; 이승준, 2000,「朝鮮初期 度牒制의 運營과 그 推移」『湖西史學』29 ; 全暎俊, 2004,「麗末鮮初 度牒制 運用과 僧徒의 性格」『白山學報』70 ; 全暎俊, 2004,「麗末鮮初 國家 土木工事와 供役僧」『東國史學』40 ; 배명애, 2006,「조선전기의 승려 통제책과 僧役」『역사와 세계』30 ; 민순의, 2016,「조선전기 도첩제도의 내용과 성격 -『경제육전』체제와『경국대전』체제를 중심으로 -」『韓國思想史學』53.

가 운영되었지만, 곧 중단됨에 이르렀던 사실도 분명해졌다.[3] 고려시기 국가적 차원에서 설행된 많은 불교행사가 조선초 축소되면서 점차 사라져가는 과정에 대해서도 많은 내용이 밝혀졌다.[4] 대체의 내용은 조선초 국가가 억불정책을 추진하면서 불교계가 크게 위축되었다는 것으로 수렴되고 있다.

이 글은 불교계의 '借貸'[5] 행위를 소재로 해서 국가와 불교의 관계를 파악하는 것에 초점을 두고자 한다. 穀食이나 布를 빌리고 갚는 일은 어느 시기에나 있는 일이었다. 차대는 고율의 이자 때문에 문제되고, 강제성을 동반하기 때문에 비판받기도 하지만, 민인의 재생산을 위해서는 불가결한 면도 없지 않았다.[6] 국가가 민인의 재생산을 보장하는 기능을 충실히 수

---

3) 韓㳓劤, 1993, 『儒敎政治와 佛敎』, 一潮閣 ; 柳基貞, 2002, 「朝鮮前期 僧政의 整備와 運營」 『靑藍史學』5 ; 양혜원, 2019, 「15세기 승과(僧科) 연구」 『韓國思想史學』62.

4) 이봉춘, 2015, 『조선시대불교사연구』, 민족사 ; 李英華, 1993, 「朝鮮初期 佛敎儀禮의 性格」 『淸溪史學』10 ; 金熙俊, 2001, 「朝鮮前期 水陸齋의 設行」 『湖西史學』30 ; 沈曉燮, 2004, 「朝鮮前期 水陸齋의 設行과 儀禮」 『東國史學』40 ; 임호민, 2009, 「朝鮮前期 水陸齋 設行目的과 法規整備」 『嶺東文化』10 ; 한상길, 2009, 「조선전기 수륙재 설행의 사회적 의미」 『한국선학』23 ; 최재복, 2011, 「朝鮮初期 王室佛敎 硏究」, 한국학중앙연구원 박사학위논문 ; 강호선, 2013, 「조선 태조 4년 國行水陸濟 설행과 그 의미」 『한국문화』62, 서울대 규장각 한국학연구원 ; 강호선, 2017, 「조선전기 국가의례 정비와 '국행'수륙재의 변화」 『한국학연구』44, 인하대 한국학연구소 ; 민순의, 2017, 「조선전기 수륙재의 내용과 성격 - 薦度儀禮의 성격 및 無遮大會와의 개념적 차별성을 중심으로 -」 『불교문예연구』9, 동방문화대학원대 불교문화예술연구소 ; 이기운, 2019, 「조선 초 국행수륙재를 통해본 밀교사상 연구」 『원불교사상과 종교문화』81, 원광대 원불교사상연구원.

5) 미곡이나 포, 화폐를 대여해 주고 일정한 시간이 경과한 뒤에 원본과 이자를 상환하는 것을 '借貸'로 규정하고자 한다. 이것은 실록 자료에서는 殖利, 取息, 取利, 存本取息 등으로 일컬어지며, 『高麗史』食貨志에서는 借貸로 표현하고 있다. 長利란 용어는 실록에서 세종대에 보이기 시작하여, 성종대부터 널리 사용된다. 차대 가운데 특별히 높은 이자를 받는 것은 高利貸로 칭하고자 한다.

6) 사회경제상의 상하관계, 모순관계, 갈등관계가 자리하고 있는 조건 속에서 미봉적이기는 하지만, 차대는 민인의 재생산에 도움이 되는 측면이 있음을 부정할 수는

행하지 못하는 경우, 사적인 영역에서 그러한 기능을 담당하는 일이 많았는데, 특히 고려시기에 그러하였다. 조선초 국가의 민인에 대한 정책이 적극적으로 변하면서 국가가 민인의 재생산 영역에 깊숙이 관여하게 되자, 사사로운 주체의 재생산 보장활동은 축소되지 않을 수 없었다. 민인의 재생산을 둘러싸고 국가와 사적인 주체 사이에 拮抗관계를 보이는 것이다. 그러한 길항관계를 두드러지게 보이는 것이 국가와 불교계의 관계라고 할 수 있다. 이 글에서는 민인의 재생산을 뒷받침하는 차대에서 국가와 불교계가 어떤 관계를 보이고 있는가에 주목하고자 한다.

우선 조선초 사찰과 승려의 寶 운영을 검토하고, 이어서 승려가 활약하고 있는 여러 기구에서 보가 운영되고 있음을 확인하고자 한다. 그리고 불교계의 보 운영에 큰 변화가 있었음을 지적하고 그 의미를 추적하고자 한다. 불교와 국가의 관계에 대한 기존의 연구 성과와 배치되는 내용은 아니지만, 차대라는 특정 영역에서 양자의 관계를 밀도있게 천착하려는 것이다. 민의 재생산 보장에서 불교계의 역할이 크게 축소되고, 국가의 기능이 크게 확대되었음을 명확히 해명하고자 한다.[7]

2. 寺刹·僧侶의 寶 운영

고려시기 사찰이 중심이 되어 운영하는 寶는[8] 기본적으로 存本取息하

없을 것이다.

7) 종전에도 조선초 사찰과 승려의 차대 활동을 언급한 글이 없지 않지만(河宗睦, 2000. 앞의 논문), 그 내용이 소략할 뿐 아니라 불교식 차대제(=寶)라는 관점에서 접근하지 못하였다. 따라서 보의 운영 실상을 제대로 드러내지 못하였으며, 보 운영의 쇠퇴 과정이나 그 의미에 대해 관심을 기울이지 않았다.

8) 『高麗史節要』권1, 太祖 13년 12월, 亞細亞文化社 影印本 21쪽(이하 같음). "寶者 方言也 以錢穀施納 存本取息 利於久遠 故謂之寶" ; 『世宗實錄』권36, 世宗 9년 4월 壬午(24일), 3-69(국사편찬위원회 影印本 3冊, 69쪽을 의미함. 이하 같음). "凡

는 것인데, 세 가지 측면에서 중요한 의미를 갖고 있었다. 가장 중요한 것은 사찰의 재정 수입의 수단이라는 것이다. 사찰은 보를 운영함으로써 필요한 재원을 확보할 수 있었다.[9] 사찰의 재정 수입원으로서 토지와 노비가 중요하고, 상업을 통한 이윤도 무시할 수 없으며, 信者의 시납도 큰 의미를 갖고 있었다. 보를 매개로 한 수입도 그것들 못지 않게 중요하였다.[10] 보의 운영에서 이자율은 1/3이었기 때문에 고율이라고 할 수 있다.[11] 고율의 이자를 걷는 보를 통해 사찰은 짧은 기간 안에 상당한 수익을 확보할 수 있었다. 그렇기 때문에 사찰의 재정 수입에서 오히려 토지의 수입을 상회하는 수가 많았던 것으로 생각된다.[12]

보의 수입은 사찰의 단순한 재원이 아니라 특정 불사를 설행하는 데 사용된다는 데에도 의미가 있었다. 보는 여러 명목의 用處를 표방하였다. 예컨대, 팔관회 행사를 위한 八關寶, 국왕의 무병장수를 위한 祝壽寶, 사망한 특정 개인의 명복을 빌기 위한 忌日寶, 불교경전을 보급하기 위한 經寶 등이 있었는데, 이들 보의 운영에서 얻는 수익으로 보가 표방한 각종 불사를

置米布 存本取息 以爲永久之用者 謂之寶".

9) 金三守, 1965, 「'寶'의 前期的 資本 機能에 관한 宗敎社會學的 硏究」『亞細亞學報』1 ; 韓基汶, 1990. 「高麗時代 寺院寶의 設置와 運營」『歷史敎育論集』13·14합집(同, 1998, 『高麗寺院의 構造와 機能』, 民族社 재수록).

10) 崔森燮, 1977, 「高麗時代 寺院財政의 硏究」『白山學報』23 ; 李炳熙, 2001, 「高麗時期 寺院의 財政運用」『大覺思想』4(同, 2009, 『高麗時期 寺院經濟 硏究』, 景仁文化社 재수록).

11) 고려시기 차대의 이자율에 대해서는 徐吉洙, 1981, 「高麗時代의 借貸關係 및 利子에 관한 硏究」『國際大學 論文集』9 참조.

12) 고려 무인집권기 修禪社의 경우, 차대를 통한 수입은 토지로부터의 수입을 크게 상회한 것으로 보인다(李炳熙, 1995, 「高麗 武人執權期 修禪社의 農莊經營」『典農史論』1(同, 2008, 『高麗後期 寺院經濟 硏究』, 景仁文化社 재수록)). 고려시기 1,000석 이상의 원곡으로 보를 운영하는 수가 많았는데, 그것을 모두 대여한다면 1년에 333석과 1/3석의 이자를 확보할 수 있었다. 이만한 규모의 수입을 토지에서 확보하려면, 수조지의 경우 160여 결 이상이 되어야 하고, 소유지의 경우 30여 결 이상이 되어야 했다.

수행할 수 있었다. 구체적인 예를 더 들어 보면, 전주 普光寺는 高龍鳳이 자금을 희사해 存本用息해서, 轉藏法會의 비용을 충당하게 했으며,13) 개경의 남쪽에 있던 報法寺에는 尹桓이 포 1,000疋을 제공해 존본취식해서 부인의 忌日과 본인의 誕日에 전장법회를 하도록 하였다.14) 청평 문수사에는 원의 황실이 돈을 시주해 그 이자를 받아서 황태자와 황자를 위한 기복의 비용으로 삼도록 했다.15) 禪源寺에는 재상이 쌀 150석을 희사해 그 이자로 왕비 卞韓夫人 金氏의 제삿날(7월 3일)과 죽은 아들 讞部議郎 文進의 제삿날(1월 1일)에 齋를 올려 冥福을 빌게 하고, 또 정월 19일에 자신의 일생을 위하여 승려들에게 밥을 대접하여 복을 빌도록 하였다.16) 보가 운영 목적으로 표방한 명분은 개인적인 것도 있지만, 국왕의 무병장수를 기원하는 것도 있었고, 불교 본연의 의식을 설행하기 위한 것도 있었다.

민인으로서는 보의 재원을 빌리고 이자를 붙여 납부할 때 보가 표방한 불사에 기여한다는 의식을 가질 수 있었다. 말하자면 이자를 납부하는 행위가 불사에의 보시라는 생각을 가질 수 있었던 것이다. 불교 신앙 행위의 하나로 보의 차대에 참여하는 것이다.

그리고 보는 경제적으로 어려운 처지에 있는 민인을 경제적으로 돕는 의미를 지니고 있었다. 춘궁기라든지 기근으로 고통을 겪고 있는 민인으로서는 보의 도움을 받아 살아갈 수 있었다. 민의 생존을 돕는 기능을 사찰의 보가 수행하고 있었던 것이다. 국가에서 민인의 재생산을 뒷받침하는 역할을 충실하게 수행하고 있지 못한 시기에 사찰의 보는 그러한 기능을 적극 담당할 수 있었다. 고려시기 국가에서 운영하는 의창이 충실하게 기능하지 못하는 사정에서17) 사찰이 운영하는 보는 민인의 재생산을 보장하

---

13) 李穀, 「重興大華嚴普光寺記」『稼亭集』권3.
14) 李穡, 「報法寺記」『牧隱文藁』권6.
15) 李齊賢, 「有元高麗國淸平山文殊寺施藏經碑」『益齋亂藁』권7.
16) 崔瀣, 「禪源寺齋僧記」『東文選』권68.
17) 朴鍾進, 1986, 「高麗前期 義倉制度의 構造와 性格」『高麗史의 諸問題』.

는 중요한 수단이었다.

고려시기 빈민을 구제하기 위한 불교계의 활동은 매우 활발하였다.[18] 고려시기 이래 사찰에서 빈민을 위해 먹거리를 제공하는 일이 많았으며, 궁핍한 이가 사찰의 불사에 참여함으로써 굶주림을 해결할 수 있었다. 사찰에서 설행되는 각종 불교의식에는 수많은 사람이 참여하였는데 이들에게 먹을 것을 제공하였다.

惠陰寺는 미곡을 축적해서 이자로써 行人에게 죽을 제공하였고,[19] 충렬왕이 중흥시킨 神孝寺는 齋 올리고 남은 여분의 음식으로 다수의 곤궁한 이들을 먹여 살렸으며,[20] 원 간섭기 姜金剛이 금강산에서 종을 주조할 때 인근에 기근이 들었는데, 굶주린 이들이 공사장에 가서 먹을 것을 얻어 살아갈 수 있었다.[21] 이렇듯이 사찰에서 먹거리를 확보함으로써 궁핍한 민인이 살아날 수 있었던 것은 고려시기 매우 혼한 일이었다. 민인의 재생산에 불교계가 크게 기여하고 있는 것이다.[22]

조선초에도 굶주린 이들이 사찰의 齋에 참여해 끼니를 해결하는 것이 보인다. 왕실의 喪事에 즈음해 大慈庵·津寬寺·檜巖寺·藏義寺 등에서 齋가 베풀어졌는데 이때 굶주린 거지들이 항상 만여 명이나 몰려들었다는 것이다.[23] 결국 불교의식이 굶주린 이들에게 먹을 것을 제공하는 의미를 갖는 것이다. 그러나 이러한 빈민구제는 원본의 상환이 필요없는 보시였다. 조선시기의 개념으로는 賑濟에 해당하는 것이었다. 보는 원본은 물론 이자도 함께 상환해야 하는 것이었다.

---

18) 李炳熙, 2008,「高麗時期 佛敎界의 布施活動」『禪文化硏究』4(同, 2009, 앞의 책 재수록).

19) 金富軾,「惠陰寺新創記」『東文選』권64.

20) 李穀,「神孝寺新置常住記」『稼亭集』권5.

21) 李穀,「演福寺新鑄鍾銘 幷序」『稼亭集』권7.

22) 때때로 국가가 사찰에 곡식을 제공해서 사찰이 구휼을 대행하기도 하였다(李炳熙, 2008, 앞의 논문).

23) 『世宗實錄』권111, 世宗 28년 3월 丙申(29일), 4-662.

고려시기 다면적인 의미를 지닌 보가 조선초에는 일부의 사찰이나 승려들에 의해 운영되는 데 그치고 있었다. 고려시기처럼 다수의 사찰이 보를 운영하는 것이 아니었다. 조선초 불교계에서 운영하던 보에 대해서는 몇 개의 사례가 전한다. 우선 慈恩宗과 摠南宗에서 운영하는 勸學寶를 들 수 있다.

세종 4년(1422) 10월, 자은종과 총남종 두 종파에 속한 권학보 노비가 타 종파에는 없고 이 두 종파에 그대로 있으니 屬公토록 刑曹에서 요청하자, 국왕이 이를 따랐다.24) 세종 4년까지 자은종과 총남종에 권학보가 있었음을 알 수 있다. 권학보는 자은종·총남종 승려가 불학을 학습하는 데 도움을 주는 것이라고 여겨진다. 권학보를 통해 취한 이식으로 학승의 공부에 도움을 주었을 것이다. 다른 종파에서도 보가 운영되었을 가능성을 배제할 수 없다.25) 그리고 보의 운영을 담당한 것은 노비였다.26) 그리고 이때 속공된 것은 노비일 뿐 권학보에 속한 재원은 대상이 되지 않았다. 보는 여전히 운영된 것으로 보인다.

보에 속한 미포의 규모는 정확히 알 수 없고, 두 종파 이외의 다른 종파에도 권학보가 설치되었는지도 명확하지 않다. 이 권학보는 이후 당분간 유지된 것으로 보인다. 2년 뒤 세종 6년 여러 종파가 선교 양종으로 축소 재편되면서27) 권학보는 선교 양종으로 이속되었을 것으로 추측될 뿐이다. '권학'이라는 명목의 보가 조선초에 중앙의 종파에서 운영되고 있음을 확인할 수 있는 것이다.

불교 종파만이 아니라 개별 사찰에서도 보를 운영하는 예를 찾을 수 있

24)『世宗實錄』권18, 世宗 4년 10월 丙午(22일), 2-509.
25) 태종 6년과 7년 사찰의 토지를 정리할 때 확인되는 종파는 曹溪宗, 天台宗, 摠南宗, 華嚴宗, 慈恩宗, 中神宗, 始興宗이었다. 자은종과 총남종 이외의 다른 종파도 권학보를 보유하였을 가능성이 크다.
26) 사찰의 노비가 태종대와 세종초에 대거 속공된 사정에서 자은종·총남종에 속한 노비도 뒤늦게 속공되는 것이다.
27)『世宗實錄』권24, 世宗 6년 4월 庚戌(5일), 2-591.

다. 釋王寺·開慶寺·大慈庵에서 그것이 확인된다. 세종 7년 3월, 原從功臣 領敦寧致仕 韓劒 등이 上言해서, 석왕사에 태조가 시납한 곡식 및 원종공신 등이 立寶한 米穀이 있는데, 출납을 관할하는 이가 없으니 매년 官員을 보내 수납케 하고 監守奴를 정할 것을 청하자, 형조에 명해 衍慶寺의 예에 따라 감수노 10명을 정하였다고 한다.[28] 석왕사에 원종공신이 설립한 보가 있었음을 알 수 있는데, 그것의 관리를 위해 관원과 노비를 둘 것을 청하였지만, 관원의 배치 여부는 명확하지 않고, 노비를 둔 것은 분명하다. 그런데 그 제도는 연경사의 예를 따르도록 한 것이다. 연경사에도 보가 설치되어 있고, 그 보의 운영에 노비를 활용하고 있는 것이다.

석왕사에는 태조가 시납한 곡식과 원종공신이 미곡을 제공해 설치한 보가 있었던 것을 확인할 수 있다. 석왕사는 보의 명목으로 차대 행위를 활발하게 전개한 것으로 보인다. 노비를 두기 전에는 아마 승려들이 그 보의 운영을 담당하였을 것으로 보이는데, 세종 7년에 와서 노비를 통해 관리하도록 한 것이다. 태조가 시납한 곡식은 태조의 명복을 비는 재원으로 사용되었으며, 원종공신이 설치한 보는 원종공신을 위한 기복의 재원으로 사용되었고, 아마 태조의 명복을 비는 기능도 겸하였을 것이다. 연경사에 설치된 보 역시 석왕사의 보와 비슷한 기능을 담당했을 것으로 추측된다. 왕실과 깊은 관계를 맺은 석왕사와 연경사에서 보를 운영하고 있었던 것이 분명하다. 그렇다면 왕실과 관계가 깊은 다른 사찰들도[29] 보를 운영하였을 가능성이 높다.

개경사에도 보가 설치되어 있음이 보인다. 세종 29년 10월, 司業少尹 鄭孝康의 상서에서 그것을 확인할 수 있다. 개경사의 태조 위판이 佛殿의 앞 기둥에 안치되어 있으며, 날마다 施食하는데, 이곳에 僧俗의 무리가 모여 神明을 褻狎하고 있어 편치 않다고 하면서 위판을 혁거할 것을 청하였다.

---

28) 『世宗實錄』권27, 世宗 7년 3월 戊寅(8일), 2-660.
29) 세종대 무렵 왕실과 관계가 깊은 사찰로는 석왕사·연경사 이외에도 覺林寺, 檜巖寺, 津寬寺, 興天寺, 興德寺 등을 들 수 있다.

만약 오랫 동안 행해져 혁파할 수 없다면, 別殿에 위판을 봉안하는 것이 좋겠다고 하였다. 器皿과 床은 제조한 지 오래되어 파손되었으며, 제공하는 미는 功臣寶米로 存本取利하고 있다고 언급하였다. 지금 승도들이 제대로 운영하지 못해 供進하는 데 고통스러워하고 있으니, 합당한 조치를 취해 달라고 요청하였다.[30] 개경사 태조 신위에게 올리는 시식을 공신보 운영에서 얻어지는 이자로 제공하고 있음을 알 수 있다.

개경사에 보가 설치 운영되어 있는데, 그 명칭은 공신보이고, 설치 목적은 태조 신위에게 시식을 제공하는 것이었다. 태조 명복을 비는 보의 존재를 확인할 수 있다. 공신보의 원본인 米는 공신들이 보시한 것으로 보인다.

대자암에서도 보를 운영하고 있었다. 문종 즉위년(1450) 3월 그 내용이 확인된다. 대자암은 세종 28년 국왕이 태종의 兩位를 위해 施食하고 자신의 後事를 하도록 하였기 때문에 미 300석으로 寶를 삼았다. 그리고 조성한 불상과 경전을 모두 대자암에 안치하도록 하였으며, 병인년(세종 28)에 追薦을 이미 대자암에서 하였다.[31] 대자암에 300석의 미로 보가 설치되어 있음을 알 수 있다. 보의 운영을 통해 확보한 이자로 태종을 위해 시식하고 뒷날 세종을 위해서도 그렇게 하도록 한 것이다. 왕의 추복을 위한 재원 마련을 위해 보를 설치한 것이다.

조선초에도 일부의 사찰에는 이처럼 寶가 설치 운영되고 있었다. 그것은 주로 국왕을 위한 불사 비용을 조달하는 것을 명목으로 하였다. 조선초 보는 국왕이나 왕실과 관련한 석왕사, 개경사, 연경사, 대자암에서 확인된다. 조선초에 국왕이 각림사·회암사·해인사·홍천사 등 개별 사찰에 米豆나 布를 사여하는 사례가 드물지 않으며,[32] 그것은 사찰이 직접 소비하는

---

30) 『世宗實錄』권118, 世宗 29년 10월 己巳(11일), 5-40.

31) 『文宗實錄』권1, 文宗 즉위년 3월 乙巳(1일), 6-219.

32) 『太祖實錄』권7, 太祖 4년 4월 庚辰(17일), 1-77 ; 『太祖實錄』권12, 太祖 6년 8월 丙午(27일), 1-110 ; 『定宗實錄』권1, 定宗 1년 1월 甲戌(3일), 1-143 ; 『定宗實錄』권1, 定宗 1년 1월 庚辰(9일), 1-143 ; 『太宗實錄』권3, 太宗 2년 4월 庚辰(28일), 1-233 ;

수가 많았지만, 보의 명목으로 운영하기도 하였을 것이다.

보의 원본 규모는 큰 편이 아니었다. 규모를 확인할 수 있는 것은 대자암의 보로서 300석에 불과하다. 그리고 보의 관리·운영은 석왕사의 예에서 볼 수 있듯이 노비가 담당하는 수도 있었지만, 대체로 승려가 중심이 된 듯 하다. 이자율은 아마도 고려시기 이래의 관례에 따라 1/3이었을 것으로 추측된다. 이자율을 명시한 자료는 없지만, 보를 칭하고 있기 때문에 고려의 1/3 이자율이 적용되었을 것이다. 외방의 사찰에서 운영하는 보도 없지 않겠지만, 활발하다고 하기는 힘들 것이다.

조선초에도 사찰이 많은 곡식을 보유하고 있음이 확인된다. 사찰이 지배하고 있던 토지라든지, 상업이나 차대 활동, 혹은 신자의 시납 등으로 보유하고 있던 곡식은 적지 않았다. 물론 사찰마다 보유한 곡식의 규모는 차이가 컸을 것이지만, 꽤 많은 곡식을 보유한 사례가 보인다. 陝州의 夢溪寺의 경우 태종 1년(1401) 곡식을 최소한 300여 석 보유하고 있었다. 몽계사의 승려가 百種法席을 성대하게 베풀었는데, 知陝州事 尹穆이 그것을 듣고 사람을 보내 몽계사가 축적한 곡식 300여 석을 탈취해 부족한 雜貢을 보충하고 나머지를 鄕校에 준 일이 있었다.[33] 많은 사찰들이 고려 이래의 경제력을 보유하고 있으면서, 수백 석에 달하는 곡식을 축적하고 있던 것은 드문 일이 아닌 것으로 보인다. 대규모 사찰로 보기 어려운 합주의 몽계사가 300석을 넘는 곡식을 보유하고 있음을 고려하면, 규모가 큰 다른 사찰은 이보다 훨씬 많은 곡식을 보유하였을 가능성이 있다. 300석에 이르는 곡식을 몽계사는 보의 명목으로 운영하였을 것이다. 그러나 사원의 토지가 축소되고, 신자의 시주가 줄어들면서 축적한 곡식의 규모는 감소되었을 것이다.[34]

『太宗實錄』권24, 太宗 12년 10월 己巳(17일), 1-652 ; 『太宗實錄』권28, 太宗 14년 윤9월 甲寅(14일), 2-39.

33) 『太宗實錄』권2, 太宗 1년 12월 乙丑(11일), 1-219.

34) 몽계사의 경우처럼 조선초 지방관이 사찰의 재물을 탈취하는 일이 종종 발생하였다. 그리고 후술하듯이 차대에 대한 제한 조치가 취해지고 있어 사찰이 보유한 보

특정 개인이 시납해 운영하는 보의 예는 찾기 힘들다. 부분적으로 忌日寶가 설치되었을 가능성이 있다. 李枝가 찾는 香林寺에서 그 가능성을 볼 수 있다. 領敦寧府事로 致仕한 이지의 경우, 모친의 기일, 부친의 기일 및 매해 초에 항상 부모를 위해 사찰을 찾아 飯佛齋僧하였으며, 향림사에서 供佛하다가 세종 9년 1월 갑자기 卒하였다.[35] 이지가 부모의 명복을 빌기 위한 재원으로 보를 설치 운영하였을 가능성이 커 보인다. 매우 독실한 신불자인 이지가 향림사에 보를 설치하고 얻은 이자로 반불재승의 비용을 충당하였을 것으로 추정된다. 고려시기에 흔히 보이는 忌日寶를 이지도 향림사에 설치한 것으로 보인다. 그러나 조선초 특정 개인이 사사로운 불사를 위해 사찰에 재물을 보시해 보를 운영토록 한 예는 흔치 않은 듯 하다.

조선초 보는 이처럼 고려시기의 보와는 현저히 다른 양상을 띠고 있었다. 설치된 사례도 드물며, 보유한 米布의 규모도 적고, 보가 표방한 기능도 다양하지 못하다. 축소되기는 했지만 보의 명목으로 운영되는 借貸가 존속하고 있었음은 분명하다.

불사에의 열렬한 호응은 사찰의 보가 운영될 수 있는 기반이었다. 조선초 불사를 설행할 때 적극 동참하는 분위기였다. 緣化僧이 願文을 가지고 다니면 민인이 적극 호응하는 수가 많았다. 특정 佛事가 널리 알려지면 자발적으로 보시하는 일도 매우 흔하였다.

조선초 불사에 참여하고자 하는 민인의 열의는 여러 자료에서 확인할 수 있다. 국가 차원에서 억불책을 취해 불교계를 축소시켜 나갔지만, 오랫동안 신앙생활을 해 오던 민인의 불교에 대한 종교적 열정은 유지되었던 것으로 보인다. 세종 6년 3월, 集賢殿 提學 尹淮 등의 상소에서 그런 모습을 엿볼 수 있다. 忌晨의 追福으로, 또 誕日의 祝釐를 위해, 사원에 분주히 다니면서 飯佛齋僧하고 親友를 부르는데 매우 화려하게 함으로써 비용의

의 재원은 현저히 축소될 수밖에 없었다.
35) 『世宗實錄』권35, 世宗 9년 1월 壬辰(3일), 3-54.

소비가 적지 않으며, 부자는 재산을 고갈시키고, 가난한 자는 公私의 빚을 내고 있다고 하였다.[36] 기신과 탄일의 복을 위해 민인들이 다투어 시주하고 있음을 알 수 있다. 이것은 개인사와 관련한 차원에서의 호응이었다.

불사 자체에 크게 호응하는 모습도 여럿 확인할 수 있다. 세종 16년 4월 회암사 보광전 보수와 관련해, 그 비용 마련을 위해 승려들이 중외에서 종횡으로 다니고, 公私에게 유혹하니 마을이 호응하고 군현이 뇌동하였으며, 부자는 재산을 고갈시키면서 同願이라고 칭하고, 가난한 자는 빚을 내서 제공하는데 이를 隨喜라 한다는 것이다.[37] 가난한 이들도 보광전 공사에 빚을 내서 도움을 주고 있는 것이다.

세종 21년 4월, 홍천사 사리각의 중수 이후, 특별히 安居會를 설행하고자 하였을 때 大小人民이 다투어 희사하였다는 언급이 있다.[38] 당시에도 사찰에서 특정한 불교의식이 거행된다면 다투어 보시하는 것을 볼 수 있다. 세종 21년 10월에도 부녀들이 다투어 미포를 가지고 공공연히 사찰에 오른다는 지적이 보인다.[39]

세종 23년 윤11월, 홍천사 사리각을 중수한 뒤 대장경 披覽의 慶讚 불사가 성대하게 베풀어졌는데, 宗室貴戚에서 市井黎庶에 이르기까지 結緣을 이루고자 해서 布帛을 시납하였고, 米粟을 바쳤다.[40] 불사가 있을 경우, 기꺼이 재물을 시납하는 분위기를 볼 수 있다. 불사에의 열렬한 호응은 사찰의 보가 운영될 수 있는 기반이었다.

이러한 분위기 속에서 불사에의 참여라는 의미를 지닌 보를 이용하는 것은 이상한 일이 아니었다. 1/3에 달하는 고율의 이자이지만, 백성들은 이자를 납부한다는 것이 단순한 경제부담을 넘어서 불사에의 보시라고 생각

하였을 것이기 때문에 사찰에서 운영하는 보에 관계하는 것을 매우 기꺼워하였을 것이다.[41]

강제 성격을 띤 反同이 성행할 수 있는 것도 불사를 표방하기 때문이었다. 고려말의 反同이라는 것은 강제로 대여한 후 고율의 이자를 받는 것을 의미한다. 그것은 佛事이기에 가능한 일이었다.

> 근래에 수재와 한재로 公私 모두 고갈되었다. 게다가 놀고 있는 승려들과 무뢰한 이들이 佛事를 칭탁하고 권세가의 書狀을 멋대로 받아 주군에 요청해 민에게 斗米·尺布를 빌려 주고 甑石·尋丈으로 거두면서 反同으로 부르고 있는데 징수하는 것이 마치 빌린 채무처럼 하니 민이 굶주리고 빈한해지고 있다.[42]

반동이 성행하는 여건에서 불사를 명분으로 이자를 확보하는 것은 용이하였을 것이다.

불교와 관련한 용처를 명시한 보가 조선초에도 운영되고 있었다. 그것은 왕실과 관련된 일부의 사찰에 그치고 있었다. 고려시기처럼 보편적이지 않았고, 보 원본의 규모도 크지 않았다. 1/3의 높은 이자율로 운영되는 보는 민인의 재생산을 보장하는 성격을 갖고 있고, 또 불사라는 명분이 있기 때문에 비교적 원활히 운영될 수 있는 것이다. 그러나 불교계가 위축되고, 또 국가가 재생산 보장 기능을 강화한다면 보의 운영과 기능이 축소되는 것은 불가피하였다.

---

41) 아마 불사에 보시하는 형식으로 寶의 원본과 이자를 상환하는 수도 없지 않았을 것이다.
42) 『高麗史節要』권32, 辛禑 9년 8월, 797쪽 ; 『太祖實錄』권1, 太祖總序, 1-9.

3. 僧侶 參與 機構에서의 寶 운영

조선초기에는 사찰이나 승려만이 보를 운영하는 것이 아니었다. 승려가 참여하고 있는 각종 慈善活動에서도[43] 보가 중요한 재정 원천이었다. 조선초 승려들은 고려시기 이래의 전통을 계승해 국가의 여러 기구에서 각종 자선활동을 활발하게 수행하였다. 기와를 제작 보급하는 別瓦窯, 환자를 위한 汗蒸所와 溫井, 棺槨을 제작하는 귀후소 등의 운영에서 그러하였다. 이들 기관들은 조선초 세종대까지 승려들을 활용해 운영하고 있었는데, 이 시기에 필요한 재원을 보를 통해 확보하였다.

별와요는 운영 경비를 마련하기 위해 寶라는 제도를 활용하였다. 세종 6년(1424) 12월 別窯化主 都大師 海宣이 戶曹에 올린 내용에서 그것을 확인할 수 있다. 기와를 생산해 매매토록 하면 도성 내에 기와집이 늘어 화재를 면할 수 있을 것이라고 하면서, 기와 생산의 비용 조달을 위해 寶를 세우자는 것이다. 해선은 기와를 보급하기 위해 별요의 기와 생산에 적극 참여하고 있는데, 별요에서의 기와 생산이 지속적으로 가능하려면 보를 세워야 한다고 하였다. 燒木·供給·工役이라는 세 가지의 비용을 공급하기 위해 면포 3,000필을 얻어 三色의 보를 세우고, 감독하는 관원을 정해 승도를 거느리고, 쌀 값이 낮으면 사들이고, 쌀이 귀할 때 판매함으로써, 원본을 유지시키고 이윤을 취해 기와 생산에 필요한 비용을 넉넉하게 하자는 것이었다. 그리고 해선 본인이 평안도·황해도에 사적으로 미 1,000석을 가지고 있는데, 그것을 두 도에 납부해 군수에 충당케 하고, 대신 충주 경원창의 陳米를 받아 보의 원본으로 삼으면 국가에 해가 없고, 도성 사람에게 이익이 될 것이라고 하였다.[44] 이러한 해선의 건의에 대해 호조에서는 미

---

43) 李炳熙, 2012, 「조선전기 승려의 慈善活動」『사회과학연구』13, 한국교원대 사회과학연구소(본서 수록).

44) 보를 도성에서 운영하려는 것이고, 그 운영이 도성 사람에게 큰 혜택이 된다고 여기는 것이다. 보의 운영이 민인에게 도움을 준다고 생각하는 점이 주목을 끈다.

곡의 경우 해선의 의견을 수용하되, 승도에게 별요를 전담으로 맡기는 것은 옳지 않으니 귀후소처럼 朝官 2명을 차정하고 다른 조치는 모두 그의 의견을 따르자고 계하였다. 국왕이 이를 수용하였다.[45]

별(와)요의 비용 조달을 위해 면포와 미라는 두 계통의 보를 운영한 것이다. 면포 3,000필을 활용해 쌀 값이 낮을 때 사들이고 비쌀 때 팔면 상당한 이익이 남는데, 그 이익으로 별요 운영에 필요한 경비를 제공하자는 것이다. 직접적인 차대 행위는 아니지만, 보를 설치해 원본을 유지하고 이윤을 확보하자는 주장이다. 또한 미 1,000석을 차대로 운영해 별요의 재정을 돕자는 것이다. 모두 원본을 두고 이윤으로만 별요의 비용에 충당하자는 것이다. 승려가 기와를 생산하고 있는 별요의 경비를 보를 운영함으로써 안정적으로 확보하자는 의견이며, 이것이 수용되었으므로 두 계통의 보가 설치 운영된 것이다.

이렇게 확보한 재원으로 기와 생산 원료를 구입하고 공역에 참여한 이들에게 급여를 준 것이다. 안정적인 재원의 확보는 별요에서의 지속적인 기와 생산을 가능케 하였을 것이다.[46] 별와요의 보 설치를 주장한 이도, 1,000석에 달하는 미곡을 제공하는 이도, 또 별와요에서 기와 생산을 담당한 이도 모두 승려였다. 기와를 생산하는 별와요의 재원이 보로써 마련되는 것이다.

한증소의 운영에도 승려가 깊숙이 관여하고 있었는데, 그곳에서도 필요한 재원을 寶를 통해 마련하고 있었다. 세종 9년 4월 汗蒸僧 大禪師 天祐·乙乳 등이 浴室을 추가로 만들고 汗蒸함으로써 환자들을 치료하고 있는데, 빈한한 환자가 柴炭을 마련하기 어렵고, 또 糜粥鹽醬을 갖추기 힘들다고 하면서 국왕에게 寶를 설치해 운영할 것을 건의하였다. 미 50석, 면포 50필

45)『世宗實錄』권26, 世宗 6년 12월 戊申(7일), 2-639.
46) 李炳熙, 2014,「조선전기 別瓦窯의 기와생산과 승려」『靑藍史學』23, 한국교원대 청람사학회(본서 수록) ; 전영준, 2014,「조선 전기 別瓦窯의 설치와 財政 運營」『藏書閣』31, 한국학중앙연구원.

을 지급해 주면 보를 세워 存本取利해서 환자를 救療하고자 한다는 것이다. 그리고 醫員 1인을 배치해 한마음으로 구료하게 해 달라고 청하였다. 국왕이 이를 받아들였다.[47] 한증소의 운영 경비를 위해 미 50석, 면포 50필을 마련해 보로 운영함으로써 필요한 재원을 확보하려는 것이다. 한증소에서 땔나무와 먹거리 비용을 마련하기 위해 보를 운영하는 것이다. 그 재원은 미 50석, 면포 50필이므로 규모가 크지 않았다.

보의 운영은 승려들이 담당하였을 것으로 보인다. 존본취식해 그 이자로 비용을 제공하는 전형적인 보의 운영인 것이다. 한증소 운영이라는 구료사업의 비용을 보를 통해 조달한 것이다. 그 중심에 승려가 있었다.

한증소의 운영은 10여 년 뒤 중단되는 사태를 맞이하였다. 세종 27년 11월, 墨寺의 승려가 환자의 汗蒸·沐浴하는 도구를 수리해 줄 것을 청하였는데, 의정부에서 예조의 견해를 근거로 묵사의 기능에 의문을 제기하였다. 東西活人院이 이미 설치되어 질병을 치료하고 있으며, 묵사는 閭閻 사이에 있어 승려들이 거처하기에 마땅하지 않고, 또 한증목욕은 특별한 효험이 없으니, 묵사를 없애고 한증목욕의 기구와 立寶米穀은 東西活人院에 나누어 주고, 소속의 노비는 형조에서 처분하며, 묵사의 材瓦는 倭館을 수즙하는 데 사용토록 하라는 의견을 개진하였다. 국왕이 이를 따랐다.[48]

묵사에 설치되어 있던 보의 미포를 동서활인원으로 옮기는 것이다. 그동안 묵사에 보를 설치해 그 이자로 환자의 한증과 목욕을 담당해 왔는데, 묵사가 폐지됨으로써 승려가 한증을 활용해 환자를 치료하는 일은 중단되었다.[49]

병든 이를 치료하는 溫井에서도 비용 마련을 위해 보를 설치 운영한 것으로 추측된다. 세종 9년 8월, 외방의 온정에 목욕하고 병을 치료하고자 하

---

47) 『世宗實錄』권36, 世宗 9년 4월 壬午(24일), 3-69.
48) 『世宗實錄』권110, 世宗 27년 11월 丁丑(6일), 4-644.
49) 묵사가 폐지되면서 米穀이 동서활인원으로 이속되었으므로 동서활인원에서는 여전히 보를 운영하였을 가능성이 없지 않다.

는 이들이 많이 모여 있는데, 糧餉의 부족으로 고통스러워하니 의창 賑濟의 예에 의거해 환자가 많이 모인 온정의 부근에 곡식 200~300석을 쌓아놓고 구휼함이 어떤가라고 국왕이 말하자, 목욕인이 다수 모인 곳은 평산군과 온수현 두 곳의 온정만한 곳이 없다고 하면서 이 법을 세워 궁핍한 이를 구휼하자고 孟思誠과 申商이 계하였다.50) 온정 부근에 쌓아놓은 곡식은 구휼하는 곡식이지 차대로 운영하는 원본은 아닌 듯하다.

그렇지만 온정에서 구체적으로 보를 운영하는 예도 보인다. 세종 9년 9월, 예조가 중외의 온정에서 환자를 구료하는 내용을 아뢰자, 의정부와 諸曹에서 논의하여 모두 좋다고 하자, 국왕이 이를 따랐다. 예조에서 올린 내용을 보면, 온정 근처에 사는 자비심 있는 한량인과 담당할 만한 승려가 있으면 監考로 정하여 온정을 수리하고 환자를 구호하게 할 것, 온정에 모인 환자의 다과에 따라 미두를 공급해 寶를 세우고 감고·색장으로 관장케하고 존본취식하며, 죽식을 제공해 飢困을 면케 할 것, 寶米를 나누어주고 걷는 일, 환자를 구료하는 일은 수령이 수시로 고찰할 것, 매 온정에 설립한 보의 미두는 200석을 넘지 않게 할 것 등을 확인할 수 있다.51) 한 곳의 온정에 설치한 보는 200석을 넘지 않도록 했음도 주목된다. 보의 운영을 담당한 감고와 색장은 승려가 중심이겠지만, 한량인도 포함되었을 가능성도 없지 않다.

승려가 참여해 환자를 구료하는 온정에서 보를 설치 운영해 비용을 확보하고 있는 것이다. 존본취식, 즉 원본은 유지하고 거두어들인 이자로 비용을 공급하는 것이다. 보의 기본곡이 미두 200석이므로 1년에 확보할 수 있는 최대의 이자는 이자율 1/3을 적용할 경우 66석과 2/3석이 된다. 온정은 여러 곳에 있었을 것이므로 전체 보의 규모는 작지 않았을 것이다.

濟生院의 경비 마련을 위해서도 보가 운영되었다. 세종 14년 6월, 태조

50) 『世宗實錄』권37, 世宗 9년 8월 甲申(29일), 3-89.
51) 『世宗實錄』권37, 世宗 9년 9월 壬子(27일), 3-94.

6년(1397)에 태조가 제생원을 별도로 세우고, 仁濟徒로 이름짓고서 米布를 납해 寶로 삼은 뒤 存本取利케 해서 약을 구입하는 비용으로 삼도록 했다는 언급이 보인다. 이때 노비 약간 명을 소속케 해 使喚으로 부리도록 하였다고 한다.[52] 제생원에서 승려들이 활약하고 있는지는 명확하지 않지만, 제생원의 약 구입 비용 확보를 위해 보를 설치 운영하고 있음은 분명하다.

제생원 이외에 다른 의약 담당 부서에서도 운영 경비를 마련하려고 보를 설치하고 있음이 확인된다. 세종 19년, 醫藥은 至重한 일이기 때문에 국가에서 醫官을 두었고, 또 立寶取殖하고 있으며, 약을 조제해 판매하고 있다고 하였다. 그러면서 언급한 기관에 典醫, 惠民, 濟生의 부서가 보인다.[53] 이를 통해 본다면 제생원은 물론 전의, 혜민의 부서에서도 보를 설치 운영하였음을 알 수 있다.

그런데 제생원, 전의감, 혜민국에도 승려들이 관계하였을 것으로 보인다. 세종 7년 生藥鋪·昭格殿·迎接都監·威儀色·忠扈衛·惠民局·濟生院·東西活人院·歸厚所·東西窯·沈藏庫 등에는 전곡이 있고 겸대관이 배치되어 있었음이 전한다.[54] 여기서 언급된 기관 중에는 승려가 소속되어 활동하고 있는 부서가 보인다. 동서활인원, 귀후소, 동서요가 그러하다. 그렇다면 제생원, 혜민국, 전의감에서도 승려가 활동하였을 가능성이 크다. 이런 사실에서 미루어 볼 때, 그밖의 기구에서도 승려들이 부분적으로 참여하였을 가능성이 없지 않다. 결국 의약이나 자선의 기능을 담당한 부서는 불교식의 보를 운영하고 있던 것으로 추정되는 것이다.

특정 용도의 재원을 확보하기 위해 보를 운영하는 것인데, 이러한 보의 운영은 불교에서 온 것임이 분명하다. 조선초까지도 보의 명목으로 존본취리해서 필요한 재원을 확보하는 일이 허다하였다. 승려들이 활동하는 기구에서는 특히 보의 형식으로 운영경비를 조달하는 경우가 많았음을 확인할

---

52) 『世宗實錄』권56, 世宗 14년 6월 丙辰(29일), 3-400.
53) 『世宗實錄』권77, 世宗 19년 6월 癸酉(15일), 4-81.
54) 『世宗實錄』권28, 世宗 7년 6월 庚子(2일), 2-672.

수 있다. 승려가 참여하고 있기에 불교방식의 보를 설치 운영함으로써 재
원을 마련하는 것인데, 이것은 고려의 遺風이라고 할 수 있다.

　관곽을 제조 보급하는 귀후소에도[55] 寶가 설치 운영된 것으로 보인다.
棺槨의 제작을 위해 국가에서 특별히 歸厚所를 설치하고서 公私의 米布를
시납하고 存本取利해서 재목을 구입해 관곽을 만들어 팔도록 하였다. 그런
데 세종 25년 무렵 禮葬所用 및 諸處에 賜與하는 관곽을 모두 귀후소에서
만들도록 하기 때문에 관곽을 사적으로 판매하는 일이 이전만 못하게 되
었고, 미포의 원본을 잃어 설립한 뜻과 어긋난다고 하였다. 귀후소의 별
좌·간사로 그 일을 분장토록 하는데, 別坐 1인, 幹事 1인은 公用의 관곽을
관장하고, 별좌 1인, 간사 1인은 사적으로 판매하는 관곽을 관장하도록 하
라고 예조에서 계문하자, 국왕이 이를 따랐다.[56] 귀후소에서 관곽을 제조
하는 데 승려들이 참여하고 있었음은 幹事僧이 배속되어 있는 데서[57] 알
수 있다. 그 귀후소의 재정 수입을 확보하기 위해 存本取利하고 있었다. 아
마 보의 명목으로 운영하였을 것이다. 승려들이 참여한 영역이기에 불교식
의 보를 설치해 재정수입을 도모한 것으로 보인다.

　이처럼 승려들이 참여한 기구에서는 보를 운영해 재원을 마련하였다.
별와요, 한증소, 온정이 대표적이고, 귀후소도 그러한 것으로 보인다. 의약
이나 자선활동의 기구에서도 보를 운영하고 있음이 확인되는데 아마 이들
기구에서도 승려들이 부분적으로 활약하고 있었을 가능성이 있다. 이렇듯
이 세종대에는 불교 성격의 보가 비교적 널리 설치되어 운영됨으로써 특
정 기구의 재원을 뒷받침하였다. 이들 보는 이자의 용처가 분명한 것이었
다. 보의 기금을 대여받은 이들은 그 이자가 어디에 사용되는지 잘 알았을

---

55) 한희숙, 2004, 「조선전기 장례문화와 歸厚署」 『朝鮮時代史學報』31 ; 李炳熙,
　　2012, 앞의 논문.
56) 『世宗實錄』권102, 世宗 25년 11월 甲寅(3일), 4-521.
57) 『世宗實錄』권109, 世宗 27년 8월 戊辰(27일), 4-634 ; 『成宗實錄』권130, 成宗 12
　　년 6월 壬戌(19일), 10-234.

것이며, 따라서 이자를 상환하는 경우, 보가 표방한 용처에 동참한다는 생각을 갖지 않았을까 한다. 기꺼워하는 마음으로 이자를 부담하였을 것이며, 따라서 이자의 상환이 여타 세속인이 운영하는 차대보다 원활하였을 것이다. 곧 이자상환율이 높았을 것으로 추정된다.

불교계와 거리가 있지만 보의 명칭을 쓰는 경우도 보인다. 常平寶가 대표적인 예였다. 상평보는 불교와는 무관하게 설치 운영되는 것이었지만, 보라는 명칭을 사용하였다.

상평보는 태종 9년(1409)에 설치되어 운영되다가 문종 1년(1451)에 혁파되었다. 태종 9년 1월, 전라도 都觀察使 尹向이 常平寶 설치를 요청하자 이를 따른 일이 있었다. 윤향이 救荒을 위한 방책으로 비용을 절감하고 축적해 얻은 면포 500필을 전라도 내의 여러 州에 나누어 주어 상평보라 이름하고, 추곡의 값이 쌀 때 포 1필을 지급해 값을 낮추어 2두를 사들여 민용을 편하게 하고, 봄에 곡식이 귀할 때 포 1필을 납부하게 하고 값을 올려 1두로 내어주면 백성의 기근을 면하게 할 수 있다는 것이다. 흉년에는 곡식을 내어주되 들이지 말며, 풍년을 기다려 거두게 된다면 몇 년이 되지 않아 만 석을 거둘 수 있다는 것이다. 백성이 이익을 얻고 국가에는 해로움이 없게 된다는 것이다. 세월이 가면 감사·수령이 제대로 행하지 않을까 걱정이므로 감사에게 명령을 내려 춘추에 糶糴한 수를 계산해 정부에 보고하고 회계한 뒤 시행하도록 해달라는 것이었다. 국왕이 이를 수용하였다.[58] 면포 500필로 가을에는 1,000두를 거두고, 봄에는 포 1필을 받고 1두를 내주게 되므로 포는 1,000필이 되며, 가을에는 곡식을 2,000두 확보할 수 있고, 다음해 봄에 다시 그것을 내서 2,000필을 확보하게 되며, 이어지는 가을에는 4,000두를 거두게 되고, 다음해에는 8,000두를 확보할 수 있게 되며, 그 다음해에는 16,000두를 확보할 수 있게 되는 것이다. 결국 곡식이 쌀 때 사들이고 비쌀 때 팔면 이득이 배가 되고, 민에게도 도움이 된다는

---

58) 『太宗實錄』권17, 太宗 9년 1월 辛酉(18일), 1-472.

논리이다. 면포 500필을 원본으로서 해서 이렇게 운영해 간다면 매해 2배의 곡식을 확보할 수 있고, 그것이 백성에게 도움을 준다는 것이다. 이렇게 수익을 늘려 가는 것을 상평보라 칭하는 것이다.

구황을 목적으로 원본을 두고서 그것을 활용해 수익을 늘려 가는 것인데, 이자를 받는 보와 유사한 것이라는 의미에서 보라는 명칭을 사용한 것이다. 결국 상평창을 운영하는 것인데, 이것을 상평보라고 일컬은 것이 주목된다. 불교 방식의 보를 표방하고 있는 것이다.

구황을 목적으로 태종대에 전라도에 설치 운영된 상평보는 40여 년이 흐른 뒤에 기능을 거의 하지 못하는 것으로 언급되고 있다. 문종 1년 10월 전라도 관찰사 成奉祖가 올린 내용 중에, 전라도에서 태종 9년에 처음으로 常平寶를 설치하였는데, 그후 수령이 힘써 증식시키지 않아, 혹은 겨우 본수만을 유지한 경우, 혹은 원본까지도 아울러 상실한 경우가 있어 마땅히 추핵해야 하나 이미 사면을 경과해 治罪할 수 없다고 하면서, 상평보를 혁파하고 상평보의 銅錢은 국고에 귀속시키고, 米布는 의창에 소속시키자고 하니, 모두 의논하기를 감사가 계한 대로 하자고 하였다. 그 내용을 국왕이 청종하였다.[59]

보라는 명칭으로 존본취리해서 비용을 조달하는 것은 세종대까지 확인된다. 사찰에서 흔히 확인할 수 있으며, 승려들이 활약하고 있는 일부 기구에서도 찾을 수 있다. 그밖에 의약을 담당하는 부서에서도 보인다. 상평보는 매우 특이한 존재라고 할 수 있다. 이러한 보 명칭을 사용한 차대행위는 세종대까지 보이고 이후 찾아지지 않는다. 결국 불교식의 借貸制인 寶가 사라지는 것이다.

---

59) 『文宗實錄』권10, 文宗 1년 10월 甲午(29일), 6-499.

4. 佛敎界 寶 운영의 쇠퇴와 그 의미

불교계에서 운영하는 寶는 세종말부터 급격히 위축되었다. 보의 높은 이자율은 이자 및 원본상환을 어렵게 하는 것이었다. 고려시기에도 존본취 식해 특정 용처에 사용토록 한 보를 지속적으로 운영해 가는 것이 쉽지 않 았다. 일차적으로는 채무자가 제때에 이자를 납부하지 못하는 사태가 빈번 하였고, 보의 원본을 잠식하는 일도 흔하였기 때문이다.

惠陰寺의 경우, 12세기 초 양곡을 비축해 놓고서 그 이자로 죽을 쑤어 여행자에게 공급하였지만 어느 정도 시간이 흐른 뒤에 곡식이 거의 없어 지게 되었다고 한다.[60] 존본용식하면서 보를 유지해 가는 것이 쉬운 일이 아니었음을 알려 준다. 불교가 성행하던 고려시기에도 이처럼 보의 운영은 원활한 것이 아니었다. 어려운 처지에 있는 민인으로서는 보의 재원을 빌 려 사용하고 원본과 이자를 함께 상환하는 일이 용이하지 않았다.[61]

조선초에 보의 운영이 원활하지 못함을 여러 예에서 확인할 수 있다. 특 히 세종 말년부터 보 운영이 여의치 않음이 두드러지게 나타났다. 세종 29 년(1447) 무렵 개경사의 보가 제대로 운영되지 못했다.[62] 승려들이 개경사 의 보를 운영하는 데 있어 어려움이 있었던 것이다. 한증소에 설치된 보는 세종 27년 한증소가 폐지됨에 따라 사라지게 되며,[63] 제생원의 보는 세종 19년 취식이 많지 않아 보를 통해 확보하는 이자가 날로 줄어들고 있었 다.[64] 귀후소의 보는 세종 25년 원본인 米布를 잃어간다고 했다.[65] 원본을

---

60) 金富軾,「惠陰寺新創記」『東文選』권64.
61) 고려시기 사찰의 보 운영에는 지방관의 도움이 적지 않았는데, 조선초 억불정책이 추진되면서 지방관의 도움을 받는 일은 매우 드물어졌다. 이러한 사정도 조선초 사찰의 보 운영을 어렵게 만드는 하나의 요인이 되었을 것이다.
62) 『世宗實錄』권118, 世宗 29년 10월 己巳(11일), 5-40.
63) 『世宗實錄』권110, 世宗 27년 11월 丁丑(6일), 4-644.
64) 『世宗實錄』권77, 世宗 19년 6월 癸酉(15일), 4-81.
65) 『世宗實錄』권102, 世宗 25년 11월 甲寅(3일), 4-521.

상실해 간다는 데서 알 수 있듯이 보를 안정적으로 운영하지 못하고 있는 것이다. 조선초 운영되어 오던 사찰의 보가 세종 말년에 제대로 운영되지 못하는 것이다.

태종대에 전라도에 설치한 상평보도 문종 1년(1451) 원본만을 겨우 유지하고 있는 지역도 있었지만 원본마저 상실한 곳도 있었다. 보의 곡식을 의창으로 옮기게 함으로써 결국 상평보는 운명을 다하고 사라져갔다.[66]

보의 쇠퇴는 1/3의 이자율로 이자를 확보하고, 원본을 손상없이 유지해 가는 것이 용이한 일이 아니었음을 의미한다. 보 운영의 동요는 일차적으로 사원의 재정수입의 감소를 초래하는 것이고, 사찰에서 설행되는 각종 불교의식의 축소를 가져오는 것이었다. 아울러 민인의 재생산을 보장하는 기능을 불교계가 수행해 가지 못함을 뜻하는 것이었다. 말하자면 민의 재생산에서 불교계가 탈락하게 됨을 의미하는 것이다. 반면 국가가 대신해서 민인의 재생산 보장 기능을 적극 담당하게 되었다. 국가의 적극적인 還上(환자) 운영이 사원의 보를 위축시키는 결정적인 요인이었다. 국가가 공공 기능을 확대시켜 감에 따라 불교계의 역할이 크게 축소당했음을 의미하는 것이다. 물론 불교의 사회적 영향력의 축소도 하나의 요인이었을 것이다.

국가에서 민인의 재생산 보장을 위해 노력하는 것은 조선초부터 많은 사례가 확인된다. 특히 義倉의 설치와 운영에 힘을 기울였다. 곳곳에 다수의 의창을 설치하고 다량의 미곡을 보유하고서 전면적인 재생산 보장활동을 펼치게 되었다. 차대의 이자에 대해서도 깊은 관심을 기울였다.

태조 1년(1392) 9월, 도평의사사 裵克廉·趙浚 등이 올린 22개 조 가운데, 의창의 설치는 궁핍한 이를 진휼하기 위한 것이며, 지금 농사철을 당해 궁한 민에게 먼저 糧種을 지급하고 반드시 斗量케 하고, 가을 추수철에 다만 本數만을 거두며, 그 출납한 수는 매년 季月에 三司에 보고하는데 수령이 斗量을 행하지 않거나 부강한 자에게 지급하면 논죄한다는 내용이 보인다.

---

66) 『文宗實錄』권10, 文宗 1년 10월 甲午(29일), 6-499.

또 공사의 錢物은 子母停息하도록 함이 이미 정해진 제도인데, 무식한 무리가 이자에서 이자를 낳게 해서 심히 이치에 어긋나므로 지금부터는 연월이 오래되어도 一本一利하는 것을 넘어서는 안 된다는 내용도 보인다. 이러한 주장을 국왕이 모두 따랐다.[67] 이미 조선 개국초에 민인의 구휼 문제 개선을 위해 노력하는 것이다. 복리로 이자를 취해서는 안 된다는 것, 연월이 오래되어도 이자가 원본을 상회할 수 없다는 것을 명확히 하였다. 또한 의창제를 통해 궁핍한 이를 진휼하되, 이자는 받지 않고 원본만 상환하도록 하였고, 직접 곡식의 양을 재도록 할 것이며, 부강자에게 지급해서는 안 된다고 명시하였다.

조선 개국 초 의창 및 이자와 관련해 명확한 내용을 규정한 것이다. 기존의 차대 행위를 제한하는 것이며, 다른 한편으로 의창의 기능을 확대함으로써 차대에 편입되지 않도록 민인의 안정에 힘쓰는 것이다. 조선이라는 국가가 나아갈 방향을 제시한 것이다. 결국 이자율을 제한하는 한편, 무이자 의창의 운영을 확대함으로써 고리대가 성행할 수 없도록 여건을 조성하려는 것이다.

도평의사사가 두 달 뒤 태조 1년 11월에 계한 내용에서도 차대 행위로 인한 폐단을 지적하고 있다. 양인이 부채를 상환하지 못해 노비가 되는 것은 이치가 아니라고 하면서, 지금부터는 부채를 상환하지 못하면 錢穀의 수를 노비 역가의 수에 견주어 부채액을 채우면 免放토록 하였다. 그리고 일본일리를 하되 지나치게 사역하지 못하도록 하였다. 이를 위반하면 압량위천으로 논하자고 하였다.[68] 실천 여부는 명확하지 않은데 아마 실천되었을 것으로 추측된다. 조선초에 부채의 미상환으로 인해 노비가 되는 일은 억제되었을 것이다. 사찰 보의 원본을 빌린 다음 이자를 덧붙여 상환하지 못하는 경우, 사찰의 노비로 전락하는 일이 있었을 텐데, 이런 조치로

---

67) 『太祖實錄』권2, 太祖 1년 9월 壬寅(24일), 1-31.
68) 『太祖實錄』권2, 太祖 1년 11월 甲午(17일), 1-35.

인해 조선초 사찰이 채무자를 노비로 삼는 일은 어려워졌다.

의창의 곡식을 활용해 구휼하는 것은 이미 태조 2년부터 분명히 확인된다. 태조 2년 4월, 의창의 곡식을 내서 궁민을 진휼케 한 내용이 보인다.[69] 국초부터 궁핍한 민을 진휼하는 데 각별한 노력을 기울이고 있음을 알 수 있다. 의창은 기본적으로 이자는 면제하되 원본은 상환해야 하는 제도였다. 무이자의 의창곡이 크게 확대된다면 1/3에 달하는 이자를 납부해야 하는 보는 그 운영이 축소될 수밖에 없었다.

무이자로 운영되는 의창제를 확대하고 일반 차대에 대한 이자율을 제한하는 데 그치지 않고, 극단적인 곤궁에 빠져 생존이 힘든 이들을 위한 賑恤에도 각별한 배려를 하였다. 태조 4년 7월, 국왕이 도평의사사에 명해 각 도의 飢民을 구휼하게 하였는데, 수령에게 고을 내에 賑濟所를 나누어 설치하되, 閑良 品官으로 慈祥廉潔한 자를 택해 감고로 삼고, 수령은 수시로 이를 살피도록 하였다. 또 老病飢困으로 먹으러 갈 수 없는 자, 양반남녀로서 부끄러워 먹을 곳으로 나아가지 않는 자는 분간해 살펴 별도의 진제를 베풀도록 하였다. 수령이 마음을 써서 경내에 굶어죽은 자가 없으면 직명과 살린 사람의 수를 보고해 발탁 등용하되, 마음을 쓰지 않아 경내에 굶어죽은 자가 있으면 수령, 감고를 모두 처벌하도록 하였다.[70] 진제소에서 제공하는 먹거리에 대해 기민은 대가를 지불할 필요가 없었다. 진제소에서 제공하는 것은 無償이며, 환자와는 다른 것이었다. 이러한 진제소를 다수 설치하면 기민이 상당한 혜택을 누리게 되며, 사찰이나 승려의 도움을 덜 필요로 하는 것이다.

조선은 국초부터 민인의 재생산에 적극 노력을 기울이고 있음을 볼 수 있다. 민인의 재생산에 대한 국가 역할의 확대인 것이다. 사사로운 영역에 진제를 일임하는 일을 축소시키고, 고율의 이자를 부담해야 하는 것을 크

---

69) 『太祖實錄』권3, 太祖 2년 4월 辛丑(27일), 1-41.
70) 『太祖實錄』권8, 太祖 4년 7월 辛酉(30일), 1-81.

게 제한하는 것이며, 이는 곧 국가 공공 기능의 확대이다. 불교계를 비롯한 사사로운 영역에서 담당할 부분이 축소됨은 당연한 일이겠다.

사사로운 영역에서의 차대 행위에 대해서는 계속해서 제한을 가하였다. 차대한 당사자가 사망한 경우, 가족이나 이웃에게 이자와 원본을 징수하는 것에 제한을 가하였다. 공사의 차대 행위에 대한 심대한 억제 조치이다. 사찰의 보 운영에도 적용되는 조치였을 것이다. 태조 4년, 민간에서 公私의 물품을 빌린 뒤에 빌린 자가 이미 죽었으면 그 族에게 징수하는 것을 금단토록 하라고 하였다.[71] 채무자가 죽었으면 가족에게 부채를 징수하지 말라는 조치인 것이다.

태조 7년 12월, 빈핍한 민이 富家의 곡식을 차대하는데, 부유한 집에서 농사철에 임해 채무 백성을 모아 사역시키니, 부자는 더욱 부유해지고, 가난한 자는 더욱 가난해지는데, 이들을 논죄하라는 조치도 있었다.[72] 채권자가 채무자를 농사철에 사역시켜 이들이 농사를 제대로 짓지 못하는 사태가 있었는데 이를 금지토록 하는 것이다.

민간의 차대에 대해서는 이후에도 제한하는 조치가 취해지고 있다. 정종 2년(1400) 7월 민간의 부채는 빌린 자와 빌려 준 자가 모두 죽은 경우, 자손이 문계를 빙자해 추징하는 일이 있는데 모두 엄히 금한다고 하였다. 빈궁한 소민이 부채를 상환하지 못해 자녀를 인질로 삼아 여러 해 役使시키는 일이 있고, 혹은 영원히 노비로 삼는 일이 있는데, 소재관사는 살펴 이를 통렬히 다스리도록 조치하였다.[73] 빌린 자와 빌려 준 자가 모두 생존해야 상환하는 것이지만, 죽으면 추징하지 못하도록 하는 것이다. 또한 채무자의 자녀를 오랫동안 사역시키거나 노비로 삼는 것을 엄히 금지하는 것이다. 차대에 대해서는 이처럼 이자율을 제한하고, 채무자를 채권자가 사역시키거나 노비로 삼는 것을 금하며, 채무자가 사망 시에 다른 이에게

---

71) 『太祖實錄』권8, 太祖 4년 10월 乙未(5일), 1-84.
72) 『太祖實錄』권15, 太祖 7년 12월 辛未(29일), 1-142.
73) 『定宗實錄』권5, 定宗 2년 7월 乙丑(2일), 1-180.

채무 이행을 강요하는 것을 제한시켜 갔다.

밀린 이자에 대한 적극적인 탕감조치가 마련되기도 하였다. 태종 1년 (1401) 5월, 금년 이전 빌린 公私의 宿債는 다만 본전만을 받게 하였다.[74] 태종 1년 1월 이전에 빌린 공사의 묵은 빚에 대해 다만 원본만을 걷고 이자를 추징하지 못하도록 한 것이다. 이러한 조치로 인해 과거 빚은 원본만 갚으면 되고, 이자는 모두 탕감받게 되는 것이다. 묵은 빚의 탕감으로 많은 이들이 혜택을 입었을 것으로 생각된다. 부채에 시달리던 다수의 민인이 이자를 탕감받고 원본만 상환하면 되는 것이었다. 채무자의 부채 부담은 크게 경감되는 것이며, 반면 채권자의 손실은 막대해지는 것이다.

그러한 손실을 입은 주체의 하나가 사원과 승려였을 것이다. 이러한 조치로 인해 보 명목으로 엄청난 米布를 민인에게 대여하고 그 이자를 상환받지 못했던 불교계는 엄청난 타격을 입었을 것으로 보인다. 물론 본전은 회수할 수 있지만, 사찰이 경제적으로 입은 타격은 매우 컸을 것이다.

사채로 고통받는 민인에 대한 정책은 태종 7년에도 확인된다. 궁민이 빌린 것을 상환하지 못해 자녀를 저당잡힌 경우, 그 日月을 상고해 고용의 값을 계산해 모두 방면하도록 하였다.[75] 빚을 상환하지 못해 자녀를 저당잡혀 사역시키는 것을 제한한 것이다.

부채 상환을 못한 이들에 대해서는 태종 14년 다시 과감한 조치가 취해졌다. 공사의 부채를 상환하지 못한 경우 을유년(태종 5) 이전 의창의 환자를 제외하고는 모두 징수를 면하도록 하였다.[76] 공사의 부채로 상환하지 못한 것은 을유년 이전 것은 환자를 제외하고 일체 징수하지 못하도록 하였다.[77] 의창의 환자는 징수하도록 하되, 나머지 공사의 부채는 징수하지

---

74) 『太宗實錄』권1, 太宗 1년 5월 甲寅(26일), 1-204.
75) 『太宗實錄』권14, 太宗 7년 7월 癸丑(2일), 1-402.
76) 『太宗實錄』권27, 太宗 14년 6월 庚戌(9일), 2-21.
77) 아마 이때 태종 5년 이전의 공사부채에 대해서는 원본 및 이자를 모두 탕감하는 것으로 이해된다.

못하도록 한 것이다. 국가에서 개인의 채권 행사를 중지시키는 조치인 것이다. 이러한 조치는 결국 부채를 빌려준 채권자에게 엄청난 타격을 주는 것으로 보인다. 사찰의 경우에도 재정적으로 큰 타격을 입었을 것으로 추측된다.

이자 상환을 제한하는 조치는 반복해 취해졌다. 세종 21년 7월, 비가 제때에 오지 않아 민생이 걱정된다고 하면서, 公私의 負債 및 관리의 逋欠을 임시 징수하지 말도록 호조에 전지하였다.[78] 이자를 받는 행위에 대한 제한 조치인 것이다. 사채를 빌린 채무자를 보호하는 일련의 조치가 취해지고, 채권자의 권리 행사를 제한하는 조치가 반복되었다. 이에 따라 채권자의 경제적 손실은 매우 컸을 것이다. 채무자의 부담은 가벼워지고, 처지는 향상된 것으로 여겨진다.

공사의 차대에 대해 제한조치를 취하는 한편으로, 진휼에 대해서 적극적인 조치를 취해 갔다. 국가에서 곡식을 풀어 백성을 구휼하는 것은 두 가지였다. 賑濟와 還上이 그것이었다. 원본과 이자 모두 상환이 필요없는 것이 전자이고, 원본을 상환해야 하는 것이 후자였다. 의탁할 바가 없는 이들, 즉 환과고독, 폐질자, 구걸인에게는 원본 상환이 면제되는 진제를 실시하고, 농지와 친척이 있고, 力農할 수 있는 壯實한 이들에게는 환자를 지급하는 것이다.[79] 국가에서 진제와 환자를 함께 운영함으로써 민인의 재생산을 보장하고 있었다. 구체적인 사례를 보면, 태종 5년 12월, 제주의 기민 진휼을 위해 敬承府 少尹 李慤을 보내 미두 1,000석으로 진휼케 하고, 또 미두 1,500석으로 말[馬]을 사게 하였다.[80] 결국 제주에 2,500석의 미두를 제공한 것이다. 직접적인 진휼곡으로 1,000석이 사용되었지만, 1,500석도 제주에서 소비된 것이다.

---

78) 『世宗實錄』권86, 世宗 21년 7월 庚戌(4일), 4-223.
79) 『世宗實錄』권19, 世宗 5년 2월 乙卯(4일), 2-524 ; 『世宗實錄』권74, 世宗 18년 9월 丁酉(5일), 4-27~28.
80) 『太宗實錄』권10, 太宗 5년 12월 己丑(27일), 1-345.

鄭道傳은 의창이 기능에 대해 다음과 같이 설명하였다.

> 만약 흉년이 들면 의창의 곡식을 모두 풀어서 진휼하고, 풍년이 든 다음에 원본만을 회수하여 장기간 이런 일을 계속할 수 있도록 비축해 둔다. 이렇게 하면 기근이 들어도 백성에게 피해가 가지 않고, 풍년이 들어도 농민을 해치지 않으며, 곡식은 항상 비축되어 있으며 백성들은 굶어 죽는 일이 없게 된다.[81]

흉년에 곡식을 제공하고 풍년이 들면 이자 없이 원본만을 회수하는 것이 의창제였다. 조선초 의창제의 운영에 대해 국가는 각별히 배려하였다. 의창의 운영에서 물의를 일으킨 지방관원을 처벌하는 것도 하나의 대책이었다. 태종 14년 4월, 卓思俊이 撫山縣令이었을 때 의창의 곡식을 大斗로써 거두니 넘치는 것이 심히 많았으며, 林謨 역시 탁사준의 뒤를 이어 무산현 판사가 되어 그 곡식의 반을 결손에 대비하고, 반은 사적으로 사용한 일이 있었다. 일이 발각되자 탁사준과 임모를 巡禁司에 하옥해서 치죄하였다.[82] 말[斗]을 크게 만들어 의창곡을 회수하게 되니 빌려 준 것보다 많은 양을 거두었다는 것이다. 원본만 상환하면 되는 것인데, 원본 이상으로 추가 징수해 처벌받는 것이다.

세종대에 이르러 의창의 기능을 크게 확대하는 조치가 취해졌다.[83] 무엇보다 의창에서 지급하는 곡식의 양을 크게 늘려갔다. 100만 석 이상의 곡식으로 진휼하기 때문에 그 혜택을 입는 민인의 수도 크게 증가하였다. 그리고 의창 운영의 합리성을 제고하려고 노력하였다. 고율의 借貸가 운영

---

81) 鄭道傳, 『三峰集』권13, 朝鮮經國典上, 賦典, 義倉.
82) 『太宗實錄』권27, 太宗 14년 4월 乙丑(22일), 2-13.
83) 조선초기 의창제 전반에 관해서는 다음의 글이 참고된다. 朴廣成, 1962, 「朝鮮 初期의 義倉制度에 對하여」 『史叢』7 ; 김훈식, 1993, 「朝鮮初期 義倉制度 硏究」, 서울대 국사학과 박사학위논문 ; 菅野修一, 1994, 「朝鮮朝初期における義倉制の開始 - 國家の賑恤政策と烟戶米法 -」 『朝鮮學報』153.

될 수 있는 공간은 현저히 축소되었다.

세종 즉위년(1418) 9월, 사헌부가 啓한 내용에서, 수령이 義倉의 곡식을 징수할 때 親監하지 않고 監考 1인에게 위임하고 있으며, 납부하는 것이 數石에 이르러도 斛을 사용하지 않고 모두 斗升을 사용해 원본 이상을 거두고 있다고 지적하였다. 또 燒木과 蓋草도 거둠으로써 민이 원망하고 있다고 하면서, 지금 이후로는 수령이 친히 감독하고 납부하는 자가 自量토록 하고, 만일 넘침이 있으면 즉시 바치는 자에게 돌려 주자고 하자, 국왕이 이를 청종하였다.[84] 납하는 자가 자량토록 해서 원본을 넘지 않게 하며, 수령이 이를 친히 감독하라는 것이다.

의창 운영에 대한 관리 감독을 강화하는 한편 진제곡, 환자곡의 규모를 크게 확대시켜 갔다.

〈표 1〉 세종 1년, 賑濟의 규모[85]

	飢民	賑濟米豆·雜穀 合	醬
경기우도	11,124명	936석	215석
황해도	4,891명	363석	89석
경기좌도	5,661명	378석	101석
강원도	4,139명	2,284석	262석

<표 1>에서 알 수 있듯이 세종 1년의 경우, 진제로 소비한 미곡이 수백석에서 2,000석에 이르고 있다. 진제로 제공한 것은 원본의 상환이 필요없는 구휼이었다. 세종 6년 구체적인 진제 곡식과 환자 곡식의 양을 파악할 수 있다.

---

84) 『世宗實錄』권1, 世宗 즉위년 9월 壬申(25일), 2-270.
85) 『世宗實錄』권4, 世宗 1년 5월 壬申(28일), 2-319.

〈표 2〉세종 6년, 기민의 수 및 진제와 환자용 곡식의 규모[86]

도명	기민의 수	賑濟 米豆	賑濟 醬	還上分給 米豆 雜穀
경상도(42官)	1,853명	176석 14두	25석 3두	58,062석 12두
충청도(55관)	3,103명	331석 2두	37석 14두	40,079석 7두
함길도(8관)	399명	32석 1두	4석 5두	
강원도(23관)	2,212명	268석 14두	35석 5두	
개성유후사	576명	81석 11두	12석 4두	2,379석 2두
평안도(33관)	1,086명	170석 6두	22석 10두	26,228석 3두
황해도(24관)	589명	63석 14두	9석 2두	89,091석 10두

　황해도의 경우, 환자로 분급한 곡식이 8만 석을 상회하고, 경상도도 5만 석을 크게 상회하고 있다. 반면 진제로 소비하는 곡식의 양은 많지 않았다. 대체로 진제로 제공한 곡식보다는 환자로 분급한 곡식이 훨씬 많았음을 알 수 있다.

　세종 28년에는 의창에서 분급한 곡식이 엄청난 양에 달하였다.

〈표 3〉세종 28년 2월, 의창곡 분급의 규모[87]

도명	호 수	분급 의창곡
경기	2만 5천여 호	63만 7천여 석
경상도	4만 2천여 호	37만 2천여 석
전라도	2만 9천여 호	43만 4천여 석
충청도	2만 5천여 호	80만 1천여 석
황해도	2만 5천여 호	21만여 석
강원도	1만 3천여 호	11만 5천여 석
함길도	1만 4천여 호	4만 4천여 석
평안도	4만 4천여 호	12만 5천여 석
총계	21만 7천여 호	273만 8천여 석

---

86) 『世宗實錄』권24, 世宗 6년 5월 戊子(14일), 2-597.
87) 『世宗實錄』권111, 世宗 28년 2월 丁卯(29일), 4-657.

<표 3>의 자료에 보이는 수치는 세종 27년의 것인데, 의창곡으로 분급한 규모는 전국 273만 석을 상회하였다. 엄청난 규모의 곡식을 제공한 것이다. 여기에는 일부의 진제곡도 포함되겠지만 대부분은 환자로 분급한 것으로 여겨진다. 이만한 규모의 곡식을 제공한다면 私債를 이용할 필요성이 현저히 줄어드는 것이다. 따라서 사적인 차대가 성행할 조건이 축소됨을 알 수 있다. 세종 30년에는 의창곡을 보충함으로써 원본을 크게 증액하였다.[88] 의창에서 제공하는 곡식을 크게 늘림으로써, 민인의 재생산을 돕고 있었다. 환자가 크게 확대되면서 1/3 이자율로 운영되는 보를 유지하는 것은 힘들어졌다. 결국 국가의 공공기능 확대가 보의 입지를 크게 축소시키는 것이었다.

그런데 의창곡을 환자로 분급받은 민인은 원본을 상환해야 했다. 곤궁한 처지에 있는 민인으로서는 원본의 상환은 쉬운 일이 아니었다. 그 때문에 원본의 회수가 어렵다는 지적이 이어졌다. 의창 운영의 어려움은 일차적으로 곤궁한 민인이 원본을 제대로 상환하지 못하는 데서 오는 것이며, 관리자인 수령이 제대로 운영하지 않는 것도 중요한 요인이었다. 결손이 생기는 의창곡을 국가에서 지속적으로 보충해 주지 못하는 것도 하나의 요인이

---

88) <표> 세종 30년 4월, 加給한 義倉穀(『世宗實錄』권120, 世宗 30년 4월 丁丑(22일), 5-61)

소속	本	今加	총 액
군자감 의창	7,812석 9두	2,187석 6두	1만 석
개성부 의창	12,134석 5두	그대로	12,134석 5두
경기 의창	138,839석 7두	211,160석 8두	35만 석
충청도 의창	180,030석 2두	169,969석 13두	35만 석
전라도 의창	107,691석 13두	242,308석 2두	35만 석
경상도 의창	256,891석 8두	143,108석 7두	40만 석
강원도 의창	86,911석 12두	113,088석 3두	20만 석
황해도 의창	136,048석 2두	63,951석 13두	20만 석
평안도 의창	186,006석 5두	163,993석 10두	35만 석
함길도 의창	52,720석	147,280석	20만 석

었다. 의창 곡식이 감소해 갈 추세임은, 세종 27년 2월, 국가에서 의창을 설립한 것은 민에게 이익됨이 심히 크지만, 유한한 곡식으로 받는 자는 많고 납부하는 자는 줄어드니 장차 본곡을 잃는 데 이를 것이라는 염려에서 확인할 수 있다.[89] 문종 즉위 초부터 의창곡의 부족이 종종 지적되고 있다.[90]

다른 한편, 불교계의 보 운영이 어려워지면서 특정 승려나 사찰에게 경제적 지원을 하려고 하는 경우, 공물의 代納權을 부여하는 방법을 택하게 되었다. 공물의 대납은 엄청난 수입을 보장하는 것이기 때문에 사찰이나 승려는 짧은 기간 안에 상당한 재원을 확보할 수 있었다. 사찰과 승려의 防納 성행은 이러한 사정에서 출현한 것이었다. 승려의 방납은 세종 말년, 문종, 단종대에 성행하다가 예종대에 폐기된 것으로 보인다.[91] 보가 제대로 운영되지 못하자, 필요한 재원을 방납을 통해 해소케 하는 것이다.

5. 結語

조선초 국가는 일관되게 억불책을 추진해 나갔다. 그 과정에서 불교계의 처지는 열악해졌고, 그 위상은 현저히 낮아졌다. 이처럼 조선초는 국가

---

89) 『世宗實錄』권107, 世宗 27년 2월 癸酉(29일), 4-609.

90) 『文宗實錄』권5, 文宗 즉위년 12월 壬申(2일), 6-323 ; 『成宗實錄』권22, 成宗 3년 9월 壬寅(9일), 8-685.

91) 『世宗實錄』권85, 世宗 21년 6월 庚辰(4일), 4-217 ; 『世宗實錄』권124, 世宗 31년 5월 癸未(4일), 5-128 ; 『文宗實錄』권1, 文宗 즉위년 5월 己未(16일), 6-236 ; 『文宗實錄』권4, 文宗 즉위년 10월 庚子(30일), 6-311 ; 『文宗實錄』권4, 文宗 즉위년 11월 辛丑(1일), 6-313 ; 『文宗實錄』권4, 文宗 즉위년 11월 甲辰(4일), 6-314 ; 『文宗實錄』권6, 文宗 1년 3월 癸卯(4일), 6-364 ; 『文宗實錄』권6, 文宗 1년 3월 甲辰(5일), 6-364 ; 『端宗實錄』권6, 端宗 1년 6월 己酉(24일), 6-801 ; 『睿宗實錄』권1, 睿宗 즉위년 10월 壬寅(16일), 8-282 ; 『睿宗實錄』권1, 睿宗 즉위년 10월 丁未(21일), 8-283 ; 『睿宗實錄』권3, 睿宗 1년 1월 壬午(27일), 8-322 ; 이병희, 2023, 「조선초기 승려의 공물 방납」 『사학연구』150(본서 수록).

와 불교계 양자의 길항관계가 잘 드러나는 시기였다.[92] 차대를 둘러싸고
서도 길항관계를 추적할 수 있었다.

조선초 보가 운영되는 사찰로서 석왕사·개경사·연경사·대자암 등이 확
인되는데 모두 국왕의 명복을 비는 것을 중요 소임으로 하였다. 보의 원본
으로 마련한 米布의 규모는 크지 않으며, 승려와 노비가 관리·운영을 담당
한 것으로 보인다. 조선초 보를 운영하고 있는 사찰은 일부에 불과한 것으
로 여겨진다. 보는 이자를 특정 용처에 지출하는 것을 목적으로 하기 때문
에 보의 이자를 납부하는 이는 그 用處인 善業에 참여하는 것으로 생각하
였을 가능성이 크다. 보는 사원의 재정을 돕고, 설행되는 불사를 풍부하게
함과 동시에 민인의 재생산을 보장하는 의미도 함께 갖고 있었다. 보는 불
교색이 짙은 차대 활동이었다.

승려가 참여해 활약하고 있는 국가 기구에서도 보를 운영하고 있음이
확인된다. 별와요, 한증소, 온정, 귀후소, 제생원 등 자선활동을 하는 기구
라든지, 의료활동을 담당하는 기구에서 보를 운영해 재원을 마련하고 있었
다. 불교의 보를 모방한 상평보는 매우 이색적인 보라고 할 수 있다. 보는
기본적으로 존본취식하는 것으로서 특정한 용처가 있으며, 이자율은 고려
시기의 그것을 계승해 1/3이었을 것으로 보인다.

세종대까지 확인되는 보는 세종말년부터 크게 위축되어 사라지는 것으
로 보인다. 고율의 이자를 부담해야 하는 보는 국가의 구휼 기능이 확대됨
에 따라 운영의 공간을 잃어갔다. 조선초부터 국가는 공적 기능을 확대함
으로써 민인의 재생산을 보장하는 역할을 증대시켜 갔다. 사채의 운영에

---

92) 고려시기에는 양자는 대체적으로 우호적인 관계를 보였다. 국가는 불교의 역할을
   권장하고 제도 장치를 통해 운영을 뒷받침하였으며, 불교는 사회의 긴장·갈등을
   완화하고 국가체제를 지원하는 다양한 활동을 전개하였다. 양자의 조화로운 관계
   는 고려말부터 도전받기 시작하였으며, 조선이 건국되고 나서는 국가 주도로 억불
   정책이 추진되면서 불교와 국가의 관계는 종전과는 매우 상이한 모습을 보이게
   되었다.

대해 여러 제한 조치를 취하고 있었다. 이자율을 제한한다든지, 이자의 상환을 중지시킨다든지, 채권자의 채무자에 대한 가혹한 지배를 금한다든지 하는 조치가 취해졌다. 또한 국가가 의창 곡식을 증액함으로써 민인 재생산의 보장 기능을 크게 확대하였다. 진제를 실시하고, 무이자의 환자로 분급하는 곡식의 양을 크게 늘림으로써 민인이 사채에 편입될 소지는 현저히 줄어들었다. 의창의 기능이 확대되면서 사사로운 차대 행위가 자리할 공간을 크게 상실한 것이다. 사찰에서 운영하는 차대인 보의 입지도 축소되었다. 세종 말년 보 운영의 곤란을 언급하는 일련의 내용에서 그것을 확인할 수 있다. 보 운영의 동요로 승려나 사찰은 防納權을 보장함으로써 재정 문제를 해결하기도 하였지만 그것 역시 곧 중단되었다. 성종초부터 사사로운 영역에서의 차대 이른바 長利가 크게 확대되었는데, 장리는 보와 달리 종교적 명분을 갖는 차대가 아니었다. 순수한 경제활동으로서의 차대였다.[93]

국가의 공적 기능 확대 속에서 사찰이 운영하는 보는 축소 소멸하여 갔다. 借貸를 둘러싸고 국가와 불교계는 길항관계를 보이고 있는데, 크게 보면 국가가 우위에 서 가는 관계이며, 공적 영역의 확대 과정이라고 할 수 있다. 시야를 좀 더 확대해 본다면 세속 사회의 영향력 증대 과정이며, 불교라는 종교 영역의 축소 과정이라고 할 수 있을 것이다.

---

93) 국가가 운영하는 義倉의 기능 축소와 사사로운 長利의 성행은 깊은 상관관계를 갖는다. 이 시기 장리가 성행함에 따라 사찰이나 승려도 장리에 참여한 예가 보인다. 그러나 이 경우에도 불교 명분의 寶라는 용어를 사용하지 않았다. 보 용어의 소멸은 불교적 가치관과 경제관의 퇴색과도 관련되는 것으로 보이는데, 이것은 차후의 숙제로 남긴다. 조선전기 장리에 관해서는 허은철, 2019, 「조선전기 장리 연구」, 한국교원대 박사학위논문이 참고된다.

제3장 朝鮮初期 僧侶의 貢物 防納

1. 序言

조선초기 사원경제가 크게 위축되었다. 사원이 보유한 토지는 크게 줄어들었으며, 노비 또한 대부분 속공되었다.[1] 이런 축소와는 반대로 승려의 경제활동이 활발한 분야가 있었으니, 貢物 防納이[2] 그것이었다. 공물의 방납은 국가의 부세제 운영에 편승해서 막대한 이윤을 얻는 경제 행위였다. 공물 방납은 고려후기에 보이기 시작했고, 조선초에도 금지하는 조치를 취했지만 성행했으며, 16세기에는 그것이 중요한 사회 경제 문제로 부상했다.

조선전기의 공납제 및 방납에 관해서는 많은 연구 성과가 축적되었다. 공납제 운영 전반의 실상, 그리고 시기에 따른 추이가 구명되었다.[3] 공물

---

1) 이병희, 2022, 「조선전기 불교사 연구동향과 과제」『조선전기 불교사 연구』, 한국교원대 출판문화원, 38~47쪽.

2) 방납과 대납은 대부분의 자료에서 혼용하고 있다(金鎭鳳, 1975, 「朝鮮前期의 貢物防納에 대하여」『史學研究』26). 대납은 말 그대로 공물을 대신 납부하는 것으로 백성의 情願을 수용한 측면이 강조되는 것이고, 방납은 백성이 납부하는 것을 저지하고 대신 납부하는 것으로 행위자의 이윤 추구를 강조하는 용어이다. 이처럼 어의상 대납과 방납을 구분할 수 있지만 통상 함께 사용하는 경향이 있어, 본고에서는 방납으로 통일해 사용하고자 한다. 다음의 자료에서 볼 수 있듯이 방납과 대납은 같은 의미로 사용하고 있다. "州郡所納諸司貢物 民或不能自備者 代納于官 收其價償之 謂之防納"(『世宗實錄』권18, 世宗 4년 윤12월 庚午(17일), 2-517(국사편찬위원회 影印本 2冊, 517쪽을 뜻함. 이하 같음)), "凡民間田稅貢物 許令人先納京中 而倍徵其價于民間 謂之代納"(『睿宗實錄』권3, 睿宗 1년 1월 壬午(27일), 8-322).

3) 田川孝三, 1964,『李朝貢納制の研究』, 東洋文庫 ; 박도식, 2011,『조선전기 공납제 연구』, 혜안 ; 박도식, 2015,『조선전기 공납제의 운영』, 태학사 ; 金鎭鳳, 1973,

의 방납으로 인해 많은 폐해가 발생하고 또 민인들이 큰 고통을 받았다는 점이 강조되었다.[4] 『世宗實錄』 地理志를 통해 세종대 공물 분정의 실제를 파악하기도 했으며,[5] 공물의 징수 대장인 貢案의 개정에 대한 연구도 이루어졌다.[6] 그리고 강원도 및 경상도 星州라는 특정 지역 공납의 구체적인 모습을 밝히기도 했다.[7] 또한 16세기 공납제의 변동과 그 배경 및 개혁의 방향에 대해서도 소중한 연구가 축적되었다.[8]

기왕의 연구에서 승려의 방납에 대해서도 많은 사실이 구명되었다. 공물 방납이 비교적 활발했던 세종 말년에서 세조대에 걸쳐 그것을 주도했던 층이 승려였음이 분명해졌다. 승려의 방납이 많은 폐해를 일으킨 점도 밝혀다.[9] 그렇지만 승려의 방납 활동 전반에 대해서는 미진한 사항이 적지 않다. 무엇보다도 승려에게 방납권을 허여한 맥락에 대한 이해가 충분치 않았다. 국가에서는 승려가 소속한 특정 기구에게 방납권을 허여한

「朝鮮初期의 貢物代納制」『史學硏究』22.

4) 金鎭鳳, 1973, 위의 논문 ; 金鎭鳳, 1975, 앞의 논문.

5) 蘇淳圭, 2013, 「『世宗實錄』 地理志를 통해 본 朝鮮初 貢物 分定의 실제와 특성」 『韓國史硏究』161.

6) 김동진, 2009, 「조선초기 土産物 변동과 貢案改正의 추이」, 『朝鮮時代史學報』50.

7) 이성임, 2009, 「16세기 지방 군현의 공물분정(貢物分定)과 수취 - 경상도 성주(星州)를 대상으로 -」『역사와 현실』72 ; 이성임, 2012, 「16세기 양반 사족의 공납제 참여 방식 - 이문건의『묵재일기』를 중심으로 -」『사학연구』105 ; 박도식, 2020, 「조선 전기 영동지역의 전세조공물」『江原史學』34, 강원사학회 ; 전상욱, 2022, 「16세기 강원도지역 공납제 운영」『江原史學』38.

8) 高錫珪, 1985, 「16·17세기 貢納制 개혁의 방향」『韓國史論』12, 서울대 국사학과 ; 이지원, 1990, 「16·17세기 전반 貢物防納의 構造와 流通經濟的 性格」『李載龒 博士還曆紀念 韓國史學論叢』 ; 박현순, 1997, 「16~17세기 貢納制 운영의 변화」 『韓國史論』38, 서울대 국사학과 ; 박도식, 1998, 「16세기 국가 재정과 공납제 운영」『국사관논총』80 ; 蘇淳圭, 2022, 「16세기 貢納制 운영 변화의 구조적 원인과 배경」『大東文化硏究』117.

9) 공납제를 연구하는 이들이 대부분 그 점을 지적하고 있다. 사원경제를 종합적으로 제시한 河宗睦씨의 연구에서도 이것이 언급되었다(河宗睦, 2000, 「조선 초기 사원 경제 - 국가 및 왕실 관련 사원을 중심으로 -」『大丘史學』60, 82~95쪽).

것은 그만한 사정이 있는 것임에도 그것에 대한 고려가 거의 없었다. 승려가 방납 활동을 할 수 있는 능력에 대해서도 관심을 기울이지 않았으며, 방납하는 품목에 대해서도 깊이 검토하지 못했다. 승려 방납 활동의 추이 및 귀결에 대해서도 설명이 부족하다고 여겨진다.

이 글에서는 승려가 공물을 방납할 수 있는 능력을 보유하고 있었던 점을 먼저 정리하고, 방납권을 허여받은 승려 및 그 소속 기구가 수행한 소임을 검토하고, 방납하는 물품을 분석하며, 그리고 방납의 폐해와 그 귀결을 순차적으로 살필 것이다. 승려가 사회적으로 큰 의미를 갖는 사업에 종사하기 때문에 그것을 돕기 위해 방납의 특권을 승려에게 부여한 점을 명확히 하고자 한다. 승려의 사사로운 방납이 아닌, 국가가 허여한 방납을 중심으로 논지를 전개하고자 한다.

2. 僧侶의 물품 조달 능력

貢物은 조선전기 稅制의 하나이다. 공물상납은 각 지방의 토산물로써 하는 것이므로 곡물을 납부하는 田稅나 노동력을 제공하는 身役과는 구별되지만 큰 비중을 차지했다. 공납제는 군현을 하나의 단위로 책정하고 운용되었지만, 그 최종적인 부담은 민호가 지고 있었다. 각 군현의 수령은 貢案에 의거하여 당해 군현에 부과된 공물을 징수한 다음 貢吏로 하여금 납부하게 했다.

지방의 현지에서는 수령이 공안에 명시된 공물을 준비하여 공리의 책임 하에 여러 관청에 운반하는데, 이때 수령은 貢物 '陳省'을 발급했다. 그것은 공물의 物名, 數量, 所納各司, 上納期, 출발 일시, 공리의 성명을 기록하여 호조에 바치는 공물 명세서였다. 진성을 받은 各司는 관원의 입회 하에서 공물 물자를 진성과 대조하여 看品을 하고 간품에 통과된 것만이 납입

되었다. 그리고 이때 관사는 납입완료 증명서인 准納帖을 발급했다.[10]

공물은 任土作貢으로 표현되고 있지만, 不産공물, 不足공물, 難備공물은 방납이 불가피했다. 이들 공물의 방납을 피하려면 수령이 직접 구매·조달해 바쳐야 했다. 공물 방납의 가장 일반적인 것은 防納人이 현지 수령에게서 진성을 받아 기록된 물건과 함께 해당 관청에 납부하고, 방납인은 해당 관청에서 발급한 수납 증빙 문서를 근거로 현지에 가서 防納價를 징수하는 방식이다. 수령의 허락을 받기 위해서는 지방관과 밀착된 관계를 맺는 것이 필요했다. 수령이 자의적 판단으로 방납을 결정하기도 했지만, 외부의 지시 및 청탁에 의해 어쩔 수 없이 방납을 허용하는 경우도 적지 않았다. 국가나 국왕이 방납권을 지급하는 경우 대개 후자의 방식을 취했다.

공물을 방납하는 주체는 무엇보다도 물품 조달 능력을 보유하고 있어야 했다. 상업에 깊이 관련하거나 상인과의 유착이 필요했다. 물품의 생산처를 알아야 하고, 물품의 가격차를 숙지하고 있어야 하며, 물화를 운송할 수 있는 능력을 보유하고 있어야 했다. 물품을 구매할 수 있는 경제력도 갖춰야 했다. 그리고 관과의 연결도 매우 중요했다. 승려들이 이런 능력을 보유했기에 방납에서 유능함을 보일 수 있었다.

고려시기 이래 사원이 많은 물화를 취급하는 주체였기 때문에 승려들이 물화에 대해 풍부한 정보를 소지하고 있었다. 물화의 생산과 소비에 관한 일을 담당하는 승려들이 매우 많았다.[11] 그리하여 고려말에도 승려가 공

---

10) 이상 공납제에 관한 설명은 앞에 언급한 대부분의 논저에서 확인할 수 있다. 『經國大典』에는 다음과 같이 규정하고 있다. "諸邑貢吏 以有知識者擇定 錄稅貢數 及所納司名發程日時貢吏姓名于陳省 呈本曹 本曹考程途遠近 不及限上來者 論罪 諸司陳省到付後 私通主人 謀利興販不卽納者 依律重論 竝主人分徵"(『經國大典』권2, 戶典, 雜令). "外貢陳省 呈本曹 本曹錄其呈日及物名數 照訖 付諸司 諸司官員親自受去 其貢物收納明文 監封呈本曹 本曹憑考置簿 給貢吏"(『經國大典』권2, 戶典, 雜令).

11) 예컨대 사원에서 농산물이나 술을 생산하는 일이 많았으며, 그것을 소비하는 데 그치지 않고 유통시키기도 했다(이병희, 2013, 「高麗時期 寺院의 술 生産과 消費」

물의 방납에 참여한 것으로 보인다.[12] 이런 전통 속에서 조선초에도 승려
들이 방납에 참여할 수 있었다.

　승려는 상업에 종사하고, 상인과 깊은 유대을 맺고 있었다. 승려가 상업
행위를 하는 모습을 전하는 예는 많다. 조선 개국 초 승려가 서북면에서
인삼을 거두어 축적한 뒤, 겨울철 얼음이 얼었을 때 강을 건너가서 판매하
고 있었다.[13] 세종대 승려를 名利僧과 庸僧으로 구분할 때 용승은 '或貿易
有無 以資其利'한다고 언급했다.[14] 貿易有無는 곧 상업을 의미하므로 승려
가 상업에 종사하고 있다는 것이다. 惠贊이란 승려는 商賈를 업으로 하고
있으며 대처승이었는데, 興利僧으로 표현되었다.[15]

　문종대 大慈庵 化主僧 洪造가 綿布 수백 端을 가지고 洪州 등지에서 곡
식을 사들이고 있다.[16] 승려로서 興販하는 자가 종종 언급되고 있다.[17] 성
종대 사간원 대사간의 상소에서 승려가 魚鹽을 판매한다고 지적했다.[18]
또 승려가 괴산 부근에서 우마 10여 필을 가지고 行商하면서 길가에서 쉬
고 있다는 언급도 있다.[19] 상업활동에 종사한 승려는 물화의 생산 및 유통
에 대한 상당한 정보를 보유하고 있었다.

　緣化를 통해 물품을 확보하고 수송하는 것은 승려의 중요한 능력이었다.
연화는 佛事를 구실로 곳곳의 사람들을 만나 시주를 권하는 활동이다.[20]

『역사와 세계』44(同, 2020, 『高麗時期 寺院經濟 研究』Ⅱ, 景仁文化社 재수록)).

12) 이병희, 2008, 『高麗後期 寺院經濟 研究』, 景仁文化社, 86~88쪽.

13) 『太宗實錄』권11, 太宗 6년 4월 戊寅(18일), 1-354.

14) 『世宗實錄』권28, 世宗 7년 6월 辛酉(23일), 2-675.

15) 『世宗實錄』권85, 世宗 21년 6월 庚辰(4일), 4-217.

16) 『文宗實錄』권7, 文宗 1년 4월 辛巳(13일), 6-374.

17) 『睿宗實錄』권5, 睿宗 1년 5월 辛卯(8일), 8-367 ; 『成宗實錄』권229, 成宗 20년 6
　　월 壬辰(5일), 11-481.

18) 『成宗實錄』권35, 成宗 4년 10월 庚申(2일), 9-64.

19) 『成宗實錄』권229, 成宗 20년 6월 甲寅(27일), 11-492.

20) 변량근, 2022, 「조선초기 승려의 연화(緣化) 활동」『조선전기 불교사 연구』, 한국
　　교원대 출판문화원, 387~418쪽.

그 불사를 국왕이나 왕실에서 후원하는 경우 지방관은 적극 호응하지 않을 수 없었다. 연화승이 조선 개국 초에 전국 곳곳에서 활동하고 있으며, 국왕이 親押한 願文(勸善文, 發願文)을 가지고 있었다.21) 국왕이 친히 서명한 원문을 소지한 승려가 군현을 횡행하면서 수령을 능욕하고 어리석은 백성을 유혹하고 있다는 내용이 보인다.22) 금강산 승려 信惠는 연화를 통해 곡식을 모은 뒤, 배를 활용해 운반하고 있다.23) 세종대 승려가 '印經造佛 構寺設會'를 명분으로 표방하고서 권문을 소지하고 연화하는 예가 보인다.24) 예종대 學悅이 연화하는 모습에 대해서 "托爲緣化 專事貨殖 作弊民間 民甚苦之"하다고 언급하고 있는데,25) 연화가 식화와 연결되는 것이다. 연화를 하는 승려는 전국 곳곳을 누비고 돌아다니면서 재물의 시주를 모았으며, 그것을 불사가 행해지는 곳으로 수송했다. 棟樑僧徒(연화승도)의 방납이 문제된 것과,26) 勸緣을 업으로 하던 覺頓이란 승려를 진관사 간사승으로 삼아 초둔을 방납케 한 것은27) 연화승이 방납에 유능함을 보이는 예라 하겠다.

방납을 위해서는 공물을 미리 준비해 중앙 부서에 납부해야 했는데, 이를 위해서는 상당한 재력이 뒷받침되어야 유리했다. 승려들이 사적으로 상당한 재력을 보유한 예는 여럿 찾아진다. 태종대 각림사 승려가 私穀 200석을 보유하고 있으며,28) 세종대 별와요의 설치와 운영에 깊이 관여한 海宣이란 승려는 평안도·황해도에 미 1,000석을 비축하고 있었다.29) 재원이 여의치 못하면 방납활동에 참여하는 것은 매우 어려운 일이었다. 재력이

---

21) 『太祖實錄』권3, 太祖 2년 1월 乙亥(29일), 1-40.
22) 『太祖實錄』권15, 太祖 7년 11월 癸未(11일), 1-140.
23) 『太宗實錄』권17, 太宗 9년 2월 庚辰(7일), 1-473.
24) 『世宗實錄』권55, 世宗 14년 3월 甲子(5일), 3-374.
25) 『睿宗實錄』권3, 睿宗 1년 2월 乙卯(30일), 8-335.
26) 『太宗實錄』권17, 太宗 9년 3월 壬戌(19일), 1-477.
27) 『端宗實錄』권6, 端宗 1년 6월 己酉(24일), 6-601.
28) 『太宗實錄』권34, 太宗 17년 7월 戊午(5일), 2-177.
29) 『世宗實錄』권26, 世宗 6년 12월 戊申(7일), 2-639.

부족한 경우 국가에서 비용을 제공하거나30) 또는 빌려서 하는 경우도 있었다.31)

승려들은 곳곳을 이동하기 때문에 전국적 연결망을 구축하고 있었다.32) 그렇기 때문에 승려는 각 지역의 생산물, 물가의 지역별·시기별 차이 등에 대해서도 누구보다 풍부한 정보를 소지하고 있었다. 승려들이 양계·강원도·황해도 등에서 싼 값에 소를 사들여서 서울에 와서 비싼 값에 팔고 있다는 것은33) 승려가 지역 간 가격차를 이용해 상업활동을 하는 것을 알려준다. 연결망을 통해 획득한 각종 물화 정보는 방납의 바탕이 되는 것이다.

승려들은 또한 우마와 선박을 보유했으므로 물화의 수송 능력을 갖고 있었다. 조선 개국 초 사헌부에서 승려의 생활태도에 관해 '甚者乘肥衣輕 殖貨冒色 無所不至 蠹國病民'하다고 비판했다.34) 말을 타고 다닌다는 것은 기동성이 높음을 의미한다. 말은 물화의 수송에서도 중요한 수단이었다. 소도 마찬가지였다. 승려가 우마 10여 필을 가지고 行商한다는 언급이 보인다.35) 금강산의 승려 信惠 등이 동북면에서 연화해서 얻은 미포를 선박을 사용해 운반하고 있다.36) 승려의 우마와 선박의 보유 및 활용은 물화 수송을 뒷받침하는 것이다.

승려들이 물화를 조달할 수 있는 능력을 보유하고 있었기 때문에 승려가 소속한 기구가 의미있는 일을 수행할 때 재정 조달을 위해 국가에서 방납권을 허여할 수 있었다. 물화 조달 능력이 뒷받침되지 않으면 방납에 참여하는 것이 쉽지 않았다. 관과의 연결 또한 방납을 하기 위해서 없어서는

---

30) 『世宗實錄』권124, 世宗 31년 5월 癸未(4일), 5-128.

31) 『文宗實錄』권4, 文宗 즉위년 11월 辛丑(1일), 6-313.

32) 이병희, 2009, 「高麗時期 佛敎界의 連結網」『사회적 네트워크와 공간』(이태진교수 정년논총)(同, 2020, 앞의 책 재수록).

33) 『睿宗實錄』권2, 睿宗 즉위년 11월 壬戌(6일), 8-293.

34) 『太祖實錄』권1, 太祖 1년 7월 己亥(20일), 1-20.

35) 『成宗實錄』권229, 成宗 20년 6월 甲寅(27일), 11-492.

36) 『太宗實錄』권17, 太宗 9년 2월 庚辰(7일), 1-473.

안 될 조건이었다.

3. 貢物 防納에 참여한 僧侶와 機構 및 그 所任

승려가 방납 활동을 펼치도록 국가에서 허여한 것은 그 승려가 매우 중요한 所任을 수행하기 때문이었다. 그것은 궂은 일이어서 세속인이 기꺼이 참여하지 않는 영역이었다. 그 중요한 소임을 완수할 수 있도록 국가에서 방납의 특권을 허여한 것이다. 국가에서 제도적으로 재정 지원을 하기 어려운 경우, 그 기구에 속한 승려에게 방납을 허여함으로써 이윤을 확보해 필요한 재원으로 삼도록 한 것이다.[37)

세종대에서 세조대까지 활발한 방납 활동을 전개한 승려는 別瓦窯·津寬寺·歸厚所·校書館·刊經都監·4大院 등의 기구에 소속되어 있었다. 승려들은 이들 기구에서 기와의 생산, 수륙사 조영, 棺槨의 제작, 서적의 인출, 佛經의 간행, 飢民 구휼 등 사회적으로 큰 의미가 있는 활동을 담당하고 있었다. 이에 대해 국가에서 재정 지원의 방편으로 방납권을 부여했다. 승려들은 국가 권력의 비호 속에서 수령으로부터 진성을 발급받아 공물을 마련한 뒤 특정 부서에 납부했다.

---

37) 국가에서 佛事에 적극적으로 재정을 제공하는 경우도 적지 않다. 興天寺 舍利殿, 圓覺寺 조영 등의 불사에는 국가 차원에서 재정을 지원하고 있다. 그렇지만, 명분이 약하거나 국가에서 공식적으로 수행하는 일이 아닌 경우는 방납을 통해 재원을 마련토록 한 것이다.

<표> 승려의 공물 방납 활동

기구	기능	방납의 기간	방납하는 물품 (부담 지역)과 납부처	관련 승려	이윤의 지출처
別瓦窯	기와의 제작과 보급	세종 17년(1435)?~ 단종 2년(1454)	吐木(燒木)(충청도) : 별와요	海宣, 惠贊	자재의 공급, 운영 경비
津寬寺 水陸社	수륙사의 조영	세종 31년(1449)~단 종 1년(1453)?	草芚(충청도·전라도· 황해도) : 풍저창·광 흥창	洪海, 覺頓	조성의 전체 비용
歸厚所	관곽의 제작과 보급	세종 25년(1443)?~ 세조 9년(1463)	正炭(황해도·강원도) : 사재감·선공감·사복 시·유우소·동서와요 등	宗林, 信戒	자재의 공급, 운영 경비
校書館	도서의 보존과 간행	세종 27년(1445)~세 조 12년(1466)	正炭(경기·충청도?· 황해도) / 造成木(方 等木)(경기?·충청도?· 황해도?) : 선공감		자재의 공급, 운영 경비
刊經 都監	불교경전 의 간행	세조 7년(1461)~성 종 2년(1471)	生芻(경기) : 司僕寺 / 鐵 : 군기감·선공감	海修 (?)	종이 등 자재의 공급, 운영 경비
活人院· 弘濟院· 利泰院· 普濟院	飢民 구제 활동	세조 9년(홍제원)			기민 구제

방납에 참여한 기구로 우선 별와요를 들 수 있다. 별와요의 간사승이 燔瓦木(=吐木, 燒木)을 방납했음이 확인된다. 조선초 국가의 기와 생산에서 승려들은 중요한 역할을 담당했다. 태종·세종대에 별와요의 설치를 주창하고 운영을 책임진 이는 승려였다.[38]

별와요는 國用이 아닌 民需用 기와를 공급하기 위해 창설되었다. 태종

---

38) 이병희, 2014, 「朝鮮前期 別瓦窯의 기와 생산과 僧侶」『청람사학』23, 한국교원대 청람사학회(본서 수록) ; 전영준, 2014, 「조선전기 별와요의 설치와 재정 운영」『장서각』31, 한국학중앙연구원.

6년(1406) 승려 海宣의 건의에 의해 별와요가 세워졌으며 승려를 중심으로 300여 명이 동원되어 그곳에서 기와를 제조했다. 별와요는 치폐가 반복되어 태종 9년에 혁파되었다가 곧 설치되고 다시 태종 14년 일시 혁파되었다가 復置되었다. 태종 17년 일시 승려의 사역에 대한 금지 조치가 있었지만 일관되게 승려가 기와 제작의 중심 역할을 담당했다.

세종 6년(1424) 별와요 化主 해선이 별와요가 기능을 제대로 하지 못하자 자신의 개인 비축미 1,000석을 제공해 돕도록 했으며, 이에 따라 세종 8년 별와요가 재정비되어 설치되었다. 이때 제조 및 감역관을 두었고, 瓦匠은 40명으로 하되 승려를 우선으로 했으며, 助役人 300명은 자원인 및 승려로 충원했다. 세종 13년 추가로 3개의 별와요를 설치하여 대대적인 기와 증산을 꾀했다. 매 요마다 승려 300명씩 총 900명이 추가로 동원되었으며 엄청난 기와의 생산이 가능했다. 세종 17년 추가로 설치한 3개의 별요를 혁파하고 원래의 한 곳만을 남겼다. 단종 2년(1454) 기와집이 많아졌다고 하면서 별와요를 완전히 혁파했다. 태종대와 세종대에 자비심을 가진 승려가 별와요의 설치를 주장했고 기와 제작의 소임도 승려가 주로 담당했다. 승려들은 기술력과 노동력을 바탕으로 별와요의 기와 제작에 참여했다.

기와를 번조하는 데 사용되는 燒木은 水邊民이 강변에 수송하고 私船을 활용해 실어 나르던 것을 태종 9년 4월 금지시켰다.[39] 세종 8년 2월 燔瓦木은 경기·강원·황해도 船軍이 한강 상류에서 벌채해 水站船을 활용해 공급하도록 했다.[40] 세종 13년에 3개의 별와요를 추가 설치하자 소목을 경기·동서양계 이외의 여러 도에 할양해서 농한기에 잡목을 베서 사재감선, 수참선, 군선으로 하여금 운반토록 했다.[41]

별와요의 번와목 방납이 확인되는 것은 세종 22년이지만[42] 그에 앞서

39) 『太宗實錄』권17, 太宗 9년 4월 壬辰(20일), 1-482.
40) 『世宗實錄』권31, 世宗 8년 2월 癸巳(29일), 3-12.
41) 『世宗實錄』권52, 世宗 13년 4월 癸卯(9일), 3-309.
42) 『世宗實錄』권89, 世宗 22년 5월 庚戌(9일), 4-285. 이때 충청도에서 별와요에 납부

시작된 것으로 보인다. 세종 17년 증설된 별와요를 혁파하고 1개로 축소한 이후 토목 공물이 충청도에 한정해 설정되고, 그것의 방납이 이루어진 것으로 추정된다.[43] 세종 22년 5월 승려가 방납가를 직접 징수하지 못하고 수령이 거둬 승려에게 지급하는 것으로 바꿨지만,[44] 그 이후에도 승려가 직접 징수한 것으로 보인다.

그런데 세종 21년 惠贊이란 승려가 충청도의 토목을 방납하고 직접 해당 고을에 가서 값을 징수했으며, 經歷 崔敬明이 역마를 혜찬에게 제공했다.[45] 경력의 직임을 가진 관원이 역마를 지급하는 것에서 혜찬은 중앙 정부의 지원을 받아 방납 활동을 한 것이 분명하고, 또 방납물이 충청도 토목인 것에서 미루어 보면 별와요 소속의 간사승일 가능성이 높다.

문종 1년(1451) 3월 호조에서 별요가 방납하는 토목을 진관사 간사승이 방납하도록 했지만[46] 이 조치는 한시적인 것으로 보인다. 진관사 수륙사 공사가 곧 종료되기 때문에 아마도 1년 뒤에는 다시 별와요 간사승에게 방납권이 환급되었을 것이다. 그러나 단종 2년 별와요가 혁파됨으로써 별와요의 간사승이 소목을 방납하는 활동도 중지된 것으로 판단된다. 별와요 간사승의 공물 방납은 약 20년 정도 지속되었다.

진관사 수륙사 조영을 맡은 간사승에게도 방납이 허여되었다. 태종 15년 진관사 水陸齋 설행을 위한 位田이 100결이었고, 10월과 1월에 수륙재가 설행되었으며, 陳損으로 位田 수입이 부족하자 호조에서 米豆를 지급한 일이 있다.[47] 수륙재 설행 사찰로 중시된 진관사는 세종 말년에 중수가 시

하던 토목을 승려가 방납하고 친히 충청도 고을에 가서 대가를 무겁게 징수했다.
43) 吐木을 납부하는 대상지가 충청도에 한정되고 다른 도는 보이지 않는다. 이것은 세종 13년 여러 도에서 토목을 납부하던 것이 크게 축소된 것을 의미한다. 그 시점은 세종 17년 별와요 축소 조치 이후로 보는 것이 타당할 것이다.
44) 『世宗實錄』권89, 世宗 22년 5월 庚戌(9일), 4-285.
45) 『世宗實錄』권85, 世宗 21년 6월 庚辰(4일), 4-217.
46) 『文宗實錄』권6, 文宗 1년 3월 甲辰(5일), 6-364.
47) 『太宗實錄』권30, 太宗 15년 11월 己酉(16일), 2-91.

작되었다. 세종 31년 4월 진관사의 수륙사를 寧國寺로 옮기는 일에 대해 의논한 적이 있지만 결국은 그대로 두기로 하고 수륙사를 중수하게 되었다.[48] 세종 31년 5월 旱災로 가벼운 죄를 지은 죄수를 보석하고, 진관사의 역사는 풍년 뒤로 미룰 것 등을 사헌부에서 아뢰었다.[49] 이 무렵부터 진관사 수륙사 중수의 공사가 본격적으로 시작된 것으로 보인다. 진관사 수륙사 중수의 공사는 이후 국왕의 전폭적인 지원 속에서 빠른 속도로 진행되었다.[50]

문종 즉위년(세종 32) 3월 진관사 수륙사 蓋瓦 燔造를 위해 僧軍을 동원했는데, 경상·전라도 각 150명, 경기·황해도 각 50명, 개성부 100명 등 전체 500명이었다.[51] 승려의 기술력과 노동력을 활용해 수륙사를 조영하는 것이다. 문종 즉위년 4월 좌의정 皇甫仁 등이 잉여미 1,080여 석을 진관사에 급여하고, 만약 부족하다면 지난해 방납 미수한 값을 소재관으로 하여금 거두어 지급하며, 또 부족하면 국고의 미를 더 주고 防牌를 사역시켜 조성하면 백성이 원망하지 않고 일을 쉽게 성취할 수 있을 것이라고 했다.[52] 문종 즉위년 7월 安平大君·鄭苯·許詡 등을 진관사에 보내어 役事를 보게 했으며,[53] 진관사 役徒들의 월봉을 지불하게 했다.[54] 문종 즉위년 8월 쌀 50석을 진관사 造成所에 하사했으며,[55] 10월 진관사를 조영한 승려 100여 인에게 직을 내려주었다.[56] 문종 즉위년 11월 진관사를 조영한 승려 30여 인에게 상을 주었으며,[57] 12월 진관사를 수리하는 상황을 살피게 했

---

48) 『世宗實錄』권124, 世宗 31년 4월 庚午(21일), 5-127.
49) 『世宗實錄』권124, 世宗 31년 5월 己亥(20일), 5-129.
50) 조선초 진관사의 위상에 대해서는 김광식·한상길, 2018, 『진관사(津寬寺)』, 대한불교조계종 불교사회연구소, 21~25쪽 참조.
51) 『文宗實錄』권1, 文宗 즉위년 3월 丁未(3일), 6-222.
52) 『文宗實錄』권1, 文宗 즉위년 4월 辛丑(28일), 6-232.
53) 『文宗實錄』권2, 文宗 즉위년 7월 壬子(10일), 6-253.
54) 『文宗實錄』권2, 文宗 즉위년 7월 戊辰(26일), 6-263.
55) 『文宗實錄』권3, 文宗 즉위년 8월 甲申(13일), 6-271.
56) 『文宗實錄』권4, 文宗 즉위년 10월 戊寅(8일), 6-297.

다.[58] 문종 즉위년 국가에서 전폭적인 지원을 하면서 진관사 수륙사의 조영을 후원했다.

문종 1년 2월 安完慶이, 진관사 단청에 진채를 사용하지 말며, 또 수륙사 조영이 이미 완료되었으니 역을 정지하라고 요청했다.[59] 문종 1년 4월 수륙사를 조영한 승려 218인을 대선사로 제수했다.[60] 문종 1년 5월 진관사의 수륙사가 준공되었다.[61] 수륙사 준공 이후 바로 진관사를 개수하게 했는데,[62] 개수와 관련해 李季甸은 지금 祖宗을 위해 수륙사를 創新했으며, 진관사 본사를 개조하지 않으면 수년 뒤에 傾頹할 것이며, 그렇게 되면 민력을 사용해야 되니, 지금 남은 재와를 사용하고 승도를 사역시켜 개조하는 것이 낫다고 했다.[63] 수륙사 조영에 이어 진관사 본사를 개조하기 시작한 것이다.

문종 이후에도 진관사는 왕실에서 여전히 중시한 사찰이었다. 세조 3년(1457) 9월 진관사에서 왕세자의 初齋를 베풀었다.[64] 성종 즉위년(1469) 12월 대행왕의 초재와 二齋를 진관사에서 설행했으며,[65] 이후에도 여러 차례 재가 베풀어졌다.[66]

진관사 수륙사 조영은 국가·국왕 차원에서 진행되고 그 일을 맡은 간사

---

57) 『文宗實錄』권4, 文宗 즉위년 11월 丁巳(17일), 6-317.
58) 『文宗實錄』권5, 文宗 즉위년 12월 丙戌(16일), 6-329.
59) 『文宗實錄』권6, 文宗 1년 2월 庚寅(21일), 6-361.
60) 『文宗實錄』권7, 文宗 1년 4월 丁酉(29일), 6-380.
61) 『文宗實錄』권7, 文宗 1년 5월 乙卯(18일), 6-388.
62) 『文宗實錄』권7, 文宗 1년 5월 戊午(21일), 6-389.
63) 『文宗實錄』권7, 文宗 1년 5월 甲子(27일), 6-392.
64) 『世祖實錄』권9, 世祖 3년 9월 戊辰(7일), 7-219.
65) 『成宗實錄』권1, 成宗 즉위년 12월 甲寅(5일), 8-443 ; 『成宗實錄』권1, 成宗 즉위년 12월 辛酉(12일), 8-446.
66) 『成宗實錄』권2, 成宗 1년 1월 己丑(10일), 8-453 ; 『成宗實錄』권42, 成宗 5년 5월 乙未(11일), 9-107 ; 『成宗實錄』권43, 成宗 5년 6월 丙辰(3일), 9-111 ; 『成宗實錄』권153, 成宗 14년 4월 癸亥(1일), 10-445 ; 『燕山君日記』권53, 燕山君 10년 윤4월 庚午(10일), 13-610.

승 覺頓은 천거를 받아서 임명된 승려였다. 각돈은 勸緣을 업으로 하는 승려이고, 일찍이 청계사의 암주를 맡았는데, 능히 공사를 잘 성취했다. 세종이 진관사 수륙사를 중수하고자 일을 잘하는 유능한 승려를 구하자, 繕工提調 鄭苯이 각돈을 추천해 영선을 주관토록 했다.67) 국왕을 배후에 두고 있는 각돈의 위세는 대단한 것이어서 지방의 감사나 수령이 함부로 할 수 없었다.

진관사 수륙사 조영 비용의 마련을 위해 승려에게 방납을 허여한 것은 세종 31년 5월 진관사 수륙사 修葺 건에 대해 정분이 발언한 내용에 보인다. 정분은 역도는 승려의 자원으로 해결하는데, 승려는 50일 치의 양식을 가지고 와서 일을 하도록 하고, 간사승을 정해 미 400석, 면포 200필을 지급해 州縣의 공물을 방납하게 해서 材瓦 등 조성 비용을 확보토록 건의했다. 정분이 공물 방납을 헌의한 이후 간사승이 주군을 순행하면서 그 값을 독촉해 민에게 무겁게 징수해서, 곡미가 산처럼 쌓였다. 감사·수령은 감히 어찌하지 못하고 심지어 잔치를 베풀어 위로하기도 했다.68) 방납의 재원은 미 400석, 면포 200필이었으며, 진관사 수륙사 재와 비용을 조달하기 위해 방납을 허용한 것이다. 세종 31년(1449)~문종 1년(1451)은 각돈의 침탈이 극에 달한 시기였다.

세종 32년 윤1월 진관사 간사승 각돈이 전라도의 草芚을 방납하고 있음이 확인된다.69) 진관사 간사승에게 방납권을 허여했지만, 나주 등 30여 고을에서 방납을 탐탁하게 여기지 않았다. 이에 각돈이 중앙정부에 알려서 처벌하고자 했다.70) 문종 즉위년 4월 전라도·황해도 수령이 승려의 초둔 방납 때문에 파직된 자가 많다는 언급이 보인다.71) 이는 승려의 초둔 방납

67) 『端宗實錄』권6, 端宗 1년 6월 己酉(24일), 6-601.
68) 『世宗實錄』권124, 世宗 31년 5월 癸未(4일), 5-128.
69) 『世宗實錄』권127, 世宗 32년 윤1월 甲戌(29일), 5-171.
70) 『世宗實錄』권127, 世宗 32년 윤1월 甲戌(29일), 5-171.
71) 『文宗實錄』권1, 文宗 즉위년 4월 甲午(21일), 6-232.

에 협조하지 않아 방납 담당 승려의 무고를 받고서 파직된 수령이 많았음을 알려 주는 것이다.

문종 즉위년 11월 진관사의 간사승이 공물 방납으로 인해 주군을 횡행하면서 많은 폐단을 일으키고 있는데, 충청도가 가장 심하다는 지적이 보인다.[72] 문종 1년 1월 각돈에게 이윤의 확대를 위해 경상도 貢布의 수송을 맡기고, 그 대가를 징수하도록 했다.[73] 3도의 방납권 외에 추가로 경상도 공포의 수송권까지 지급해 이윤을 취득하도록 했다. 진관사 수륙사 修葺을 위해 국가가 파격적인 대우를 하는 것이다.

진관사 수륙사 조영이 종료되었지만 진관사 본사 건물 보수 공사가 이어지면서 오히려 방납은 확대되었다. 문종 1년 3월 호조가 별와요·귀후소·교서관이 방납하던 품목을 진관사 간사승이 방납하도록 허락해 역부의 식량을 돕게 했다.[74] 세 기구 방납권의 진관사 이양은 아마 1년 동안에 한정된 것으로 보인다. 왜냐하면 다음해에 별와요 등의 공물 방납이 언급되고 있기 때문이다.[75]

단종 즉위년 윤9월 진관사, 별와요, 귀후소 교서관이 방납하는 공물가 및 민간의 부채는 모두 내년 가을까지 징수하지 말라는 조치가 있었다.[76] 그리고 다시 1년 뒤 단종 1년 6월 진관사 간사승으로 방납을 주도한 각돈에 대한 囚禁조치가 취해졌다.[77]

진관사가 완성되고 단종 1년 각돈이 수금됨으로써 각돈의 방납은 중지된 것으로 이해된다. 진관사 간사승에게 허여된 공물 방납권은 세종 31년에 시작해 결국 단종 1년에 완전히 중단된 것으로 보인다. 진관사 간사승에게 방납권을 허여한 것은 진관사 수륙사 조영에 따른 材瓦 등의 비용 마

72) 『文宗實錄』권4, 文宗 즉위년 11월 甲辰(4일), 6-314.
73) 『文宗實錄』권5, 文宗 1년 1월 甲辰(4일), 6-339.
74) 『文宗實錄』권6, 文宗 1년 3월 甲辰(5일), 6-364.
75) 『端宗實錄』권3, 端宗 즉위년 윤9월 辛未(12일), 6-542.
76) 『端宗實錄』권3, 端宗 즉위년 윤9월 辛未(12일), 6-542.
77) 『端宗實錄』권6, 端宗 1년 6월 己酉(24일), 6-601.

런 때문이었다. 방납하는 지역은 전라도·황해도·충청도이며, 해당 공물은 草芚이 중심이었다.

귀후소는 棺槨을 만들어 판매하고 禮葬에 필요한 물품을 공급해 주는 일을 담당하는 관서이다.[78] 태종 6년 유사에게 명하여 쌀 30石과 오종포 100匹을 내 주어, 棺槨所를 용산 강가에 설치하고서, 慈恩宗都僧統 宗林에게 그 일을 주장하게 했다. 여러 신하들도 각기 쌀과 베를 내어 이 일에 협조하는 이가 많았다.[79] 이때 종림 이외에 信戒라는 승려도 참여한 것으로 보인다.[80] 태종 14년 2월 관곽소를 施惠所라 했으며,[81] 태종 14년 9월 歸厚所로 개칭했다.[82] 『世宗實錄』 지리지에 따르면 귀후소는 龍山江에 있었으며 소속 관원으로 提調와 別坐가 있었고, 뜻 있는 승려로 하여금 幹事를 삼았으며, 이곳에서 관곽을 제조해 喪家에 팔도록 했다.[83] 세종 25년 귀후소를 유지하는 밑천인 쌀과 베가 부족해져 설립한 뜻에 어긋난다고 했으며, 한 명의 별좌와 한 명의 간사는 공용의 관곽을 담당하고, 한 명의 별좌와 한 명의 간사는 사사로이 파는 관곽을 맡게 했다.[84]

귀후소에 간사승으로 선임된 승려는 관곽 제작의 일을 주관했던 것으로 보인다. 관곽의 제작에는 승려의 자비심, 그리고 기술력이 전제되었다고 할 수 있다. 귀후소에 배속된 승려의 혁파가 문종 즉위년 논의되었지만, 유래가 오래되어 혁파할 수 없다고 하여 유지되었다.[85] 세조 9년 귀후서로 승격되면서 소속 승려를 배제하는 조치가 취해졌다.[86]

---

78) 한희숙, 2004, 「조선전기 장례문화와 歸厚署」 『朝鮮時代史學報』31 ; 이병희, 2012, 「조선전기 승려의 자선활동」 『사회과학연구』13, 한국교원대 사회과학연구소(본서 수록).
79) 『新增東國輿地勝覽』권2, 京都下, 文職公署, 歸厚署.
80) 『成宗實錄』권130, 成宗 12년 6월 壬戌(19일), 10-231.
81) 『太宗實錄』권27, 太宗 14년 2월 壬戌(18일), 2-7.
82) 『太宗實錄』권28, 太宗 14년 9월 丙子(6일), 2-35.
83) 『世宗實錄』권148, 地理志, 京都 漢城府, 5-613.
84) 『世宗實錄』권102, 世宗 25년 11월 甲寅(3일), 4-521.
85) 『文宗實錄』권5, 文宗 즉위년 12월 己卯(9일), 6-327.

세종 27년 8월 귀후소 간사승이 방납을 하고 있음이 확인된다. 귀후소 간사승이 미리 진성을 받아 各司에 납부하고 가을철 고을에 이르러 각 호별로 납부하는 문서를 받아가서 집집마다 다니면서 방납가를 독촉하고 있었다.[87] 어느 시점부터 귀후소 간사승이 방납을 시작했는지는 분명하지 않지만, 세종 25년 귀후소의 재정 부족을 언급한 무렵부터 시작하지 않았을까 한다.

문종 즉위년 5월 귀후소 방납의 구체적인 모습을 확인할 수 있다. 귀후소가 방납하는 황해도·강원도 正炭의 방납가를 귀후소 간사승들이 각 고을의 여리를 횡행하며 두 배로 거두어 민간을 소요케 해 폐단이 적지 않은데, 금후로는 소재 수령이 헤아려 값을 거두어 船價를 지급하고 수송해 간사승에게 전수하도록 했다.[88] 간사승이 직접 고을을 횡행하면서 방납가를 높게 징수하던 것을 금지한 것이다.

문종 1년 3월 귀후소가 방납하던 것을 진관사 수륙사 간사승에게 대신토록 해서 수륙사 役夫의 식량을 돕도록 했다.[89] 일시적인 조치였다. 다음 해 윤9월 여전히 귀후소가 공물의 방납을 하고 있음이 보인다.[90] 세조 9년 무렵 귀후소에 소속한 승려를 혁파하는 조치가 취해지자, 귀후소 간사승의 방납은 중단된 것으로 보인다. 귀후소 공물 방납은 세종 25년 이후 시작되어 세조 9년 경에 폐지된 것으로 보인다. 황해도·강원도의 正炭이 주된 방납 물품이었다.

교서관은 서책을 보관하고 인출하는 기능을 맡고 있었으며 字學도 담당했다. 조선은 개국 초 고려의 직제를 승계하여 교서감을 설치했다. 서적을 관리하고 제사의 축문을 작성하던 일을 담당했던 고려말의 典校寺가 교서

86) 『世祖實錄』권31, 世祖 9년 11월 甲申(30일), 7-595.
87) 『世宗實錄』권109, 世宗 27년 8월 戊辰(27일), 4-634.
88) 『文宗實錄』권1, 文宗 즉위년 5월 己未(16일), 6-236.
89) 『文宗實錄』권6, 文宗 1년 3월 甲辰(5일), 6-364.
90) 『端宗實錄』권3, 端宗 즉위년 윤9월 辛未(12일), 6-542.

감의 형태로 등장했으며, 수행하던 업무도 유사했다.91) 이후 교서감은 태
종 1년 교서관으로 고치고, 少監 이상의 관원을 혁파하고, 종5품 校理 1명,
종6품 副校理 1명을 두었다.92) 교서관은 세조 12년 1월 전교서로 변경되
고,93) 성종 15년 1월 교서관으로 복칭되었다.94)

　　교서관은 서적을 인출하는 기능을 맡았기 때문에 다량의 인쇄 종이가
필요했다. 세조 7년 7월 교서관에 종이를 바치지 않은 죄로 충청·전라·경
상도의 관찰사들을 핵문토록 司憲府에 전교했다.95) 성종 20년(1489) 12월
교서관 册紙 부족이 언급되고 있다.96)

　　교서관 간사승의 공물 방납은 세종 27년 8월에 확인된다.97) 문종 즉위
년 5월 별와요와 함께 언급된 교서관이 경기·충청·황해도의 正炭·成造木·
燔瓦木을 방납한 것으로 나온다.98) 번와목은 주로 별와요가 방납했으므로,
교서관이 방납한 것은 경기·충청·황해도의 정탄과 성조목으로 보인다. 문
종 즉위년 11월에도, 교서관 간사승이 공물의 방납에 참여하고 있음이 보
인다.99)

　　다음해 문종 1년 3월 교서관의 방납권이 일시적으로 수륙사 조성 역부
의 식량 조달을 위해서 이관되었다.100) 그렇지만 단종 즉위년 윤9월 교서
관의 공물 방납이 언급되고 있으므로,101) 곧 교서관으로 방납권이 환원되

91) 최경환, 2021, 「세조대 刊經都監 설치와 佛書 간행」, 서울대 국사학과 박사학위
　　논문, 65~70쪽 참조.
92) 『太宗實錄』권2, 太宗 1년 7월 庚子(13일), 1-208.
93) 『世祖實錄』권38, 世祖 12년 1월 戊午(15일), 8-2.
94) 『成宗實錄』권162, 成宗 15년 1월 己酉(21일), 10-561.
95) 『世祖實錄』권25, 世祖 7년 7월 丙辰(18일), 7-474.
96) 『成宗實錄』권235, 成宗 20년 12월 乙酉(2일), 11-548.
97) 『世宗實錄』권109, 世宗 27년 8월 戊辰(27일), 4-634.
98) 『文宗實錄』권1, 文宗 즉위년 5월 己未(16일), 6-236.
99) 『文宗實錄』권4, 文宗 즉위년 11월 辛丑(1일), 6-313.
100) 『文宗實錄』권6, 文宗 1년 3월 甲辰(5일), 6-364.
101) 『端宗實錄』권3, 端宗 즉위년 윤9월 辛未(12일), 6-542.

었음을 알 수 있다. 단종 2년에도 교서관의 간사승이 보인다.[102] 교서관 간사승의 방납은 세조 12년 교서관이 전교서로 격하될 때까지 계속된 것으로 보인다. 방납물품은 경기·충청·황해도의 정탄 및 성조목으로 추측된다.

간경도감도 방납에 참여한 기구였다. 간경도감은 세조 7년 6월 처음 설치하고, 도제조·제조·사·부사·판관을 두었으며,[103] 10년 뒤 성종 2년 12월에 혁파되었다.[104] 간경도감의 담당 관리직이 대략 20여 명에 이르고, 匠人이 170여 명에 달했으며, 간경도감의 불서 간행 사업에는 信眉, 守眉, 學悅, 海超, 學祖 등 당대의 學僧·名僧이 다수 참여했다.[105] 간경도감의 중요한 기능은 佛典 간행이며, 그 밖에도 서적 구입과 불사 등에 간경도감이 관계했다.[106] 간경도감에서 필요로 하는 물품은 다양했다. 세조 8년 2월 간경도감에서 소용되는 쌀·어물이 언급되었으며,[107] 또한 서적 간행을 위한 종이도 많이 필요했다.[108]

간경도감이 방납에 관계한 공물의 품목은 生芻(꼴)와 鐵이었다. 세조 7년 7월 司僕寺에 공물로 바치는 생추를 간경도감에서 부자[富人]로 하여금 방납케 하고 그 값을 거두어 兩分했다는 데서[109] 생추가 방납물이었음을 확인할 수 있다. 또 세조 11년 1월 방납인이 공철을 납부하고, 1/3을 간경도감에 납세한다는 언급에서[110] 간경도감이 철의 방납권을 행사하고 있었음을 알 수 있다. 간경도감 소속 승려가 직접 공물을 방납하지 않고 富人 등에게 방납시키고 방납가의 일부를 간경도감이 받은 것으로 보인다. 다른 기구와 달리 승려가 직접 방납에 종사한 것 같지는 않다.

102) 『端宗實錄』권11, 端宗 2년 7월 辛酉(12일), 6-692.
103) 『世祖實錄』권24, 世祖 7년 6월 乙酉(16일), 7-469.
104) 『成宗實錄』권13, 成宗 2년 12월 壬申(5일), 8-616.
105) 최경환, 2021, 앞의 논문, 111~114쪽.
106) 최경환, 2021, 앞의 논문, 87~92쪽.
107) 『世祖實錄』권27, 世祖 8년 2월 己丑(24일), 7-518.
108) 『成宗實錄』권9, 成宗 2년 1월 甲午(21일), 8-549.
109) 『世祖實錄』권25, 世祖 7년 7월 庚申(22일), 7-475.
110) 『世祖實錄』권35, 世祖 11년 1월 戊午(10일), 7-667.

세조 12년 9월 승려 海修가 경기 감사와 연결되어 生葛를 방납한 것이
보이는데, 형조에서 처벌을 청했지만 국왕이 논죄하지 못하도록 했다.[111)
해수 역시 간경도감 소속의 승려로서 방납에 관계한 것으로 추측된다.[112)

활인원·홍제원·보제원·이태원의 4大院도 방납에 관계했다. 도성 인근의
기민을 진휼하는 일에 이들 원의 승려들이 종사했다.[113) 세조 3년 5월 이
후 동·서활인서는 병자의 구료를, 진제장은 기민의 구휼을 담당하는 것으
로 그 임무가 구분되었다.[114) 그 결과 도성 인근의 飢民들에 대한 진휼은
보제원·이태원·홍제원의 진제장이 거의 전담하게 되었다. 문종대 홍제원
에는 간사승이 배치되어 있었으며,[115) 세조 9년에도 4대원의 幹事僧이 언
급되어 있다.[116)

보제원·홍제원·이태원의 기민에 대한 구휼 활동은 16세기에도 이어지
지만, 승려에 대한 언급이 없어 아마도 성종대 무렵부터는 속인들이 전담
하고[117) 승려들이 진제장에서 직접 구휼 활동에 종사하는 일은 거의 중단
된 것으로 보인다.

세조 9년 무렵 홍제원을 비롯한 4대원이 방납에 참여한 것으로 나타난
다. 4대원의 간사승이 백성을 侵漁하고 있는데 수령이 국가에서 승려를 護
恤한다고 해서 내버려 두고 있으면서 민원을 따르지 않고 방납케 하고 있
다는 것이다.[118) 세조 9년 5월 4대원 간사승의 방납을 홍제원에 한해 허용
하고 방납하는 공물은 민인이 원하는 것으로 한정하며, 방납가는 관에서

---

111) 『世祖實錄』권39, 世祖 12년 9월 癸酉(5일), 8-38.
112) 방납을 승려 海修가 직접 하지 않고 富人 등 속인에게 의뢰했을 가능성이 크다.
113) 이병희, 2012, 앞의 논문.
114) 동서활인원(활인서)에 대한 자세한 설명은 李相協, 1996, 「朝鮮時代 東·西活人
    署에 대한 考察」『鄕土서울』56이 참고된다.
115) 『文宗實錄』권8, 文宗 1년 6월 癸未(16일), 6-401.
116) 『世祖實錄』권30, 世祖 9년 5월 丙申(8일), 7-574.
117) 이병희, 2012, 앞의 논문.
118) 『世祖實錄』권30, 世祖 9년 5월 丙申(8일), 7-574.

거두어 승려에게 지급하도록 했다.[119] 홍제원·보제원·이태원·활인원 등 4
대원에서도 필요한 재원을 방납을 통해 확보하다가 세조 9년 홍제원만의
방납이 허여되고 다른 원의 방납권은 사라진 것이다.

별와요·진관사·귀후소·교서관·간경도감·4대원은 모두 세종 중반부터
약간의 시차를 두고 방납에 참여한 것으로 보이고, 문종·단종대에 별와요
와 진관사의 방납은 중단되었으며, 귀후소와 교서관의 방납권은 각각 세조
9년, 12년까지 지속했다. 결국 세조말에는 간경도감과 홍제원이 방납 활동
을 전개하고 있는 셈이다. 이후 예종대 방납 금지 조치와 성종대 승려의
배제로 승려의 방납은 거의 중단된 것으로 보인다.

이들 기구 간사승의 방납은 국가·국왕이 허여한 것이다. 국가 차원에서
방납이 인정된 것이므로, 해당 고을은 선택의 여지가 없었다. 방납으로 획
득한 이윤은 기구의 운영경비에 지출되었다. 기와 제작원료, 진관사 수륙
사 材瓦와 役夫 식비, 귀후소의 목재 구입, 교서관의 종이 확보, 간경도감
의 불경 간행, 원의 빈민 구제 등이 중요 지출 항목으로 보인다. 이러한 것
은 승려들의 자비심, 기술력과 노동력이 전제된 활동이었다. 예종 1년(1469)
방납권이 전면 금지되기 이전에 이들 기구의 방납 활동은 이미 크게 축소
된 상태였다.

특정기구나 특별한 소임을 표기하지 않고, 개별 승려가 방납 활동에 참
여한 예도 보인다. 세종 21년 山陰·陝川 두 郡이 부담한 철을 승려 惠會가
방납한 것이 보이며,[120] 세종 22년 大莊化主僧 惠會가 정철을 방납하고 쌀
390여 석을 받은 일도 있다.[121] 그리고 세조 12년 10월 경기 下津站에 소
속된 옥천군이 납부하는 薑字船 1隻을 승려 玄旭이 사사로이 방납했다가
점퇴당하고, 상원사 승려 尙惠가 다시 납부했다.[122] 이들 방납은 혜회·현

---

119) 『世祖實錄』권30, 世祖 9년 5월 丙申(8일), 7-574.
120) 『世宗實錄』권85, 世宗 21년 4월 己亥(22일), 4-207.
121) 『世宗實錄』권88, 世宗 22년 2월 己丑(16일), 4-269.
122) 『世祖實錄』권40, 世祖 12년 10월 癸亥(25일), 8-45.

욱·상혜가 개별적으로 진행한 것이다.[123] 이렇게 승려가 사적으로 방납한 일이 없지 않았지만 방납의 범위가 제한적이었으며, 국가가 허여해 방납하는 것과는 규모에 현격한 차이가 있었다.

4. 僧侶 防納 물품의 종류와 특징

조선초기 승려들이 방납하는 공물로 吐木, 草芚, 正炭, 成造木과 正鐵, 生芻 등이 있었다. 그리고 승려가 사사로이 방납한 품목으로 철과 船隻이 보인다. 별와요의 간사승이 방납한 공물인 吐木은 장작으로 여겨진다. 토목이란, "國人 謂燔瓦木 曰吐木",[124] "炊爨所用雜木短截者 俗謂之吐木"이라고[125] 언급하고 있다. 일정한 크기로 자르고 그것을 쪼개서 단으로 묶어 바쳤을 것이다.[126] 별와요에 납부하는 것이 吐木 혹은 燒木으로 함께 표현되고 있기 때문에,[127] 토목은 소목과 같은 것으로 보인다.

토목은 와요에서 기와를 구울 때 사용하는 땔나무였다.[128] 별와요에서도 기와를 구울 때 사용했을 것임은 당연한 일이겠다. 綾城府院君 具致寬의 집에 장례 비용으로 燒木 200근이 사여된 예가 있는 데서 알 수 있듯이[129] 소목은 개인에게도 소중한 땔감이었다.

토목은 임야의 나무를 斫伐해서 만드는 것이었다.[130] 공물로 바치는 소

---

123) 단 惠會는 특정 소임을 맡았을 가능성이 없지 않다.
124) 『世宗實錄』권85, 世宗 21년 6월 庚辰(4일), 4-217.
125) 『中宗實錄』권11, 中宗 5년 4월 癸巳(8일), 14-422.
126) 국가에서 필요로 하는 땔감이므로 잡목 묶음보다는 성능이 좋은 장작으로 봄이 타당할 것이다.
127) 『世宗實錄』권12, 世宗 3년 6월 辛丑(10일), 2-435 ; 『世宗實錄』권85, 世宗 21년 6월 庚辰(4일), 4-217.
128) 『世宗實錄』권87, 世宗 21년 11월 乙卯(11일), 4-251.
129) 『成宗實錄』권7, 成宗 1년 9월 戊子(13일), 8-532.
130) 『光海君日記(정초본)』권126, 光海君 10년 4월 乙未(6일), 33-37.

목은 추수 이후 농사를 시작하기 전에 마련하는 것이라는 언급도 보이고,[131] 겨울철에 마련하는 것이라는 표현도 있다.[132] 임야에서 나무를 베어서 일정한 크기로 자른 뒤, 그것을 도끼로 찍어 여러 조각으로 만든 다음 묶었을 것이다. 토목은 水上의 山郡에서 생산하는 것이었다.[133] 토목의 가격은 토목 1把가 풍년의 경우 미 10두이고, 흉년의 경우 미 7두였다.[134]

소목은 기와 생산에만 필요한 것이 아니라 국가기관인 司宰監에서도 사용했다. 세종 6년 司宰監의 소목으로 사용하는 것이 637,947근이라는 지적이 보여,[135] 60만 근 이상의 소목이 사재감에 납부되었음을 알 수 있다. 소목(토목)을 공물로 납부하는 부서는 별와요와 사재감·동서와요였다. 별와요 간사승이 방납을 허여받은 것은 별와요에 납부하는 소목에 한정된 것으로 보인다. 별와요 간사승이 사재감에 납부할 소목까지 방납한 것으로는 생각되지 않는다.

소목의 방납은 민인에게 큰 부담으로 작용했다. 예종 1년(1469) 工曹判書 梁誠之는 방납 대상이 된 공물 중에서 민에게 가장 큰 부담을 주는 것이 소목이라고 지적했다.[136] 별와요 간사승은 시중에서 토목을 구매할 수도 있지만, 상인을 거치지 않고서 생산자로부터 직접 구매할 수도 있었을 것으로 보인다. 충청도에서 별와요에 납부할 토목을 별와요 간사승이 방납하고, 그 방납가를 충청도에서 징수했다. 방납가는 실제의 토목 값보다 높았을 것이기 때문에 별와요 간사승은 상당한 이윤을 확보할 수 있었다.

草芚은 진관사 간사승 覺頓이 방납한 공물이었다. 초둔은 풀이나 짚으로 짜서 만든 거적이었다. 초둔이란 "編茅或蓋或藉 俗謂之草芚",[137] "編茅

---

131) 『太祖實錄』권15, 太祖 7년 12월 辛未(29일), 1-142 ; 『太宗實錄』권8, 太宗 4년 8월 己丑(20일), 1-302.

132) 『太宗實錄』권30, 太宗 15년 8월 庚午(6일), 2-80.

133) 『世祖實錄』권40, 世祖 12년 11월 庚午(2일), 8-46.

134) 『文宗實錄』권3, 文宗 즉위년 9월 己酉(8일), 6-281.

135) 『世宗實錄』권24, 世宗 6년 4월 甲寅(9일), 2-592.

136) 『睿宗實錄』권6, 睿宗 1년 6월 辛巳(29일), 8-393.

爲之 國俗稱芚"이라고 표현했다.138) 전자에 따르면 띠풀로 만든 것으로 덮거나 까는 데 사용한 것으로 보인다. 후자 芚 역시 띠풀을 엮어 만들었다는 것이다. 초둔은 거적으로 바닥에 깔거나 위를 덮는 용도로 사용했다. 紙芚과 초둔은 동일한 것으로 보인다. 각돈이 방납한 것은 초둔이란 표현이 많이 보이지만, 지둔이란 언급도 보이기 때문이다.139)

궁중에서 차양을 설치하고 덮는 데 초둔을 사용한 예가 있으며,140) 또 2품 이상이 숙배할 때 비나 눈이 내리면 行廊에서 초둔을 펴도록 했다.141) 날씨가 추울 때 숙직하는 군사들에게 초둔을 주기도 했다.142) 이처럼 초둔은 덮거나 까는 용도로 쓰였으며, 또 추위를 막는 데에도 도움이 되었다. 또한 초둔은 부의물로 사여하는 예가 많이 찾아진다.143) 초둔을 세는 단위는 '番'이었다. 1번의 가격은 田租 1斗인데 올라서 1석을 상회한다는 지적이 보이고,144) 또 초둔 3번이 면포 1端이고, 초둔 1번이 미 9두라는 언급도 찾아진다.145)

초둔을 상납받는 중앙의 핵심부서는 豊儲倉과 廣興倉이었다.146) 초둔의 규격은 세종 1년 布尺을147) 사용해 長 4척, 廣 7척, 經 20으로 정했다가148)

---

137) 『世宗實錄』권19, 世宗 5년 1월 辛卯(9일), 2-519.

138) 『端宗實錄』권6, 端宗 1년 6월 己酉(24일), 6-601.

139) 『文宗實錄』권1, 文宗 즉위년 5월 己未(16일), 6-236 ; 『端宗實錄』권6, 端宗 1년 6월 己酉(24일), 6-601.

140) 『世宗實錄』권5, 世宗 1년 10월 戊子(17일), 2-341.

141) 『世宗實錄』권23, 世宗 6년 1월 辛丑(24일), 2-575.

142) 『世祖實錄』권5, 世祖 2년 12월 己亥(4일), 7-159.

143) 『太宗實錄』권34, 太宗 17년 11월 甲子(13일), 2-192 ; 『世宗實錄』권19, 世宗 5년 1월 辛卯(9일), 2-519 ; 『成宗實錄』권4, 成宗 1년 4월 庚戌(2일), 8-484 ; 『成宗實錄』권10, 成宗 2년 4월 戊申(6일), 8-563 ; 『成宗實錄』권109, 成宗 10년 10월 乙巳(23일), 10-61 ; 『成宗實錄』권173, 成宗 15년 12월 甲戌(21일), 10-660.

144) 『文宗實錄』권7, 文宗 1년 5월 己未(22일), 6-390.

145) 『世宗實錄』권51, 世宗 13년 1월 己丑(24일), 3-292.

146) 『世宗實錄』권5, 世宗 1년 10월 庚寅(19일), 2-342 ; 『世宗實錄』권19, 世宗 5년 3월 甲申(3일), 2-529.

다시 세종 5년 장 3척 5촌, 광 6척, 경 17로 바꿨다.[149]

초둔은 방납하고 싶어하는 품목이었다. 농민이 自備할 수 있는 것임에도 불구하고 방납이 행해지고 있었다. 양성지는 紙芚 등은 민이 갖출 수 있는 공물로 언급하고 있다.[150] 진관사 간사승 각돈이 본격적인 방납을 하기에 앞서 초둔을 방납한 예가 보인다. 세종 13년 典書 姜濡의 처 宣氏가 수원부에서 바치는 풍저창 초둔을 방납한 일이 있고,[151] 金暅이 知利川縣事로 있을 때 興販人에게 초둔을 방납케 한 일이 있었다.[152] 각돈은 초둔을 시중에서 조달해서 풍저창이나 광흥창에 납부하고, 전라도·황해도·충청도에 가서 방납가를 고가로 징수했다.

正炭은 귀후소와 교서관에서 방납한 품목이었다. 정탄을 공물로 납부받는 부서에는 司宰監·繕工監·司僕寺·乳牛所·東西瓦窯 등이 있었다.[153] 정탄은 水上의 山郡에서 나오며,[154] 나무를 베어 밀폐된 숯가마에서 구워 제작했을 것이다.

정탄의 방납은 귀후소 승려가 담당하기 이전부터 행해지고 있었다. 세종 6년 중앙의 사재감·선공감 등 여러 부서에 납부하는 공물인 정탄을 文化縣令의 진성을 받아 柳季聞이 방납했다.[155] 그리고 세종 22년 8월 引納으로 인해 정탄을 백성이 스스로 마련하지 못하자 타인이 방납한 것이 확

---

147) 포백척의 길이는 약 44.4cm~47.4cm이므로(이종봉, 2016, 『한국 도량형사』, 소명출판, 200~205쪽), 4척은 177.6cm~189.6cm에 달한다.
148) 『世宗實錄』권5, 世宗 1년 10월 庚寅(19일), 2-342.
149) 『世宗實錄』권19, 世宗 5년 3월 甲申(3일), 2-529.
150) 『世祖實錄』권40, 世祖 12년 11월 庚午(2일), 8-46.
151) 『世宗實錄』권51, 世宗 13년 1월 己丑(24일), 3-292.
152) 『世宗實錄』권52, 世宗 13년 4월 戊申(14일), 3-311 ; 『世宗實錄』권52, 世宗 13년 4월 癸丑(19일), 3-311.
153) 『太宗實錄』권8, 太宗 4년 8월 己丑(20일), 1-302 ; 『太宗實錄』권34, 太宗 17년 11월 丙辰(5일), 2-192.
154) 『世祖實錄』권40, 世祖 12년 11월 庚午(2일), 8-46.
155) 『世宗實錄』권24, 世宗 6년 4월 壬子(7일), 2-592.

인된다.[156] 정탄은 방납을 선호하는 품목임이 틀림없다.

귀후소와 교서관의 간사승은 상인을 매개로 정탄을 조달해서 사재감·선공감 등 중앙의 부서에 공급하고서 방납가를 징수한 것으로 보인다. 귀후소는 황해도·강원도에서, 교서관은 경기·충청도·황해도에서 각각 정탄값을 징수했다.

성조목은 교서관 승려가 방납하는 공물 가운데 하나였다.[157] 부등목도 교서관이 방납한 것으로 보여[158] 성조목과 부등목은 동일한 것으로 이해된다. 부등목·성조목은 건축물을 조영하는 데 필요한 목재를 가리키는 것으로 판단된다. 不等木은 "材木之大者 稱不等"이라 했으므로,[159] 목재로 사용할 수 있는 큰 나무를 가리킨다. 거기에는 대중소의 구분이 있었다.[160] 부등목은 하천이나 해안 부근의 산지에서 생산되었다.[161]

성조목 역시 교서관이 방납하기 이전부터 방납의 대상이 된 품목이었다. 세종 22년 8월 營繕費 때문에 다음해의 공물을 미리 걷는 引納이 발생해서 민이 自辦하지 못하자 방납케 되었는데, 그 공물의 하나로 부등방목이 보인다.[162] 성조목은 영선에 많이 사용되므로 주로 선공감에 납부하는 공물로 추측된다.[163] 교서관의 간사승은 목재를 경중에서 구매해 해당 부서에 공급하고, 방납가를 고을에 가서 징수한 것으로 보인다.

生芻는 간경도감과 관계된 방납물의 하나였다. 생추는 말을 먹이기 위한 꼴로 경기의 백성들이 여름철에 司僕寺에 납부하는 공물이었다.[164] 草

---

156) 『世宗實錄』권90, 世宗 22년 8월 乙酉(16일), 4-312.

157) 『文宗實錄』권1, 文宗 즉위년 5월 己未(16일), 6-236.

158) 『文宗實錄』권3, 文宗 즉위년 9월 己酉(8일), 6-281.

159) 『文宗實錄』권2, 文宗 즉위년 7월 己未(17일), 6-257.

160) 『宣祖實錄』권162, 宣祖 36년 5월 戊寅(23일), 24-482.

161) 『世祖實錄』권40, 世祖 12년 11월 庚午(2일), 8-46.

162) 『世宗實錄』권90, 世宗 22년 8월 乙酉(16일), 4-312.

163) 『太祖實錄』권1, 太祖 1년 7월 丁未(28일), 1-23.

164) 『太宗實錄』권30, 太宗 15년 8월 庚午(6일), 2-80 ; 『世宗實錄』권28, 世宗 7년 6월 辛酉(23일), 2-675 ; 『文宗實錄』권2, 文宗 즉위년 7월 己未(17일), 6-257 ; 『文

는 處處에 있는 것이므로 마련하는 것이 어렵지 않았다.[165] 간경도감과 京中의 부자가 결탁해서 사복시에 납부하는 생추를 방납한 것으로 보인다.[166] 생추를 경중에서 구매해 사복시에 방납하고 대가를 경기의 여러 고을에 가서 징수했을 것이다. 생추 50근의 값은 미 2두에 해당했다.[167]

철 또한 간경도감과 관련된 공물이었다. 중앙의 軍器監과 繕工監은 정철을 납부받는 대표 기구였다. 상인이 철을 방납한 뒤 이윤의 일부를 간경도감에게 제공했다.[168]

승려가 방납하고서 油價 명목으로 방납가를 징수하는 예가 보이는데,[169] 유 역시 승려가 방납한 물품의 하나였음을 알 수 있다. 선척도 승려가 방납한 물품의 하나였다.[170] 유와 선척은 국가 차원의 허락이 없이 승려가 개별적으로 방납한 것으로 보인다.

승려가 방납한 물품은 다양하지 않고 한정된 것으로 보인다.[171] 번와목, 탄, 성조목은 임야에서 확보할 수 있는 것으로, 승려가 평상시에 생산하거나 구매 소비할 수 있는 물품이었다. 다른 공물 역시 비교적 민이 쉽게 마련할 수 있는 易備之物로 많은 이득을 남길 수 있던 품목이었다. 이처럼 승려가 쉽게 구비할 수 있는 물품을 중심으로 방납을 전개한 것이다. 아마 이들 품목은 상품화가 상당히 진전되어 시중에서 조달하는 것이 용이했을 것이다. 접근하기 어렵거나 불교에서 꺼리는 것은 승려의 방납 품목이 되지 않았다. 虎豹皮는 대상이 안 되었으며, 돼지와 양도 포함되지 않았고,

---

宗實錄』권6, 文宗 1년 3월 丙辰(17일), 6-367.

165) 『世祖實錄』권40, 世祖 12년 11월 庚午(2일), 8-46.

166) 『世祖實錄』권25, 世祖 7년 7월 庚申(22일), 7-475.

167) 『世祖實錄』권25, 世祖 7년 7월 庚申(22일), 7-475.

168) 『世祖實錄』권35, 世祖 1년 1월 戊午(10일), 7-667.

169) 『世宗實錄』권109, 世宗 27년 8월 戊辰(27일), 4-634.

170) 『世祖實錄』권40, 世祖 12년 10월 癸亥(25일), 8-45.

171) 공물은 과실류, 광물류, 목재류, 임산물, 수산물, 모피류, 금수류, 수공업품·원료, 유밀류, 기타로 구분할 수 있는데(박도식, 2011, 앞의 책, 50쪽 참조), 승려들이 대납한 품목은 목재류와 임산물에 집중되었다.

물고기류도 대상이 아니었다. 인삼도 방납물이기는 했지만 승려가 방납한
물목이 되지는 않았다. 승려가 방납한 품목은 일정한 禁度 범위 안에 있었
다고 할 수 있다.

5. 僧侶 防納의 폐해와 귀결

조선에서는 방납을 금지하고자 했으나 민인의 情願을 고려하지 않을 수
없었다. 難備의 물품, 不産의 물품은 방납이 불가피했다. 민인으로서도 방
납하는 편이 훨씬 편리했고, 수령으로서도 구매해서 상납하는[貿納] 것보
다 방납이 손쉬웠다. 방납인은 막대한 이윤을 확보하므로 이에 참여하고자
했다. 방납의 특혜를 얻는 것은 아무나 가능한 것이 아니었다. 다른 한편,
방납의 성행은 곧 민인의 부담 증가로 귀결되는 경우가 많았다.

방납의 문제점은 우선 방납 공물의 가격이 높다는 것이었다. 합리적인
가격으로 방납가를 징수한다면 문제가 적겠지만, 방납의 속성상 그럴 수는
없었다. 항상 고가로 징수해 민인의 원망을 일으켰다. 세종 22년(1440) 근
래에 충청도 민이 자주 한재를 입어 기근이 이어졌지만, 승려가 吐木을 방
납하고 고가로 징수해서 백성이 심히 고통스러워한다는 지적이 있었다.[172]
별와요가 징수한 방납 대가가 고가였다는 것이다. 문종 즉위년(1450) 10월
승려가 방납을 행한 뒤 방납가를 무겁게 걷고 있다고 지적했다.[173] 문종
1년 5월 간사승이 방납하는 초둔의 경우 1번의 값이 전조 1두이던 것이 1
석에 달했다.[174] 진관사 간사승이 초둔을 방납한 뒤 통상의 값보다 훨씬
높은 값을 징수하는 것이다. 세조 9년 5월 신숙주는 승려들이 관리에게 청
탁해 방납하면서 방납가를 倍徵하고 있다고 언급했다.[175] 방납을 하는 이

---

172) 『世宗實錄』권89, 世宗 22년 5월 庚戌(9일), 4-285.
173) 『文宗實錄』권4, 文宗 즉위년 10월 庚子(30일), 6-311.
174) 『文宗實錄』권7, 文宗 1년 5월 己未(22일), 6-390.

유가 이윤을 추구하는 것이므로 방납가를 무겁게 걷는 것은 당연한 일이 겠다.

각돈에게 대납을 위한 비용으로 미 400석과 면포 200필을 지급했는데,[176] 이것을 모두 미로 환산하면, 면포 1필은 대략 미 5斗에 해당하므로,[177] 면포 200필은 미 1,000두(=66.7석)이 된다. 결국 미와 면포를 미로 환산하면 466.7석이 된다. 이것으로 초둔을 매입해 납부한 것이다. 그런데 그가 전라도에서 수송한 미곡은 1,150석이었다.[178] 단순 계산을 하면 466.7석을 투자해 683.3석을 이윤으로 확보한 것이 된다(1150석 - 466.7석 = 683.3석). 수송비를 공제한다면 이윤은 크게 감소할 것이다. 그런데 전라도 이외의 지역에서 징수한 미곡을 포함해야 하므로 수익은 그보다 훨씬 컸을 것이다. 그렇게 본다면 최소 700석 이상을 이윤으로 획득한 것이 분명하다.

상인이 방납하는 경우, 수익의 배분 방식은 간경도감에서 확인할 수 있다. 생추의 경우 간경도감과 상인이 반반씩 배분하고,[179] 철의 경우는 1/3

---

175) 『世祖實錄』권30, 世祖 9년 5월 丙申(8일), 7-574.
176) 『世宗實錄』권124, 世宗 31년 5월 癸未(4일), 5-128.
177) 면포 1필을 쌀로 환산할 때 아래와 같이 다양한 수치가 확인되는데 대략 5두 정도로 상정해 볼 수 있다.

米價	전 거	비 고
2두	『世宗實錄』권76, 世宗 19년 2월 己巳(9일), 4-53 ; 『成宗實錄』권139권, 成宗 13년 3월 己丑(21일), 10-310	흉년
3두 7승	『世宗實錄』권107, 世宗 27년 2월 癸酉(29일), 4-609	흉년
3두	『世宗實錄』권111, 世宗 28년 3월 甲戌(7일), 4-657	흉년
5,6두	『世宗實錄』권113, 世宗 28년 9월 庚寅(25일), 4-711	흉년도 아니고 풍년도 아님
4두	『成宗實錄』권127, 成宗 12년 3월 丙申(22일), 10-199	흉년
3두	『成宗實錄』권128, 成宗 12년 4월 甲寅(10일), 10-203	곡가 등귀
2두 5승	『成宗實錄』권132, 成宗 12년 8월 戊辰(26일), 10-252	곡가 등귀
3,4두	『成宗實錄』권234, 成宗 20년 11월 壬戌(8일), 11-536	흉년

178) 『文宗實錄』권1, 文宗 즉위년 3월 壬申(28일), 6-229.
179) 『世祖實錄』권25, 世祖 7년 7월 庚申(22일), 7-475.

은 간경도감에 납부하고 2/3는 상인의 몫이 된다.[180] 생추나 철의 마련 과
정에서 적지 않은 비용이 소요되므로 상인의 실제의 이윤은 이보다 훨씬
적을 수 있다.

　방납가를 직접 징수하는 것도 문제였다. 민인이나 수령은 접대 때문에
고통을 겪었다. 세종 22년 별와요의 승려가 토목을 방납하고 친히 내려가
서 대가를 징수하고 있다.[181] 세종 27년에도 방납하고 있는 校書館·東西別
窯·歸厚所 등의 幹事僧이 고을에 직접 가서 호별로 걷는 액수를 적어 갖고
가서 독촉했다.[182] 진관사 간사승 각돈 역시 방납가를 직접 징수하고 있었
다.[183] 방납가를 징수하는 승려가 한 명이 아니었다. 진관사 수륙사 소속
으로 방납을 하는 승려를 언급할 때 '覺頓之輩'라고 표현한 것이[184] 그것
이다. 또 승려들이 방납하고서 '當其收價之日　自在成群　出入州郡'에서
도[185] 알 수 있다. 다수의 방납인을 응대하는 비용도 만만치 않았다.

　방납권을 국가로부터 허여받은 승려는 국왕의 권위를 배경으로 삼아 수
령 위에 군림하는 수가 많았다. 심지어 자신의 부탁을 잘 들어주지 않는
수령을 무고해 수십 명이 파면당하는 사태까지 발생했다.[186] 방납하는 승
려가 방납가 징수를 위해 군현에 출입할 때 감사와 수령은 마치 使命처럼
대하므로 支待의 폐해가 작지 않았다.[187] 진관사 간사승 각돈의 횡포가 가
장 심한 것으로 지적되고 있다. 세종 32년 윤1월 각돈은 전라도에서 인리
를 멋대로 장을 치기도 했고, 출입함에 사람을 시켜 喝道하게 해서 마치
奉使 朝官과 같았으며, 수령이 모두 畏縮했으며 감사에 이르기까지 잔치를

180)『世祖實錄』권35, 世祖 11년 1월 戊午(10일), 7-667.
181)『世宗實錄』권89, 世宗 22년 5월 庚戌(9일), 4-285.
182)『世宗實錄』권109, 世宗 27년 8월 戊辰(27일), 4-634.
183)『文宗實錄』권1, 文宗 즉위년 4월 辛丑(28일), 6-232.
184)『文宗實錄』권1, 文宗 즉위년 4월 辛丑(28일), 6-232.
185)『文宗實錄』권4, 文宗 즉위년 10월 庚子(30일), 6-311.
186)『文宗實錄』권1, 文宗 즉위년 4월 甲午(21일), 6-232.
187)『文宗實錄』권4, 文宗 즉위년 10월 庚子(30일), 6-311.

베풀어 위로하기까지 했다.[188]

　방납인은 끊임없이 방납의 공물을 확대하고자 했다. 그리하여 백성들이 易備할 수 있는 공물까지 방납하는 일이 속출했다. 문종 즉위년 7월 사간원 상소의 내용에서, 민간에서 쉽게 갖출 수 있는 것도 강제로 방납하고 있다고 지적했다.[189] 문종 즉위년 10월 승려가 방납하는 대상이 확대되어 紙地, 全漆, 淸蜜, 芝栗 등도 보이는데, 이들 품목은 전에는 官備해서 폐해가 민에게 미치지 않았지만 지금은 모두 방납토록 해서 백성의 재물이 손상된다는 것이다.[190] 문종 1년 5월 간사승이 민이 自納할 수 있는 것까지 방납하고 있다고 지적했다.[191] 세조 5년(1459) 8월 수령과 간사승이 민간에서 준비할 수 있는 물건까지도 모두 방납하므로 방납의 피해가 작지 않다는 지적이 있다.[192] 세조 9년 5월에도 승려들이 관리에게 청탁해 방납하는 공물의 수를 확대하고 있다고 신숙주가 언급했다.[193] 방납 물품의 확대는 곧 방납 이윤의 증대와 연결되는 것이다. 여러 기구에 속한 간사승들도 방납을 확대하려는 시도를 했고, 그에 속하지 않은 개별 승려도 그러했다.

　고가의 징수, 직접 징수하는 것, 나아가 방납의 대상 품목을 확대하는 것 등은 결국 민인의 부담 증가로 귀결되는 것이라고 할 수 있다. 조선초부터 공물의 방납에 대해서 국가에서 여러 조치를 강구하고 있었다. 정부는 일관되게 방납에 대해 금지하는 조치를 취하고 있었다.[194] 정부는 공물 방납 금지를 공개적으로 천명하고 있지만, 그것이 불가능하다는 것을 알고 있었다. 공물의 방납을 인정한 위에서 취할 수 있는 대책은 방납가를 합리

---

188) 『世宗實錄』권127, 世宗 32년 윤1월 甲戌(29일), 5-171.
189) 『文宗實錄』권2, 文宗 즉위년 7월 己未(17일), 6-257.
190) 『文宗實錄』권4, 文宗 즉위년 10월 庚子(30일), 6-311.
191) 『文宗實錄』권7, 文宗 1년 5월 己未(22일), 6-390.
192) 『世祖實錄』권17, 世祖 5년 8월 辛酉(12일), 7-341.
193) 『世祖實錄』권30, 世祖 9년 5월 丙申(8일), 7-574.
194) 『太宗實錄』권17, 太宗 9년 3월 壬戌(19일), 1-477 ; 『世宗實錄』권10, 世宗 2년 11월 辛未(7일), 2-415.

적으로 책정하는 것, 방납가를 관에서 거두어 방납인에게 전달하는 것[面給], 방납 대상 공물의 확대를 저지하는 것, 문제를 일으킨 방납인을 처벌하는 것 등이었다. 궁극적으로 방납을 축소시키는 것이 필요했다.

　방납을 금지하는 정책 속에서 불법적인 방납행위를 한 상인이 처벌받기도 했다. 세종 4년 富商 潘石老란 자가 날마다 司僕寺 門에 이르러 경기의 농민이 바치는 곡초를 제멋대로 점퇴하고 자신이 준비한 곡초를 방납하고서 민에게 그 값을 배로 징수해 처벌받은 일이 있다.195) 세조 5년 8월 지금부터 강제로 방납하는 자가 있으면 수령과 간사승을 무겁게 논하라고 호조가 계문하자, 국왕이 이를 따랐다.196) 국가가 허여한 방납이 아니라 승려와 수령이 사사로이 연결해 행해진 방납에 대한 처벌인 것이다. 세조 8년에 공물 방납가를 지나치게 징수한 승려가 처벌받고 있다.197) 세조 11년 7월 사헌부에서 영선에 따른 비용 조달을 위해 방납을 허용하고 있는데 많은 폐해가 있으니, 大小朝官으로 방납하는 이는 종신토록 서임하지 말도록 주장했다.198) 방납에 참여하는 관리에 대해 강력한 징계를 주장한 것이다. 국가가 허여하지 않은 방납을 문제 삼는 것이다.

　국가가 허여한 승려 방납의 경우 방납 자체가 아니라 지나치게 높은 방납가를 직접 징수하는 것이 문제였다. 세종 22년 5월 토목을 방납한 별와요 승려가 방납가를 직접 징수하지 못하고 소재 수령이 친히 걷어서 그것을 방납인에게 지급하라고 조치했다.199) 세종 22년 8월 營繕의 비용 때문에 부등방목·광판목·정탄 등을 引納하여 방납이 발생하자 수령이 酌量收價한 뒤 친히 방납인에게 面給하도록 조치했다.200) 방납인이 방납가를 직접 징수하지 못하고, 수령이 거둬 방납인에게 지급하도록 한 것이다. 그러

195) 『世宗實錄』권18, 世宗 4년 윤12월 壬申(19일), 2-518.
196) 『世祖實錄』권17, 世祖 5년 8월 辛酉(12일), 7-341.
197) 『世祖實錄』권28, 世祖 8년 7월 庚子(7일), 7-541.
198) 『世祖實錄』권36, 世祖 11년 7월 辛未(26일), 7-695.
199) 『世宗實錄』권89, 世宗 22년 5월 庚戌(9일), 4-285.
200) 『世宗實錄』권90, 世宗 22년 8월 乙酉(16일), 4-312.

나 이 조치는 제대로 이행되지 못했다.

방납가를 정하는 문제는 중요했다. 문종 즉위년 5월 충청도 각 고을이 바치는 별와요·귀후소·교서관의 탄·번와목·성조목 대가를 의논하게 했다.[201] 또 각 소재 수령이 방납가를 정해 거둔 뒤 船價를 지급하고 수송해서 간사승에게 전달하도록 했다.[202] 이것은 면급의 재천명이었으며, 또 방납가의 결정도 수령이 하도록 한 것이다. 문종 즉위년 7월 사간원에서 방납물의 가격은 수령이 수시로 높이고 낮추고 한다면서 지금부터 방납가는 호조로 하여금 그곳 민간의 물가에 따라 중간 수치를 헤아려 정할 것을 상소했다.[203] 호조로 하여금 방납가를 상정토록 한 것은 일층 진전된 안이었다.

문종 즉위년 9월 논란이 되는 탄·부등목·토목의 값을 정했다.[204] 이들 품목은 모두 승려가 방납하는 것이었다. 방납가 산정 대상이 탄·부등목·토목에 그치고 있을 뿐, 초둔에 대해서는 규정하지 않았다. 별와요·귀후소·교서관의 간사승 방납은 제한한 반면, 당시 가장 문제된 진관사 간사승 각돈의 초둔 방납가는 상정하고 있지 않았다.

공물 방납가가 높은 것은 문제이지만, 그렇다고 관에서 방납가를 정하는 것도 이치에 어긋난 점이 있었다. 문종 1년 1월 李季甸은 방납을 금지하고 있는 조건 속에서, 정부에서 방납가를 정한다는 것은 결국 방납을 허용하는 것을 전제로 하기 때문에 무리라고 했다.[205] 국가에서는 공식으로

---

201) 『文宗實錄』권1, 文宗 즉위년 5월 戊申(5일), 6-234.
202) 『文宗實錄』권1, 文宗 즉위년 5월 己未(16일), 6-236.
203) 『文宗實錄』권2, 文宗 즉위년 7월 己未(17일), 6-257.
204) 『文宗實錄』권3, 文宗 즉위년 9월 己酉(8일), 6-281.

품목	가 격
炭	1石 = 풍년 미 10두, 흉년 7두
不等木	大不等木 1條 = 풍년 30두, 흉년 22두 中不等木 1조 = 풍년 24두 5승, 흉년 17두 小不等木 1조 = 풍년 19두, 흉년 12두
吐木	1把 = 풍년 10두, 흉년 7두

205) 『文宗實錄』권5, 文宗 1년 1월 甲辰(4일), 6-339.

방납을 금지하고 있기 때문에 국가에서 방납가를 결정하는 것은 문제가
되지 않을 수 없었다.

세조 9년 5월 승려들이 관리에게 청탁해 방납가를 거두려고 횡행하면서
그 값을 倍徵하고 있으며, 이에 관에서 방납가를 거두어 승려에게 지급하
도록 했다.206) 수령이 거둬 방납인에게 面給하는 조치는 반복해 내려지고
있지만, 현실에서는 잘 이행되지 않았다.

종종 큰 흉년이 드는 경우 공물 방납가 징수를 유예시키는 조치가 취해
졌다. 단종 즉위년(1452) 윤9월 황해도에 大風으로 인해 흉년이 들어 민생
이 염려되므로 津寬寺·別窯·歸厚所·校書館이 대납한 뒤 걷는 공물가를 내
년 가을까지는 징수하지 못하도록 했다.207) 세조 1년 8월 충청도가 오랜
가뭄으로 흉년이 들자 諸處의 幹事僧이 대납하는 공물의 값을 걷지 말고
풍년을 기다리도록 조치했다.208) 방납가 징수의 유예는 농민을 위한 조치
였지만 방납한 이들에게는 상당한 손실을 가져다주는 것이었다.

국초부터 방납이 문제되어 금지 조치가 취해진 일이 있었다. 그러나 난
비지물, 불산지물이 공물로 분정된 사정 하에서 특정 공물의 방납은 불가
피했다. 백성도 방납을 원했다. 그러나 이 경우에도 합리적인 방납가의 설
정이 필수적이었다. 현실에서는 고가로 방납가를 징수하는 일이 다반사였
고, 여리를 돌아다니며 직접 징수했고, 그 과정에서 민인이나 수령을 능
욕·침탈하는 일이 비일비재였다. 그리고 민인이 희망하지 않는 공물까지
도 방납하려는 시도가 계속 이어졌다. 이에 당시 방납공물의 가격을 정부
에서 정해 수령이 거둬 방납인에게 面給하는 조치가 취해졌지만 제대로
실현되지 않았다.

방납이 자주 문제되는 가운데 승려의 방납 활동을 계속 축소시켜 갔다.
세조대를 거치면서 방납하는 기구의 조정이 있었다. 별와요는 단종 2년에

---

206) 『世祖實錄』권30, 世祖 9년 5월 丙申(8일), 7-574.
207) 『端宗實錄』권3, 端宗 즉위년 윤9월 辛未(12일), 6-542.
208) 『世祖實錄』권2, 世祖 1년 8월 己酉(6일), 7-76.

혁파되고, 진관사 수륙사 조영은 단종 1년 경에 종료되었기 때문에, 세조
대에는 기와 생산이나 수륙사 조영을 위한 방납은 사라졌다. 귀후소는 세
조 9년에, 교서관은 세조 12년에 크게 개편되면서 귀후소와 교서관의 방납
도 사라지게 되었다. 그리하여 세조말에는 간경도감과 홍제원의 방납만이
잔존했다. 기구의 축소와 개편, 승려의 배제 등이 바탕이 되어 승려의 방납
은 축소·소멸해 갔다.

예종은 즉위년(1468) 10월 승정원과 호조에 명하여 공물의 대납은 백성
에게 심히 해를 끼치는 것이니, 공신·종친·재추를 물론하고 곧 극형에 처
하고 가산은 관에 몰수한다고 했다.209) 방납의 금지 결정은 이처럼 전격으
로 이루어졌다.210) 예종 1년 1월 이를 다소 조정하는 조치를 취했다. 공물
대납 전면 금지 조치 이전에 수교해 방납하는 물품은 윤2월 그믐에 한해
방납을 필하도록 하고 관에서 값을 거두어 지급하도록 했다.211) 금지 조
치에 앞서서 방납이 허여된 것은 관에서 방납가를 징수해 지급토록 한 것
이다.

성종은 예종의 방납 금단책을 그대로 밀고 나아갔다. 성종대 이후 방납
금지가 천명된 상태에서 방납에 가담해 처벌받은 관인들이 여럿 확인된다.
경주부윤 洪道常, 성주목사 申允甫와 判官 金潰, 金永鍾, 尹殷老 등이 그들
이다.212) 현전하는 『經國大典』에서는 방납을 금하는 것으로 규정하고 있
다.213) 성종대 이후에도 방납이 지속되었지만, 승려의 방납 행위는 거의

---

209) 『睿宗實錄』권1, 睿宗 즉위년 10월 壬寅(16일), 8-282.
210) 田川孝三, 1964, 앞의 책, 497~507쪽 ; 강제훈, 2006, 「朝鮮 世祖代의 貢物代納
     政策」 『朝鮮時代史學報』36 ; 소순규, 2018, 「조선 세조대 공물 대납 公認의 정
     책적 맥락」 『歷史學硏究』72.
211) 『睿宗實錄』권3, 睿宗 1년 1월 壬午(27일), 8-322.
212) 『成宗實錄』권33, 成宗 4년 8월 丙子(17일), 9-54 ; 『成宗實錄』권33, 成宗 4년 8
     월 壬午(23일), 9-55 ; 『成宗實錄』권33, 成宗 4년 8월 乙酉(26일), 9-56 ; 『成宗
     實錄』권36, 成宗 4년 11월 庚子(13일), 9-71 ; 『成宗實錄』권280, 成宗, 24년 7월
     戊戌(6일), 12-355.
213) 『經國大典』권5, 刑典, 禁制. "代納貢物者 杖八十徒二年 永不敍用 (聽從守令

찾아볼 수 없게 되었다.

6. 結語

고려시기 이래 승려가 물품 조달 능력을 보유하고 있기에 조선초 승려의 방납 활동은 활발하게 전개되었다. 棟梁僧徒의 방납은 지방관과 승려의 연결 속에서 이루어진 것으로 매우 사사로운 것이었다. 국가 차원에서 허여한 방납이 아니었다. 국가 차원에서 공식적으로 방납을 허여한 것은 別瓦窯의 승려부터였다.

승려들은 물품을 조달할 수 있는 탁월한 능력을 보유하고 있었다. 사원이 경제 활동의 주체였으므로 승려들은 각종 물화에 대해 상당한 정보를 소지하고 있었다. 그리고 승려들이 상업에 종사하는 경우가 많아 물품의 계절별·지역별 가격차 등을 잘 알고 있고, 상인 세력과 깊은 유대를 형성하고 있었다. 승려들은 佛事를 위해 시주를 걷는 緣化 활동을 활발하게 전개하고 있어, 물화를 수집하고 운송하는 능력을 갖고 있었다. 승려로서 상당한 재력을 보유한 경우가 많았고 이는 방납에 참여할 수 있는 좋은 기반이었다. 곳곳을 이동하는 생활 때문에 승려는 전국적인 연결망을 구축하고 있었는데, 이것도 물품을 조달하는 데 큰 도움을 주었다. 또한 우마·선박과 밀착된 생활을 하기 때문에 물화를 수송할 수 있는 능력을 보유했다.

세종 중반에서 문종, 단종, 세조대에 일시적으로 승려들이 방납 활동을 활발하게 전개했다. 승려들이 특정 기구에 소속되어 사회적으로 매우 의미 있는 활동을 하고 있기에 국가에서 재원 조달을 위해 방납의 특권을 부여한 것이다. 그 소임은 기와의 제작 보급(別瓦窯), 수륙사 조영(津寬寺), 관곽 제작(歸厚所), 서적 인출(校書館), 불경 간행(刊經都監), 기민의 구휼(4大

以制書有違律論) 其物 沒官".

院) 등이었다. 그러한 소임은 대체로 승려의 기술력과 노동력, 그리고 자비심이 전제된 활동이었다. 사회적으로 매우 의미있는 것이었지만 국가에서 제도적으로 재정 지원을 하기 힘들기 때문에 방납의 특혜를 부여해 그 이윤으로 비용을 마련토록 한 것이다.

승려가 방납하는 물품은 吐木, 草芚, 正炭, 方等木(成造木), 生獪, 鐵 등이었다. 대체로 水邊 고을의 산지에서 용이하게 준비할 수 있어 백성들이 방납을 원치 않는 품목이었다. 이들 물품은 승려가 방납에 참여하기 이전부터 속인이 방납하는 일이 있었다. 승려는 이들 품목의 방납에 참여함으로써 많은 이득을 얻어 경비를 조달했다. 그렇지만 승려들은 동물과 관련된 공물의 방납에 참여하지 않아 일정한 금도를 지키고 있었다고 볼 수 있다.

국가가 허여한 방납은 불법적인 것이 아니므로 방납가 징수 과정의 폐단만이 문제되었다. 승려들은 방납에 참여해 고을에 직접 가서 물품의 대가를 높게 징수했다. 걷는 과정에서 민인에게 부담을 주기도 했고, 수령에게 횡포를 자행하는 수도 있었다. 이윤의 확대를 위해 방납하는 품목을 확대하려고 시도했다. 방납으로 인한 이윤 추구는 역으로 백성의 부담 증대와 직결되는 것이어서 방치할 수는 없었다. 합리적인 방납가를 설정하기 위해 수령이나 호조에서 값을 정하려는 기도도 했고, 승려가 직접 징수하는 것을 금하고 수령이 거둬 승려에게 지급하는 面給의 조치도 있었다. 그러나 대체로 성과를 거두지 못하고 승려들이 고가로 직접 징수하는 일이 이어졌다. 궁극적으로 방납의 폐단을 해소하기 위해 승려들의 방납 행위를 축소하는 것이 급선무였다.

세조대를 거치면서 방납 참여 기구의 조정이 있었다. 별와요는 단종 2년에 혁파되고, 진관사 수륙사 조영은 단종 1년 경에 종료되었기 때문에, 기와 생산이나 수륙사 조영을 위한 방납은 세조대에는 사라졌다. 귀후소는 세조 9년에, 교서관은 세조 12년에 크게 개편되면서 승려를 배제하였으며,

4대원은 세조 9년 홍제원을 제외하고 모두 방납을 하지 못하게 되었다. 이로써 세조 말년에는 간경도감과 홍제원의 방납만이 남았다. 승려의 방납은 세종말에서 문종대를 걸쳐 熾盛하고 세조대를 거치면서 약화되어 가다가 결국 예종대 전면 금지되었다. 성종대에 가면 방납이 행해지기는 했지만 승려가 그것에 참여하는 일은 거의 보이지 않게 되었다. 국가의 불교에 대한 시책이 변화하고, 승려들의 사회적 활동이 제한되며, 불교계의 위상이 하락하면서 승려들의 방납은 크게 축소된 것이다. 승려 방납 활동의 소멸은 고려시기 이래의 '宗敎 經濟'가 퇴조해 감을 상징한다고 할 수 있다.214)

---

214) 고려시기 借貸가 '寶'의 명목으로 운영되었는데, 조선초 보의 명칭이 점차 축소 소멸하는 것도 동일한 현상이라고 하겠다(이병희, 2016,「朝鮮初期 佛敎界의 寶 運營과 그 意味」『東國史學』61, 동국역사문화연구소 참조).

제2부

僧侶의 生産 및 社會 活動

제1장 朝鮮前期 別瓦窯의 기와 생산과 僧侶

1. 序言

고려시기 승려들은 여러 분야에서 높은 수준의 기술을 보여 주었다. 금속이나 석재의 가공에서, 또 건축물의 조영에서 그들은 탁월한 기술력을 발휘했다. 기와의 제작에서도 승려들은 높은 수준의 기술력을 보유하고 있었다. 조선초 국가 차원에서 억불정책을 추진하면서도 승려들이 보유한 기술을 적극 활용했다. 기와 제작에서도 그것이 확인된다.

기와는 건축부재에서 매우 중요했다. 조선초 한양의 신도시를 건설하는 과정에서 궁궐이나 관아를 조성하고 사원을 세우는 데 기와는 필수적인 건축자재였다. 궁궐 가운데 일부는 특수기와인 청기와를 사용했으며, 일부의 사원 지붕에도 청기와를 덮었다. 민간의 가옥도 미관을 위해 초가집보다는 기와집을 장려했다. 또한 화재의 예방을 위해 기와로 지붕을 덮을 필요가 있었다. 건물이 연이어 붙어 있는 경우 초가집은 화재가 발생하면 이웃집에까지 번져 다수의 집이 동시에 피해를 입는 수가 많았기 때문이었다.

궁궐이나 관청 등 국가 건물에 소요되는 기와는 官窯에서 제작해 공급했다. 東西瓦窯·瓦署라 불리는 시설이 그것이었다.[1] 동서와요·와서는 국

---

1) 『太宗實錄』권30, 太宗 15년 9월 辛丑(7일), 2-85(국사편찬위원회 影印本 2冊, 85쪽을 의미함. 이하 같음). 국용의 기와를 생산하는 와요는 동부와 서부에 설치해 각각 동요와 서요로 불리었다. 동·서 와요는 혁파되지 않고 관수용의 기와를 생산하는 기능을 지속적으로 담당했다. 『經國大典』에 따르면 瓦署(동·서 와요가 바뀐 것)에는 瓦匠 40명이 배속되어 있었다(『經國大典』권6, 工曹). 이와 달리 본고에서 검토하는 별와요는 민수용의 기와를 생산하는 것이 주 목적이었다. 생산의

가의 제도적 뒷받침 속에서 안정적으로 운영되었다. 치폐의 논란도 거의 없었으며, 재정지원과 인력공급도 충분했다. 국왕이 특별히 기와를 하사하는 경우 대개 여기에서 제조한 것이 대상이 되었다.

이에 반해 도성 내의 민간에서 필요로 하는 기와는 특정한 가마를 별도로 조영해서 공급했다. 別瓦窯·別瓦署로 일컬어지는 시설이 그것이었다. 국가에서 이 민수용 기와 생산 시설의 설치와 운영을 주관했다. 별와요에서 생산한 기와는 값을 받고 판매했다.2)

기와는 양질의 점토를 확보해 제작틀로 모양을 만든 뒤 기와 가마에서 구워냈다. 다량의 점토를 조달해야 했으며 엄청난 양의 땔나무를 공급해야 했고, 아울러 燔造시설인 가마를 설치해야 했다. 전문 기술을 갖춘 匠人이 필요했고 다수의 노동력이 동원되지 않으면 안 되었다.3) 특히 기술력과 노동력을 확보하기 위해 이 분야에 상당한 경험 축적이 있던 승려를 활용하게 되었다. 별와요는 치폐를 반복했지만 초기에는 대체로 승려가 기술력과 노동력을 공급하는 핵심 존재였다. 별와요의 설치를 주창한 이도 승려였다. 조선초 별와요의 설치와 운영을 승려가 주도한 것은 승려의 자비심, 세속 사회에 대한 베풂 실천과 연결되는 것으로 보인다.4)

이 글에서는 고려시기 이래 승려가 기와의 제작에서 두드러지게 활약하는 양상을 정리하고 그 의미를 짚어보고자 한다. 승려의 기술력을 국가기구에서 흡수해서 운영하다가 속인 기술자를 양성함으로써 승려를 배제시

담당자도 동·서 와요와 별와요는 상이했다.

2) 조선시대 전반에 걸친 기와의 유통은 최문환, 2011, 「조선시대 기와 유통 연구 - 가마의 위치와 운송을 중심으로 -」『사학지』42가 참고된다. 이 논문에서는 가마의 분류, 기와의 운송, 원료의 공급 순서로 논지를 전개했다. 조선전기 별와요의 운영에 대해서는 간략한 정보를 제공하며, 승려가 기와 생산에서 활약한 사항은 거의 언급하고 있지 않다.

3) 이정신, 2007, 「고려시대 기와생산체제와 그 변화」『韓國史學報』29 ; 엄기표, 2014, 「高麗~朝鮮時代 梵字銘 기와의 제작과 미술사적 의의」『역사와 담론』71.

4) 그러한 행위를 한 대표적인 승려로 長願心이 찾아진다(『太宗實錄』권12, 太宗 6년 윤7월 癸亥(6일), 1-366).

켜 가는 모습을 규명하고자 한다. 기와 제작에 동원되는 장인을 중점적으로 살피되, 번와목의 공급 방법에 대해서도 주목하고자 한다.

2. 別瓦窯의 창설과 僧侶 활용

기와는 건축의 지붕부재로서 이엉이나 볏집, 나무껍질보다 방수효과가 크고 강도가 높은 장점을 지닌다. 볏집으로 지붕을 덮은 경우 거의 해마다 지붕을 새로이 이어야 했지만 기와로 지붕을 덮으면 꽤 긴 기간 동안 유지해 갈 수 있었다.5) 그리고 화재가 발생했을 때 이웃집으로 번지는 것을 방지하는 효과도 컸다. 기와는 '失火延燒',6) '火災延燒',7) '連燒'의8) 폐해를 막을 수 있었다. 기와를 제작하고 불을 조절해 燔造하는 데에는 기술자인 瓦匠이 필요했다.

기와는 만들기 어려우며 제작에 많은 재료와 노동력이 소요되므로 귀한 것이었다. 따라서 기존의 기와를 재사용하는 수가 많았다. 또한 기와가 뇌물이나 절도의 대상이 되는 경우도 종종 있었다. 그만큼 기와가 귀한 건축 자재였음을 말해주는 것이다.

기와 가운데 청기와는 고급이어서 궁궐의 일부 건물이나 특정 사원의 전각에 사용했다. 문종 즉위년(1450) 청기와는 勤政殿·思政殿만을 덮을 뿐, 文昭殿·宗廟도 청기와를 덮지 않는다고 했다.9) 근정전·사정전 등 일부의 궁궐 지붕에만 사용하고 있음을 볼 수 있다.

성종 5년(1474) 경복궁의 勤政殿·弘禮門·光化門을 세우고 靑瓦를 덮고

---

5) 金宗直, 「咸陽城羅閣」 『佔畢齋集詩集』권10.
6) 『世宗實錄』권52, 世宗 13년 4월 癸卯(9일), 3-309.
7) 『世宗實錄』권20, 世宗 5년 6월 壬申(23일), 2-546.
8) 『世宗實錄』권45, 世宗 11년 9월 癸酉(30일), 3-199
9) 『文宗實錄』권1, 文宗 즉위년 2월 癸卯(29일), 6-217.

자 해 役民燔造하는데 그 功이 倍徙가 된다고 했다.[10] 경복궁 내의 근정
전·홍례문·광화문을 청기와로 덮고 있음을 알리는 것이다. 연산군 11년
(1505) 국왕은 仁政殿·宣政殿에 靑瓦를 쓰는 것이 마땅하다고 했다.[11]

청기와는 사원에서도 사용했다. 그것은 왕실과 연결된 극히 일부 사원
에 한정되었다. 성종 19년 奉先寺를 靑瓦로 改修하려 한다는 지적이 보이
는 데서[12] 알 수 있다. 그리고 비슷한 때에 사간원 사간 李仁亨 등은 지금
사원에서 靑瓦를 사용하는 곳으로 봉선사만이 아니라 圓覺寺·藏義寺가 있
다고 지적했다.[13]

기왕의 기와가 있을 경우 그것을 재사용하는 것은 흔한 일이었다. 태종
9년(1409) 민무구와 민무질의 서울 집 기와를 철거해 동평관과 서평관을
지은 일이 있었다.[14] 특히 사원의 기와를 재사용하는 일이 많았다. 세종 1
년(1419) 오부학당의 동서재를 넓혀 짓는 데 유후사의 廢寺 기와를 철거해
사용했다.[15] 세종 11년 仁同縣 加林寺가 오래 폐사되어 승려가 없자, 그
기와로 倉庫와 鄕校를 修葺하도록 했으며, 진주 임내 永善縣에 새 사원이
있으나 승려가 거처하지 않은 지 여러 해 되자, 그 기와를 철거해 公館을
짓게 했다.[16] 세종 19년 忠淸道都巡問使 安純은 수령으로 하여금 근처 廢
寺의 기와를 各 驛에 보내 修葺하는 데 보탤 것을 주장했다.[17] 그리고 세
종 27년 汗蒸의 기능을 담당하던 墨寺를 철거하고 그 기와로 倭館을 修葺
한 일도 있었으며,[18] 세종 29년 근처 亡廢한 사사의 기와를 취해서 北神寺
수리에 제공하는 조치도 있었다.[19] 이처럼 세종대에 폐사의 기와를 철거

10) 『成宗實錄』권40, 成宗 5년 3월 戊子(3일), 9-94.
11) 『燕山君日記』권60, 燕山君 11년 11월 丁亥(6일), 14-26.
12) 『成宗實錄』권218, 成宗 19년 7월 甲戌(13일), 11-358.
13) 『成宗實錄』권218, 成宗 19년 7월 癸未(22일), 11-359.
14) 『太宗實錄』권17, 太宗 9년 2월 己亥(26일), 1-476.
15) 『世宗實錄』권4, 世宗 1년 7월 壬子(9일), 2-324.
16) 『世宗實錄』권45, 世宗 11년 8월 甲申(10일), 3-194.
17) 『世宗實錄』권77, 世宗 19년 6월 庚申(2일), 4-78.
18) 『世宗實錄』권110, 世宗 27년 11월 丁丑(6일), 4-644.

해서 창고·향교·공관·驛舍를 조영하는 데 재사용하는 사례가 다수 보인다. 이후 중종 19년(1524)에도 다른 이들이 撥取해 가는 安逸院의 기와를 가지고 西泮水 內에 齋舍를 增築할 것을 건의한 일이 있었다.[20] 그 밖에도 폐사의 기와를 재사용해서 조영한 사례로, 連山縣 鄕校와 濟州 弘化閣을 들 수 있다.[21] 기존의 건물이 폐기되는 경우 그 기와를 다른 건물의 지붕 부재로 재사용하는 것은 흔한 일이었다. 물론 폐기 대상 건물이 오래되어 기와가 심히 낡으면 재사용은 여의치 않았다.

기와는 뇌물의 대상이 되기도 했다. 성종 1년 김정광이 받은 뇌물 가운데 면포, 炭, 材木과 아울러 瓦 3,000장도 포함되어 있었다.[22] 기와가 귀한 것이기 때문에 있을 수 있는 것이었다. 절도의 대상이 된 예도 보인다. 연산군 8년 柳瓊이 관의 기와를 훔쳤다는 것이 그것이다.[23]

기와에 대한 사회의 수요는 상당히 컸다. 조선 개국 초 신도시 한양의 모습을 갖추기 위해서 특히 그러했다. 궁궐이나 관아 건물, 그리고 지배층이 가옥을 조영하는 데에는 엄청난 양의 기와가 필요했다. 궁궐·관아 조영에 필요한 기와는 국가에서 東·西 瓦窯를 설치해 공급했지만 도성 안의 민인이 필요로 하는 민수용 기와는 별도의 시설을 만들어 공급하게 했다.

민수용 기와 제작 시설인 별와요에서 생산하는 것은 궁궐이나 관아의 지붕에 사용하는 것을 목적으로 하지 않았다. 그것은 국용이 아닌 私處의 용도에 제공하는 것이 일차적인 설치 목적이었다.[24] 따라서 그것을 혁파하면 士庶의 가에서 기와를 얻을 수 없다고 했다.[25] 별와요의 기구를 만들

---

19) 『世宗實錄』권117, 世宗 29년 7월 己亥(9일), 5-29.
20) 『中宗實錄』권50, 中宗 19년 5월 壬申(8일), 16-307.
21) 『新增東國輿地勝覽』권18, 忠淸道, 連山縣, 鄕校 ; 『新增東國輿地勝覽』권38, 全羅道, 濟州牧, 宮室.
22) 『成宗實錄』권6, 成宗 1년 7월 壬午(6일), 8-514.
23) 『燕山君日記』권47, 燕山君 8년 11월 己丑(20일), 13-529.
24) 『太宗實錄』권17, 太宗 9년 4월 壬辰(20일), 1-482.
25) 『太宗實錄』권27, 太宗 14년 2월 戊申(4일), 2-5.

자고 주창한 이는 승려였다.

승려 海宣의 건의에 따라, 태종 6년 별와요를 처음으로 설치했다. 參知
議政府事 李膺을 제조로 삼았으며, 前典書 李士穎과 金光寶를 부제조로 삼
았고, 승려 해선을 化主로 삼았다. 해선은 신도시의 건물들이 모두 초가로
지붕을 덮고 있어 중국의 사신이 왕래하면서 볼 때 미관상 아름답지 못하
며, 화재가 확산될 위험이 있다고 하면서 본인으로 하여금 기와 굽는 일을
관장하게 하고서 사람들이 값을 내고 기와를 사게 한다면 10년이 안 되어
성중의 여염은 모두 기와집이 될 것이라고 주장했다. 국가에서도 그의 견
해를 수용하여 승려를 징발했다.26) 민인에게 공급하기 위한 기와 생산을
이처럼 승려가 주장한 것이다.

전국에서 승려 270명, 와장 40명 등 총 310명을 동원했다.27) 동원된 와
장도 대부분 승려로 보인다. 승려 해선이 주도해서 별와요를 창설하고 그
가 별와요의 운영 전반을 관리했을 것이다. 와장과 승려를 편제하고 작업
공정에 투입하는 일은 그의 소임이었을 것이다.

승려가 기와로 덮은 사원 건물에서 생활했기 때문에 그 편리함이나 이
로움을 잘 알고 있었으므로 이런 주장을 적극 개진한 것이다. 또한 당시
승려는 민인의 삶에 도움을 주고자 하는 자비심을 소지한 경우가 많았다.
별와요는 승려의 건의에 의해 만들어졌으며, 승려가 중심이 되어 그곳에서
기와를 생산했다. 별와요에서 생산된 기와는 일정한 값을 받고 필요한 사

---

26) 『太宗實錄』권11, 太宗 6년 1월 己未(28일), 1-348.
27) <표> 별와요 역에 동원된 인원(『太宗實錄』권11, 太宗 6년 1월 己未(28일), 1-348)

충청도	승려 50명	와장 6명
강원도	승려 50명	와장 6명
경상도	승려 80명	와장 10명
경기	승려 30명	와장 5명
풍해도	승려 30명	와장 5명
전라도	승려 30명	와장 8명
계	승려 270명	와장 40명

람에게 판매하도록 했다.[28] 판매한 대금으로 별와요의 운영 경비를 보충
했을 것이다. 값을 받기 때문에 빈한한 백성이 기와를 구입하는 것은 용이
한 일이 아니었다. 이렇게 설치된 별와요는 중간에 치폐를 반복했다.

태종 9년 4월 별요가 운영되고 있음이 확인되지만,[29] 태종 9년 7월 국왕
이 별요를 혁파하는 조치를 명하자 의정부에서 이에 반대하는 일이 있었
다.[30] 아마 이때 일시 혁파된 것으로 보인다. 그런데 태종 12년 4월 별요
제조에게 국왕이 술을 하사한 일이 있어,[31] 이때에는 별와요가 유지되고
있음이 분명하다. 태종 13년 6월 별요에서 부역하던 승려를 내보내도록 했
는데[32] 이것은 일시적인 조치였지만, 이후 별요의 기와 생산이 매우 부진
해진 것으로 보인다. 다음해 태종 14년 2월 혁파 논의가 있었으며[33] 그해
4월 별와요를 혁파하도록 명했다.[34] 태종 13년 6월 이후 생산이 부진하던
별와요를 태종 14년 4월 완전히 폐지한 것이다. 그런데 같은 해 7월 朴信
이 별요를 복치할 것을 청하자 왕이 허락했다.[35] 이렇게 본다면 태종 6년

---

28) 『太宗實錄』권18, 太宗 9년 7월 壬午(12일), 1-497. 고려시기에도 私家에서 필요로
하는 기와를 매입하는 수가 많았던 것으로 보인다. 관아를 조영할 때 기와를 매입
하는 예가 있기 때문에(李穀, 「禁內廳事重興記」『稼亭集』권2 ; 崔瀣, 「軍簿司
重新廳事記」『拙藁千百』권1) 그러한 추정이 가능하다. 그러나 고려시기 사원·관
아·향교를 조영할 때에는 부근에서 기와를 번조하는 것이 더 보편적이었던 것으
로 보인다. 예컨대 稷山의 奉先弘慶寺(崔冲, 「奉先弘慶寺記」『東文選』권64), 金
剛山의 長安寺(李穀, 「金剛山長安寺重興碑」『稼亭集』권6), 谷州의 公館(李穡,
「谷州公館新樓記」『牧隱文藁』권3), 사불산의 彌勒庵(權近, 「四佛山彌勒庵重
創記」『陽村集』권11), 延安府의 鄕校(權近, 「延安府鄕校記」『陽村集』권12), 陝
川과 草溪가 인접한 곳의 樂民亭(李詹, 「樂民亭記」『東文選』권77) 등의 경우 작
업장 부근에서 기와를 구워 사용했다.
29) 『太宗實錄』권17, 太宗 9년 4월 壬辰(20일), 1-482.
30) 『太宗實錄』권18, 太宗 9년 7월 壬午(12일), 1-497.
31) 『太宗實錄』권23, 太宗 12년 4월 甲子(10일), 1-631.
32) 『太宗實錄』권25, 太宗 13년 6월 戊申(1일), 1-672.
33) 『太宗實錄』권27, 太宗 14년 2월 戊申(4일), 2-5.
34) 『太宗實錄』권27, 太宗 14년 4월 庚戌(7일), 2-10.
35) 『太宗實錄』권28, 太宗 14년 7월 壬辰(21일), 2-28.

1월 설치했다가 9년 7월 혁파되었으며, 곧 다시 설치되었다가 태종 14년
잠깐 혁파되었고 7월 다시 복치되었다고 하겠다. 태종대에는 이처럼 별와
요의 치폐가 반복되었다.

태종 14년 7월 이후 별와요가 설치 취지에 부합하여 기와를 생산 보급
하는 데에는 미흡했지만 계속 유지된 것으로 보인다.[36] 태종 17년 11월 국
왕은 승려 역시 민이기 때문에 함부로 역사하는 것은 바람직하지 않다고
하면서 지금 이후로 별와요에서 승려를 사역시켜 기와를 번조하지 못하도
록 했다.[37] 승려의 사역을 제한한 것으로 이후 기와의 번조는 크게 감소했
을 것이다. 별와요의 기와 생산은 매우 저조해서 기와를 널리 공급하지 못
한 것으로 보인다.

復建된 이후 세종 6년에 이르기까지 별와요가 완전히 혁파된 것은 아닌
것으로 보인다.[38] 그리고 기와를 판매 보급한 결과 미흡하기는 하지만 기

---

36) 태종 17년 11월 별와요가 운영되고 있음이 확인된다(『太宗實錄』권34, 太宗 17년
   11월 壬子(1일), 2-191). 세종 6년 12월 별요화주 해선이 올린 글에서 그는 태종
   5년 천도한 후에 별요를 설치해 陶瓦토록 하고 사람들이 매매하도록 해 수년이
   안 되어 기와집이 과반이 되었다고 했다. 그러나 불행히 여러 해의 흉년으로 말미
   암아 경비를 줄이려는 일환으로 혁파되었다고 했다. 해선이 대서원을 발해 태종
   16년 아뢰어 별요를 복건해서 도성 내 모두 기와집이 되었으며 그 결과 수줍하는
   노고가 없어지게 되었고 연소하는 근심도 없게 되었다고 했다. 지금에 이르기 9년
   인데 일이 크고 힘이 미약해 博施하지 못해 草屋이 아직도 많다고 했다(『世宗實
   錄』권26, 世宗 6년 12월 戊申(7일), 2-639). 결국 처음 설치되었다가 몇 해 안 가서
   재정 문제로 혁파되었으며, 다시 해선의 건의로 다시 설치되어 운영되었다는 것이
   다. 세종 6년 해선은 태종 16년에 별와요를 복건했다고 하지만, 본문에서 언급한
   바와 같이 태종 14년에 복건한 것이 명백하다.
37) 『太宗實錄』권34, 太宗 17년 11월 壬子(1일), 2-191.
38) 세종 30년(1448)의 기록에 따르면 천도 초에 별요를 세웠다가 곧 폐지했고, 다시
   吳信仁이라는 자가 별요를 회복할 것을 청했는데, 혜택은 적고 관물을 많이 소비
   해서 태종이 이를 혁파했다고 한다(『世宗實錄』권121, 世宗 30년 9월 乙巳(22일),
   5-100). 세종 6년 별와요의 설치를 적극 주장한 이는 승려 해선인데, 세종 30년의
   기록에는 오신인이란 인물이 그러한 주장을 했다는 것이다. 아마도 오신인은 승려
   해선이 환속한 뒤의 속명이 아닐까 추측된다.

와집이 꽤 늘었다.[39] 민간에서는 瓦價米를 납부하고 기와를 받아 갔다. 그렇지만 충분히 보급하지 못한 결과 세종 6년 현재 아직도 도성 안에 초가집이 많다는 것이다.[40]

별와요에서 기와 생산을 담당한 것은 승려였다. 태종 6년 처음 별와요를 설치했을 때도 그러했고, 태종 14년 7월 복치했을 때도 그러했다. 복치와 함께 별와요에서 작업하는 이들도 크게 늘었다. 양계 및 각 도에서 僧軍 600명을 동원하고, 경기·풍해도의 船軍 1,000명을 징발하여 그 역을 지게 했다는 것이[41] 그것을 말해 준다. 결국 처음 별와요를 설치할 때 승려 310명이 동원되었는데 태종 14년 복치될 때에는 승려와 船軍을 합해 1,600여 명이 징발되었던 것이다. 실제로는 승려 600명이 기와 제작을 담당하고, 선군 1,000명은 땔나무를 공급하는 일을 맡았을 것이다.[42] 태종대에 별와요를 설치를 주창한 것도 승려이고 기술자 및 노역자 역시 승려가 중심이었다. 특히 기술자는 그러했다. 별와요의 기와 생산이 승려 주도로 이루어지고 있는 것이다.[43]

기와를 제작하는 데에는 흙을 비롯한 많은 원료가 필요했으며, 번조하는 데에는 엄청난 땔나무가 필요했다. 흙을 채취해 운반하는 일은 가마에서 멀지 않은 곳에서 했을 것으로 보인다. 이 일은 별와요에 동원된 승려와 속인이 담당했을 것이다. 그러나 엄청난 양의 땔나무는 외부로부터 공급받았다. 기와는 가마에서 구워 만드는 것이기 때문에 많은 나무가 연료

---

39) 『世宗實錄』권121, 世宗 30년 9월 乙巳(22일), 5-100.
40) 『世宗實錄』권26, 世宗 6년 12월 戊申(7일), 2-639
41) 『太宗實錄』권28, 太宗 14년 7월 壬辰(21일), 2-28.
42) 기와의 생산은 2배 정도의 증가가 있었을 것이나, 곧 승려를 내보냈기 때문에 생산도 크게 감소했을 것이다.
43) 고려시기에도 승려가 瓦匠으로 활약한 사례가 적지 않았다(林英正, 1992, 「高麗時代의 使役·工匠僧에 대하여」 『伽山李智冠스님華甲紀念論叢 韓國佛教文化思想史』上 ; 崔永好, 2001, 「고려시대 사원수공업의 발전기반과 그 운영」 『國史館論叢』95 ; 宋聖安, 2002, 「高麗後期 寺院手工業의 性格」 『慶大史論』12·13합집 참조). 이에 대해서는 발굴보고서를 활용한 연구 작업이 필요해 보인다.

로 사용되었다.

별와요가 태종 6년 처음 설치되었을 때 燔瓦木은 백성들이 마련해 공급한 것으로 보인다. 그것은 태종 9년 4월 水邊의 평민으로 하여금 別窯에 燒木을 운반하지 않도록 하는 조치가 취해지는 데서[44] 확인할 수 있다. 태종 6년 별요가 처음 설치된 이래 평민이 별요에서 사용하는 소목을 납부하고 있었던 것이다.[45] 태종 14년 7월 복치한 이후 기와 생산이 크게 확대되면서 종전보다 2배 정도의 번와목이 필요했는데, 그 번와목을 공급하는 일은 선군이 담당한 것으로 보인다.

태종 6년에 별와요가 처음 설치된 이후 일시적인 치폐를 반복했는데, 기와 생산에는 대체로 승려가 동원된 것으로 보인다. 민간의 기와 수요를 해소하기 위한 목적으로 설치했지만, 치폐가 반복되면서 풍부한 양을 생산하지 못해 민에게 충실히 공급하지는 못한 것으로 보인다.

3. 別瓦窯의 확대 설치와 僧侶의 적극 참여

태종대 승려 중심으로 별와요를 운영했으나 민간에 대한 기와의 보급이 충실하지 못했다. 세종대에 와서 기와의 보급에 힘쓴 결과 민수용 기와의 생산이 크게 증가했다. 이때에도 승려가 기와 제작을 적극 주장했으며 실제로 승려가 기와 제작에 활발하게 참여했다.

세종 6년(1424) 12월 별요 화주 해선이 호조에 글을 올려, 태종대에 별요를 복건했지만 기와의 보급이 여의치 않아 草屋이 아직도 많다고 하고서 장구한 계책을 세우자고 했다. 寶를 설립해서 본전을 유지하고 이자를 취

---

44) 『太宗實錄』권17, 太宗 9년 4월 壬辰(20일), 1-482.
45) 東西 官窯의 경우 燒木을 경기의 監司와 守令이 민으로부터 거두어 바치고 있었다(『太宗實錄』권8, 太宗 4년 8월 己丑(20일), 1-302). 별요를 처음 설치했을 때에도 관요처럼 민이 소목을 납부한 것으로 추측된다.

해 기와 제작의 비용에 충당하는 것이 바람직하다고 말하고서, 여기에 필요한 재원으로 자신이 비축한 쌀 1,000석을 제공했다. 이 건의를 수용하여 조관 2명을 차정해 담당토록 하고 나머지 일은 승려에게 일임하도록 했다.[46]

별요가 제 기능을 할 수 있도록 해선이 자신이 사적으로 축적한 미 1,000석을 그 비용으로 제공한 것이다. 해선은 태종대에 이어서 세종대에도 민수용 기와 생산에 깊은 관심을 가져 별와요가 충실하게 기능할 수 있도록 상당한 재원을 제공한 것이다. 기와의 보급에 헌신적인 승려를 확인할 수 있다. 불교의 도입 이래 승려들은 빈민이나 환자, 여행자들을 위한 베풂의 실천에 힘쓰는 이가 많았는데,[47] 조선초 해선도 그러한 베풂에 적극적인 승려였다고 할 수 있다.[48]

별와요가 제대로 설치된 것은 해선의 건의 이후 1년여 시간이 흐른 세종 8년 2월이었다. 실화하여 집을 잃었으나 빈궁해서 스스로 기와를 마련할 수 없는 이를 위해 별요를 세워 기와를 번조하고 이를 싼 값에 분급할 것을 호조에서 청하자 국왕이 이를 따랐다. 별와요의 구체적인 운영 방안도 다음과 같이 마련했다.[49]

〈표 1〉 세종 8년 별와요 운영 방안

1. 提調 및 監役官을 차정한다.
2. 瓦匠 40명은 승려로 우선 抄定한다.
3. 助役人 300명은 자원인 및 외방의 승려로 쇄출하되 衣糧을 제공한다. 승려는 부역

46) 『世宗實錄』권26, 世宗 6년 12월 戊申(7일), 2-639.
47) 李炳熙, 2008, 「高麗時期 佛敎界의 布施活動」 『禪文化硏究』4(同, 2009, 『高麗時期 寺院經濟 硏究』, 景仁文化社 재수록).
48) 해선이 별와요의 설치 운영을 적극 주장한 시점은 태종 6년과 세종 6년인데, 이 시점에는 대대적인 寺社田 감축 등 억불정책이 추진되고 있었다. 해선은 스스로 국가의 기와 제작에 헌신함으로써 억불을 완화시키고자 했을 가능성도 없지 않을 듯 하다. 조선전기 승려의 자선활동 전반에 관해서는 이병희, 2012, 「조선전기 승려의 자선활동」 『사회과학연구』13, 한국교원대 사회과학연구소(본서 수록) 참조.
49) 『世宗實錄』권31, 世宗 8년 2월 癸巳(29일), 3-12.

일수 및 근만을 살펴서 賞職한다.
4. 진흙을 밟는 소 20마리는 각사 鼠損布貨로써 자원인이 무역함을 허락한다.
5. 燔瓦木은 마땅함을 헤아려 수를 정한다. 매년 경기·강원·황해도 船軍에게 한강 상류에서 베어서 水站船을 사용해 수납케 한다.
6. 와장·조역인에게 공급하는 米豆와 踏泥牛를 사육하는 米豆는 첫해에는 양을 짐작해 지급하고 다음 해부터는 기와값으로써 공급한다. 醬과 魚醢은 各司에서 올리는 장, 司宰監·義盈庫에서 올리는 어곽으로 지급한다.
7. 와요의 터는 한성부로 하여금 절급하게 한다. 그 나머지 미비한 여건은 별요의 관리가 임시로 계속 의논해 계문하게 한다

별와요를 운영하는 이들은 제조·감역관, 와장, 조역인 등 세 부류로 나뉘고 있다. 제조와 감역관은 별와요를 지휘 감독하는 임무를 맡았는데 세속의 관원으로 임명했다. 별와요 운영에는 관의 지원이 중요했기에 승려가 아닌 속인 관원을 제조와 감역관으로 차정한 것이다.

와장 40명은 승려로써 우선 抄定하도록 했다. 승려 출신의 와장은 고급의 기술을 요하는 제작과 번조의 임무를 맡았을 것이다. 그리고 기와 생산 전체를 기술적으로 이끌어갔을 것이다. 와장 40명은 태종 6년 처음 설치할 때의 와장 수와 일치한다.

조역인 300명은 자원인 및 외방의 승려를 동원하되 옷과 식량을 제공하도록 했다. 승려 와장을 돕는 노동력은 자원인 및 승려로 충당했다. 조역인에서도 승려가 중요한 위치를 차지하고 있음을 알 수 있다. 이들은 전문 기술자인 와장을 도와서 기와 제작에 필요한 점토를 준비하는 일이나 기와 운반 등 전문성을 요하지 않는 일을 담당했을 것이다. 조역인에게는 의량을 제공하고 승려의 경우 부역한 날짜와 근만을 살펴서 직을 상으로 주도록 했다. 태종 6년 별와요를 처음 설치할 때 270명이 동원된 것과 비교하면 30명 증원된 것이다. 별요의 운영을 위해서는 대략 300명 정도의 역군이 필요한 것으로 이해된다.

진흙을 밟는 소 20마리는 각사 鼠損布貨로써 자원인이 무역함을 허락케 했다. 원하는 이가 소를 제공하고 각사의 포화를 받도록 한 것이다. 자원인이 직접 소를 부리는 일도 담당했다고 생각된다. 기와를 제작하는 데에는 상당히 많은 수의 소가 필요함을 알 수 있다. 와장 40명이 작업하는 경우 소 20마리가 소요된다는 계산이 된다.

燔瓦木은 매년 경기·강원·황해도 船軍에게 한강 상류에서 베어서 水站船을 사용해 수납케 했다. 기와의 제작에 소요되는 상당한 양의 번와목은 경기·강원도·황해도에서 차출되는 선군이 한강 상류에 가서 벌목한 뒤 수참선을 사용해 별와요에 납부하도록 한 것이다. 번와목을 조달하는 역은 선군이 지고 있었음을 확인할 수 있다. 이것은 별와요가 복치되었을 때와 동일한 방법이었다. 태종 14년에는 1,000명의 선군이 선정되었는데, 세종 8년에는 역인의 수가 1/2이므로 선군도 약 500명 정도 동원되었을 것으로 보인다.

와장·조역인에게 공급하는 米豆와 踏泥牛를 사육하는 米豆는 첫해에는 양을 짐작해 지급하고 다음 해부터는 기와값으로써 공급하도록 했다. 와장이나 조역인에게 미두를 공급했으며, 사역당하는 소에게도 미두를 지급했음을 알 수 있다. 첫해에는 관에서 그 미두를 제공하되, 다음 해부터는 기와를 판 대가로 그것을 지급하도록 한 것이다. 기와를 판매한 수입이 와장이나 조역인에게 제공하는 미두의 원천이 됨을 알 수 있다. 醬과 魚醢은 각각 各司에서 올리는 장, 사재감·의영고에서 올리는 어곽으로 지급토록 했다. 와장과 조역인에게 제공하는 장과 어곽은 각사와 사재감·의영고의 것으로 제공하도록 한 것이다. 이렇듯 별와요에서 기와를 번조하는 일을 맡은 瓦匠이나 助役人에게는 관에서 미두와 장 및 어곽을 제공한 것을 확인할 수 있다. 와요의 터는 한성부로 하여금 절급하게 하며, 그 나머지 미비한 여건은 별요의 관리가 임시로 계속해 의논해 계문하게 했다.

이처럼 별와요 운영에 대한 세부 내용을 마련해 기와를 생산하도록 했다. 와장과 조역인을 합하면 340명이므로 태종 6년 설치할 때의 인원수 310명보다 많으며, 태종 14년 복치할 때 600명보다는 적다. 20마리의 소가 동원된 점, 와장 및 조역인에 대해 경비를 제공한 것, 그리고 선군을 통해 번와목을 조달한 것이 주목을 끈다.

세종 8년 별와요가 한층 정비되어 운영되자 기와의 생산이 활기를 띠고 보급도 순조롭게 진행된 것으로 보인다. 세종 9년 여름 일시 별요의 역을 혁파한 적이 있지만[50] 일시적인 조치에 불과하며, 별와요는 기와의 생산을 지속한 것으로 보인다.

기와 생산이 소기의 성과를 거두자 경기 지역에도 와요를 설치하자는 안이 제기되었다. 세종 11년 9월 경기의 동·서·남 3면에 각각 하나의 와요를 추가로 설치하여 승려를 사역시키자는 주장이 그것이다.[51] 기와의 생산을 도성에 한정하지 않고 경기 지역까지 크게 확대하자는 것이다. 이 주장이 실행되었는지 여부는 분명치 않지만, 다른 자료에서 언급하지 않으므로 실행에 옮겨지지는 않은 것으로 보인다.[52]

도성 이외의 지역에 국가에서 와요를 설치 운영하는 것은 부담스러운 일이었지만, 도성 내에서 필요로 하는 기와는 적극적으로 공급했다. 도성 내의 기와 수요가 늘어가자 별와요를 추가로 설치했다. 별와요가 재정비되고 5년이 지난 세종 13년 4월 공조의 건의로 별와요가 추가로 3곳 더 설치되었다. 실화 연소가 초가집이 많은 데서 연유한다고 하고서 종전의 별요를 그대로 두고 추가로 3개의 별요를 두도록 했다.[53]

---

50) 『世宗實錄』권36, 世宗 9년 6월 辛未(14일), 3-73.
51) 『世宗實錄』권45, 世宗 11년 9월 癸酉(30일), 3-199.
52) 조선초 외방에서 관아나 향교의 건물을 조영하는 경우, 대개 작업이 이루어지는 인근에 가마를 설치해 기와를 번조한 것으로 보인다(南秀文,「沃川鄕校樓記」『東文選』권81 ; 崔恒.「仁川鄕校重修記」『東文選』권82). 물론 사사로이 운영하는 가마에서 생산한 기와를 매입하는 수도 없지 않았을 것이다.
53) 『世宗實錄』권52, 世宗 13년 4월 癸卯(9일), 3-309.

〈표 2〉 세종 13년 별와요 운영 내용

1. 동북부에 1요, 서남부에 1요, 중부에 1요를 두고 기와를 구워 평균 분급하도록 하며, 경기·경상도에서 1요를 담당하고, 유후사·충청도·황해도에서 1요를 맡고, 평안도·전라도·강원도에서 1요를 맡되 매요마다 승려 300명을 보내도록 한다.
2. 승려는 왕래하는 비용을 지급하고 사역하도록 한다.
3. 소목은 경기·동서 양계 이외의 각 도에 적당량을 나누어 맡도록 해 농한기에 잡목을 베어서 사재감선·수참선·군선으로 하여금 수송하게 한다.
4. 각 도의 魚箭(어살)을 3등으로 나누어 3요에 분속시키고 나무를 갖추어 요에 납부하기를 자원하는 자가 있으면 結箭토록 허용한다.
5. 기와를 분급할 경우에는 家主의 告狀을 받아 도감에서 친히 몇 칸인지 살핀 후에 기와를 제공하고 기와 덮는 것을 감독할 것이다. 집을 아직 짓지 않은 경우 집을 지은 후에 다시 간각을 살펴 기와를 지급하도록 한다.

매요마다 300명씩 총 900명의 승려를 정해 맡도록 할 것, 소목은 각 도에서 농한기에 베어서 관선으로 수송할 것, 소목을 자원해 납부하는 자에게는 어전을 제공할 것, 기와 분급은 사실을 조사해 엄밀하게 할 것 등이 주목할 사항이다.

종전에 별와요 300여 명이 동원되던 데에서 추가 설치된 3개의 요에 승려 각 300명씩을 배속시키도록 함으로써 900명의 승려가 추가로 동원되었다. 대개 하나의 요에는 승려가 300명 정도 배속되는 것이 통상의 일로 보인다. 결국 별와요 4곳에서는 총 1,200여 명의 승려가 동원되어 기와 생산을 하게 된 것이다.

5부에 속한 신설 3개의 별요에 동원되는 900여 승려에 대한 처우도 논란되었다. 왕래에 따른 식량 제공이 제시되었지만, 이후 이 문제가 다시 논의되었다. 부역 시에 먹을 것을 제공하는 것은 당연시되었지만, 오고갈 때의 식량 제공이 문제되었는데 결국 제공하는 것으로 결정되었다.54)

소목은 경기·강원도·황해도 船軍이 담당하던 것에서 더 확대되어 各 道에 배분해 수도 인근에서 벗어나 전국에서 공급하도록 확대한 것이다. 그

---

54) 『世宗實錄』권52, 世宗 13년 4월 甲辰(10일), 3-310.

리고 司宰監船, 水站船, 軍船으로 수송토록 했다. 번와목을 자원해 납부하는 이에게는 어전에 결전하는 것을 허락했다. 필요한 燒木도 종전보다 몇 배 증가했기에 그에 상응한 조치인 것이다.

별와요가 추가로 설치되면서 다수의 역인이 징발되었다. 승려가 주 대상이었지만 부분적으로 속인도 동원되었다. 기와 제작에 능숙하지 않은 속인은 상당히 고통스러워한 것으로 보인다. 세종 13년 새로 추가 설치된 3개의 별요에서 役民이 심히 번거롭다고 함이 그것이었다.[55] 아마도 신설한 3개의 별요에서 많은 기와를 생산하기 위해 무리한 사역이 따랐던 것으로 보인다.

3개의 별요를 추가로 설치하고 총 900명의 승려를 추가로 차출하자 승려들이 이 부담에서 벗어나려고 노력한 것으로 보인다. 기와 제작에 모두 1,200명의 승려를 차출하는 것은 300명의 승려를 차출하던 것과 큰 차이가 있었다. 원하지 않거나 기술 능력이 없는 승려들까지도 다수 징발할 수밖에 없었다. 세종 13년 7월,

> 세 別窯에서 승려를 사역시킨 이후 모든 이가 유이하여, 그 역이 장차 민에게 미칠 것이니 심히 염려스럽다. 청컨대 세 별요의 역이 끝날 때까지 한해서 현재 거처하고 있는 寺社에 (승려의 이름을) 기록해서 출입을 금지토록 하라.[56]

한 데서 저간의 실정을 추측할 수 있다. 세 별요에서 승려를 사역시킨 이후 승려들이 모두 유리하고 있다는 데서 알 수 있듯이 별요의 역을 승려들이 피하고 있는 것이다. 이에 결국 승려를 사역시키되 有職僧은 사역시키지 말도록 조치했다.[57] 3요의 역에 승려를 징발하기 위해 승려의 이동을

---

55) 『世宗實錄』권53, 世宗 13년 7월 癸酉(11일), 3-330.
56) 『世宗實錄』권53, 世宗 13년 7월 癸未(21일), 3-332.
57) 『世宗實錄』권53, 世宗 13년 7월 癸未(21일), 3-332.

제한하고 있는 것이다. 1,000명 이상의 승려가 전국에서 징발되자 승려들의 동요가 매우 컸던 것으로 보인다. 이 중에는 와장 승려도 있었지만 그렇지 않은 일반 승려도 다수 포함되었을 것으로 보인다.

기존의 별요에 새로이 3개의 별요가 추가 설치되자 도성 내외에 많은 승려들이 운집하기 마련이었다. 그 무리 중에서는 상행위를 하는 승려도 섞여 있었다. 세종 14년 8월 도성 내를 왕래하면서 상행위를 하는 승려가 있는데, 별요에서 일하는 승려 등 소임이 있는 승려가 아니면 죄를 논하고 충군시키는 조치가 취해졌다.[58] 별요에서의 부역으로 다수의 승려가 몰려들자 그 틈에 다른 승려들도 끼어들어 상행위까지 전개한 이들이 있었던 것이다.

세종 15년 대대적인 기와 보급이 있고 나서[59] 기와에 대한 수요는 이전보다 크게 감소한 것으로 보인다. 세종 16년 7월 지금 번조한 기와가 많이 축적되었으니 민이 무역하고 있지 않아 추가로 번조하지 않아도 되며, 부역한 승려를 모두 방환하는 것을 논의하고 결국 모두 방환하는 조치가 취해진 데서 잘 알 수 있다.[60] 세종 13년에 추가 설치된 이후 만 3년 사이에 상당한 기와가 번조되어 축적된 결과 생산을 일시 중단하고 일에 동원된 승려를 방환시킬 수 있었던 것이다. 그리하여 추가 설치된 별와요를 혁파할 수 있었을 것이다.

기와 생산 보급이 소기의 성과를 거두고, 役使되는 승려의 불만이 고조되자 별요를 추가 설치하고나서 4년이 경과한 뒤 폐지하는 조치가 있었다. 확대 설치된 3개의 별요에 대해 세종 17년 6월에 혁파토록 명했다.[61] 본래부터 있었던 별와요는 혁파의 대상이 된 것은 아니었다. 이후에는 별와요

---

58) 『世宗實錄』권57, 世宗 14년 8월 壬寅(16일), 3-410.
59) 『世宗實錄』권60, 世宗 15년 5월 甲子(12일), 3-475 ; 『世宗實錄』권60, 世宗 15년 5월 癸酉(21일), 3-479.
60) 『世宗實錄』권65, 世宗 16년 7월 己亥(24일), 3-581.
61) 『世宗實錄』권68, 世宗 17년 6월 丁未(7일), 3-633.

가 1곳만 존치되고 승려도 300명 남짓 동원됨으로써 기와의 생산은 감소
했다. 기와의 보급이 성과를 거두자 그 수요가 감소함으로써 기와의 판매
에 따른 수입도 여의치 않아 운영에 상당한 어려움이 따랐다. 이에 별와요
에 대한 토지 분급이 이루어졌다. 기와 생산이 부진해지고 기와 판매로 인
한 재정 수입이 불충분해지자 세종 19년 11월에는 별요에 600결의 토지를
이속시키는 조치가 있었다.62) 이것은 별요 운영의 내실화를 기하려는 의
도에서 취한 것이었다. 기와의 판매 수입이 여의치 않자 역군에게 안정적
으로 식료를 제공하고자 하는 의도에서 토지를 지급한 것으로 이해된다.
별요의 운영에는 상당한 비용이 지출되었는데 이의 해결을 위해 이렇게
토지가 분급된 것이다.

세종 30년 9월, 근래에 별요에서 부역하는 승려가 종을 쳐서 원통함을
호소한 일이 있으며, 이에 세종은 혁파하고자 한다는 뜻을 표했다. 그러나
신료들은 별요 덕분에 경성의 인가가 태반이 기와집이 되었다고 하며, 해
마다 집을 짓는 이가 이어지고 있어 갑자기 별요를 혁파하면 기와 값이 비
싸져서 집을 짓는 이가 기와를 얻는 것이 힘들어질 것이라고 하면서 일을
줄여 봄철에만 번조하도록 했다.63) 별요의 작업시간을 줄임으로써 승려의
부담을 감소시키는 조치를 취한 것이다. 별와요에서 생산한 기와로 도성
내에 기와집이 크게 증가했음을 알 수 있다. 또한 별와요에서 기와의 생산
에 종사한 승려가 매우 고통스러워했음도 파악할 수 있다.

단종 2년(1454) 3월 별와요에서 기와를 생산 공급한 결과 '今京中蓋瓦家
舍已多'하다고 하면서 혁파하는 조치가 취해졌다.64) 기와 생산에 힘쓰고
보급에 노력한 결과, 경중의 기와 집이 매우 많아졌음을 알 수 있다. 별와
요에서 생산한 기와를 사용해 경성 내 많은 집이 조성되어 이제는 별요의
필요성이 크게 감소하여 혁파 조치가 취해진 것이다. 별와요가 20여 년간

---

62) 『世宗實錄』권79, 世宗 19년 11월 丙申(10일), 4-114.
63) 『世宗實錄』권121, 世宗 30년 9월 乙巳(22일), 5-100.
64) 『端宗實錄』권10, 端宗 2년 3월 辛酉(10일), 6-675.

유지되면서 승려들이 상당한 양의 기와를 생산한 결과 민간에서 필요로
하는 기와는 거의 충족되기에 이르렀음을 볼 수 있다.[65]

별와요는 승려가 중심이 되어 기와를 생산했지만 그 기구를 관리하기
위한 세속 관원이 배치되었다. 태종대에 提調와 副提調를 배치했는데,[66]
이후 세종대에도 운영을 위한 관원을 배치했다. 기존에 있었던 별와요에는
제조·부제조가 있었으며 추가로 설치한 3개의 별와요에는 제조·별좌·별
감이 배치되어 있었다(<표 3> 참조). 이들은 점토와 번와목을 원활히 공급
받을 수 있도록 하는 일이나 도성민에게 기와를 공급하는 과정 등 전체를
관리했을 것이다. 기와 제작의 구체적인 임무는 승려들이 담당하되, 전체
적인 운영은 세속의 관원이 책임을 지고 있는 것이다.

<표 3> 세종대 별와요 관원 배치(실록 자료를 근거로 함)

시 점	내 용	비 고
세종 10년 1월 丙申(13일)	別坐가 배치되어 있음	
세종 13년 4월 丙午(12일)	3개의 별요를 추가로 설치하면서 각각의 별요에 제조 1명, 별좌 2명을 배치하고 별감도 배치함	추가 설치된 3개의 별와요에는 총 제조 3명, 별좌 6명이 속하고 별감도 6명이 배속된 것으로 보임
세종 13년 6월 辛亥(19일)	별요에 부제조가 있음	본래의 별와요를 지칭하는 것으로 보임, 추가로 설치된 3개의 별요에 해당하는 것이 아님
세종 13년 7월 辛未(9일)	추가로 설치된 3개의 별요를 별감 2명이 좌우로 나누어 번와를 살피는 것이 어렵다고 하고서 추가로 2명을 더 설치함	3개의 별요 각각에 별감 2명이 배치된 것으로 이해됨, 총 12명의 별감이 배속됨
세종 18년 7월 甲辰(11일)	동서 별요의 提調·別坐를 혁파함	일시적인 조치로 보임

---

65) 승려들의 기와 제작 기술이 전제되어 외방에서도 승려를 동원해 기와를 번조한
   일이 있었다. 예컨대 咸平縣 觀政樓를 조영할 때 승려가 동원되어 기와를 제작했
   다(『新增東國輿地勝覽』권36, 全羅道, 咸平縣, 樓亭).
66) 『太宗實錄』권11, 太宗 6년 1월 己未(28일), 1-348.

시 점	내 용	비 고
세종 20년 3월 丙申(12일)	별요의 제조 1명을 줄이고 별좌 2 명을 줄이는 조치가 취해짐	별와요의 기능이 축소됨을 의미함

별요에서 기와를 생산하기 시작했지만 초기에는 기와의 공급이 크게 확대된 것은 아닌 듯 하다. 세종 11년 9월, 좌사간 유맹문이 도성 내 초가집이 10중에 7,8이라고 했으며, 실화한 집에 별요 생산의 기와를 먼저 공급하지만 실화한 집이 궁핍해서 집을 회복해 짓는 경우가 10에 1,2에 불과하다고 했다.[67] 초가집이 많으며, 실화한 집이 기와를 사용해 집을 회복하는 일이 많지 않았음을 지적한 것이다. 별요에서 1년간 생산하는 기와는 수십여 만장이었지만[68] 도성 내의 수요에는 크게 미치지 못한 것이다.

세종 13년 기존의 별와요 이외에 도성 내에 추가로 3개의 별요를 설치하여 기와의 생산을 크게 늘렸다. 그렇지만, 기와의 공급이 여의치 못했다. 별와요는 '專爲平民',[69] '專爲貧民'을[70] 명분으로 설치했다. 추가로 설치한 별요까지 포함해 '新舊別窯 爲小民設也'라고[71] 그 기능을 분명히 했다. 부자나 지배층보다는 경제형편이 열악한 평민·소민·빈민에게 기와를 공급하고자 하는 의도에서 별와요가 설치된 것이다. 세종 15년 5월 오로지 평민을 위해 기와를 번조하는 것이었지만 그 기와를 평민으로 사지 못하는 자가 있다고 하면서 각 호에 분급해 줄 것을 우의정이 계문한 일이 있었다.[72] 평민이 가난해 기와를 구입하지 못하자 관에서 아마도 무상으로 분급해 주자는 주장인 것이다. 별요를 추가로 설치해서 상당한 기와가 비축되었지만, 가난한 평민이 구입하지 못하는 일이 흔했던 것으로 보인다.

---

67) 『世宗實錄』권45, 世宗 11년 9월 癸酉(30일), 3-199.
68) 『世宗實錄』권45, 世宗 11년 9월 癸酉(30일), 3-199.
69) 『世宗實錄』권60, 世宗 15년 5월 甲子(12일), 3-475.
70) 『世宗實錄』권61, 世宗 15년 7월 癸酉(22일), 3-494.
71) 『世宗實錄』권65, 世宗 16년 7월 己亥(24일), 3-581.
72) 『世宗實錄』권60, 世宗 15년 5월 甲子(12일), 3-475.

며칠 뒤 국왕은 호조에 전지하여 가난한 이에게 기와를 제공하라고 지시했다. 곧 재력이 부족해 기와를 덮지 못한 3,676호에게는 반값을 받고 각각 기와 1,000장을 지급할 것이며, 빈궁호 116호에게는 값을 받지 않고 각각 1,000장을 지급할 것이고, 재력이 있는 1,956호에게는 값을 받고 각각 기와 1,000장을 지급해 덮도록 하라고 했다.[73] 경제 형편을 고려하여 빈궁한 이에게는 무료로 기와를 지급하도록 하고, 재력이 있는 이는 값을 내고 사도록 할 것이며, 그렇지 못한 중간부류의 가호는 반 값을 내고 기와를 사도록 했다. 규정대로 기와를 제공하기 위해서는 총 574만 8천 장이 소요되는 것이다.[74]

별와요를 추가 설치한 이후 상당한 양의 기와가 생산 비축되어 있었기에, 국가에서 적극적인 보급에 나설 수 있었던 것으로 보인다. 3개의 별요를 추가로 설치하고 나서 2년이 경과한 뒤 엄청난 규모의 기와가 생산되었음을 추측할 수 있다. 1곳에서 1년에 100만 장 가까이 생산한 것으로 계산된다. 이 시기에 기와의 생산량이 크게 늘어 상당한 기와를 비축했으므로 이러한 조치를 취할 수 있었다.

경제 형편에 따라 3부류로 나누어 기와를 공급하는 원칙을 마련했지만, 별와요로서는 제값을 받고 판매하고자 할 것이고, 반면 빈민에게 무상으로 지급하는 것은 꺼렸을 것이다. 두 달 뒤 세종 15년 7월 추가 설치한 별요가 빈민을 위한 것이지만 부호가 기와를 무역해 가고 있다고 지적함은 이러한 사정을 말해주는 것이다.[75] 값을 지불하고 기와를 사가는 층은 부호였던 것이다. 가난한 자는 값을 지불하고 살 수 없어 별요의 혜택을 입지 못한 것이다. 5월의 조치가 큰 성과를 거두지 못했음을 지적한 것이다. 무상

73) 『世宗實錄』권60, 世宗 15년 5월 癸酉(21일), 3-479.
74) 원각사의 경우 8만 장의 기와가 소요된 것을 생각하면(『世祖實錄』권33, 世祖 10년 6월 甲午(12일), 7-630), 개별 가호에 할당한 기와 1,000장은 넉넉한 것은 아니었을 것으로 추측된다.
75) 『世宗實錄』권61, 世宗 15년 7월 癸酉(22일), 3-494.

으로 지급받는 빈궁호에게는 기와가 공급되었겠지만, 일정한 값을 지불하고 사야 하는 중간 부류의 민은 기와를 확보하기 어려웠을 것이다. 이러한 지적을 받으면서도 기와 공급은 크게 확대된 것으로 보인다.

단기간에 엄청난 공급이 이루어져 비축한 기와는 대부분 소비된 것으로 보인다. 그 결과 세종 15년 9월 추가 설치한 3개의 별요에서 번조한 기와가 현재 15만여 장이라고 했다.76) 다량의 기와를 민에게 공급한 조치가 취해져 많은 기와가 사용됨으로써 비축된 기와는 겨우 15만여 장에 그치고 있는 것이다. 그러나 다음 해 7월이 되면 번조한 기와가 많이 축적되었으나 민이 사가지 않아 국가가 번조할 필요가 없다는 견해가 제출되었다.77)

기와의 생산량은 어느 정도 확보했지만 그것의 공급에는 문제가 있었다. 특히 가난한 이에게 제대로 공급되지 않았다. 별요에서 생산한 기와가 빈민에게 돌아가지 못하고 있음은 세종 22년에도 확인할 수 있다. 별요의 간사승이 이익을 위해 불의한 짓을 자행하고 있어, 기와가 부민에게 돌아갈 뿐 빈민에게는 가지 못한다는 지적이 그것이었다.78) 무상으로 공급하는 일을 중단하고 반 값을 받고 판매하는 것도 축소시켜 결국 제값을 다 받고 기와를 판매한 결과 빈민에게는 기와가 공급되지 못하는 것이다. 간사승이 값을 많이 받고서 부민에게 우선 공급하고 반면 빈민에게 무상공급하는 것을 피하고 있음을 읽을 수 있다.

기와를 번조하는 데에는 많은 번와목이 소요되었다.79) 세종 5년 소나무가 중요하므로 와요에서는 그것을 사용하지 말고 잡목을 땔나무로 사용토록 했다.80) 그리고 세종 10년에도 소나무를 사용해 번와하지 못하고 다른

---

76) 『世宗實錄』권61, 世宗 15년 9월 丙申(17일), 3-515.
77) 『世宗實錄』권65, 世宗 16년 7월 己亥(24일), 3-581.
78) 『世宗實錄』권89, 世宗 22년 5월 庚戌(9일), 4-285.
79) 기와를 굽는 데 사용하는 燔瓦木은 흔히 吐木이라 일컬어졌다. "國人謂燔瓦木 曰吐木"이라거나(『世宗實錄』권85, 世宗 21년 6월 庚辰(4일), 4-217), "炊爨所用 雜木短截者 俗謂之吐木"이라고(『中宗實錄』권11, 中宗 5년 4월 癸巳(8일), 14-422) 한 것이 그것이었다.

나무를 사용하도록 조치했다.[81) 이것은 별와요에 사용하는 소목을 두고
한 조치는 아니지만 별와요에도 적용되었을 것이다.

세종 8년 별와요가 재정비되었을 때 燔瓦木은 매년 경기·강원·황해도로
하여금 船軍에게 한강 상류에서 베어서 水站船을 사용해 수납케 하도록
했다. 水夫와 轉運奴子가 별요의 吐木을 운반하는 일로 고통스러워하고 있
음이 보여,82) 선군이 중요한 번와목 공급자였음을 알 수 있다. 세종 13년
3개의 별와요가 추가 설치되었을 때 소목은 각 도에서 잡목을 베어서 사재
감선·수참선·군선으로 하여금 수송하게 했다. 5부 소속의 3별요 운영에서
'民間輸木之弊甚大'하다는83) 데서 알 수 있듯이 민인이 번와목을 수송하
고 있었음이 명백하다. 선군만으로는 필요한 번와목을 충분히 공급할 수
없어서, 전국에서 번와목을 공급하도록 조치한 것이다. 결국 그 부담은 각
도의 민인이 지는 것이다.

별와요의 번와목 代納은 세종 22년 확인된다. 곧 세종 22년 5월 승려가
별요의 토목을 대납하고 그 값을 고가로 민에게서 징수한 결과 민이 심히
고통스러워한다는 지적이 보이는 데서84) 그것을 알 수 있다. 아마도 추
가 설치된 별와요를 축소한 세종 17년 이후부터 대납이 허용된 것으로
보인다.85)

기와의 번조에 필요한 엄청난 규모의 번와목은 선군이 부담하다가 민이
부담하는 것으로 바뀌고, 이후 대납을 통해서 조달하게 된 것이다. 별요 번
와목의 대납을 담당한 이는 승려였다. 아마도 별와요 소속의 승려였을 것
이다.86) 세종 27년 별요의 간사승이 미리 陳省을 받아 各司에 공물을 납부

---

80) 『世宗實錄』권19, 世宗 5년 3월 甲申(3일), 2-529.
81) 『世宗實錄』권41, 世宗 10년 8월 丙午(27일), 3-142.
82) 『世宗實錄』권32, 世宗 8년 6월 辛未(9일), 3-32.
83) 『世宗實錄』권68, 世宗 17년 6월 丁未(7일), 3-633.
84) 『世宗實錄』권89, 世宗 22년 5월 庚戌(9일), 4-285.
85) 이병희, 2023, 「조선초기 승려의 공물 방납」 『사학연구』150(본서 수록).
86) 조선초기 승려의 방납 행위를 포함한 공물의 대납·방납에 관한 최근의 연구로는

하고 가을이 되면 지방에 이르러 대가를 받는데 독촉함이 심하고 여러 貢價를 받아 민이 침탈을 받음이 크다고 했다.[87] 별요의 간사승이 공물대납에 참여하여 많은 이익을 내고 있음을 지적한 것이다. 간사승에게 대납을 허용함으로써 많은 이익을 얻게 하고 그 이익을 별와요 운영의 경비에 지출하도록 한 것으로 이해된다.

별와요 번와목의 대납은 문종대에도 이어졌다. 문종 즉위년 5월 별요에 대납하는 경기·충청도·황해도 번와목 값을 간사승이 두 배로 걷고 있다는 지적이 보인다.[88] 별요의 번와목을 승려가 대납하고 있음을 알 수 있다. 이 간사승은 별요에 속한 승려로 보인다.

세종대 중반 이후 번와목의 대납은 주로 별와요 소속의 승려가 담당해 왔는데 이에 대해 문종 즉위년 12월 공물대납 활동을 하고 있던 별와요의 간사승을 혁파하는 조치가 있었다.[89] 다음해 3월 별요에 납부하는 토목·소목을 진관사 수륙사 승려로 하여금 대납하도록 했다.[90] 별요의 승려가 대납하던 것을 진관사 수륙사 승려에게 대납권을 이속시킨 것으로 보인다. 진관사 승려에게 이속한 대납원은 1년만에 다시 별와요에 환원되었다.

단종 즉위년 윤9월 별와요에 납부하는 貢物價를 명년 가을에 한해 징수하지 말 것을 계문했으나 받아들이지 않았다.[91] 별요에 납부하는 소목의 값이 계속 문제되고 있음을 알 수 있다. 단종 2년 별와요가 혁파되면서 번와목을 공급할 필요가 없게 되었다.

다음의 논문이 참고된다. 朴道植, 1995,「朝鮮前期 貢物防納」『慶熙史學』19 ; 하종목, 2000,「조선 초기 사원 경제 - 국가 및 왕실 관련 사원을 중심으로 -」『大丘史學』60 ; 강제훈, 2006,「朝鮮 世祖代의 貢物代納政策」『朝鮮時代史學報』36.

87) 『世宗實錄』권109, 世宗 27년 8월 戊辰(27일), 4-634.
88) 『文宗實錄』권1, 文宗 즉위년 5월 己未(16일), 6-236.
89) 『文宗實錄』권5, 文宗 즉위년 12월 己卯(9일), 6-327.
90) 『文宗實錄』권6, 文宗 1년 3월 甲辰(5일), 6-364.
91) 『端宗實錄』권3, 端宗 즉위년 윤9월 辛未(12일), 6-542.

4. 別瓦署의 설치와 僧侶의 배제

단종대에 폐지된 별와요는 성종 초에 별와서로 이름이 바뀌어 다시 설
치되었다. 성종 3년(1472) 1월 별와서의 제조 1명과 별좌 1명을 추가로 두
는 조치를 취한 데서 확인할 수 있다.92) 아마 성종 초에 별와서를 설치하
고 이때에 제조 1명과 별좌 1명을 추가로 설치한 것으로 보인다.93) 폐지되
고 나서 20년 가까이 경과한 성종 초에 별와서의 명칭으로 다시 설치한 것
이다. 그것은 민수용 기와에 대한 수요가 크게 증가했기 때문이었다. 이에
앞서 세조 6년(1460)에는 관수용 기와를 생산하는 동서요를 와요로 합창하
고 별좌 2명을 두는 조치가 있었다.94) 동서요를 와요로 합창한 것은 기와
생산의 축소와 연결될 가능성이 크다. 기와에 대한 국가의 수요가 감소하
여 동서요를 와요로 합창하면서 그 규모를 축소시킨 것으로 이해된다. 별
와요를 혁파하고 관수용의 와요를 축소시킨 것은 이 시점에 기와에 대한
수요가 크게 감소한 것이 전제되었을 것이다.

그러나 시간이 지남에 따라 비축된 민수용 기와가 소비되고 새로운 가
옥의 조성이 늘어가자 성종 초에 다시 민수용 기와의 수요가 증가한 것으
로 보인다. 성종 7년 8월 별와요를 설치했지만 기와가 가난한 백성에게 공
급되지 않고 호강한 이들에게 주로 공급되어 문제가 되었다. 기와를 화매
하는 자가 모두 호강한 자일 뿐 빈민에게는 무익하니 혁거함이 어떠한가
라는 의견을 국왕이 내는 데서 잘 알 수 있다. 혁파를 주장하는 의견도 있
었지만 결국 별와요의 관원이 법을 잘 받들어 빈민에게 기와가 돌아갈 수
있도록 할 것이고, 법을 잘 받들지 않는 관원은 내칠 것이며, 도승지로 하
여금 提調를 겸하도록 했다.95) 혁파하는 대신 그 운영을 강화시킴으로써

---

92) 『成宗實錄』권14, 成宗 3년 1월 丙辰(19일), 8-626.
93) 뒷 시기의 기록에 성종조에 별와서를 설치했다는 언급이 보여(『中宗實錄』권40, 中
　　宗 15년 8월 丙子(21일), 15-680), 성종 3년 이전 성종초에 설치한 것이 분명하다.
94) 『世祖實錄』권20, 世祖 6년 5월 丁酉(22일), 7-396.

기와가 가난한 백성에게 공급될 수 있도록 조치한 것이다. 이후 별와서의 혁파논의가 없어 기와를 지속적으로 생산한 것으로 생각된다. 그러다가 중종 초에 다시 혁파가 논의되었다.

중종 6년(1511) 별와서 혁파에 대한 주장이 제기되었다. 그해 4월 본와서가 있는데 별와서가 있는 것은 부당하다는 사헌부의 주장이 있었으며,[96] 5월에도 별와서를 혁파하고 본서(와서)에 합치자는 주장도 있었다.[97] 국왕은 祖宗朝에 별와서를 둔 것은 도성 내 草家貧民이 和賣할 수 없었기 때문이라 하면서 종묘 근처 草家人에게 별와서로 하여금 減價和賣토록 해서 빈민이 모두 기와를 얻게 함이 어떠한가 의견을 묻기도 했다.[98] 이에 대해 의정부와 이조·병조의 의견은, 별와서는 『經國大典』에 실려 있지 않지만 조종조로부터 번와해 민간이 무역해 사용할 수 있도록 허락함으로써 백성에게 편의를 도모한 것이니 가벼이 혁파할 수 없다는 의견을 개진했다. 국왕이 이 의견을 수용했다.[99] 혁파조치가 취해진 것은 확인할 수 없지만 뒷날 다시 설치되는 것으로 보아, 이 무렵 혁파된 것으로 보인다.

성종 초에서 중종 초에 이르는 40년 사이에 별와서에서 기와의 제작에 동원된 부류는 승려가 아니었다. 이 시기에는 주로 속인이 기와 생산을 전담하고 있었다. 성종 15년 7월 공조에서 행랑세를 수납해 燔瓦해서 민간에게 공급했는데, 행랑세가 부족하고 董役할 자가 없으니 종전처럼 승려로 하여금 幹事燔瓦토록 할 것을 주장한 바가 있었지만 국왕이 승려에게 일을 맡길 수 없다고 했다.[100] 기와를 생산해 민간에 보급하는 일은 주로 별와요에서 담당했기 때문에 행랑세를 거두어 별와서에 제공해 기와를 제작

95) 『成宗實錄』권70, 成宗 7년 8월 己卯(9일), 9-370.
96) 『中宗實錄』권13, 中宗 6년 4월 癸卯(24일), 14-509.
97) 『中宗實錄』권13, 中宗 6년 5월 庚戌(1일), 14-511 ; 『中宗實錄』권13, 中宗 6년 5월 癸丑(4일), 14-512.
98) 『中宗實錄』권13, 中宗 6년 5월 己未(10일), 14-514.
99) 『中宗實錄』권13, 中宗 6년 5월 己未(10일), 14-514.
100) 『成宗實錄』권168, 成宗 15년 7월 丁酉(13일), 10-607.

토록 한 것이다. 그리고 승려를 사역시켜 기와를 번조할 것을 요청했지만 국왕은 받아들이지 않았다. 이 무렵 이미 승려를 별와서에서 사역시켜 기와를 생산하는 일은 없었던 듯 하며, 공조는 태종대와 세종대처럼 승려를 사역시키자고 했지만 국왕은 이를 수용하지 않은 것이다. 별와서에서 승려가 중심이 되어 기와를 번조하는 일은 이 시점에는 없었던 것으로 보인다.

燔瓦木은 단종대 별와요가 혁파되면서 조달할 필요가 없어졌다. 성종초 다시 별와서가 설치되면서 번와목이 중요했는데 대납을 허용하지 않고 직접 지방에서 부담한 것으로 보인다. 성종 24년 10월 별와서의 번와목을 右道 站船 20척으로 실어나르도록 하는 데서[101] 알 수 있듯이 별와서의 번와목은 참선으로 운반해 공급하고 있었다.

중종 6년 무렵 혁파된 것으로 보이는 별와서는 10년 가까이 시간이 흐른 뒤 다시 설치했다. 중종 15년 8월 都事 金友謹은 성종조에 별와서를 설치해 성중에 초옥이 없게 하고자 했다면서 지금 복설하자고 주장했다.[102] 좌의정 이유청, 좌찬성 홍경주 역시 별와서를 혁파한 후 瓦價가 극히 비싸 민간에서 살 수 없다고 하면서, 복립함이 마땅하다고 주장했다.[103] 중종 6년 무렵 혁파한 별와서를 10년 가까이 지난 뒤 다시 복설하자는 주장으로 보인다. 이때 별와서를 복립한 것으로 추측된다. 그것은 중종 24년 별와서가 이미 설치 운영되고 있음이 보이기 때문이다.[104]

중종 15년 경 복설한 별와서는 기와를 민에게 공급하는 데에 문제가 있었다. 별와서는 빈민에게 염가로 기와를 공급하기 위해 설치한 것이었지만 백성은 기와를 사서 지붕을 덮지 못하고 豪勢家가 무역해 가고 있다는 것이 그것이다. 호세가는 별와서의 提調에게 청탁해 기와를 무역해 사용하는 데 자신의 이름이 아니라 庶人의 이름으로 기록을 남기고 있다는 것이다.

---

101) 『成宗實錄』권283, 成宗 24년 10월 己巳(8일), 12-142.
102) 『中宗實錄』권40, 中宗 15년 8월 丙子(21일), 15-680.
103) 『中宗實錄』권40, 中宗 15년 8월 丁丑(22일), 15-680.
104) 『中宗實錄』권66, 中宗 24년 8월 壬辰(29일), 17-147.

실화해 기와를 얻고자 하는 민의 원망이 없을 수 없으며, 번와에 수고하는 민의 원망이 없을 수 없다고 하면서 별와서를 혁파하거나 가벼이 혁파할 수 없다면 1년 굽는 기와의 수를 유사로 하여금 기록하게 해 관리를 엄히 하자고 주장했다.105) 복설한 별와서에서 생산한 기와가 호세가에게 공급될 뿐 빈민에게는 제공되지 않고 있음을 지적한 것이다. 또한 별와서에 기와를 번조하는 일을 맡은 이가 민이었음도 시사하고 있다. 태종·세종대처럼 승려가 중심이 되어 기와를 번조하는 것이 아니라 민이 번조의 일을 주로 맡고 있었던 것이다.

중종 28년에는 별와서를 설치한 것은 도성 내 화재가 있을까 걱정해서였는데, 지금 백성으로 기와를 얻은 자가 없으며 권세가 있어야 기와를 얻을 수 있다고 비판했다. 사대부와 궁실이 사치한 것은 모두 별와서의 도움을 받았기 때문이라고 지적했다. 반면 별와서에서 소비하는 牛隻과 食草가 적지 않다고 했다.106) 별와서에서 생산한 기와가 백성에게 돌아가지 않고 호세가에게 돌아간다는 이유로 책임을 다하지 못한 별와서의 제조가 교체당한 일도 있었다.107) 별와서가 민수용을 겨냥해 기와를 생산했지만, 그것의 보급은 빈한한 민에게는 미치지 못하고 부유한 이들에게 독점되는 것이었다. 부호들은 자신의 경제력이 있었기에 사사로이 기와를 구입할 수 있었다.

이렇듯이 별와서는 민에게 기와를 공급하는 일을 제대로 수행하지 못했다. 기와를 생산하고는 있었지만 그것을 빈민이 아니라 주로 호세가에게 공급하고 있었던 것이다. 별와서의 관원과 결탁한 데서 그런 일이 가능했다. 호세가는 별와서 관원의 도움을 받아 서민의 이름을 기재하고서 기와를 매입하는 것이다.

선조 14년(1581) 4월에는 마침내 삼공 이하가 논의해 별와서를 혁파할

---

105) 『中宗實錄』권66, 中宗 24년 8월 壬辰(29일), 17-147.
106) 『中宗實錄』권75, 中宗 28년 7월 乙卯(14일), 17-449.
107) 『中宗實錄』권75, 中宗 28년 7월 丙辰(15일), 17-449.

것을 주장하자 국왕이 이를 따르면서 별와서는 다시 혁파되었다.[108] 민수용의 기와를 생산하던 별와서는 이처럼 여러 차례 치폐를 반복하면서 기와를 생산하고 있었다. 가난한 빈민에게 기와를 공급하는 것을 일차 임무로 했지만 실제에서는 호세가가 주로 기와를 확보할 수 있을 뿐이었다. 제값을 받고 판매하여야 별와요 운영 경비를 확보할 수 있었기 때문에, 빈민에게 공급하기보다는 호세가에게 공급하고자 한 것이다.

세종대에는 승려가 와장으로 동원되고 일반 노동력도 주로 승려가 담당했지만 성종대 이후부터는 승려는 기와의 생산에서 배제되고 속인이 전담하는 것으로 바뀌어 갔다. 세속인의 기와 생산능력이 고양된 데서 가능한 일이었다. 그리고 국가 경영에서 승려를 배제시켜 가는 노력의 결과이기도 했다. 그리하여 기와의 생산은 속인이 전담하는 것으로 변해 간 것이다.

5. 結語

조선초 국가의 기와 생산에서 승려들은 중요한 역할을 담당했다. 고려시기 이래로 승려들이 사원을 조영하면서 다량의 고급 기와를 생산한 경험이 있었으므로 기와의 장점을 잘 알고 있으며 기와 제조에 대한 출중한 기술력을 보유하고 있었다. 태종·세종대에 별와요의 설치를 주창하고 운영을 책임진 이는 승려였다. 그리고 기술력과 노동력을 공급한 중심 계층 역시 승려였다.

---

108) 『宣祖修正實錄』권15, 宣祖 14년 4월 甲午(1일), 25-492 ; 『宣祖實錄』권15, 宣祖 14년 4월 辛丑(8일), 21-375. 이후 관수용 기와를 생산하던 와서도 폐지되고 工曹에서 담당하도록 변경했다(『宣祖實錄』권164, 宣祖 36년 7월 丁丑(23일), 24-503). 국가가 기와 생산을 주도하던 것이 크게 약화되고, 반면에 개인이 기와를 생산 판매하는 것이 확대되었음을 뜻한다. 임진왜란 이후 도성 안의 건물 조영이 성행하면서 기와에 대한 수요가 급증하자 다시 국가에서 기와의 생산에 나서게 되었다(『宣祖實錄』권213, 宣祖 40년 윤6월 甲申(23일), 25-349).

기와는 제작에 상당한 수고가 따르고 고가이며, 귀한 것이어서 재사용 되는 수가 많았다. 기와의 가치 때문에 절도나 뇌물의 대상이 되는 수도 없지 않았다. 기와 가운데 청기와는 극히 고급이어서 궁궐 건물 가운데 일 부에서, 또 일부의 사원에서 사용되었다. 별와요는 국용이 아닌 민수용 기 와를 공급하기 위해 창설되었다. 태종 6년 승려 海宣의 건의에 의해 세워 졌으며 승려를 중심으로 300여 명이 동원되어 기와를 제조했다. 별와요는 치폐가 반복되어 9년에 혁파되었다가 곧 설치되고 다시 태종 14년 일시 혁 파되었다가 復置되었다. 이때 승려 600명을 동원함으로써 기와의 생산을 크게 확대했다. 별와요에서 생산한 기와는 민인에게 값을 받고 판매했다. 별와요에서 기와 제조를 담당한 부류는 대부분 승려였는데 태종 17년 일 시 승려의 사역에 대한 금지 조치가 있었지만 일관되게 승려가 중심이었 다. 번와목은 처음에는 평민이 제공했으나 태종 14년 이후 船軍이 담당했 다. 태종대에는 별와요의 기와 생산에 斷續이 이어지면서 큰 성과를 거두 지는 못한 것으로 보인다. 그리고 瓦價가 낮지 않은 것도 보급을 어렵게 한 요인이었다.

세종 6년 별요 化主 해선이 별와요가 기능을 제대로 하지 못하자 자신 의 개인 비축미 1,000석을 제공해 돕도록 했으며, 이에 따라 세종 8년 1월 별와요가 재정비되어 설치되었다. 제조 및 감역관을 두었고, 瓦匠은 40명 으로 하되 승려를 우선으로 했으며, 助役人 300명은 자원인 및 승려로 충 원했고, 燔瓦木은 경기·강원·황해도 船軍이 한강 상류에서 베어서 水站船 을 활용해 공급하도록 했다. 세종 13년 4월 추가로 3개의 별와요를 설치하 여 대대적인 기와 증산을 꾀했다. 매요마다 승려 300명 씩 총 900명이 추 가로 동원되었으며 번와목은 각 도에 할당함으로써 엄청난 기와의 증산이 가능했다. 승려를 다수 동원하자 승려가 고통을 호소하는 일도 발생했다. 세종 17년 6월 추가로 설치한 3개의 별요를 혁파하고 원래의 한 곳만을 남 겼다. 단종 2년 기와의 대대적인 보급으로 기와집이 많아졌다고 하면서 별와요를 완전히 혁파했다. 별와요에서 기와를 생산한 부류는 시종일관 승려가 중심이었다. 별와요에는 제조·별좌·별감 등 속인 관원이 배속되어 기와의 생산을 지휘 감독했다.

세종 13년 3개 별와요의 추가 설치 이후 기와의 생산이 크게 증가했으며 이를 바탕으로 세종 15년 대대적으로 보급했다. 무상으로 공급받아야 할 이가 받지 못하고, 제값을 지불하는 이들에게 우선적으로 공급함으로써 기와 공급에 문제가 없지 않았지만 큰 성과를 거두어서 도성 내 기와집이 크게 증가했다. 기와의 공급이 널리 확대된 결과 세종 17년에는 추가 설치한 별와요를 혁파할 수 있었다. 기와를 번조하는 데 사용되는 燒木은 세종 8년에는 船軍을 동원해 공급했지만, 세종 13년에 3개의 별와요를 추가 설치하자 외방에 할당하여 수납케 했다. 별와요의 번와목에 대한 대납이 확인되는 것은 세종 22년이지만 그에 앞서 시작된 것으로 보인다. 승려가 번와목을 대납할 때 고가로 징수하여 문제된 일도 보인다. 별와요의 간사승이 吐木을 대납함으로써 그 값으로 땔나무를 마련해 공급했을 것이며 잉여 재력으로 별와요 운영 경비를 도왔을 것으로 보인다. 단종 2년 별와요가 혁파된 이후 번와목의 대납은 사라지게 되었다.

단종대 혁파된 이후 20년 가까이 경과한 성종 초 별와서의 이름으로 다시 설치되었다. 민수용 기와에 대한 수요가 증대했기 때문이었다. 생산된 기와가 백성에게 공급되지 않고 富豪에게 공급된다는 지적이 있었다. 별와서에서 기와를 생산한 이는 승려가 아니라 민인이었다. 번와목은 대납을 허용하지 않고 站船으로 운반토록 했다. 성종대 설치된 별와서는 중종 6년 혁파된 듯 하며, 다시 중종 15년에 복설되었다. 별와서에서 생산한 기와는 주로 호세가가 구입해가고 빈민에게 제대로 공급되지 않는다는 지적이 보인다. 헐값에 빈민에게 공급하는 것보다는 값을 더 받고 부호에게 판매하는 것이 이익이 되었기 때문이었다. 별와서가 설치의 본래 취지에 부합하는 기능을 충실하게 수행하고 있지 못함을 알 수 있다. 선조 14년 별와서가 혁파됨으로써 민수용 기와의 공급을 국가가 관장하던 것은 중단되었다.

별와요·별와서는 민수용 기와를 공급하기 위해 국가가 설치한 기구였다. 태종대와 세종대에는 승려를 적극 활용해 기와를 생산했는데, 승려의 기술력을 국가에서 활용하는 것이었다. 자비심을 가진 승려가 설치를 주장했고 제작의 소임도 승려가 주로 담당했다. 세속 영역의 확대 추세 속에서 기와의 제조에서도 승려를 배제시켜 갔다. 점차 승려를 사회 운영에서 소외시키고 속인 중심으로 운영해 가는 추세와 짝하는 현상이었다.[109]

---

109) 이 글과 비슷한 시점에 발표된 전영준, 2014, 「조선전기 별와요의 설치와 재정 운영」『장서각』31, 한국학중앙연구원도 별와요의 이해에 도움이 된다.

[附錄] 조선전기 기와 제작 관련 연표(별요, 별와요, 별와서는 고딕체로 표시함)

년 월 일	내 용
태조 1년 7월 丁未(28일)	동서요에 直이 각각 1명임
태조 7년 6월 己未(15일)	변정도감부사와 판관을 폄하시켜 동·서요 監役으로 삼음
태종 1년 10월 甲子(9일)	동서요의 역을 정지함
태종 4년 8월 己丑(20일)	동서요에 바치는 正炭·燒木·穀草 등의 수납을 추수 후에 하도록 사헌부에서 상소함
태종 5년 3월 丙申(1일)	동서요는 공조에 소속하고 있음
태종 6년 1월 己未(28일)	처음으로 **별와요**를 설치함. 제조와 부제조를 두고, 승려 海宣을 化主로 삼음, 전국 승려 270명, 와장 40명을 동원함, 승려 해선의 말에 의하면, **별요**를 설치해 매매하게 하면 10년이 안 되어 성중의 閭閻은 모두 기와집이 될 것이라고 함
태종 9년 4월 壬辰(20일)	**別窯**에서 생산하는 것은 私處의 용도에 제공하는 것임, 평민으로 하여금 **別窯**에 燒木을 운반하지 않게 함
태종 9년 7월 壬午(12일)	국왕이 **별요** 혁파 조치를 취하자, 의정부에서 혁파를 반대함
태종 12년 4월 甲子(10일)	**별요** 제조에게 술을 하사함
태종 12년 5월 壬辰(9일)	行廊의 공사를 완료하자, 瓦窯의 역도를 放還하라고 함
태종 14년 2월 戊申(4일)	**별요** 혁파 논의가 있음, **별요**를 혁파하면 士庶의 家에서 기와를 얻을 수 없다는 견해가 나옴
태종 14년 4월 庚戌(7일)	**별와요**를 혁파하도록 명함
태종 14년 5월 戊戌(26일)	水站이 瓦窯에 柴木을 운반하는 것을 정지시킴
태종 14년 7월 壬辰(21일)	朴信이 **별요**를 復置할 것을 청하자 왕이 허락함
태종 15년 9월 辛丑(7일)	동서요는 國用 所需, 宗廟과 宮室에 기와를 공급함, 올해 가뭄이 심해 기내 민이 동서요에 燒木을 운반하는 것을 중지시킴
세종 4년 8월 乙酉(1일)	동서요에 납부하는 燒木의 수를 줄이도록 함

년 월 일	내 용
세종 5년 3월 甲申(3일)	와요의 소목은 모두 雜木을 사용하도록 하고, 松木의 사용을 금지함
세종 6년 4월 辛亥(6일)	호조판서 李之剛가 지난번에 승도에 賑濟를 받고자 해서 세끼의 식사를 제공하고 瓦窯에 역하도록 했는데, 그 승도가 役을 꺼려 모두 도망했다고 함.
세종 6년 12월 戊申(7일)	별요화주 도대선사 海宣이 호조에 올린 글에, 別瓦窯의 운영을 위해 寶를 설치하는데, 그 방법으로 평안도·황해도에 私的으로 비축한 미 1,000석을 그 道에 납부해 군수에 충당하게 하고 충주 慶原倉의 陳米를 받아 보의 원천으로 삼게 하자는 내용이 있음
세종 8년 2월 癸巳(29일)	호조의 계에, 지금 화재를 입은 빈궁한 집을 위해 별요를 설치해 기와를 구워 싼 값에 분급할 것을 청하고, 그 구체적인 방법을 제시하고 있음, 이에 국왕이 따름
세종 9년 6월 辛未(14일)	별요의 역을 혁파함
세종 10년 8월 丙午(27일)	소나무를 사용해 燔瓦하는 것은 불가하며, 와요의 나무는 松木을 사용하지 말라고 조치함
세종 11년 9월 癸酉(30일)	우사간 柳孟聞이 상소에서, 경기 동·서·남 3면에 각각 하나의 와요를 설치하고 승려를 사역하자는 의견을 제시함, 별요의 기와는 실화한 집에 먼저 공급하는 것이지만, 실화한 집은 궁핍해 집을 회복해 짓는 경우가 10에 1,2에 불과하다고 지적함, 별요의 1년 생산하는 기와는 수십여 만 장이라고 함, 상소의 수용 여부는 의문
세종 13년 4월 丁酉(3일)	맹사성은 별요를 추가 설치할 것, 僧俗을 물론하고 인부를 정해 의량을 제공할 것을 주장함
세종 13년 4월 癸卯(9일)	工曹가 성중의 각호가 실화 연소했는데 이는 초옥이 연이어 있기 때문이라고 하면서 추가로 3개의 별요를 짓고, 매 1요마다 승려 300명으로 할 것을 주장함. 이에 국왕이 따름
세종 13년 4월 甲辰(10일)	국왕이 별요는 일찍이 혁파했다가 병오년(1426) 화재로 인해 다시 복설했는데, 지금 3개의 요를 추가로 설치해 번와하는 것이 괜찮은지 의논하도록 함, 그리고 赴役 중에 식사를 제공하고, 가고 올 때 양식을 제공하라고 조치함
세종 13년 4월 丙午(12일)	지금 3개의 별요를 추가로 설치하고, 提調 각 1명, 別坐 각 2명으로 하고 별감은 3·4·5·6품으로 함
세종 13년 7월 辛未(9일)	3개의 별요가 신설로 인해 일이 번거로운데, 別監 2명으로 좌우를 나누어 번와를 살피는 것이 어려우니, 추가로 2명을 더 설치하도록 함
세종 13년 7월 癸酉(11일)	금년에 새로 3개의 별요를 신설해서 役民이 심히 번거롭다는 지적이 있음
세종 13년 7월 癸未(21일)	병조에서 충청도감사의 關에 의거해 계한 내용에, 매년 7월 보름 전후 移山이라 칭하고서 짐을 지고 流移하는 자가 길에 이어지고 있음, 세 별요에 승려를 사역시킨 이후 모두 流移하여 그 役이 장차 民에게 미칠 것이니 심히

년 월 일	내 용
	염려됨, 청컨대 3별요의 역이 끝날 때까지 당시 거처하는 사원에 기록해 출입을 금하도록 할 것이 있음, 국왕은 有職僧은 사역하지 말고 나머지는 계문한 대로 하라고 함
세종 14년 8월 壬寅(16일)	한성부의 계에, 僧徒가 도성 내외에서 상행위를 하고 橫行하면서 軍役을 피하려 하고 있다고 지적함, 지금부터 선교종 승려, 귀후소 매골승, 書册粧褙僧, 鑄字所刻字僧, 汗蒸所 승려, 별요의 승려 이외의 무소임 승려는 모두 죄를 논하고 충군하라고 함, 이에 국왕이 따름
세종 15년 5월 甲子(12일)	우의정의 계문에, 추가로 설치한 3개의 별요는 평민을 위한 것인데, 평민이 사지 못하는 자가 있다고 지적하고서 各 戶에 분급하라는 의견이 있음
세종 15년 5월 癸酉(21일)	호조에 傳旨한 내용에, 재력이 부족해 기와를 덮지 못한 3,676호에게는 반값을 받고 각각 기와 1,000장을 지급할 것, 빈궁호 116호에게는 값을 받지 않고 각각 1,000장을 지급할 것, 아울러 재목도 지급할 것, 재력이 있는 1,956호에게는 값을 받고 각각 기와 1,000장을 지급해 덮도록 할 것이 있음
세종 15년 7월 癸酉(22일)	추가로 설치한 3개의 별요는 오로지 빈민을 위한 것인데, 富戶가 기와를 무역해 가고 있다는 지적이 있음
세종 15년 9월 丙申(17일)	3개의 별요에서 번조한 기와는 현재 15만여 장임
세종 16년 7월 己亥(24일)	도승지 안숭선의 계에, 新舊의 별요는 小民을 위해 설치한 것이며, 지금 燔瓦한 것이 많이 쌓여 있다고 함, 民은 貿易하지 않으니 더 만들지 않아도 可하다고 함, 국왕이 燔瓦 승려를 放還하라고 함
세종 17년 6월 丁未(7일)	五部 소속 별요를 혁파하도록 명함
세종 18년 7월 甲辰(11일)	동서 별요의 제조·별좌를 혁파함
세종 19년 11월 丙申(10일)	선교종 사사전 8,095결 중 600결을 별요에 이속시킴
세종 20년 3월 丙申(12일)	별요의 제조 1명을 줄임, 동서요의 판관 각 1명을 줄임, 별요의 별좌 2명을 줄임
세종 21년 6월 庚辰(4일)	혜찬이 충청 각관의 吐木을 代納하는 일을 하고 있어 문제됨
세종 21년 7월 辛亥(5일)	동서요의 번와는 명년 봄까지 중단하도록 함
세종 21년 11월 乙卯(11일)	와요에 납부하는 吐木의 방납문제를 거론함
세종 22년 3월 乙丑(23일)	부상대고가 燔瓦木을 납부하면서 謀利하고 있다는 지적이 있음

년 월 일	내 용
세종 22년 5월 庚戌(9일)	의정부가 禮曹의 呈에 의거해 啓한 내용에, **別窯**를 설치한 것은 민가를 위한 것인데, 幹事僧이 이를 본받지 않고 이익을 취해 불의한 짓을 자행하고 있다고 함, 기와가 모두 부민의 집에 들어가고 빈민에게는 미치지 못하고 있다고 함, 승려가 (**別窯**의) 토목을 대납하고 고가로 징수해 민이 고통스러워하고 있다고 지적함, 『六典』의 공물대납금지조에 의거해 소재 守令이 친감해서 거두어 지급할 것을 청함. 국왕이 따름
세종 27년 7월 甲申(13일)	동서요의 瓦匠 位田이 17결인데 이것은 처음에 鷲頭傳習하는 공로로 절급한 것임, 그 나머지 瓦匠과 雜色匠人에게는 位田이 없으니 지금 혁파하도록 함
세종 27년 8월 戊辰(27일)	集賢殿直提學 李季甸이 東宮에게 올린 글에, 교서관, 동서 **別窯**, 귀후소 등의 간사승과 富居商賈의 무리가 陳省을 미리 받고서 各司에 납부한 뒤 각 지방에 이르러 백성에게 그 대가를 징수해 민이 침해당함을 이루 기록할 수 없다는 내용이 있음
세종 30년 9월 乙巳(22일)	근자에 **別窯**의 赴役僧侶가 종을 쳐서 원통함을 호소하니 국왕이 혁파하고자 한다고 함, 모두가 말하기를, 해마다 집을 짓는 이가 이어지고 있어 하루 아침에 **別窯**를 혁파하면 私窯의 기와 값이 비싸져 집을 짓는 이가 얻기 어려워질 것이니, 다만 봄철에만 번조하도록 하자고 하니, 국왕이 따름
문종 즉위년 5월 戊申(5일)	의정부에서 충청도 감사의 보고에 의거해 燔瓦木의 값을 정해 보고함
문종 즉위년 5월 己未(16일)	校書館·**別窯**가 대납하는 경기·충청도·황해도 正炭 및 成造木·燔瓦木 값을 幹事僧人이 2배로 걷고 있다는 지적이 있음
문종 즉위년 11월 辛丑(1일)	동서와요(**別瓦窯?**)의 幹事僧이 공물을 대납하고 있다는 지적이 보임
문종 1년 3월 甲辰(5일)	**別窯**·歸厚所·校書館이 대납하는 各官의 吐木·燒木을 진관사 수륙사 幹事僧으로 하여금 대납케 해 役夫의 양식을 돕도록 함
단종 즉위년 윤 9월 辛未(12일)	**別窯**에 납부하는 貢物價를 명년 가을에 한해 징수하지 말 것을 계문했으나 받아들이지 않음
단종 1년 11월 丙辰(4일)	갑술년 諸道에서 납부하는 동서요의 燔瓦木은 반을 줄이고, 거두지 못한 나무는 蠲減하도록 함
단종 2년 3월 辛酉(10일)	의정부가 계문하여, 지금 경중에 기와집이 이미 많으므로 **別窯**를 혁파할 것을 청하자, 국왕이 따름
세조 5년 6월 癸酉(23일)	와요에 공납하는 燔瓦木으로 丙子年 이상 未收한 것은 減하라고 명함
세조 5년 8월 甲寅(5일)	私窯에서 燔瓦한 것으로 법에 맞지 않게 한 것은 사헌부 및 한성부가 檢察해서 죄를 논하고 기와는 몰수하도록 함
세조 6년 5월 丁酉(22일)	동서요를 瓦窯로 合稱하고 別坐 2명만을 두도록 함

년　월　일	내　용
세조 9년 11월 甲申(30일)	이조에서 계를 올려, 舊制에 歸厚所 別坐 4명은 朝官 2명, 승려 2명을 交差했는데 지금 승려를 혁파하고 瓦窯의 예에 따라 朝官 1명을 더 차임하라고 하니 국왕이 따름
성종 1년 4월 丁巳(9일)	와서에 제공되는 穀草 450同, 生草 2,100同이 확인됨
성종 3년 1월 丙辰(19일)	추가로 **별와요**에 제조 1명, 별좌 1명을 더 둠
성종 3년 6월 甲申(19일)	와서에 새로이 별국을 두어 모두 대신으로 주관하게 했는데 이는 權宜에서 나온 것으로 經常의 법이 아니라고 함
성종 4년 8월 癸亥(4일)	사헌부 대사헌 서거정 등이 상소에서, 지금 일찍이 政丞을 역임한 이와 이미 정1품 職事를 역임한 이들이 와서 등의 都提調로 삼고서 작은 일을 친히 살피게 하고 있는데 이는 대신을 尊禮하는 것이 아니라는 의견을 피력함
성종 6년 10월 丙申(20일)	우승지 李克基가 啓한 내용에, 전년에 陶瓦의 일이 번거로워 船軍을 사역시켰으나 금후로는 선군을 사역시키지 말라는 것이 보임
성종 7년 8월 己卯(9일)	호강한 자만이 **별와요**의 기와를 구매한다는 지적이 있음, **별와요** 혁거를 논의함, 법을 받들지 않는 자를 파직할 것이라고 함, 도승지로 하여금 제조를 겸임하게 함
성종 8년 12월 庚子(7일)	와서에는 吏卒奴婢가 있다고 함
성종 12년 3월 甲申(10일)	근래에 承旨로서 瓦署 提調를 겸한 것은 玄碩圭로부터 시작했는데, 이후 와서의 제조는 吏曹로 하여금 擬望토록 함
성종 12년 3월 丁亥(13일)	瓦署 副提調를 혁파함
성종 15년 7월 丁酉(13일)	工曹判書 權攢 등의 啓에, 전일 工曹로 하여금 行廊稅를 거두어 燔瓦케 하고서 민간에 지급하게 했다고 함, 그런데 行廊稅가 부족하고 董役하는 자도 없어 전처럼 승려로 하여금 일을 맡겨 燔瓦하도록 하고 坐賈稅를 지급함이 좋겠다고 함, 국왕은 승도를 맡길 수 없다고 함, 또 좌고세는 호조로 하여금 의논해 계하도록 함이 마땅하다고 함
성종 16년 7월 甲寅(6일)	와서에 바치는 吐木은 丙午年에 한해 蠲減하도록 조치함
성종 23년 2월 癸丑(12일)	瓦署의 築窯를 坊里人을 사역시켜 하고 있는데, 방리인의 雜役이 심히 많으므로 瓦署 助役軍으로 하여금 이 역을 맡도록 하라고 함, 瓦署 군인의 수가 본래 많기 때문에 방리인이 없더라도 이 역을 감당할 수 있다고 함
성종 24년 10월 己巳(8일)	**별와요**의 燔瓦木을 右道 站船 20척으로 실어나르도록 명했는데, 右副承旨가 水運判官에게서 배를 빌려 사용했다는 지적이 있음
연산군 8년 11월 己丑(20일)	와서 別提 柳璥이 官瓦를 훔친 것이 발각됨

년 월 일	내 용
연산군 11년 7월 甲辰(21일)	와서를 성문밖 근처로 移設해 輸納에 편리하도록 함
중종 6년 4월 癸卯(24일)	이미 본와서가 있는데 별와요가 있는 것은 부당하다는 사헌부의 주장이 제기됨
중종 6년 5월 庚戌(1일)	별와요를 혁파하자는 주장에 대해 국왕이 不允함
중종 6년 5월 癸丑(4일)	별와요를 혁파하고 본서에 합하자는 주장이 제기됨
중종 6년 5월 己未(10일)	국왕이 조종조에 별와요를 둔 것은 都城內 草家貧民이 和賣할 수 없었기 때문이라고 하고서, 宗廟 근처 草家人들에게 별와요로 하여금 減價和賣토록 해서 빈민이 모두 기와를 얻게 함이 어떠한가 의견을 물음
중종 9년 2월 己亥(5일)	대사헌 이자견은, 良材는 營繕에 사용하게 하고 不材는 瓦窯에 사용함이 어떠한가라는 의견을 제시함
중종 12년 7월 辛巳(7일)	별와요 假官 2명을 줄임
중종 15년 8월 丙子(21일)	도사 김은근은 계에서, 성종조에 별와요를 설치해 성중에 초옥이 없게 했으니, 지금 복설하자는 의견을 제시함
중종 24년 8월 壬辰(29일)	진사 宋世珩의 상소에서, 국가에서 특별히 별와요를 설치한 것은 貧民이 廉價에 무역해 지붕을 덮게 하고자 함, 그러나 한 백성도 기와를 사서 지붕을 덮었다는 것을 듣지 못했다고 함, 매년 생산하는 기와는 豪勢家에게 간다고 지적함, 호세가는 提調에게 청탁해 무역해 사용하되 반드시 庶人의 이름으로 기록한다고 언급함, 失火한 민도 원망하고 燔瓦에 수고하는 민도 원망하니, 별와요를 혁파하라고 주장함, 가벼이 혁파할 수 없다면 1년 굽는 기와의 수를 有司로 하여금 기록하게 하라고 함.
중종 28년 7월 乙卯(14일)	權輗가 別瓦는 국가에서 설립한 본의에 부합하지 않는다고 지적함, 백성으로 기와를 얻는 자가 없고, 權勢가 있어야 기와를 얻는다고 함, 소비하는 牛隻과 食草가 적지 않다고 언급함, 사대부 궁실이 사치한 것은 모두 별와요의 도움을 받았기 때문이라고 주장함
중종 28년 7월 丙辰(15일)	별와요 提調 교체 조치를 취함. 책임을 다하지 못해, 기와가 백성에게 돌아가지 않고 豪勢家에게 돌아가기 때문임
명종 20년 8월 戊寅(14일)	瓦署의 步兵은 흙을 개기 위한 존재임
명종 21년 3월 丙午(15일)	納草의 폐단은 司畜·典牲·瓦署 모두 그러한데, 백성의 원망이 극에 달했다고 함
선조 14년 4월 甲午(1일)	삼공 이하가 논의해 별와요를 혁파할 것을 말하자 국왕이 따름

년 월 일	내 용
선조 14년 4월 辛 丑(8일)	**별와요**는 민이 혜택을 입지 못하니 임시 혁파함이 가하다고 삼공육경이 의견을 제시하자, 시행토록 함
선조 16년 윤2 월 甲寅(1일)	瓦署 別提 韓護가 廳鄙하니 교체할 것을 청했으나 不允함
선조 28년 4월 甲 子(22일)	이조에서 瓦署를 工曹에 합하라고 啓함
선조 36년 7월 丁 丑(23일)	윤형의 발언 내용에, 와서를 폐지한 후 번와의 일을 공조에 책임 맡겼다고 함
선조 40년 윤6 월 甲申(23일)	憲府의 啓에, 평시 瓦署에는 本, 別 두 아문이 있었다고 함, 혹은 국용을 관장했고 혹은 민간의 和賣를 관장했다고 언급함, 도성의 초가집이 화재가 연이어지기 때문에 설치한 것이라고 지적함, 지금 별서는 설치할 겨를이 없을지라도 본서에는 典僕이 있고 外貢이 있으며 工匠이 있어 役을 감독해서 營繕에 제공하고 있다는 내용이 보임
광해군 4년 5월 壬戌(29일)	營建廳에서 啓한 내용에, 瓦署는 본 都監이 監役官으로 燔造를 모두 관장하고 본래 別坐가 없다는 것이 보임
광해군 10년 4월 癸丑(24일)	영건도감에서 啓한 내용에, 어제 저녁에 밤에 나갈 때 燔瓦하는 匠人 30명이 連名해서 올리기를, 금년에 도감이 貿하는 中常의 기와가 모두 1,500여 訥이라고 하면서, 지금 미납한 것도 많은데 지금 주야로 번조해도 부족함을 면하기 어렵다고 한 것이 보임

제2장 朝鮮前期 僧侶의 慈善活動

1. 序言

　　조선전기 승려들은 여러 분야의 사회활동에 활발하게 참여했다. 세속인이 감당하기 힘든 일이나, 기피하는 분야에서 승려들이 중요한 활동을 수행했다. 이 시기 이러한 활동을 잘 보이는 승려로 長願心이 있다. 賤隷 출신인 장원심은 飢寒한 자를 보면 음식과 옷을 제공했고, 질병있는 이를 힘을 다해 치료해 주었으며, 장례지내 줄 이 없는 죽은 자를 매장해 주었고, 도로와 교량을 보수하는 일도 담당했다. 그리하여 閭里의 어린아이도 그 이름을 모르는 자가 없었다고 한다.[1] 장원심의 이러한 활동은 당시 승려들이 전개한 사회구제 활동의 내용을 집약해 표현하는 것이다.

　　굶주린 이에게 먹을 것을 제공하는 것, 병에 걸린 이를 돌보는 것, 전염병에 걸린 이를 치료하는 것, 버려진 시신을 수습해 매장하는 것, 오가는 이들에게 편의를 제공하는 것 등은 아무나 할 수 있는 일이 아니다. 보통의 사람은 궂은 일, 어려운 일로 여겨서 피하는 것이다. 이러한 힘들고 꺼려하는 일에 승려들이 적극 나서고 있다. 종교의 가르침을 실천하려는 마음가짐이 없으면 어려운 일이겠다.[2] 장원심의 행동은 慈悲心에 바탕한 것

---

1) 『太宗實錄』권12, 太宗 6년 윤7월 癸亥(6일), 1-366(국사편찬위원회 影印本 1冊, 366쪽을 의미함. 이하 같음).

2) 불교에서는 사회를 위한 각종 '베풂'을 중시하고 있으며, 이를 福田이라 일컫고 있다. 화엄종의 창립자 중국의 법장의 견해에 따르면 8가지의 福田(복을 낳는 일)을 다음과 같이 정리하고 있다(林松山, 1995, 『佛敎社會福祉 - 思想과 事例 - 』, 弘益齋, 21쪽). ① 넓은 길이나 아름다운 井戶를 만드는 일, ② 水路에 다리를 놓는

이고 善心을 전제로 한 것으로 '慈善活動'이라고 지칭할 수 있을 것이다.

승려들의 자선활동에 관해서는 기존의 연구에서 부차적으로 소략하게 언급된 적이 있다. 院을 다루는 글,3) 賑濟場을 검토한 글,4) 活人院과 歸厚署를 연구한 글에서5) 승려의 활동도 부분적으로 제시하고 있다. 그러나 승려에 초점을 둔 연구가 아니기 때문에 승려의 활동에 관한 상세한 내용이나 활동이 갖는 의미에 대해서는 천착이 없었다. 그리고 국가기구와 관련 없이 승려 독자적으로 수행한 자선활동에 대해서는 언급하지 않았다. 나아가 불교계 전반의 추세 속에서 이러한 활동이 함의하는 바에 대해서도 주목하지 못했다.

승려들은 또한 別瓦窯, 鑄字所, 校書館 등에서도 활약하는데 이것은 민인을 대상으로 하는 자선활동으로 볼 수 없기 때문에 이 글에서는 언급하지 않기로 한다. 그리고 이 시기 승려들이 각종 역에 징발되어 사역되지만 이것 역시 자발성이 떨어지며 자선활동으로 보기 힘들기 때문에 다루지 않는다.

일, ③ 험로를 평탄하게 만드는 일, ④ 부모에게 孝養하는 일, ⑤ 沙門을 공양하는 일, ⑥ 병자를 공양하는 일, ⑦ 苦厄을 구제하는 일, ⑧ 無遮大會를 설하는 일이 그것이다. 이 글에서 언급하는 내용은 그 가운데 ①②③⑥⑦과 관련된다.

3) 崔永俊, 1990, 『한국의 옛길 嶺南大路』, 高麗大 民族文化研究所 ; 崔在京, 1975, 「朝鮮時代 '院'에 대하여」 『嶺南史學』4 ; 韓嬉淑, 1992, 「朝鮮初期의 院主」 『西巖趙恒來教授華甲紀念 韓國史學論叢』, 亞細亞文化社 ; 崔孝軾, 1997, 「朝鮮前期의 院 經營에 관한 考察」 『竹堂李炫熙教授華甲紀念 韓國史學論叢』, 東方圖書.
4) 林基形, 1967, 「朝鮮前期 救恤制度 研究」 『歷史學研究』3 ; 李相協, 1994, 「朝鮮前期 漢城府의 賑濟場에 대한 考察」 『鄉土서울』54 ; 趙圭煥, 1998, 「16세기 賑濟政策의 변화」 『漢城史學』10.
5) 孫弘烈, 1988, 『韓國中世의 醫療制度 研究』, 신서원 ; 金斗鍾, 1960, 「近世 朝鮮의 醫療 制度의 變革과 醫療 保護 事業의 追憶」 『鄉土서울』8 ; 金澔, 1996, 「朝鮮前期 對民 醫療와 醫書 編纂」 『國史館論叢』68 ; 李相協, 1996, 「朝鮮時代 東·西活人署에 대한 考察」 『鄉土서울』56 ; 李圭根, 1999, 「朝鮮時代 醫療機構와 醫官 - 中央醫療機構를 中心으로 -」 『東方學志』104 ; 한희숙, 2004, 「조선전기 장례문화와 歸厚署」 『朝鮮時代史學報』31.

승려들의 자선활동을 여행자에 대해 편의를 제공한 것, 굶주린 민을 구휼하는 것, 각종 질병에 걸린 환자를 돌보는 것, 상례와 관련한 궂은 활동을 중심으로 살펴보되, 고려시기와 비교해서 그 특징적인 면모를 지적하고자 한다.[6] 이러한 작업은 승려들의 사회활동의 축소를 파악하는 데, 아울러 불교계 역할과 위상의 변화를 이해하는 데에도 시사를 줄 것이다.

2. 行旅 便宜 提供

조선 개국 직후 건국 주도세력은 교통로에 깊은 관심을 표방했다. 교통로를 통해 사람이 이동하고 상인이 왕래하며 정보가 이동하기 때문이었다. 그리고 유동하는 민심을 파악하고 통제할 필요성이 컸기 때문이었다. 그것은 驛院의 장악으로 집약되었다. 驛은 고려시기에도 국가가 관장했는데 이를 한층 정비했으며, 院은 고려시기 대부분 불교계가 관장하는 것이었는데[7] 그것을 국가가 직접 관할하는 것으로 바꾸어갔다. 그리하여 『新增東國輿地勝覽』에서는 원을 불교 시설인 '佛宇'와 명백하게 구분해 '驛院'으로 분류해 파악했다.

조선이 개국한 초기에 벌써 원을 국가에서 관장해 나가려 했다. 태조 1년(1392) 9월에 都評議使司 배극렴·조준 등이 上言한 22개 조 가운데, 각 도의 지방관이 거리를 참작해 院館을 修營해서 행려에게 편의를 제공하라는 내용이 있다.[8] 지방관원이 중심이 되어 원관을 보수하고 조영하도록

---

6) 고려시기 불교계의 자선활동에 대해서는 李炳熙, 2008, 「高麗時期 佛敎界의 布施活動」『禪文化硏究』4(同, 2009, 『高麗時期 寺院經濟 硏究』, 景仁文化社 새수록)가 참조된다.

7) 李炳熙, 1998, 「高麗時期 院의 造成과 機能」『靑藍史學』2 ; 최연식, 2016, 「고려시대 院館 사찰의 출현과 변천과정」『梨花史學硏究』52, 梨花史學硏究所 ; 정요근, 2020. 「고려~조선 시대 院 시설 유적의 특성과 院 시설의 유형 분류」『사학연구』140.

한 것인데, 이 과정에서 원을 장악해 갈 수 있을 것이다. 원이 갖는 중요성 때문임은 말할 나위도 없겠다. 개국 초에 국가가 원에 대해 직접 관여하기 시작함을 의미하는 것이다.

원은 기본적으로 行旅를 대우하기 위해 설치한 것이었다. '本國道路院宇 所以待行旅',9) '院館之設 所以待行旅',10) '院宇之設 所以寄行旅'라고11) 표 현함이 그것이었다. 구체적인 기능은 여행에 지친 이들이 쉬고, 잠자야 할 이가 머무르며, 비가 올 때는 보호받고 햇빛이 따가울 때는 그늘을 얻게 하는 역할이었다.12) 또한 도적의 근심을 없애고 호표의 피해를 막을 수 있는 점도 원이 갖는 중요한 기능이었다. 그 때문에 원우는 '行旅所資不少' 하다고13) 표현했다.

충청도 옥천군에 있는 赤登院도 비슷한 기능을 담당했다. 큰 더위가 있 을 때와 몹시 추울 때, 그리고 모진 바람과 비오는 괴로운 날에, 길가는 행 인들이 여기에 와서 머물게 되며, 혹은 물을 건너기 어려울 때나 날이 늦 었을 때, 또 말과 소가 부족하거나 도둑의 염려가 있을 적에, 여기서 쉬기 도 하고 누에 올라 구경하기도 하고 하룻밤 유숙하기도 하며, 추울 때는 따뜻하게 해주고 더울 적에는 서늘하게 해 준다고 했다.14)

이처럼 원에서는 먹거리나 잠자리를 제공하고, 가축에게 꼴을 줌으로써 여행자의 편의를 도모했으며, 또한 도적이나 맹수의 위협으로부터 안전을 확보해 주었다. 여행자에는 승려도 있었고 상인도 있었으며, 軍役을 위해 오가는 군인도 있었다.15)

---

8) 『太祖實錄』권2, 太祖 1년 9월 壬寅(24일), 1-31.
9) 『世宗實錄』권30, 世宗 7년 11월 乙卯(20일), 2-702.
10) 權近, 「德方院記」『陽村集』권13.
11) 『世宗實錄』권40, 世宗 10년 윤4월 戊戌(17일), 3-129.
12) 權近, 「德方院記」『陽村集』권13.
13) 『成宗實錄』권199, 成宗 18년 1월 乙卯(14일), 11-175.
14) 『新增東國輿地勝覽』권15, 忠淸道, 沃川郡, 樓亭, 赤登樓.
15) 주 3)과 같음.

그렇기 때문에 원에 대해서는 '王政之所重 佛敎之所善'이라고[16] 했다. 왕정에서 중요시할 뿐만 아니라 불교에서도 좋아하는 일이라고 했다. 원에서 행려에게 베풂을 실천하는 것은 불교로서 매우 권장하는 일이었다. 불교의 법은 이익을 주는 일은 하지 않는 바가 없는데, 도량을 보수하고 원관을 조영하는 일이 그 하나라고 했다.[17] 원을 세워 행려에게 편의를 제공하는 것은 불교의 가르침을 실천하는 의미를 갖는 것이었다.

조선초 승려가 불교 교설에 따라 원에서 여행자에게 편의를 제공하는 모습은 板橋院의 승려에게서 구체적으로 확인할 수 있다. 곧 慈恩都僧統 宗林이 前判事 尹安鼎과 함께 판교원을 조영하고서, 築城役 때문에 왕래하는 사람 가운데 질병이 있으면 의원을 청해 진맥하고 약을 조제해 치료하며 또한 음식을 제공하도록 하되 병이 나으면 식량을 주어 보내고 있다.[18] 종림이 세속인인 윤안정과 함께 전개한 활동이었다. 고려 이래의 전통을 이어서 조선초에도 승려가 원에서 행려에게 편의를 제공하는 것이다. 원에서 세속인에게 자선활동을 전개한 것이다.

종림은 고려말에도 趙云仡과 함께 원에서 편의를 제공하는 일을 맡았다. 그는 조운흘이라는 속인과 더불어 판교원·사평원을 중창했는데[19] 그것을 완료한 뒤에는 여행자들에게 각종 편의를 제공했을 것임은 분명해 보인다.

승려가 원을 조영해 운영함으로써 행려에게 편의를 제공한 예는 종림 이외에도 여럿 확인된다. 神印宗 都大師 然公은 '德量宏大 濟人利物 孜孜 無已'한 인물로서 울주와 경주 사이 인가가 없는 곳에 德方院을 조영했다. 태조 3년에 공사를 시작해서 태조 6년에 종료했다. 서늘한 곳과 더운 곳을 달리했고, 높은 이와 낮은 이의 처소를 다르게 했으며, 밥을 짓는 주방이나 우마의 마굿간을 모두 갖추었다. 제자 가운데 부지런하고 삼가며 착한 일

---

16) 權近, 「犬灘院樓記」 『陽村集』권12.
17) 權近, 「犬灘院樓記」 『陽村集』권12.
18) 『太祖實錄』권9, 太祖 5년 3월 辛酉(4일), 1-90.
19) 『太宗實錄』권8, 太宗 4년 12월 壬申(5일), 1-316.

하기를 좋아하는 이에게 거처하게 하고서 여름에는 채소를 심어서, 겨울에
는 땔나무와 꼴을 쌓아놓고서 사람과 가축에게 베풀었다.[20]

華嚴大師 眞公은 경상도 虎溪縣 북쪽에 犬灘院을 조영했는데 지위에 따
라 자리를 달리하고 사람과 가축이 다른 곳에 처하게 했다. 그리고 아울러
인근의 도로를 보수해서 여행의 편의를 제공했다.[21] 判華嚴 悟公은 개경
과 한양 사이에 있는 퇴락한 廣灘院을 보수해서 여행자에게 도움을 주었
다.[22] 승려가 원에서 행려에게 편의를 제공함은 불교의 가르침을 따르는
일이었다. 승려 가운데서도 착한 일 하기를 좋아하는 부류가 주로 맡았다.

조선초에 승려들이 중심이 되어 원을 운영해가는 여러 예를 찾을 수 있
지만, 원을 유지해 가는 것은 쉬운 일이 아니었다. 院主가 부담하는 역이
많아 원을 운영하는 것이 힘들었다. 여러 가지 역 때문에 원주가 편히 거
처할 수 없다거나,[23] 혹은 대소의 사객에 대한 指路·擧火 등으로 인한 침
학 때문에 원주가 도산한다는 것이[24] 이를 나타낸다. 게다가 도적이 약탈
하는 일도 있었다. 세종 28년(1446) 각 도의 관찰사에게 유시한 내용에, 도
적이 도로에 홍행해서 원관이 도둑의 피해를 입는 수가 많다는 지적이 있
었다.[25] 원이 도적의 방화·약탈로 인해 파괴되는 일은 자주 언급되었다.[26]
원은 대개 민가에서 떨어져 있어 도적이 해를 가하기 쉬운 대상이었다.

수령이 힘을 기울여 원의 유지에 노력해야 했지만 수령이 관심을 기울
이지 않아 쇠퇴하는 수도 많았다.[27] 어려운 조건 하에 원이 놓여 있었기

---

20) 權近, 「德方院記」 『陽村集』권13.
21) 權近, 「犬灘院樓記」 『陽村集』권12.
22) 權近, 「廣灘院記」 『陽村集』권13.
23) 『世宗實錄』권30, 世宗 7년 11월 乙卯(20일), 2-702.
24) 『世宗實錄』권30, 世宗 7년 11월 乙卯(20일), 2-702.
25) 『世宗實錄』권112, 世宗 28년 5월 癸酉(6일), 4-671.
26) 『成宗實錄』권199, 成宗 18년 1월 乙卯(14일), 11-175 ; 『燕山君日記』권21, 燕山
　　君 3년 1월 丁卯(25일), 13-188.
27) 『世宗實錄』권97, 世宗 24년 7월 丙寅(8일), 4-418.

때문에 수령의 각별한 관심이 없다면 원은 제대로 유지해가기 힘들었던 것이다.[28] 선심있는 이가 시작했다 하더라도 그의 뒤를 이어서 원주로서 원을 운영해 가기가 용이하지 않았다.[29]

원주가 되어 행려를 맞이하는 것은 쉬운 일이 아니었다. 많은 이에게 먹거리와 잠자리 등 편의를 제공하는 일은 번거롭고 고단한 일이었다. 게다가 건강한 행려만이 아니라 매우 어려운 처지에 있는 이도 찾는 수가 있었다. 세종 19년 京畿監司와 敬差官에 傳旨한 내용에, 한 남자가 굶주려 양식을 빌다가 병을 얻었는데, 광주 진제장에서 거부당하고 다시 용인 진제장에 도착했지만 맞아줄 담당자가 없었으며, 원주의 처 역시 받아들이지 않았다는 것이 전한다.[30] 이처럼 굶주리고 병든 이가 원을 찾는 일도 흔했을 것이기 때문에 원주는 보통의 속인이 쉽게 감당할 수 있는 자리가 아니었다. 불교계를 억제하고 승려를 멀리하는 시대상황이었지만 이러한 궂은 일은 선심이나 자비심을 갖고 있는 승려가 아니면 감당하기 쉽지 않았다. 그리하여 불가피하게 승려를 원주로 임명해서 원의 운영을 담당토록 한 것이다.

속인이 기피하는 일에 승려를 원주로 끌어들이는 조치는 자주 확인할 수 있다. 세종 7년 호조에서 지방의 守令이 마음을 쓰지 않고 院主를 두지 않아 院宇가 공허하고 퇴락하며 혹은 差役을 많이 부과하므로 원주가 편안히 거할 수 없다고 하고서, 각 지방관원은 僧俗을 막론하고 선심이 있는 이를 원주로 삼고 잡역 및 指路·擧火 등의 역을 면제시켜서 전각을 마음을

---

28) 院田이 설정되어 있었지만 그 규모는 그리 크지 않았다. 원의 재정 사정이 여의치 않은 것도 원의 유지를 어렵게 한 요인이었을 것이다. 원전의 규모는 아래와 같다.

	대로 원	중로 원	소로 원
공양왕 3년 10월	2결	1결 50부	1결
세종 27년 7월	1결 50부	1결	50부
『경국대전』, 호전	1결 35부	90부	45부

29) 『世宗實錄』권46, 世宗 11년 12월 乙亥(3일), 3-207.
30) 『世宗實錄』권76, 世宗 19년 1월 丁酉(7일), 4-49.

다해 보수하도록 함으로써 행인이 안접할 수 있도록 하라고 주장했다.[31)
지방관이 원주를 임명함에 있어서 선심을 가진 승려와 속인을 택하는 것
이다. 승려는 원주가 되어 행려에게 숙박과 식사를 제공하는 등 여러 편의
를 베풀었을 것으로 보인다.

승려가 중심이 되어 운영하던 원을 조선초기 국가가 장악해 가면서 종
전에 원주로서 활약하던 승려가 대거 이탈해 갔으며, 이 때문에 원의 정상
화를 위해서 승려를 다시 끌어들이지 않을 수 없었을 것이다. 원을 운영해
가기 위해서는 선심을 가진 승려를 적극 활용하는 것이 중요했다. 승려 가
운데 선심을 가진 부류가 많았음을 읽을 수 있기도 하다.

세종 7년의 조치에도 불구하고 원의 운영이 여의치 않았던 것으로 보인
다. 세종 10년에 成均司成 鄭坤이 일을 잘하는 승려를 택해 원을 수리하게
하고서 행려들이 잠잘 수 있도록 하고 그 원의 주지로 임명할 것을 건의했
다. 국가에서는 각 종파에 속한 주지와 칭호가 혼동되므로 불가하며, 대신
원주 승려에게 잡역을 면제하고 원을 잘 수즙하는 이에게는 승직을 제수
하고 직이 있는 승려에게는 加職하도록 조치했다.[32) 일을 잘 하는 승려를
원주로 임명하고 잡역을 면제시켜 주며 탁월한 능력을 발휘하는 승려에게
는 승직을 제수하도록 한 것이다. 원의 유지가 어려웠으므로 승려를 원주
로 참여시켜 원이 제기능을 담당할 수 있도록 하는 것이다.

세종 11년 通信使 朴瑞生이 아뢴 내용 중에서 원에 대한 언급이 보인다.
원우를 세운 이가 사망하면 보수가 이어지지 않아 세월이 가면 퇴락한다
고 지적하고서, 주지로 하여금 원우를 관리토록 하라고 했다. 그리고 공이
큰 승려에게 대사원을 제수하라고 주장했다.[33) 이것의 시행 여부는 분명
하지 않지만 원의 관리를 승려에게 맡기자는 것은 분명하다. 원우를 유능
한 주지에게 맡기되 그 원주가 공이 클 때에는 대사원의 주지로 임명하자

---

31) 『世宗實錄』권30, 世宗 7년 11월 乙卯(20일), 2-702.
32) 『世宗實錄』권40, 世宗 10년 윤4월 戊戌(17일), 3-129.
33) 『世宗實錄』권46, 世宗 11년 12월 乙亥(3일), 3-207.

는 것이다. 사원의 주지를 활용해 원을 관리 운영토록 하자는 주장인데, 이
는 원의 운영에 승려를 적극 끌어들이려는 매우 적극적인 방안이었다.

원의 보수와 운영에 승려를 끌어들이자는 주장은 이어지고 있다. 세종
24년 의정부에서 수령이 관내 원관의 修繕을 게을리해서 행려가 머물 수
없다고 하고서 선심있는 승려를 택해 간사로 삼아 원을 看守하게 하라고
하자 국왕이 이를 따랐다.34) 원의 간사, 곧 원주를 선심있는 승려로 일임하
자는 것이다. 승려 가운데 선심있는 이가 원주로서 적합하다는 의미이다.

일관되게 원주에 승려를 선임하자는 주장이다. 원 자체는 국가권력이
장악하고 있으면서 그 운영의 실무를 승려에게 맡기자는 주장이다. 자비
심·선심을 갖춘 승려를 원주로 적극 편입시키자는 것이다. 세종대까지
는 승려를 원주로 차정하자는 주장이 많았지만 그 이후는 거의 보이지
않는다.

세조대 평안도 원관 조영시에 승려도 참여시킨 사실이 보인다. 평안도
여러 고을의 원관을 관찰사로 하여금 고을의 승려와 속인 가운데 자원하
는 자를 택해 조성케 하라고 공조에서 계문했다.35) 이것은 국왕이 수용했
다. 승려가 조영한 원관은 그 운영도 승려가 맡은 것으로 보는 것이 순리
일 것이다. 이러한 일은 평안도 지방이기에 가능한 것이었고, 대부분의 지
방에서는 속인들이 원주를 독점해 갔다.36)

성종대에도 파괴된 원우를 승려를 사역시켜 보수하자는 언급이 보인
다.37) 보수에 동원될 뿐 원주로 차정하는 것은 아니라고 생각된다. 승려를
모집해서 관아나 향교를 조영하는 일이 흔했는데, 그와 비슷하게 원우의
보수에 승려를 동원한 것으로 이해된다.

---

34) 『世宗實錄』권97, 世宗 24년 7월 丙寅(8일), 4-418.
35) 『世祖實錄』권11, 世祖 4년 윤2월 癸酉(15일), 7-259.
36) 예컨대 1470년대 개성 천수원의 경우 고려의 대사원 천수사 터에 자리했는데 속인이
    대를 이어가며 원주를 역임하고 있다(『新增東國輿地勝覽』권4, 開城府上, 驛院).
37) 『成宗實錄』권15, 成宗 3년 2월 乙未(28일), 8-639.

세종대까지는 승려를 원주로 임명하자는 주장이 이어졌지만, 그 이후 그러한 주장은 거의 보이지 않는다.[38] 원주는 대부분 속인으로 차정했다. 그리하여 『經國大典』에서는 "경성 인근의 원은 오부에서, 외방의 원은 수령이 담당하되, 부근에 거처하는 민을 원주로 삼아 수즙하라."고 했다.[39] 거민으로 지칭하는 데서 알 수 있듯이 속인을 대상으로 원주를 선임하고 있는 것이다. 승려에 대한 배려가 보이지 않는다.

조선전기에 이처럼 승려들은 원주가 되어 행려에게 편의를 제공하는 일을 맡았다. 행려에게 잠자리와 식사를 제공했으며, 때로는 환자를 치료하는 일도 맡았다. 그리고 당연히 원의 영선에 대한 책임도 지고 있었다. 세종대까지는 자비심 있는 승려를 적극 원주로 끌어들이는 조치가 취해져 원주 가운데 승려가 상당한 비중을 차지한 것으로 보인다. 그러나 그 이후 승려가 원주가 되는 일은 현저하게 줄어들고 대부분 속인이 원주가 되면서 『經國大典』에서 속인만을 원주로 차정하는 것으로 정리되었다.

조선초의 원 제도는 성종대에 이르러 이미 많은 문제점을 드러내기 시작했으며, 원주들은 유망하거나 타역으로 옮겨가서 수가 줄어들었으며, 원은 방치되어 점차 폐쇄되고 임진왜란 이후에는 사적으로 경영되는 주막·여객 등이 번성해 갔다.[40] 원 자체가 제대로 기능하지 못하는 사정 하에서 승려가 원주로서 자선활동을 하는 일은 찾아보기 힘들어졌다.[41]

---

38) 성종 1년 兵曹에서 강원도 관찰사의 啓本에 기초해 啓聞한 내용에, 강원도 安昌과 白冬 두 驛의 중간에 院宇를 설치하고, "勿論良賤 擇定院主三四戶 給旁近可耕田 厚恤安接"(『成宗實錄』권6, 成宗 1년 7월 乙酉(9일), 8-516)하라는 것이 보인다. 양인과 천인을 불문하고 원주로 3,4호를 정하고 가까이 경작할 만한 땅을 지급하라고 했다. 승려에 대한 배려는 찾기 힘들다. 이 무렵 승려를 원주로 임명하는 것은 고려 밖의 사항으로 보인다.

39) 『經國大典』권6, 工典, 院宇.

40) 崔永俊, 1990, 앞의 책, 306~307쪽 ; 崔在京, 1975, 앞의 논문.

41) 국가가 장악해 운영하는 원과 별도로 사찰 자체가 여행자에게 숙박이나 식사 등의 편의를 제공하는 일이 없지 않았을 것이다. 신앙활동을 위해 찾는 신자에게 숙식을 제공하는 것은 사찰에서 흔한 일이고 당연한 일이었다.

3. 飢民 救恤 活動

조선전기의 농민들은 토지소유의 불균형, 전주전객제의 모순과 함께 국가의 과도한 수취체제 아래에서 재생산기반을 유지해 가는 데 어려움을 겪고 있었다. 이런 가운데 가뭄이나 홍수 등 자연재해가 발생하면, 많은 飢民들이 생존을 위하여 거주지를 떠나 타지로 流移하는 수가 많았다. 조선 정부로서는 유이의 방지책을 펴는 한편으로 賑濟場을 설치 운영했다.

승려들은 어려운 처지에 있는 飢民을 구제하는 활동에 적극 참여했는데, 진제장에서의 활동이 특히 두드러졌다. 조선전기 승려의 빈민·기민 구제 활동은 승려들이 독립적으로 수행하기보다는 국가기관에 참여해서 관인의 지휘 감독 하에 수행하는 수가 많았다. 이것이 이 시기 승려 빈민구휼 활동의 특징이다.

기근으로 유리하는 백성들의 모습은 처참한 것이었다. 함경도의 경우 세종 24년(1442) 실농하고, 또 세종 25년 5,6월 사이에 기근이 더욱 심하여 유리 개걸하여 溪壑이나 산야, 도로에 전전하면서 죽어가는 자를 눈으로 확인한 것이 400에 이르렀다는 목격담이 있었다.[42]

성종 12년(1481) 관서지방에 큰 기근이 들었으며 황해도는 더욱 심했다. 이때의 참상에 대해서 소와 말을 모두 도축해 먹어버려서 가축이 하나도 없게 되었고, 부자간에 서로 보전하지 못해 길에 버려진 아이가 있었으며, 들에는 굶어죽은 시체가 있다고 언급했다.[43] 기근으로 인해 유이하는 민들은 어린 자식을 버리고 떠나가고, 마을 사람은 버려진 아이를 보호 양육하지 못해 의지할 곳이 없으며, 그리하여 굶어죽는 자가 있게 된다고 지적했다.[44]

명종 21년(1566)에는 굶주린 이의 참상에 대해 동활인서, 보제원, 홍제원

---

42) 『世宗實錄』권101, 世宗 25년 9월 癸酉(22일), 4-510.
43) 『成宗實錄』권136, 成宗 12년 12월 戊辰(28일), 10-285.
44) 『世宗實錄』권75, 世宗 18년 10월 壬申(10일), 4-34.

및 종루 등에 개걸하는 이들이 다수 모여 있는데 해진 옷을 입고 바가지를 들고 도로에서 걸식하고 있는 자가 연이어 있다고 지적했다.[45] 구걸하는 것마저 여의치 못한 상태에서 병들어 찾는 곳이 진제장이었다.

기근자에게 먹을 것을 제공하는 일은 쉬운 일이 아니었다. 그들은 굶주려서 위생과 건강이 좋지 않았으며, 이곳에서 운명하는 수도 많았기 때문에, 이들을 보살피는 것은 힘든 일이었다. 청결을 유지하고 적절한 먹거리를 제공하며 안식케 하는 일은 아무나 할 수 있는 일이 아니었다. 자비심·선심이 있는 사람이라야 가능한 일이었다. 진제장에서 승려들이 크게 활약하는 것은 이러한 연유였다.

진제장은 飢流民에 대한 일차적인 응급구호소로서 그들을 就食케 하여 餓死를 면하게 할 뿐 아니라 이들 농민들을 일정 기간 구제함으로써 다시 고향으로 돌아가서 안업할 수 있도록 했다. 진제장은 왕명이나 戸曹·漢城府의 啓請에 의하여 설치되었으며, 이곳에서 飢民들을 구제했다. 진제장은 봄철에 설치하여 기민들을 일정기간 동안 거처케 하여 구휼하다가 대·소맥이 익을 때에 이르면 날짜를 계산하여 양곡을 주어서 각기 본래 살던 곳으로 돌려 보냈으며, 대개 5~6월에 모두 撤罷했다.[46] 진제장에서 제공하는 것은 미음과 죽이나 콩가루가 중심이었다.[47] 그밖에도 米醬,[48] 鹽醬을[49] 지급하는 것도 보이고, '或飯或粥'을 제공하는 수도 있었으며, 米粥과 黃角·菜藿을 지급하기도 했다.[50]

사찰에서 기민들에게 진제 활동을 전개한 것을 興福寺에서 확인할 수 있다. 세종 4년 8월 홍복사에 진제소를 설치하고서 기근자를 모아 구휼했다는 것이[51] 그것이다. 도성 내에 위치한 홍복사에서 진휼 활동을 전개한

45) 『明宗實錄』권32, 明宗 21년 2월 辛卯(29일), 21-69.
46) 李相協, 1994, 앞의 논문.
47) 『世宗實錄』권101, 世宗 25년 9월 癸酉(22일), 4-510.
48) 『世宗實錄』권115, 世宗 29년 2월 甲寅(22일), 5-8.
49) 『成宗實錄』권37, 成宗 4년 12월 甲申(28일), 9-80
50) 『世宗實錄』권76, 世宗 19년 1월 癸卯(13일), 4-50.

것인데, 그 일은 홍복사의 승려들이 주로 담당했을 것이다.

이어 다음달에도 저자 거리에 굶주린 이들이 이어지자, 興福寺에 救療所를 설치해 죽과 마실 것을 준비해 제공했다. 이때 副正 尹誠之와 坦宣으로 하여금 그 일을 담당토록 했는데, 많은 이들이 살아났다.52) 홍복사의 구료소에서 죽과 음식을 제공했지만 이름에서 알 수 있듯이 병자에 대한 치료도 병행했을 것이다. 또한 승려 탄선이 구료소 활동에서 중요한 역할을 했으며, 그밖에 홍복사의 여러 승려들이 이 활동에 참여했을 것은 당연한 일이겠다. 국가가 사원이나 승려에게 구휼 활동을 위임하는 것은 고려시기 자주 있는 일이었다.53) 고려 이래의 전통을 이어서 홍복사에 진휼 활동을 하도록 한 것이다.

강원도 진제장에서도 승려가 활약한 사실이 전한다. 황희가 강원도 감사였을 때 金城官에 별도로 진제장을 설치 운영했다. 이때 善心있는 승려를 택해 기근구제를 전담토록 해서 사망을 면할 수 있었다.54) 세종 19년 판중추원사 安純이 이 일을 들어 경기·전라도·강원도에 각각 2곳의 진제장을 별도로 설치하고 관원을 배치해 파리하거나 부종이 있는 자를 蘇復될 때까지 머물게 하며, 남녀 및 疾疫者를 처소를 달리하도록 하고 慈心이 있는 승려를 택해 그 일을 관장시킬 것을 주장했다.55) 승려가 진제장에서 활약한 사실을 금성에서 확인할 수 있으며, 그것을 원용해 경기·전라도·강원도에 진제장을 설치하고서 승려를 활용해 운영하자는 주장이다. 승려들

51) 『世宗實錄』권17, 世宗 4년 8월 丁亥(3일), 2-489.
52) 『世宗實錄』권17, 世宗 4년 9월 甲子(10일), 2-500.
53) 『高麗史』권80, 志34 食貨3, 賑恤, 水旱疫癘賑貸之制, 亞細亞文化社 影印本 中冊, 770쪽(이하 같음) ; 『高麗史』권8, 世家8, 文宗 18년 4월, 上冊, 172쪽 ; 『高麗史節要』권5, 文宗 25년 12월, 亞細亞文化社 影印本 147쪽(이하 같음) ; 『高麗史』권17, 世家17, 毅宗 6년 6월, 上冊, 362쪽 ; 『高麗史』권80, 志34, 食貨3, 賑恤, 水旱疫癘賑貸之制, 中冊, 772쪽.
54) 『世宗實錄』권76, 世宗 19년 1월 壬辰(2일), 4-47.
55) 『世宗實錄』권76, 世宗 19년 1월 壬辰(2일), 4-47.

이 진제장에서 크게 활약하고 있음을 알 수 있다.

세종 19년 왕이 충청도 기근을 염려하여 안순을 도순문진휼사로 보냈는데, 그 事目에, 各 官이 마음을 써서 구휼하지 않아서 飢民으로 就食하는 이가 드물며, 비록 진제장에 오더라도 致死에 이른 죄를 면하고자 물리치고 있으며 이로 인해 凍餒해 隕命한 자가 많다고 하면서, 도 내에 별도로 설치한 진제장에서 먹을 것을 지급하는데 유직자로 하여금 그 일을 담당토록 하며, 자심이 있는 승려를 택해 삶고 끓이는 일을 맡기도록 하라고 했다.56) 자비심을 갖춘 승려가 진제장에서 烹飪의 일을 담당하는 것이다. 승려들이 기민 구제에서 탁월한 능력을 발휘하고 있기에 이러한 조치가 취해지는 것이다.

충청도에 진제장을 설치 운영한 것이 효과가 커서 밥이나 죽을 준비해 먹이니 경내의 기민이 소문을 듣고 다수 모여들었다. 이에 충청도의 이러한 운영을 본받아 경기·경상도·전라도에도 진제장을 설치해 기민을 구제하라고 지시했다.57) 새로 설치된 진제장에서도 승려들이 중요한 역할을 했을 것이다. 세종대까지 외방의 진제장에서 팽임의 일을 승려에게 맡기고 있는 것이다. 승려들이 궁민을 구제해온 경험이 축적되어 있기에 적극 활용한 것이다. 각 지방의 진제장에서 승려들이 구휼 활동에 활발하게 참여하고 있음을 알 수 있다.

도성 인근의 기민을 진휼하는 일에도 승려가 참여했다. 흥복사에서 그러한 사례를 찾을 수 있었지만, 활인원이나 홍제원·보제원·이태원 등에서도 승려들이 구휼 활동에 종사했다. 대체로 조선초기 한성부의 飢民 賑濟는 큰 흉년으로 대규모의 기류민이 발생하지 않는 한 동서활인원에서58) 病者의 救療와 함께 기민에 대한 진제도 담당하도록 했다. 동서활인원은 기본적으로 환자를 치료하는 소임을 맡았지만, 초기에는 기민에 대한 구휼

---

56) 『世宗實錄』권76, 世宗 19년 1월 癸卯(13일), 4-50.
57) 『世宗實錄』권76, 世宗 19년 2월 丙寅(6일), 4-52.
58) 李相協, 1996, 앞의 논문.

도 담당했다.[59] 동서활인원에서 굶주린 기민을 구휼하는 일은 소속된 승려들이 주로 담당했을 것으로 보인다. 활인원에는 다수의 승려가 배속되어 있는데[60] 이들이 환자 救療 외에도 기민 구휼에 적극 활약했던 것으로 보인다.

세종 18년 8월 보제원과 이태원에 별도로 진제장을 설치하고 한성부가 5부의 관리와 함께 감독하게 했는데, 이때부터 활인서 이외의 진제장에서도 구제 활동이 전개되었다. 이 이후에도 동서활인원에서 여전히 구휼 활동을 병행했다. 세종 27년 모여든 飢民은 보제원 67인, 동활인원 90인, 홍제원 70인, 서활인원 48인이며, 계속 증가하고 있다고 언급했다.[61] 동서활인원에서도 보제원·홍제원과 함께 구휼 활동을 전개하고 있는 것이다. 그러나 세조 3년(1457) 5월 이후에는 동서활인서는 병자의 구료를, 진제장은 기민의 구휼을 담당하는 것으로 그 임무가 구분되어 시행되었다.[62] 결국 세조 3년 이후 보제원·이태원·홍제원의 진제장이 도성 인근의 飢民들에 대한 진휼을 거의 전담하게 되었다.

구체적인 언급이 없지만 도성 밖의 홍제원·이태원·보제원에 설치된 진제장에도 승려들이 참여했을 것으로 보인다. 이들 원에 거처하는 승려들이 진제의 일을 맡아 수행했을 것으로 보인다. 홍제원에는 간사승이 배치되어 있었다. 문종 1년(1451) 사헌부가 洪濟院 幹事僧 希坦, 竺晶이 石佛을 假託해 士民을 誣惑하니 두 승려를 科斷하라고 탄핵한 사실에서[63] 이를 확인

---

59) 『世宗實錄』 지리지에는 활인원에 대해 다음과 같이 기술하고 있다. 즉 "有提調及別坐 又置醫巫 凡都內病人之無歸者 皆令聚此 給粥飯湯醬藥餌 幷給衣被薦席 隨宜調護 如有物故 使仵作埋之"라고 했다(『世宗實錄』권148, 地理志, 漢城府, 5-613). 도성 내의 환자로서 돌볼 이 없는 자들을 활인원에 모아서 粥飯·湯醬·藥餌와 衣被·薦席을 지급해 調護하며 만일 사망하는 자가 있다면 仵作人으로 하여금 매장케 한다는 것이다. 곧 환자에게 치료와 구휼을 함께 하는 곳이었다.

60) 활인원 소속의 승려에 대해서는 4절과 5절에서 상세히 언급하기로 한다.

61) 『世宗實錄』권107, 世宗 27년 1월 甲辰(30일), 4-605.

62) 동서활인원(활인서)에 대한 자세한 설명은 李相協, 1996, 앞의 논문이 참고된다.

63) 『文宗實錄』권8, 文宗 1년 6월 癸未(16일), 6-401.

할 수 있다. 홍제원의 간사승인 희탄과 축정은 아마도 홍제원에서 기민을 구휼하는 일을 맡은 것으로 보인다. 홍제원에서 수행하는 각종 구제 활동을 이 간사승이 담당했을 것으로 보인다.

세조 9년(1463)에도 四大院(활인원·홍제원·보제원·이태원)의 幹事僧이 언급된 것으로 보아, 보제원·이태원에도 간사승이 소속되어 있으며, 이들이 보제원이나 이태원에서 기민 구제 활동을 전개할 때 중요한 역할을 담당했을 것으로 추측된다(<표> 참조). 홍제원·보제원·이태원에 배속된 승려들은 기민 구제의 소임을 수행하고 있었을 것으로 보인다.

진제장은 국가적 차원에서 설치된 것이지만, 그곳에서 기민에게 직접 팽임을 맡아 구휼한 이는 주로 승려였다. 진제장에서 승려들이 구휼 활동에 종사하는 것은 세종대까지 자주 확인할 수 있지만, 그 이후는 거의 찾아지지 않는다. 보제원·홍제원·이태원의 기민에 대한 구휼 활동은 16세기에도 이어지지만, 승려에 대한 언급이 없어 아마도 성종대 무렵부터는 속인들이 전담하고[64] 승려들이 진제장에서 직접 구휼 활동에 종사하는 일은 거의 중단된 것으로 보인다.

---

64) 성종 25년 普濟院의 院主가 원 앞에 있는 鳳安君 賜田에 집을 짓고 살았음이 문제가 되었다. 원주에 대해 '小民'이라고 하고 원주의 집에 대해 '民舍'라고 언급함에서 알 수 있듯이 원주는 속인이었다. 성종 무렵에는 보제원은 물론 홍제원·이태원의 원주도 모두 속인이고 승려와 무관한 것으로 보인다. 성종대 불교에 대한 관료들의 비판이 더욱 강화되는 것은 이러한 결과를 가져 왔다고 생각한다. 성종대의 불교정책 전반에 대해서는 李逢春, 1991, 「朝鮮 成宗朝의 儒敎政治와 排佛政策」『佛敎學報』28이 참고된다.

〈표〉활인원·보제원·홍제원·이태원의 기민 구휼 활동

년 월 일	기민 구휼 활동	장소
세종 17년 4월 壬戌(21일)	한성부의 관리가 수시로 순행해서 扶護받을 곳 없는 恒居絶食人과 타도에서 유리해 丐乞하는 기민을 東西活人院에 分送하고 구휼한 기민의 수를 즉시 啓達하라. 기민이 직접 동서활인원에 도착한 자 역시 구휼하고 從來의 根脚을 政院에 보고하라.	동서활인원
세종 17년 8월 辛丑(2일)	飢民은 病人이 모이는 동서 활인원 근처에 별도로 異所를 설치해 섞이지 않도록 漢城府 郞廳이 糾察 賑恤하라.	동서활인원
세종 17년 9월 己巳(1일)	京中의 大小 各戶의 병에 걸린 노비 및 京外 丐乞하는 자는 모두 活人院에 모아 救療하고 만일 物故者가 있으면 즉시 그 집으로 하여금 棺을 마련해 장례지내도록 하라. 개걸인의 경우 官에게 棺을 제공해 장례지내고 標를 세우고 장부에 기록해 뒷날의 상고에 대비하라.	활인원
세종 18년 8월 戊辰(5일)	京中 및 城底의 飢民을 모두 活人院에 보내 賑濟했는데, 染病을 두려워해 逃散하는 자가 있을까 걱정이다. 또 流移하는 사람이 심히 많아 건물이 능히 수용할 수 없을 것 같다. 보제원·이태원에 별도로 賑濟場을 설립해 한성부와 오부관리가 함께 檢察하도록 하라.	활인원, 보제원, 이태원
세종 19년 2월 甲子(4일)	지난 해 겨울에 普濟院·利泰院에 진제장을 설치해 사방의 유리하는 기민을 진제한 것이 1,000여 인이다. 매일 관에서 쌀을 사람당 1升 5合씩 지급하고 아울러 鹽醬을 지급해 사방의 부종빈사자가 다수 삶을 얻었다.	보제원, 이태원
세종 19년 2월 己巳(9일)	城底의 보제원·이태원·동서활인원 등 진제장을 관할하는 관리가 마음을 다하지 않아 민이 굶주려 사망하는 자가 파다하다. 지금부터 한성부 오부관리로 하여금 4곳 진제장을 分掌토록 하고, 만일 구휼함을 게을리해서 굶주려 죽음에 이르게 한다면 처벌하도록 하라.	보제원, 이태원, 동서활인원
세종 19년 2월 己巳(9일)	한성부 낭청 가운데 한 명은 보제원와 동활인원, 한 명은 이태원과 서활인원, 한 명은 경성 내 및 城底 10리를 맡아 구휼하는 일을 관장하도록 하라.	보제원, 동활인원, 이태원, 서활인원
세종 19년 2월 丙子(16일)	봄 이후, 普濟院·利泰院의 賑濟場에 流移丐乞하는 자가 날로 증가하고 있는데, 飢民이 무리지어 모여 전염병으로 죽을까 두렵다. 또 홍제원에 진제장 한 곳을 더 설치하는데 그 考察官吏 및 支待 제반의 일은 보제원·이태원 진제장의 예에 의거해 시행하라.	보제원, 이태원, 홍제원
세종 19년 2월 癸未(23일)	보제원·이태원의 진제장에서 飢民이 병을 얻으면, 동활인원에 보낸다. 고로 진제장에서 기민을 내보내기 위해 조금이라도 병	보제원, 이태원

년 월 일	기민 구휼 활동	장소
	이 있으면 즉시 활인원에 보낸다. 할인원 역시 마음을 써서 구료하지 않아 隕命에 이른다. 지금 일기가 따뜻해 활인원에 보내지 말고 각각 진제장의 곁에 잠시 草廬를 세워 옮겨두어 官巫·醫女·奴婢로 하여금 마음을 써 구료하게 하고 府의 分掌官이 糾察을 兼任하라.	
세종 27년 1월 乙未(21일)	이미 보제원·홍제원에 東西飢民 진제장을 설치하여 각각 土字 2칸을 설치했다. 지금 기민이 날로 증가해 수용할 수 없다. 혹 病者가 한 곳에 섞어 있어서 서로 전염되어 致死할까 두렵다. 繕工監으로 하여금 院舍를 修葺하여 처하게 하고 每場마다 醫員 각 1인을 더 두어서 치료하게 하라. 옷이 없는 자는 濟用監으로 하여금 옷을 만들어 지급하라.	보제원, 홍제원
세종 27년 1월 甲辰(30일)	지금 보제원 飢民이 67인, 동활인원 90인, 홍제원 70인, 서활인원 48인인데. 지금 또 연속해서 오고 있다. 活人院官 및 醫員이 기일에 맞게 치료할 수 없으니 東西 二場에 의원 각 2명씩을 더 설치하라.	보제원, 홍제원, 동서활인원
세조 3년 5월 己巳(7일)	지난해 失農하여 京外의 곡식이 귀해 飢民丐乞者가 많다. 외방은 이미 諸邑에 진제장을 두도록 명했고, 경중은 마땅히 東西活人院에 보내 진휼토록 하라. 다만 貧民이 환자와 섞여 지내는 것을 걱정하여 逃散할까 염려된다. 보제원·홍제원·이태원 등 3곳에 별도로 전제장을 설치하고 差人監掌토록 하라. 또 五部관리로 하여금 매일 차례로 왕래해 檢覈하고 위반한 자는 죄주도록 하라.	활인원, 보제원, 홍제원, 이태원
세조 3년 9월 丁丑(16일)	山直으로 하여금 諸山丐乞하는 사람을 보면 撫恤하는 뜻을 천천히 가르쳐 주어 스스로 병조에 이르도록 하고 병조는 族親과 本主·保授를 찾아 救恤토록 하고 자주 고찰하되 親族과 本主가 없는 이는 동서활인원에 보내 구휼토록 하고 매 절기 끝에 啓聞하라. 또 殘疾篤疾해서 더욱 의탁할 곳이 없는 민과 盲人은 이미 明通寺를 설치했고, 농아·절름발이廢躄는 한성부로 하여금 保授를 널리 찾아 동서활인원에서 優恤토록 하고 매 계절 말에 계문토록 하라.	동서활인원
세조 5년 5월 壬辰(11일)	注書 丘致峒을 보제원·이태원에 보내 救荒을 점검하고 川邊의 기울어진 가옥을 살펴보게 하다.	보제원, 이태원
세조 5년 12월 乙丑(17일)	보제원·이태원·홍제원에 진제장을 두어 경기의 飢民을 살리도록 했다.	보제원, 이태원, 홍제원
성종 4년 12월 甲申(28일)	京畿가 흉년이 들어 민이 기근에 처해, 京城에 丐乞하는 자가 심히 많다. 보제원은 동부·북부에 속하게 하고 이태원은 남부, 홍제원은 서부에 속하게 하고, 진제장을 설치해 鹽醬을 지급하	보제원, 이태원, 홍제원

년　월　일	기민 구휼 활동	장소
	라. 各 部의 관원은 순번대로 常仕하면서 기민을 구휼하도록 하고 本主 및 族親保授者가 있으면 給付救恤하고, 依歸할 자가 없으면 이른 곡식이 익을 때까지 진제장에 머무름을 허하고 구휼하라.	
성종 12년 12월 壬戌(22일)	홍제원·보제원 진제장의 飢民이 혹 袂衣를 입고 혹 單衣를 입고 있는데 추위를 당해 凍死할까 염려된다. 該曹로 하여금 의복을 갖추어 지급하라.	홍제원, 보제원
성종 14년 1월 甲辰(11일)	경성 내외에 기근으로 丐乞하는 자가 많으니 전례에 의거해 성 밖의 동서(活人院?)에 賑濟場을 베풀어서 오부 및 한성부 郎廳으로 하여금 賑救하는 일을 나누어 맡도록 하라.	동서활인원 (?)
중종 20년 12월 甲寅(30일)	戶曹가 진제장을 세워 민을 구제하는데 그 뜻이 아름답다. 그러나 飢民을 한 곳으로 몰면, 능히 구제할 수 없고 도리어 폐가 있다. 飢餓의 민을 홍제원·보제원에 모을 수 있다. 京中의 과부로서 굶주린 자 역시 많은데, 한 곳에 함께 들일 수 없다. 京畿는 마땅히 剛明差使員에게 위임해 賑濟의 일을 맡기라. 都中의 민은 경기민처럼 많지 않다. 오부 및 한성부로 하여금 都中의 鰥寡의 수를 계산해 먹을 것을 분급함이 어떠한가. 정부에 의논하라.	홍제원, 보제원
명종 21년 2월 辛卯(29일)	京中의 동활인서, 보제원, 홍제원 및 鍾樓 等處에 丐乞하는 사람이 다수 모여 있다. 해진 옷을 입고 바가지를 들고서 거리에서 걸식하고 있다.	동활인서, 보제원, 홍제원

　국가에서 공식적으로 설치한 장소에서 승려가 피동적으로 구휼 활동에 참여하는 수도 많았지만, 사찰에서 자발적으로 굶주린 민을 구휼하는 일도 적지 않았다. 인수대비의 발원으로 正因寺를 중창했을 때, 민인을 무상으로 사역시키지 말고 募民償役토록 했다. 마침 경기 지역에 흉년이 들어 노인·어린이 할 것 없이 다투어 이 일에 참여해 먹을 것을 해결했다.[65] 사찰의 조영공사가 있을 경우 거기에 참여해서 굶주림을 해소할 수 있었던 것이다.[66]

---

65) 金守溫,「正因寺重創記」『拭疣集』권2.
66) 고려시기에도 그러한 예를 찾을 수 있다(李穀,「演福寺新鑄鍾銘」『稼亭集』권7 ; 許興植 編著, 1984,『韓國金石全文』(中世下), 亞細亞文化社,「演福寺鐘」, 1170~1171쪽). 사원을 조영할 때 민인을 징발하거나 승려를 사역하는 경우가 많기 때문에

세종비의 상에 즈음해 초재에서 대상재에 이르기까지 여러 차례의 재를
대자암·진관사·회암사·장의사 등에서 설행하는데, 매양 재가 있을 때마다
반승하는 승려가 8,9천을 밑돌지 않았고 많을 경우 만여 명이 이르렀으며,
잡객 수천 명과 빌어먹는 자[丐乞人] 역시 항상 만여 명에 달했다.67) 사찰
에 왕실의 인물을 위한 재를 설행하는 경우, 개걸인에게도 먹거리를 제공
함을 볼 수 있다. 아마도 다른 사찰에서 비슷한 유형의 재가 베풀어진다면
역시 마찬가지로 개걸인에게 먹거리를 제공했을 것이다.

문종 즉위년(1450) 국왕의 수륙재를 행할 때 사찰 밖에서 별도로 대중을
위한 공양을 베푸는데, 남녀 노유의 개걸자가 폭주하여 천 명에 달했다.68)
중종대에 正言 박수문이 어려서 사찰에서 독서했을 때의 忌晨齋 모습을
언급하고 있다. 즉, 기신재에서 먼저 개걸인을 먹인 후 선왕과 선후의 영가
를 부르며, 하단에서 제사를 올린다는 것이다.69) 국왕과 왕비를 위한 기신
재를 설행하는 경우 개걸인에게 먼저 먹거리를 제공했음을 읽을 수 있다.
사찰에서 각종 재가 베풀어질 때 행사에 앞서 걸인을 먹이는 절차가 진행
되고 있었다. 사찰에서는 이렇게 굶주린 민에게 먹거리를 제공한 것이다.

조선전기 승려들은 기민의 구휼 활동에 활발하게 참여했다. 도성이나
외방에 세워진 진제장에서 기민을 구제했다. 대개의 경우 관에서 세운 진
제장에서 실무를 담당했다. 승려가 팽임의 일을 전담한 것은 세종대까지
자주 보이지만, 그 이후는 거의 찾아지지 않아 아마도 성종 무렵부터는 승
려가 배제되고 속인이 기민을 구제하는 중심 역할을 담당한 것으로 보인
다. 이와 달리 사찰의 조영이 있거나 수륙재·기신재 등의 행사가 있을 때
사찰에서 독자적으로 기민을 구휼하는 일도 있었다. 전체적으로 보면 승려
들이 독자적으로 기민 구휼 활동을 활발하게 전개했다고 하기는 힘들다.

빈민·기민이 여기에 참여해 굶주림을 해결하는 것은 일반적인 일이 아니다.
67) 『世宗實錄』권111, 世宗 28년 3월 丙申(29일), 4-662.
68) 『文宗實錄』권1, 文宗 즉위년 4월 甲申(11일), 6-230.
69) 『中宗實錄』권7, 中宗 3년 10월 戊寅(14일), 14-282.

4. 患者 救療 活動

질병에 걸린 이에 대해서도 승려는 깊은 관심을 가져 보살피고 치료했다. 병든 이의 고통을 덜어주기 위한 여러 활동을 활발하게 전개했다. 종교적인 구원을 약속하는 것도 물론 있었겠지만,[70] 실질적인 도움을 주기 위해서도 적극 노력했다. 승려들은 고급의 의학 지식을 가진 경우가 많기 때문에,[71] 승려가 질병을 치료하는 일은 흔했을 것으로 보인다.

승려들은 환자를 치료하는 의술이나 잘 보살피는 마음가짐을 가지고 있었다. 불교의 가르침은 어려운 처지에 놓여 있는 이들을 돌보는 마음을 갖도록 했다. 자비심으로 표현되는 것이 그것이었다. 그렇기에 승려가 환속하는 경우, 의료 관련 부서에 배치토록 했다. 태종 13년(1413) 河崙이 승직을 가진 승려가 환속하는 경우 檢校職을 제수하고 濟生院·惠民局의 職事를 겸하게 하라고 상언하자, 국왕이 이를 따랐다.[72] 환속한 승려에게 의료 기구인 제생원·혜민국의 일을 맡도록 한 것은 그들의 장점을 활용하기 위함이었다. 승려들은 자비심과 善心을 가지고 있기에 이러한 의료 활동을 헌신적으로 수행할 수 있었다. 물론 전문 의료 지식을 소지했을 가능성도 없지 않다.

환자를 돌보는 일을 잘 수행한 승려로 坦宣이 찾아진다. 화엄종 승려인 탄선은 전염병이 일어났을 때 적극 치료한 일이 있었다. 태조가 개국한 초기에 도성을 축조할 때 疫癘가 크게 일어나자, 탄선은 전염병을 두려워하지 않고 힘을 다해 환자를 치료했다.[73] 세종대에 築城軍을 크게 모아 일을 도모할 때 역려가 있을 것을 염려하면서 경상도 新寧에 있던 탄선을 다시

---

70) '救病精勤'이나 水陸齋를 설행함으로써 질병을 치료하거나 전염병을 퇴치하려는 일도 있었지만 이러한 의례를 통한 질병치료는 언급하지 않기로 한다.

71) 金澔, 1996, 앞의 논문.

72) 『太宗實錄』권26, 太宗 13년 11월 壬午(6일), 1-694.

73) 『世宗實錄』권14, 世宗 3년 12월 庚戌(21일), 2-468.

서울로 불러들여 구호하도록 했다.[74] 탄선은 질병을 치료하는 의술을 보
유했을 뿐만 아니라 환자 치료에 극진한 자세를 보였음을 알 수 있겠다.
승려들이 자비심을 바탕으로 성심을 다해 치료하는 점이 인정받는 것이다.
의술을 소지하고서 속인들의 질병 치료에 적극적인 것은 고려 이래의 전
통이었다.[75]

서울로 불러온 탄선은 都城役에 참여한 이들을 치료하는 일을 맡았다.
세종 4년(1422), 都城을 수축하는 일이 있자, 救療所 4곳을 도성 東西에 설
치하고서, 혜민국 제조 韓尙德에게 명해 군인들을 치료하게 했다. 이때 한
상덕은 의원 60인을 거느리고 임했는데, 탄선 또한 승려 300명을 이끌고서
질병이 있거나 부상을 당한 군인을 치료했다.[76] 도성 수축에 동원된 군인
이 질병을 앓거나 부상을 입으면 한상덕이 거느린 의원과 탄선이 거느린
승려가 함께 그들을 치료하는 것이다. 탄선이[77] 거느린 승려 300명은 모두
탁월한 의술을 소지했다고 단정할 수는 없지만, 대부분 어느 정도 의술을
소지했을 것으로 보인다. 적어도 자비심을 바탕으로 환자를 돌보는 정성스
런 마음을 가지고 있었을 것이다.

제주도에서 나환자를 돌보는 일에도 승려가 활약했다. 제주·정의·대정
지방에서 나질이 유행하자, 환자를 해변에 격리했는데, 세 고을에 治病所
를 설치하고서 병자를 모아 衣糧과 藥物을 공급하고 목욕의 도구를 비치
토록 했다. 그리고 醫生과 승려로 하여금 그 일을 맡게 했다.[78] 환자에게
의량과 약물을 제공하며 또 목욕의 도구를 설치해 치료하는 일을 승려가
의생과 더불어 담당한 것이다. 승려들이 극한의 고통 속에 놓인 이들을 힘

---

74) 『世宗實錄』권14, 世宗 3년 12월 庚戌(21일), 2-468.

75) 李炳熙, 2008, 앞의 논문.

76) 『世宗實錄』권15, 世宗 4년 1월 癸酉(15일), 2-471.

77) 坦宣은 같은 해 세종 4년 8월 흥복사에 구료소를 설치해 굶주린 자를 진휼하는
일에도 참여했다(『世宗實錄』권17, 世宗 4년 9월 甲子(10일), 2-500). 그는 조선초
기 자비심을 몸소 실천한 대표적인 승려 가운데 한 명이었다.

78) 『世宗實錄』권110, 世宗 27년 11월 丁丑(6일), 4-644.

써 치료하고 있는데, 이것은 의술과 아울러 종교적인 신심이 없으면 담당
하기 어려운 일이다.

개성의 활민원에서도 승려가 병자를 치료하고 있음이 확인된다. 경기의
原平·交河·개성부 등에 惡疾이 치성하자 藥劑를 사용하고 針灸를 써서 치
료하나 효과를 보기 어렵다고 하고서 활민원에 모인 환자가 원하는 경우
목욕 한증시켜 치료하고, 柴炭·藥草·食糧은 개성부가 준비케 하고 간사승
을 정해 그 일을 주관하게 했다.[79] 관에서 각종 비용을 부담하되, 환자를
직접 치료하고 간호하는 일은 승려에게 일임한 것이다. 승려가 활민원에
모여든 환자를 목욕·한증시키고 약을 제조해 치료하며, 그들에게 먹을 것
을 제공하는 일을 전담한 것이다.[80]

중외의 溫井에서 병인을 치료하는 일에도 승려가 활약했다. 세종 9년 온
정 근처에 사는 慈心을 소지한 閑良人과 승려를 監考로 삼아 온정을 수리
하고 병자를 구호토록 하는 조치가 취해졌다.[81] 온정을 수리하고 병인을
구호하는 데 승려를 활용하는 것이다.

승려는 椒水의 안질 치료 효험 여부를 파악하는 일을 맡은 적도 있다.
세종 26년, 前京市署令 張澤과 승려 信玎을 全義 椒水에 보내 眼疾 치료
여부를 시험토록 한 것이[82] 그것이다. 신정이라는 승려는 전의 초수가 안
질을 치료할 수 있는 효험이 있는지 여부를 판단하는 소임을 맡았던 것이
다. 의약 분야에 대한 승려의 능력이 전제된 일이겠다.

구체적인 의술을 통해서가 아니라 주문을 통해 질병을 치료하는 승려도
있었다. 양녕대군이 瘧疾에 걸리자 이를 치료하는 呪僧이 그러한 존재로

---

79) 『文宗實錄』권8, 文宗 1년 7월 丙辰(20일), 6-412.
80) 이에 앞서 세종 5년에 개성에 活人院을 두고서 '聚會病人救療'한 바 있는데(『世
宗實錄』권19, 世宗 5년 1월 壬寅(20일), 2-521), 이 활인원을 문종 1년에 보수하고
서 활민원으로 이름을 바꾼 것으로 보인다. 활인원으로 일컬어질 때에도 승려들이
病人 구료에 참여했을 것으로 생각된다.
81) 『世宗實錄』권37, 世宗 9년 9월 壬子(27일), 3-94.
82) 『世宗實錄』권105, 世宗 26년 윤7월 庚子(23일), 4-578.

이해된다.[83] 주승으로 표현되는 승려는 대개 진언을 담당하는 승려로서 그 주문의 원력에 의해 질병을 치료한 것으로 보인다. 이 승려는 과학적인 의술을 활용하는 것이 아니라 불교 주문인 진언을 함으로써 질병을 치료하는 것으로 보인다.

승려들이 질병 치료에서 크게 활약한 곳은 도성 내외의 한증소였다. 한증소는 동서활인원에도 설치되어 있었으며, 도성 내 묵사에도 배치되어 있었다. 전자는 국가기구 내에 속한 것인 반면에, 후자는 승려 독자적으로 운영하는 것이었다. 세종 4년 8월, 병든 이가 汗蒸所에 이르면 처음에 땀을 내서 병을 떨치려고 하는데 이로 인해 죽음에 이르는 이가 종종 있다고 하고서 국가에서 善醫를 보내 한증효과 여부를 결정하도록 했다.[84] 이 한증소는 동서활인원에[85] 부속된 것으로 보인다. 한증은 땀을 내는 효과와 함께 더러운 몸을 깨끗이 함으로써 전염을 차단하는 효과를 동시에 추구했다. 특히 傷寒과 같은 역병은 寒氣가 피부를 통해 몸에 침입하여 발생했다고 보고, 이를 밖으로 발산해야 치료된다고 생각했다. 따라서 몸 안의 한기를 밖으로 내보내기 위해 많은 땀을 흘리게 했다.[86]

이 한증소를 운영하는 중요한 주체가 승려였다. 세종 4년 10월 예조가 한증으로 인한 致死를 지적하면서 지금부터 한증소를 문밖에 한 곳, 경중에 한 곳을 설치해 전의감·혜민국·제생원의 醫員을 1곳마다 2명씩 차정해 병의 증세를 진단한 이후 한증할 사람은 시키고 혹 잘못 살펴 사람을 상하게 하면 의원과 승려를 모두 논죄하도록 계문하자, 국왕은 이 요청을 받아들이면서, 동서활인원 및 경중의 한증소를 그대로 두도록 명했다.[87] 결국

---

83) 『世宗實錄』권13, 世宗 3년 8월 壬辰(2일), 2-445.
84) 『世宗實錄』권17, 世宗 4년 8월 己酉(25일), 2-494.
85) 활인원의 연혁을 보면, 고려의 대비원을 이어 운영하다가 태종 14년 9월 활인원으로 개칭했다. 이는 대비원이란 명칭이 불교의 대자대비의 말에서 나온 것이므로 활인원으로 바꾼 것이다. 이후 세조 12년 활인서로 개칭되었다.
86) 金澔, 1996, 앞의 논문.
87) 『世宗實錄』권18, 世宗 4년 10월 丙戌(2일), 2-505.

기존의 한증소를 두고 2곳을 추가로 설치한 것으로 이해된다. 한증소는 동
서활인원과 경중에 설치되어 있으며, 후자는 승려들이 독립해서 운영한 것
으로 보인다. 한증소에서 잘못 치료해서 문제가 발생하는 경우 의원과 아
울러 승려가 처벌을 받은 사실에서 승려가 한증소 운영에서 중요한 역할
을 담당했음을 알 수 있다.

　승려 스스로가 앞장서서 별도의 한증소를 설치 운영한 구체적인 내용이
전한다. 세종 5년 대사 明昊가 탕욕하는 곳을 세워 병을 치료하려고 하자
국왕이 家舍를 사여하고 욕실을 만들도록 했는데, 일을 시작하기 전에 그
승려가 사망했다. 다른 승려들이 이를 계승해 연화를 통해 욕실을 추가로
만들어 汗蒸離病者가 이어지고 있었다. 이곳이 세종 9년 재정 어려움을 호
소하자 국왕이 미 50석과 면포 50필을 사여해 도와주었다.88) 승려가 앞장
서서 한증소를 세워 경영했음을 알 수 있다. 이 한증소는 동서활인원에 속
한 것이 아니라 승려들이 별도로 운영하는 곳으로 보인다. 명호가 세운 한
증소는 묵사와 관련깊은 한증소로 추측된다.89)

　이 무렵 승려 스스로가 한증소를 운영할 만큼 이곳을 찾는 환자들이 급
증한 것으로 보인다. 이렇게 되자 국가에서도 기존의 동활인원 한증소 시
설을 증축하고자 했다. 일찍이 汗蒸沐浴室을 만들었는데 매우 좁았기 때문
에 질병을 치료하지 못하는 자가 다수였다. 세종 11년 大禪師 一惠 등이
존비남녀를 구분하고자 동활인원에 蒸浴室 3곳을 증축해 石湯子를 설치하
고자 하나 힘이 미약해 못한다고 하면서 재정 지원을 요청하자 이를 들어
주었다.90) 증욕실 3곳을 더 증축하는 비용을 제공해 달라고 요청한 이는
대선사 일혜였다. 동활인원의 한증소 운영 주체로 승려가 자리함을 확인할

---

88) 『世宗實錄』권36, 世宗 9년 4월 壬午(24일), 3-69.
89) 京中에 있는 한증소는 위에서 언급한 2곳과 墨寺에 설치된 곳이 있었던 것으로
　　보이며, 이곳의 관리 운영은 모두 승려가 맡았다고 생각된다. 경외에는 동서활인
　　원에 속한 한증소가 있었다.
90) 『世宗實錄』권44, 世宗 11년 6월 壬寅(27일), 3-187.

수 있다.

한증소에서 활동하는 승려는 당연히 경성에서 생활하고 있었기에 특별
한 대우를 받았다. 경성에 출입하는 승려의 경우 첩자를 살피도록 했는데,
한증승에게는 예조에서 印信帖字를 주도록 했으며,91) 그리고 자유롭게 도
성 내외에서 활동하는 자유를 보장받았다.92) 여기에서 언급한 한증승은
동서활인원에 배속된 부류가 중심이겠지만, 사사로이 도성 내 한증소를 운
영하는 한증승도 포함될 것으로 보인다.

그러나 세종 27년, 한증을 담당하던 墨寺가 혁파당하는 조치가 있었다.
묵사는 동서활인원과 달리 도성 내에 위치하고서 한증소를 운영해 왔다.
묵사의 승려가 病人을 汗蒸沐浴시키는 설비를 보수할 것을 청하자, 이미
동서활인원을 설치해 질병을 치료하고 있다고 했다. 그리고 묵사는 閭閻
사이에 있어 승려의 거처로서 부적합하며, 한증목욕은 질병의 치료에 특별
한 효과가 없다고 하면서 묵사를 철거하도록 했다. 묵사의 한증목욕하는
기구 및 立寶米布는 동서활인원에 分與하고, 노비는 형조로 하여금 區處하
게 하게 했다. 묵사 건축물의 材瓦는 倭館 修葺에 사용하라고 했다.93) 한
증의 기능을 담당하던 묵사를 혁파하는 조치인 것이다. 민간 사이에 섞여
있다는 것, 한증목욕이 특별한 효과가 없다는 것을 이유로 해서 혁파하는
것이다. 그러면서도 묵사에서 사용하던 한증목욕의 기구를 동서활인원으
로 옮기도록 한 것은 한증의 기능을 완전히 부정하는 것이 아님을 뜻한다.
승려가 독자적으로 운영하는 한증소를 철폐하고, 국가 의료기구 내 동서활
인원의 한증소만을 유지시켜 가는 것이다.

이러한 조치는 국가 주도 의료행정의 강화라고 할 수 있다. 동서활인원
의 한증소 운영에서도 승려가 점차 배제되어 간 듯 하다.94) 그러나 이 이

---

93) 『世宗實錄』권49, 世宗 12년 9월 己亥(1일), 3-258.
92) 『世宗實錄』권57, 世宗 14년 8월 壬寅(16일), 3-410.
93) 『世宗實錄』권110, 世宗 27년 11월 丁丑(6일), 4-644.
94) 문종 1년 洪濟院 石佛에 기도하면서 바치는 米穀으로 서활인원의 汗蒸軍人에게

후 동서활인원 한증소 자체도 크게 위축된 것으로 보인다.95)

동서활인서에는 한증소 운영을 담당하는 승려는 한증만이 아니라 그밖의 방법도 사용하여 환자를 구료했을 것이다. 동서활인원에 속한 승려는 한증소에서 중요한 역할을 할 뿐만 아니라 일반 병자를 돌보는 일에도 크게 힘썼을 것으로 보인다.

활인원에 간사승이 배치되어 있음은, 세종 19년 11월 활인원에 이속한 사사전이 활인원 소속 간사승의 衣纏을 공급하기 위함이라는 데서96) 알 수 있다. 동서활인서에 간사승이 배치되어 있었음은 성종 1년(1470)의 기록에서도 확인된다.97) 활인원의 간사승은 초기에는 환자 치료와 기민 구휼을 함께 담당했을 것이며, 세조 3년(1457) 이후 병자의 구료만을 전담한 것으로 보인다. 이 간사승은 병자 구료의 방법에는 한증이 가장 중요했기에 한증소 운영의 중추적 역할을 담당했을 것으로 생각된다.98) 그 이후 동서활인서에서 활약하는 승려에 대한 기록이 보이지 않아 동서활인원에서 승려를 배제시켜 간 듯 하다.

반면 무격은 활인서에서 여전히 활동하고 있었다.99) 『經國大典』에 서울의 무격은 예조에 적을 두고 활인서에 나눠 소속시켜 병인을 치료하도록 하라고 규정했다.100) 승려는 배제시키되 무격은 계속해서 활인원에 배속

공급하는 비용으로 삼자는 것이 보여(『文宗實錄』권6, 文宗 1년 3월 壬子(13일), 6-366), 한증을 승려가 아니라 군인이 주로 담당한 것을 알 수 있다. 이 무렵 승려는 한증소에서 배제되어 간 것으로 보인다.

95) 묵사를 폐지할 무렵 한증의 질병치료 효험 여부가 의문시된 것으로 추측된다.

96) 『世宗實錄』권79, 世宗 19년 11월 丙申(10일), 4-114.

97) 『成宗實錄』권6, 成宗 1년 6월 戊午(11일), 8-509.

98) 활인원(활인서) 소속 간사승은 한증만이 아니라 5절에서 알 수 있듯이 매골도 담당했다.

99) 국초에도 활인원에 巫覡이 소속되어 病人을 치료했다. 그것은 "活人院分屬巫覡 俾令調護病人 每歲末 考其活人多少 能活十人者 給賞勸後 不爲用心者 論罪" 하자는 데서(『太宗實錄』권29, 太宗 15년 6월 庚寅(25일), 2-72) 잘 알 수 있다.

100) 『經國大典』권3, 禮典, 惠恤.

시켜 환자를 치료하게 한 것을 알 수 있다.[101] 중종 11년(1516) 국가가 女
巫는 城 內에 들어올 수 없도록 했지만, 그들이 '多屬於東西活人署'하다고
지적했으며,[102] 중종 12년에도 掌令 鄭順朋이 巫女가 東西活人署에 속한
본의는 病人을 치료하고자 함이나 이런 부류를 소속이 있게 하는 것은 불
가하다고 언급했다.[103] 여전히 무녀가 활인서에서 환자 치료에 종사하고
있었음을 알 수 있다. 그러나 중종 12년에 무녀는 활인서에서 소속시키지
않도록 조치함으로써 무녀가 활인서에서 배제되었다.[104]

질병 치료의 의술을 소지한 승려가 많았기에, 의술로 민인들을 미혹시
키는 승려가 있을 수 있었다. 문종 즉위년(1450), 전라도 高山縣 花巖寺 승
려 道溫이 함부로 역마를 타고 承政院에 이르러 자신이 능히 사람을 살릴
수 있다고 하고서 지금 大故를 듣고 급히 왔다고 했다. 마침 찬성 최사강
의 처가 사망했는데 도온에게 그 기술을 시험케 하니, 이미 毀爛해 살릴
수 없다고 했다.[105] 결국 도온이라는 승려는 죽은 이를 살릴 수 있는 능력
을 소지한 것이 아니었다. 그럼에도 일말의 기대를 한 것은 승려들 가운데
비상한 의술을 소지한 이들이 있었기 때문일 것이다.

연산군대 문제가 된 요승 盧雄도 병 치료 능력으로 속인을 미혹시킨 승
려였다. 허웅은 자칭 生佛이라고 하면서, 篤疾·廢疾·瘡腫, 기타 잡병을 모
두 치료할 수 있다고 선전했으며, 또 禍福之說로 愚民을 속이고 유혹하면
서 州郡을 두루 돌아다녔다.[106] 요승 허웅은 醫를 탁칭하고 매양 병든 이

---

101) 활인서는『經國大典』권1, 吏典에 종6품 아문으로 언급되어 있다. 그 기능은 '掌
　　救活都城病人'이라 했으며, 提調 1員, 參奉·醫員는 兩都目에 체아하며, 別提 4
　　員(종6품), 參奉 2員(종9품)이 배속되어 있다. 다른 자료에도 성종 중반 이후 활
　　인서에 속한 승려에 대한 언급이 보이지 않아, 그 무렵 활인서에서 승려는 완전
　　히 배제된 것으로 판단된다.
102)『中宗實錄』권25, 中宗 11년 6월 癸丑(3일), 15-187.
103)『中宗實錄』권29, 中宗 12년 9월 辛卯(18일), 15-329.
104)『中宗實錄』권29, 中宗 12년 9월 辛卯(18일), 15-330.
105)『文宗實錄』권1, 文宗 즉위년 3월 癸丑(9일), 6-225.
106)『燕山君日記』권49, 燕山君 9년 4월 己未(23일), 13-559.

를 보면 치료하는 모습을 하고 이르기를, "네가 만약 타인에게 병을 말한다면 병이 차도가 없으며 종신토록 회복할 수 없다."고 하니, 이에 병자가 죽음에 이르러도 자신의 병을 말하지 않았다는 것이다.[107]

질병 치료 능력을 위장한 예는 이후에도 보인다. 中宗 32년, 근래에 妖僧이 속인의 옷을 빌려 입고 閭里를 다니면서 捉鬼療病을 자칭하고서 愚民을 眩惑시키고 있는데, 질병이 있는 자가 그에게 달려가 살려줄 것을 구하면서 미치지 못할까 두려워할 정도였다고 간원에서 계했다.[108] 귀신을 잡고 병을 치료할 수 있다고 자처한 승려가 있는 것이다. 승려 가운데 질병 치료에 비상한 능력을 소지한 이가 있기 때문에 이러한 요승이 통할 수 있는 것이다.

조선전기 환자의 치료에 탁월한 능력을 발휘하는 승려가 있었다. 승려들은 불교의 자비심을 전제로 해서 병든 이의 치료에 적극 참여했다. 승려의 질병 치료가 가장 활발했던 곳은 한증소였다. 환자가 이곳을 찾으면 한증함으로써 질병을 치료했다. 한증소는 승려 독자적으로 운영하는 것과 국가기구인 동서활인서에 속해 있는 것이 있었다. 묵사의 한증소가 세종 27년에 철폐될 무렵부터 동서활인원의 한증소 기능도 크게 약화된 것으로 보인다. 동서활인서에서 환자를 치료하는 일이 이어지고 있지만, 승려들이 이곳에 소속해 활약하는 것은 찾기 힘들며, 반면 무격은 16세기에도 활인서에서 병자 치료에 종사하고 있음을 확인할 수 있다. 국가기구 밖에서 승려들이 의술을 발휘해 환자를 치료하는 일은 이전 시기보다 축소되기는 했겠지만, 이후에도 적지 않았을 것이다. 의술을 소지한 승려가 있기에 거짓으로 질병을 치료할 수 있다고 민인을 미혹시키는 승려가 출현할 수 있었다.

---

107) 『燕山君日記』권49, 燕山君 9년 4월 甲子(28일), 13-560.
108) 『中宗實錄』권83, 中宗 32년 2월 癸酉(24일), 18-31.

5. 喪禮 支援 活動

조선전기 승려들은 버려진 시신을 수습해 매장하는 일에서 두드러진 모습을 보였다. 그러한 승려는 흔히 埋骨僧으로 불리었다. 매골승이 담당하는 일은 보통의 속인이 할 수 있는 것이 아니었다. 종교적인 신심이 전제되어야만 할 수 있는 일이었다.

버려지는 시신의 모습은 처참한 것이었다. 굶주려서 혹은 전염병으로 사망하는 경우 그것을 수습해 매장하는 일은 힘들고 궂은 일이었다. 태종 10년(1410) 4월 도성의 사망한 사람이 거리에 버려지거나 혹은 溝巷에 놓여 있어 차마 볼 수 없다고 했다.[109] 거리에서 병사하는 경우 '爲禽獸所吃'하는 수도 있었다.[110] 세종 28년(1446) 황해도에서는 굶주림으로 인해 민인이 서로 베고 누워 있으며 그 썩는 냄새가 거리에 가득해서 행인들이 피하고 있었다.[111] 성종 16년(1455) 연이은 흉년으로 굶주려 죽은 이가 서로 바라보이며 다수가 구학을 메우고 있으며 모래와 자갈에 뼈를 드러내고 있었다.[112] 조선전기를 통하여 끊임없이 발견되는 시체 유기는 대체로 病死 또는 餓死인 경우로 전염을 꺼리거나 유족이 그것을 매장할 만한 여력이 없는 상황에서 일어나는 것으로 보인다.[113] 승려들이 이처럼 참혹하게 버려진 시신을 매장하는 일이 많았다. 차마 쳐다 볼 수 없고 악취가 나서 피하는 그 일을 승려들이 담당했다. 이것은 속인으로서 감당하기 어려운 일이었기에 승려가 전담했다.

태종 10년 4월 도성 내 버려진 시신을 수습해 매장하기 위해 埋置院을 설치했다.[114] 이 매치원에 소속되어 매장의 일을 주로 담당한 것은 승려로

---

109)『太宗實錄』권19, 太宗 10년 4월 甲辰(8일), 1-540.
110)『太宗實錄』권19, 太宗 10년 4월 戊戌(2일), 1-538.
111)『世宗實錄』권112, 世宗 28년 6월 甲辰(8일), 4-678.
112)『成宗實錄』권174, 成宗 16년 1월 戊子(5일), 10-662.
113) 한희숙, 2004, 앞의 논문.
114)『太宗實錄』권19, 太宗 10년 4월 甲辰(8일), 1-540.

보인다. 매골의 일을 승려가 거의 전담하는 데서 그러한 추정이 가능하다.

도성 내에 버려진 시신을 수습해 매장하는 일은 활인원 소속의 승려가 거의 전담했다.115) 환자의 경우 활인원에서 구료받다가 사망하는 일이 많았다. 그 사망자의 연고자가 없을 경우 활인원의 매골승이 장례를 주도했다.116) 동서활인원의 매골승은 사망자의 埋葬을 담당했는데, 兩院에 각각 5명씩 10명이 배치되어 있었다.

세종 9년 종전의 10명이던 매골승을 16명으로 증원했다. 곧 埋骨僧勸勵事目에, 매골승이 종전보다 6명을 늘려 동서활인원에 각각 8명씩 모두 16명을 배속시키고 그들로 하여금 경성의 5부 및 성저 10리를 나누어 맡도록 했다.117) 대개 무연고의 주검이나 전염병으로 사망한 주검을 매장하는 일을 담당한 것으로 보인다. 궂은 일이어서 속인이 꺼리는 일을 승려들이 맡아 행하고 있는 것이다. 이들의 활동 내용은 활인원의 관원이 살피도록 했다.118) 활인원 관원의 지시를 받으면서 승려들이 매골의 일을 담당한 것이다. 동서활인원에서 죽음을 맞은 환자들의 매장은 이들의 몫이었을 것이다. 매골승은 세종 10년에 4명이 추가되어, 결국 20명이 되었다.119) 매골승이 담당하는 일은 흉한 일로서 속인이 감당하기에 어려운 일이었다.

세종 19년 동서활인원에서 구료받다가 사망한 이들에겐 관곽을 지급해 매장하도록 했는데,120) 이 매장의 일은 당연히 활인원에 속한 매골승이 담당했다고 생각된다. 동서활인원의 매골승에 대해서는 세종대에 여러 차례

---

115) 고려시기에도 동서대비원은 버려진 시신을 묻어주는 일을 맡았다(『高麗史』권84, 志38, 刑法1, 職制, 文宗 11년, 中冊, 842쪽).

116) 태종 10년 "又有病死于道 爲禽獸所吃者 國家本置東西活人院 亦何爲哉"라는 데서(『太宗實錄』권19, 太宗 10년 4월 戊戌(2일), 1-538) 활인원이 버려진 시신을 묻는 일을 맡고 있음을 알 수 있다.

117) 『世宗實錄』권37, 世宗 9년 9월 丙戌(1일), 3-89.

118) 『世宗實錄』권37, 世宗 9년 9월 丙戌(1일), 3-89.

119) 『世宗實錄』권40, 世宗 10년 윤4월 壬辰(11일), 3-128.

120) 『世宗實錄』권76, 世宗 19년 2월 庚午(10일), 4-53.

언급되었지만, 그 이후에는 그들의 활동을 보이는 자료가 찾아지지 않는 다. 아마 성종대부터 완전히 배제된 것이 아닌가 한다.[121]

관을 제작해 공급하는 일을 맡은 부서는 歸厚署였다. 귀후서는 棺槨을 만들어 판매하고 禮葬에 필요한 물품을 공급해 주는 일을 담당하던 관서 이다. 태종 6년 유사에게 명하여 쌀 30섬과 오종포 백 필을 내 주어, 棺槨 所를 용산 강가에 설치하고서, 慈恩宗都僧統 宗林에게[122] 그 일을 주장 하게 했다. 여러 신하들도 각기 쌀과 베를 내어 이 일에 협조하는 이가 많았다.[123] 이때 종림 이외에 信戒라는 승려도 참여한 것으로 보인다.[124] 태종 14년 2월 관곽소를 施惠所라 했으며,[125] 태종 14년 9월 歸厚所로 개 칭했다.[126]

그러나 이후 제 기능을 하지 못했던 듯 세종 25년에 다시 귀후소를 설치 하여 대소 인민이 초상을 당했을 때 관곽을 졸지에 마련하기 어려운 점에 대비하도록 했다.[127] 귀후소는 세조 9년(1463) 이후 歸厚署로 그 위상이 격상되었다.

귀후소에는 승려가 속해 있었다. 귀후소에는 세종 1년(1419) 提調 1인, 提擧 2인, 別坐 2인이 배속되었으며 모두 慈惠한 자를 쓰는데, 제거와 별좌 에는 승려와 속인을 교대로 임명토록 했다는 데서[128] 알 수 있다. 결국 귀 후소의 제거와 별좌에는 한 명씩의 승려를 선임했다는 것이다. 자혜한 승

---

121) 동서활인서는 연산군대 禁標를 설치할 때 모두 철거되었다가 중종 7년(1512)에 復立이 논의되고 있다(『中宗實錄』권15, 中宗 7년 2월 丙申(21일), 14-561). 이런 과정을 거치면서 동서활인서와 승려의 관계는 완전히 단절된 것으로 보인다.
122) 종림은 앞에서 언급한 바 있듯이 태조대에 板橋院에서 築城役 때문에 오가는 이를 치료하고 구휼한 적이 있다.
123) 『新增東國興地勝覽』권2, 京都下, 文職公署, 歸厚署.
124) 『成宗實錄』권130, 成宗 12년 6월 壬戌(19일), 10-231.
125) 『太宗實錄』권27, 太宗 14年 2월 壬戌(18일), 2-7.
126) 『太宗實錄』권28, 太宗 14년 9월 丙子(6일), 2-35.
127) 한희숙, 2004, 앞의 논문.
128) 『世宗實錄』권3, 世宗 1년 1월 壬申(27일), 2-299.

려가 귀후소에 정식으로 배치되어 관곽의 제조에 참여했던 것이다. 『世宗
實錄』 지리지에 따르면 歸厚所는 龍山江에 있었으며 소속 관원으로 提調
와 別坐가 있었고, 뜻 있는 승려로 하여금 幹事를 삼았으며, 이곳에서 관곽
을 제조해 팔도록 해 喪家의 倉卒에 대비케 했다.[129] 귀후소에 간사승으로
선임된 승려는 관곽 제작의 소임을 맡았던 것으로 보인다. 관곽의 제작과
판매에 그치는 것이 아니라 상례도 일정하게 관장했을 것으로 짐작된다.

귀후소에 속한 승려는 매골승으로 표기되어 있어, 매골도 임무에 포함
됨을 알 수 있다. 세종 14년(1432) 한성부에서 계문한 내용에 귀후소 매골
승이 언급되었는데,[130] 이 귀후소 소속의 매골승은 도성 내외를 다니면서
소임을 담당한 것으로 보인다. 귀후소에 속한 승려는 관곽의 제작은 물론
매골의 임무도 부분적으로 맡고 있었을 것으로 보인다. 세종 27년, 귀후소
소속의 간사승이 언급되고 있어,[131] 귀후소에 간사승이 배속되어 있음을
재확인할 수 있다. 간사승의 임무 역시 관곽의 제작 및 매골로 생각된다.
매골은 활인원(활인서)에 전담하는 승려가 있으므로 귀후소의 승려가 매골
을 담당하는 것은 부차적인 것으로 여겨진다. 귀후소에 속한 승려의 임무
는 어디까지나 관곽의 제작이 주였다.

귀후소에 배속된 승려의 혁파가 문종 즉위년(1450) 논의되었다. 곧 귀후
소 간사승을 혁파하자는 주장이 있었지만, 그 유래가 오래되어 혁파할 수
없다고 하여 유지되었다.[132] 가급적 국가 기관에서 승려를 배제시켜 가려
는 것이지만, 귀후소 간사승은 유지되고 있는 것이다.

귀후소에 소속한 승려에 대해서는 세조 9년 혁파하는 조치가 취해졌다.
舊制에는 歸厚所에 속한 別坐 4명을 朝官 2명, 僧侶 2명으로 交差했는데,
지금부터는 승려를 혁파하고 朝官 1인을 더 差定하라고 조치했다.[133] 관원

---

129) 『世宗實錄』권148, 地理志, 漢城府, 5-613.
130) 『世宗實錄』권57, 世宗 14년 8월 壬寅(16일), 3-410.
131) 『世宗實錄』권109, 世宗 27년 8월 戊辰(27일), 4-634.
132) 『文宗實錄』권5, 文宗 즉위년 12월 己卯(9일), 6-327.

을 늘리는 대신 승려의 임명을 폐지한 것이다. 예종 1년(1469)에는 歸厚所
와 禮葬都監을 합하고 別提 1명을 늘리는 조치가 있었다.134)

세조 9년 이후 귀후소에서 승려가 배제된 것인데, 이는 사회구제 활동에
서 승려의 입지가 축소됨을 의미한다. 귀후소의 관원으로 배속되는 것은
중단되었지만, 승려와 귀후서의 연계는 당분간 지속되었을 가능성이 있다.
그러나 귀후서 뒤에 있는 사찰이 성종 12년(1481) 철폐되면서 귀후서와 승
려의 관계는 완전히 단절된 것으로 보인다. 이때 그 사찰은 혁파되어 홍문
관의 독서당이 되었다.135)

승려는 배제되었지만 귀후소 자체는 혁파되지 않고 성종 24년에도 관곽
을 제조하고 있었다. 歸厚署에서 棺槨을 만들어 팔게 하는데 그 값이 비싸
서 10여 필에 이른다고 지적한 사실에서 확인할 수 있다.136) 귀후서에서
계속해 관곽을 제작했지만, 승려가 아니라 주로 속인이 그 일을 담당한 것
으로 보인다.

『經國大典』에 의하면 귀후서는 從六品衙門으로 "掌造棺槨 和賣 供禮葬
諸事 提調 一員"이라 했으며, 종6품의 別提 6員이 소속되어 있었다.137) 또
한 경아전조에 의하면 書吏 4명이 소속되어 있었다. 소속 승려에 대한 언
급이 보이지 않는다.

귀후서는 선조대에도 확인된다. 선조 28년(1595), 吏曹가 관원의 감원책
을 마련하는 조치의 일환으로 活人署와 歸厚署를 禮曹에 합하는 일이 있
었다.138) 이때까지 독립된 관부로서 기능하던 귀후서가 이때에 와서 예조
에 병합됨으로써 사라지게 되는 것이다.

도성만이 아니라 외방에서도 승려가 매골을 담당한 사실이 찾아진다.

---

133) 『世祖實錄』권31, 世祖 9년 11월 甲申(30일), 7-595.
134) 『睿宗實錄』권3, 睿宗 1년 1월 辛巳(26일), 8-322.
135) 『成宗實錄』권130, 成宗 12년 6월 壬戌(19일), 10-231.
136) 『成宗實錄』권277, 成宗 24년 5월 甲申(21일), 12-314.
137) 『經國大典』권1, 吏典, 京官職
138) 『宣祖實錄』권62, 宣祖 28년 4월 甲子(22일), 22-486.

승려가 매골의 일을 수행한 것은 제주에서 확인된다. 세종 27년, 제주·정의·대정에 癩疾이 흥행하자 사람들이 전염을 싫어해, 나질에 걸린 이들을 사람이 없는 해변에 두었는데, 이들 중에는 고통을 이기지 못하고 바위에 떨어져 자살하는 이가 있었다. 승려로 하여금 이들의 뼈를 수습해 묻는 일을 담당하도록 안무사가 지시했다.139) 승려들이 제주에서 나병으로 사망한 이들의 매장을 담당했다는 것이다.

승려는 활인원(활인서)에 배속되어 매골을 담당하고 귀후소(서)에 배치되어 관곽을 제조했지만, 승려를 기관에서 배제시키고 그러한 소임을 점차속인에게 위임해 갔다. 그렇지만 국가기구와 관계없이 승려들은 세속사회에서 독자적으로 매골의 일을 담당하고 있었던 것으로 보인다. 선조대에보이는 매골승은 국가기구에 속하지 않고 자율적으로 그 소임을 맡아온승려였다. 임진왜란 중인 선조 26년(1593) 경성 내외에 시신이 쌓여 있는데이를 제대로 수습하지 못하고 있으니 매골을 업으로 삼는 승려들을 모집해 시신을 일일이 매치하도록 했다. 매치를 잘 하는 자에게는 禪科를 지급하고 혹은 圖帖을 지급하도록 비변사로 하여금 의논케 했다.140) 전쟁으로많은 시신이 널려 있는데 이를 수습해 매장하는 일을 승려에게 담당토록한 것이다. 승려가 세속 사회에서 매골의 일을 담당해 온 것에서 취해진조치인 것이다. 이때 매골을 담당한 승려는 활인원이나 귀후소 등 국가기관에 소속한 승려가 아니었다.

승려들이 매골의 임무를 맡아 수행한 것은 광해군대에도 확인된다. 광해군 9년(1617), 궁궐이나 衙門 後苑 등을 살펴 埋骨이 있으면 僧人으로 하여금 淨處에 옮겨 매장하도록 하라고 했다. 아울러 사직 담장 위아래도 자세히 살피라고 했다.141) 광해군 10년에도 仁慶宮에 매골함이 심히 많다고하고서, 監役官을 별도로 정해 일일이 자세히 살펴 발굴해, 승려로 하여금

---

139) 『世宗實錄』권110, 世宗 27년 11월 丁丑(6일), 4-644.
140) 『宣祖實錄』권43, 宣祖 26년 10월 壬午(2일), 22-105.
141) 『光海君日記』권116, 光海君 9년 6월 壬戌(29일), 29-233.

깨끗한 곳에 매장하도록 했다.142) 결국 매골의 일을 승려에게 담당토록 한 것이다. 승려들이 세속 사회에서 장례를 담당하는 일이 많았기에 매골의 임무를 부여받았던 것이다.

승려들은 매골의 일을 담당하는 것에서 더 나아가 매장한 시신의 유골을 감정하는 일을 맡은 것도 확인된다. 선조 28년, 恭懷嬪의 임시 매장처를 살펴보고 보고한 내용에, 열어서 살펴보니 朽骨 2개가 있어 醫官 및 埋骨僧으로 하여금 看審하게 했더니 명백히 人骨이 아니라고 판정했다는 것이 전한다.143) 매장한 유골의 감정을 담당한 것이 의관과 함께 매골승이었던 것이다.

조선전기 승려들은 속인들이 꺼리는 궂은 일을 맡아 수행했다. 그 가운데 하나가 관곽을 제작하는 일이었고, 매골을 담당하는 것이었다. 귀후서 뒤에 있는 사찰이 철폐되는 성종 12년에는 귀후소와 승려의 관계는 완전히 중단된 것으로 보인다. 활인원 소속의 매골승이 활동하는 내용도 성종대 이후 찾아지지 않아 역시 중단된 것으로 추정된다. 국가기구와 관계없이 세속사회에서 승려들이 장례나 매골의 일을 수행한 것이 많아서 유사시에 이들을 차출해서 매골의 임무를 부여했다. 승려의 자선활동 가운데 뒷 시기까지 부단히 이어진 분야는 매골과 관련한 일이었다.

6. 結語

조선전기 승려들은 여러 분야의 자선활동에 종사했다. 그것은 자비심과 善心이라는 종교적인 가르침이 전제된 것임은 물론이었다. 세속인이 마다하는 궂은 일을 승려들이 기꺼이 맡아 수행했다. 이러한 일은 고려시기 이

---

142) 『光海君日記』권126, 光海君 10년 4월 己亥(10일), 29-460.
143) 『宣祖實錄』권64, 宣祖 28년 6월 癸卯(2일), 22-504.

래 불교계가 펼친 활동의 연장선 상에 있었다. 조선전기 전체 불교계의 위축과 짝하여 이러한 자선활동도 이전보다 크게 축소됨을 면할 수 없었다.

행려에 대한 승려의 자선활동은 院에서 두드러졌다. 고려시기 이래 운영해 오던 원을 조선이 개국하자마자 국가가 관리해 나갔다. 원에서는 행려에게 먹거리와 잠자리를 제공하는 등 여러 편의를 제공했다. 승려가 원에서 세속의 여행자에게 편의를 제공하는 구체적인 모습은 판교원이나 덕방원·견탄원·광탄원 등에서 찾을 수 있다. 그러나 원을 유지해 가는 것은 쉬운 일이 아니었다. 잡역이 부과되었으며, 도적이 약탈했고, 반면에 수령이 배려해 주지 않았다. 때로는 여행자만이 아니라 걸인이 찾기도 했다. 국가의 원 장악으로 다수의 승려가 원에서 이탈한 것도 원의 운영을 어렵게 한 요인이었다. 다수의 사람에게 편의를 제공하는 일은 귀찮고 번거로운 일이기에 속인이 마다하는 수가 많아, 자비심을 갖는 승려를 원주로 삼는 일이 흔했다. 세종대까지는 승려가 원주로 임명되는 일이 많았지만 그 후 점차 드물어지며, 『經國大典』에서는 인근에 사는 민을 원주로 삼도록 했다. 원주로 임명되어 승려가 활동한 것은 세종대를 분기점으로 해서 점차 축소되어 갔다.

기민에 대한 구제 활동에서도 승려들이 두드러진 활약을 했다. 기민은 남루하고 질병의 위험에 노출된 상태에서 도움을 청하기에 그들을 구휼하는 것은 쉬운 일이 아니었다. 세종대에 흥복사에 진제장을 설치해 기민을 구휼한 적이 있으며, 강원도와 충청도 기타 여러 지역에서 진제장을 설치했을 경우 승려의 도움을 받아 운영하는 수가 많았다. 또한 경성 인근의 홍제원·보제원·이태원에서 진제장을 베풀었을 때 승려들이 그 운영에 참여한 것으로 보인다. 그밖에 사찰을 조영하는 일이 있을 경우 참여한 기민에게 먹거리를 제공했으며, 사찰에서 설행되는 각종 재·수륙재에서 걸인에게 먹을 것을 주었다. 국가가 설치한 진제장에서 승려가 활약하는 일도 성종대 이후는 찾아보기 힘들다. 불교계가 사사로이 굶주린 민을 구휼하는 일도 현저하게 축소되어 간 것으로 보인다.

환자에 대한 구료 활동에도 승려들은 적극 참여했다. 국초에 승려가 환속하는 경우 의료기구에 배속하는 일이 있는데, 이것은 고려시기 이래의 전통을 따른 것으로 이해된다. 승려가 의술을 소지하고 있거나 혹은 자비심을 가지고 환자를 돌봐 왔기 때문이었다. 탄선이라는 승려는 전염병이 퍼졌을 때에 자신의 몸을 돌보지 않고 환자를 치료했다. 제주도에서 나환자가 고통스러워할 때 이들을 돌보는 일에 승려가 참여했다. 개성의 활민원에서 환자를 구료하는 데에도 승려가 활약했다. 온정을 운영해 환자를 치료하는 일에도, 또 초수의 물이 안질 치료에 효험이 있는지를 확인하는 일에도 승려가 참여했다. 한증소에서 환자에게 땀을 내 치료하는 일에서도 승려가 두드러진 활약을 했다. 한증소는 활인서에도 있었고 도성 내의 묵사에도 설치되어 있었다. 세조대에 묵사가 철폐됨으로써 승려가 한증소에서 활약하는 것이 크게 위축된 것으로 보인다. 승려의 질병 치료 능력이 사회적으로 인정받고 있었기 때문에 거짓으로 환자를 치료한다고 선전하는 승려가 횡행할 수 있었다.

상례문화에 관련한 영역에서도 승려가 활약했다. 굶주림으로 또는 전염병으로 사망하는 경우 그 시신이 거리에 버려지는 수가 많았다. 그것을 수습해 매장하는 일을 동서활인원에 소속한 승려가 거의 전담했다. 활인원에서 구료받다 사망하는 경우 연고자가 없다면 매골승이 장례를 주관했다. 국가기구에 소속되어 매골을 담당한 것도 성종대부터는 확인되지 않는다. 귀후소에 속한 승려는 주로 관곽을 제조하는 일에 참여했지만 매골의 일도 맡았던 것으로 보인다. 그렇지만 세속 사회에서 승려가 매골의 소임을 여전히 맡고 있어서 전쟁 중 다수의 사상자가 나왔을 경우 그들이 차출되어 매장의 일을 담당했다. 이러한 매장 경험 때문에 시신 유골을 감정하는 일을 맡을 수 있었다. 매골이라는 가장 궂은 일을 승려가 도맡아 수행하고 있음을 본다.

승려들이 국가기구에 참여해 자선활동을 전개한 것은 세종대까지 활발
했지만 이후에는 국가에서 속인을 활용해 기구를 운영해 갔다. 이것은 승
려들의 자선활동이 크게 축소되었음을 의미한다. 승려가 국가기구와 관계
없이 빈민 구휼과 환자 구료에서 독자적으로 자선활동을 하는 수도 없지
않았지만, 그 범위나 영향력을 매우 미미한 것이었다. 그렇지만 매골의 영
역에서는 중요한 역할을 꾸준히 수행한 것으로 보인다.

조선전기에 승려들은 여러 분야의 자선활동에 적극 참여한 것은, 고려
이래의 전통을 계승하는 데서 가능한 것이었다. 불교계 독자적인 자선활동
이 위축된 반면에 국가에서 그러한 활동을 적극 확대해 가고 있었다. 종교
적인 자비심이나 선심을 바탕으로 이루어지는 자선활동이 세속의 영역에
서 관장하는 것으로 바뀌어 갔음을 의미하는 것이다. 이것은 불교 영역의
축소이며, 세속 영역의 확대라고 정리할 수 있을 것이다.

제3부

개별 寺刹의 位相과 經濟

제1장 朝鮮前期 圓覺寺의 造營과 運營

1. 序言

圓覺寺는 조선 세조대(1455~1468)에 창건되어 운영되다가 연산군대(1494~1506)에 철폐된 사원이다. 주지하듯이 조선초기에는 대대적인 불교 억제책이 실시되어 불교계는 상당히 위축되었다. 토지를 지급받는 사찰이 크게 줄었으며, 소유하던 노비가 몰수되었다. 불교 의례가 국가 의례에서 차지하던 비중도 현저하게 축소되었다. 이러한 불교계에 대한 억제책은 대체로 태종대와 세종대에 집중적으로 실시되었다. 그러나 세조대에 이르면 불교에 대한 정책이 다소 변화하여 불교계에 대한 지원이 제한된 범위에서나마 이루어졌다.[1] 세조대 원각사의 창건도 이러한 맥락과 연결되어 있다. 그러나 창건 이후 원각사를 둘러싼 국왕과 신료들의 갈등이 자주 발생했다.

원각사는 조선전기 불교계의 모습을 생생하게 보여주는 사찰의 예라 할 수 있다. 조선전기에는 도성 내에 사찰을 거의 세우지 않았음에도[2] 원각

---

1) 韓㳓劤, 1993, 『儒敎政治와 佛敎 - 麗末鮮初 對佛敎施策 -』, 一潮閣, 193~198쪽, 208~219쪽 ; 權延雄, 1993, 「世祖代의 佛敎政策」 『震檀學報』75 ; 李逢春, 1994, 「世祖朝의 興佛政策과 佛典諺解」 『韓國佛敎史의 再照明』, 불교시대사 ; 김용곤, 2002, 「世宗·世祖의 崇佛政策의 목적과 의미」 『崔承熙敎授停年紀念論文集 - 朝鮮의 政治와 社會 -』 ; 李逢春, 2002, 「조선전기 崇佛主와 흥불사업」 『佛敎學報』38.
2) 조선초기 도성 내의 사찰에는 興天寺, 支天寺, 興德寺, 興福寺, 內佛堂이 있을 뿐이다. 지천사는 태종 8년(1408)에 사신의 伴人 館舍로 삼으면서(『太宗實錄』권16, 太宗 8년 10월 乙未(21일), 1-459(국사편찬위원회 影印本 1冊, 459쪽을 의미함. 이

사는 도성의 중앙에 건립되었으며, 조성 과정에서 고려시기와는 달리 새로운 방식으로 노동력과 건축자재를 확보했다. 원각사에서는 국가를 위한 중요한 불교행사가 설행되었으며, 이곳은 외국의 사신이 찾는 중요한 사찰이었다. 도성 내 민인의 불교에 대한 신심이 이 사찰에서 집중적으로 표출되는 경우도 보였다. 연산군대에 철폐되었으며, 이후 중종대와 명종대에 원각사를 복립하려는 시도가 있었지만 성취되지 못했다. 원각사의 사례를 집중 조명하면 세조대에서 명종대에 이르는 불교정책의 추이와 불교계의 위상 변화를 심층적으로 이해할 수 있다.

이 글에서는 원각사를 사례로 해서 불교계의 구체적인 모습을 제시하는 데 중점을 두도록 하겠다. 원각사의 조영과 가람의 배치, 원각사의 재정기반과 수행한 역할에 관해 기술할 것이며, 조라치와 把門正兵을 중심 화두로 한 치폐 논의와 혁파 과정도 검토의 대상이다. 이상의 내용을 고려시기의 경우와 비교함으로써 조선전기 불교의 특징을 부각시키고자 한다.

2. 造營 방법과 伽藍 구성

원각사는 세조 10년(1464) 5월에 국왕의 주도로 창건하기 시작했다. 孝寧大君이 檜巖寺에서 圓覺法會를 설행할 때 이적이 나타났는데, 이를 계기로 세조가 興福寺를 復立해 圓覺寺로 삼고자 했다.[3] 흥복사는 태조가 국초 한양에 도읍을 정할 때 曹溪宗의 본사가 되었다가 조계종이 혁파되어 公廳이 된 지 40년이 넘었다.[4] 아마 흥복사는 고려 이래로 존속한 사찰이

하 같음)) 사찰의 기능을 수행하지 못하게 되었다.

3) 『世祖實錄』권33, 世祖 10년 5월 甲寅(2일), 7-624. 이때 흥복사는 이미 폐지되어 樂學都監이 되었다(『世祖實錄』권33, 世祖 10년 5월 乙卯(3일), 7-624).

4) 金守溫,「大明朝鮮國大圓覺寺碑銘」『拭疣集』補遺. 흥복사는 세종 7년 8월에 各司가 차지하고 있다는 지적이 있어(『世宗實錄』권29, 世宗 7년 8월 戊子(22일),

었는데 조선초 혁파된 사찰로 보인다.

홍복사 터에는 민가가 들어서 있었다. 원각사의 창건으로 인해 집을 철거당한 200여 호 민가에게 基地의 값으로 正布 4,004필을, 輸材의 값으로 쌀 수백 석과 보리 백여 석을 제공했다.[5] 원각사의 조영은 국가에서 공식 기구를 구성해 지원했다.[6]

조성기구 구성원에는 도제조, 제조, 부제조, 낭관, 좌·우상대장, 부장, 감역독찰관의 직명이 보인다. 참여한 이를 살펴보면, 왕실의 종친 인물이 6인, 의정부 대신, 예조·호조·병조·이조의 판서가 있다. 당시 조정의 핵심 인물이 참여했음을 보여준다. 孝寧大君 李補는 불교에 탐닉했으며, 자신의 주도 하에 중외 사찰을 여럿 조영했는데, 원각사 창건도 주도했다.[7] 원각사는 당시 국가 차원에서 힘을 기울여 지은 것임을 알 수 있다. 종친의 인

2-689), 이 무렵부터 公廳이 된 것으로 보인다.

5) 『世祖實錄』권33, 世祖 10년 6월 丁酉(15일), 7-631.

6) <표> 원각사 조영 기구의 조직과 참여 인사(『世祖實錄』을 근거로 함)

시 점	직 제	관직명과 인명
세조 10년 5월 乙卯(3일)	造成都提調	孝寧大君 補, 臨瀛大君 璆, 永膺大君 琰, 永順君 溥, 領議政 申叔舟, 左議政 具致寬, 雲城府院君 朴從愚, 河城尉 鄭顯祖
	提調	禮曹判書 元孝然, 兵曹判書 尹子雲, 戶曹判書 金國光, 中樞院副使 金漑
세조 11년 2월 甲辰(27일)	提調	沈安義, 金漑, 黃孝源, 玉山君 躋, 銀川君 穳, 禮曹判書 元孝然
세조 10년 5월 乙卯(3일)	副提調	僉知中樞院事 尹岑·崔善復, 都承旨 盧思愼
세조 11년 2월 甲辰(27일)	郎官	趙崿, 權良, 鄭自源
세조 10년 6월 丁亥(5일)	左·右廂大將	靑城尉 沈安義, 吏曹判書 韓繼美
	部將	安堯卿 등 13인
세조 10년 6월 甲午(12일)	監役督察官	銀川君 穳, 玉山君 躋

7) 『成宗實錄』권191, 成宗 17년 5월 乙卯(11일), 11-124. 吉昌君 權孟禧도 '嘗監造圓覺寺'라고 뒷날 언급되어 있지만(『睿宗實錄』권4, 睿宗 1년 3월 庚戌(26일), 8-355), 세조대 구체적으로 어떠한 직임을 맡았는지는 확인되지 않는다.

사가 여럿 포함된 사실이 주목되는데, 아마 원각사 불사를 통해서 종친들
을 결속시키고자 하는 의도가 있었던 것으로 보인다.

공사 현장의 실질적인 감독은 靑城尉 沈安義와 吏曹判書 韓繼美가 맡았
다. 심안의와 한계미는 좌·우상대장으로서, 安堯卿 등 13인의 부장을 거느
리고 작업을 감독했다.[8] 당시에 원각사 조영에 동원된 役徒는 군인이었으
며, 모두 2,100여 명이었다.[9] 원각사 造成提調가 조영공사가 진행된 지 얼
마 안 되어, 자원하여 부역하는 군인·성중관에게 상을 줄 것을 청했으며,
공사 천구로서 재주가 있는 자도 부역케 하고 공사 종료 뒤에 공로를 헤아
려 상줄 것을 요청했다.[10] 군인이 중심이지만 성중관이나 공사 노비도 일
부 원각사의 조영에 참여했음을 알 수 있다.

원각사 조영을 시작한 지 반년이 경과한 즈음에 승려들이 役事에 참여
하고자 했다. 원각사를 조영하는 일은 승려의 일이므로 식량을 소지하고
부역할 테니 도첩을 받게 해달라고 승려들이 요청했다. 그런데 이미 楡岾
寺 役으로 승려 46,590인에게 도첩을 주었고 기타 도첩을 준 것이 헤아릴
수 없이 많으며, 회암사 중수 이래로 역을 부담한 승려에게 도첩을 줌을
허용하지 않았다고 예조에서 알리자 승려의 사역을 허락하지 않았다.[11]
도성 내의 일이기 때문에 더욱 허락할 수 없었을 것이다.

원각사의 조영에는 기술자도 참여했다. 원각사 조영에 동원된 匠人은

---

8) 講武나 習陣, 사냥 시 대오를 편제할 때 廂 아래에 3~4개의 衛, 위 아래에 3~5개
   의 部를 두었다(『世祖實錄』권23, 世祖 7년 2월 己亥(28일), 7-451 ; 『世祖實錄』
   권26, 世祖 7년 10월 丙子(10일), 7-492 ; 『世祖實錄』권29, 世祖 8년 9월 戊午(27
   일), 7-551). 따라서 廂大將과 部長은 각각 廂과 部의 장을 가리키는 것이다. 군
   사를 동원해 조영 작업을 진행했기에 군대 편제 방식에 따라 役夫를 조직했음을
   알 수 있다.
9) 『世祖實錄』권33, 世祖 10년 6월 丁亥(5일), 7-630.
10) 『世祖實錄』권33, 世祖 10년 6월 戊子(6일), 7-630.
11) 『世祖實錄』권35, 世祖 11년 1월 己巳(21일), 7-669. 세조 4년에서 8년까지 赴役僧
    에게 준 度牒이 7만 장 이상이었으므로(權延雄, 1993, 앞의 논문) 더 이상 승려에
    게 도첩을 주는 것은 무리였을 것으로 보인다.

처음에는 90명이었으나 공사를 시작한 지 한 달만에 50명으로 축소되었
다.12) 사원을 조영하기 위해서는 다양한 기술자가 필요했을 것이다. 50명
의 장인과 2,100명의 軍人이 핵심적인 역군이었다.

그 밖에도 조영에 참여한 이들은 많았다. 원각사의 조영에 비용이 많이
들자 사람들이 木石을 운반하는 것을 허락했던 것에서13) 알 수 있다. 원각
사의 담장은 朝官에게 각각 品從을 내도록 해서 축조했다.14) 이렇듯 원각
사 조영에는 국가가 제공한 군인이나 장인 이외에도 자발적으로 참여한
役徒들도 많았으며, 조관이 보낸 품종도 있었다. 이것은 고려시기 민인을
동원하여 사원을 조성하는 것과는15) 큰 차이가 있는 것이다.

조영에는 노동력만이 중요한 것이 아니었다. 금속과 재목이 다량 필요
했다. 범종을 만들기 위한 銅은 5만 근이 소요되었다. 서울과 외방에서 현
재 보유하고 있는 것을 일차적으로 제공하고, 각 지방에서 시가로 무역해
서 보내라고 했다.16) 원각사 종을 주조하기 위한 동철은 아마도 주종소가
직접 외방에서 거두었던 것으로 보인다.17) 원각사 조영에 필요한 목재를
확보하기 위해 繕工注簿 林重을 충청도에 보내 벌목했음이 확인된다.18)
동철을 거두어들이는 일, 벌목하는 일 모두 관원이 주도하고 있음을 알 수

---

12) 『世祖實錄』권33, 世祖 10년 7월 癸亥(12일), 7-635.
13) 『世祖實錄』권38, 世祖 12년 4월 戊午(18일), 8-18.
14) 『成宗實錄』권111, 成宗 10년 11월 乙巳(24일), 10-89.
15) 李炳熙, 2009,「高麗時期 國家의 寺院造營 財政支出」『歷史學硏究』37.
16) 『世祖實錄』권33, 世祖 10년 6월 戊戌(16일), 7-631.

〈표〉 범종 주조에 필요한 동의 지역별 분담 내용

서울·외방에 현재 있는 양		24,164斤	8兩 3錢
時價로 무역해 보내야 할 양	개성부	14,714斤	5兩 8錢
	경 기		1,210兩 5錢(?)
	충청도	1,591斤	6兩 1錢
	경상도	6,654斤	15兩 9錢
	전라도	1,672斤	1兩 4錢

17) 『世祖實錄』권33, 世祖 10년 7월 丁卯(16일), 7-636.
18) 『世祖實錄』권34, 世祖 10년 8월 乙酉(4일), 7-644.

있다. 법당의 지붕을 덮는 청기와는 무려 8만 장이 필요했다.[19] 이 기와는 瓦窯에서 부담한 것으로 보인다.

작업에는 機械가 활용되었다. 기계가 견고하게 설치되지 않아 추락해 사망하는 사고가 발생한 일이 있다.[20] 여기의 기계는 건물 조영 시 높은 곳에서 작업을 할 때 설치한 장비로 지금의 飛階에 해당하는 것으로 보인다.

조성의 과정에서 여러 차례 서기가 나타났다고 선전함으로써 원각사 창건이 상서로운 일임을 내외에 홍보했다. 조성을 시작한 지 얼마 안 된 6월에 원각사 위를 황색의 구름이 둘러싸고, 하늘의 비가 네 가지 꽃처럼 내렸고, 특이한 향이 허공에 가득했으며, 서기가 회암사에서 京都까지 이어서 원각사 역인과 도성의 士女로서 보지 못한 이가 없다고 효령대군이 啓했다.[21] 이후에도 9월, 10월, 12월에 여러 차례 서기가 나타났다.[22]

조성을 시작한 지 세 달 가까이 된 8월에 국왕이 원각사에 행차해 터를 살피었다.[23] 이 즈음에 기초 터닦기 공사가 종료된 것으로 보인다. 12월 초 추워지자 공사를 일시 중단했다가 정월 보름 이후에 재개했다.[24] 이후 세조 11년 4월 낙성되어 경찬회를 베풀었다. 경찬회에 참여한 승려는 128명이었으며, 『圓覺修多羅了義經』을 披覽했다. 그리고 외호승 2만에게 식사를 제공했다. 이 날 세조도 원각사에 행차했다.[25] 1년이 채 안되어 원각사 조영이 완료된 것인데, 상당히 짧은 기간 안에 이루어졌음을 알 수 있다.

원각사의 대종은 이에 앞서 만들어졌다. 세조 10년 12월에 원각사의 대

---

19) 『世祖實錄』권33, 世祖 10년 6월 甲午(13일), 7-630.
20) 『世祖實錄』권35, 世祖 11년 2월 甲辰(27일), 7-674.
21) 『世祖實錄』권33, 世祖 10년 6월 辛丑(19일), 7-632.
22) 『世祖實錄』권34, 世祖 10년 9월 辛酉(11일), 7-652 ; 『世祖實錄』권34, 世祖 10년 9월 乙亥(25일), 7-654 ; 『世祖實錄』권34, 世祖 10년 10월 辛巳(1일), 7-655 ; 『世祖實錄』권34, 世祖 10년 10월 戊子(8일), 7-656 ; 『世祖實錄』권34, 世祖 10년 12월 壬寅(23일), 7-665.
23) 『世祖實錄』권34, 世祖 10년 8월 癸未(2일), 7-643.
24) 『世祖實錄』권34, 世祖 10년 12월 丁亥(8일), 7-661.
25) 『世祖實錄』권35, 世祖 11년 4월 癸未(7일), 7-681.

종이 주조되자 監鑄提調와 郎官에게 모두 상을 사여했으며,26) 다음해 세
조 11년 1월에 大鍾이 완성되었다.27) 지난달에 일단락되었지만, 한 달 동
안 마무리 작업을 한 것으로 이해된다.28) 白玉 佛像과 탑은 낙성회보다 다
소 뒤에 조성되었다. 백옥 불상이 세조 12년 7월 완성되자 含元殿에서 點
眼法會를 베풀었다.29) 원각사 탑은 세조 13년 4월 완성되었으며, 연등회를
베풀어 낙성했다.30)

원각사의 공사는 무리하게 진행된 면도 있었던 것으로 보인다. 공사 중
에 사상사가 발생한 데서 그러한 추측이 가능하다. 군인이 땅을 깊게 파들
어 가다가 흙이 무너져 壓死한 자가 2명, 부상자가 5명이었다.31) 원각사의
단을 높이기 위해 흙을 파오다가 이러한 불상사가 일어난 것으로 보인다.
원각사 조영 공사 중에 추락해 사망하는 자가 출현하기도 했다. 세조 11년
2월 작업을 위해 설치한 機械에서 추락 사망하는 사고가 발생한 것이다.32)
세조 11년 2월 원각사 역부가 簑衣를 입고 기근을 호소한 일도 있었다.33)
공사가 급하게 진행됨으로써 역부 가운데 매우 고통스러운 처지에 있는
부류도 있었음을 알 수 있다.

원각사 조영 공사가 종료되자 관계한 이들에게 공에 따라 여러 보상이

---

26) 『世祖實錄』권34, 世祖 10년 12월 辛卯(12일), 7-661.
27) 『世祖實錄』권35, 世祖 11년 1월 甲子(16일), 7-668.
28) 대종을 만드는 데는 양녕대군이 보낸 그릇도 다소 보탬이 되었다. 효령대군이 종
    을 주조함에 모든 것이 갖추어졌지만 오직 工人에게 제공할 酒麴이 부족하다고
    하면서 형인 양녕대군에게 도움을 청했다. 양녕대군이 酒麴을 각각 그릇 50개에
    갖추어 사찰에 보내자 효령대군이 酒麴을 버리고 그 그릇 100개를 녹여 종을 만
    드는 데 보태고 양녕대군을 대시주라 썼다(『宣祖實錄』권160, 宣祖 36년 3월 乙
    丑(9일), 24-453). 이렇게 해서 원각사 종에는 대시주로서 양녕대군이 기록될 수
    있었다.
29) 『世祖實錄』권39, 世祖 12년 7월 甲申(15일), 8-33.
30) 『世祖實錄』권42, 世祖 13년 4월 癸卯(8일), 8-69.
31) 『世祖實錄』권34, 世祖 10년 8월 壬辰(11일), 7-645.
32) 『世祖實錄』권35, 世祖 11년 2월 甲辰(27일), 7-674.
33) 『世祖實錄』권35, 世祖 11년 2월 戊戌(21일), 7-674.

있었다. 세조 11년 5월 役에 동원된 匠人을 대상으로 공을 살펴 등급을 정
했다.34) 원각사 조영 시 목석을 운반한 이들에게는 影職과 檢職을 제수했
다. 세조 12년 8월 趙瑭 等 65인에게 影職 典牲署主簿를 제수했으며, 金繼
壽 等 17인에게 檢職 禮賓主簿를 제수했다.35) 세조 13년 4월 효령대군 李
補에게 노비 20구를 하사하고 族親 등에게 자급을 代加하게 했다. 그리고
나머지 원각사 造成提調에게도 족인을 대가하도록 했으며, 郎官에게는 陞
職을 시키되 차등있게 했다.36) 원각사 조영에 관계한 장인 및 관원 모두
많은 혜택을 부여받은 것이다.

원각사가 조영된 뒤에도 상서로운 일이 계속 나타났다. 세조 11년 5월
원각사에 사리분신, 서기, 雨花 등이 있었는데, 백관이 축하하고 국왕이 사
면의 조치를 취했다.37) 조영된 원각사가 상서로운 존재였음을 내외에 재
차 알리는 기회였을 것이다. 이후 세조 11년 12월,38) 세조 12년 4월과39)
10월,40) 세조 13년 4월에도41) 상서로운 현상이 나타났다.42)

원각사는 1년 정도 소요되어 대부분의 시설이 갖추어졌다. 각종 전각과
시설은 <표 1>과 같이 정리할 수 있다.

---

34) 『世祖實錄』권36, 世祖 11년 5월 乙亥(29일), 7-687.
35) 『世祖實錄』권38, 世祖 12년 4월 戊午(18일), 8-18. 이때 閔永肩과 安子誠도 영
   직·검직을 받았다(『成宗實錄』권208, 成宗 18년 10월 庚午(4일), 11-252 ; 『成宗
   實錄』권278, 成宗 24년 윤5월 丁酉(4일), 12-323).
36) 『世祖實錄』권42, 世祖 13년 4월 乙巳(10일), 8-69.
37) 『世祖實錄』권36, 世祖 11년 5월 壬子(6일), 7-684.
38) 『世祖實錄』권37, 世祖 11년 12월 丁酉(24일), 7-716.
39) 『世祖實錄』권38, 世祖 12년 4월 壬子(12일), 8-17.
40) 『世祖實錄』권40, 世祖 12년 10월 甲寅(16일), 8-44.
41) 『世祖實錄』권42, 世祖 13년 4월 壬寅(7일), 8-69.
42) 세조는 자신의 功德으로 祥瑞가 나타난 것으로 선전함으로써 불교적 상서에 정치
   적 의미를 부여했는데, 가장 빈도가 높게 상서가 나타난 곳은 원각사였다(權延雄,
   1993, 앞의 논문). 세조대 상서 전반에 관해서는 박세연, 2011, 「조선초기 世祖代
   불교적 祥瑞의 정치적 의미」 『사총』74, 고려대 역사연구소 참조.

〈표 1〉 원각사의 가람 구성

가람 구성의 내용	전 거	비 고
法堂	世祖 10년 6월 甲午(7-630)	모두 동일한 건물을 가리킴
大光明殿, 光明殿	成宗 11년 5월 丁未(10-129) ; 成宗 11년 5월 戊申(10-133) ; 成宗 19년 6월 戊午(11-352)	
佛殿	成宗 11년 5월 甲辰(10-128)	
佛堂	김수온 기문	
靑瓦	世祖 10년 6월 甲午(7-630) ; 成宗 19년 7월 癸未(11-359) ; 燕山君 2년 4월 庚子(13-105)	법당의 기와
海藏殿	睿宗 1년 윤2월 丁丑(8-343) ; 김수온 기문	정전 뒤, 장경을 안치
御室	成宗 5년 6월 戊辰(9-113) ; 燕山君 9년 1월 乙亥(13-537)	동남쪽에 위치
西上室, 西室	睿宗 1년 윤2월 丁丑(8-343) ; 成宗 19년 7월 甲子(11-354)	
禪堂	睿宗 1년 윤2월 丁丑(8-343) ; 김수온 기문	대광명전의 왼쪽
長行廊	世祖 11년 4월 癸巳(7-682)	해탈문의 西上에 위치
雲集	김수온 기문	
香寂寮	김수온 기문	
寂光門	김수온 기문	가장 안쪽의 문
般若門	김수온 기문	중간문
解脫門	世祖 11년 4월 癸巳(7-682) ; 김수온 기문	바깥문
담장	成宗 10년 11월 乙巳(10-89)	
범종(대종)	世祖 10년 6월 戊戌(7-631) ; 世祖 10년 12월 辛卯(7-661) ; 世祖 11년 1월 甲子(7-668) ; 成宗 1년 1월 庚寅(8-453) ; 成宗 1년 9월 己丑(8-532)	
鍾閣	김수온 기문	法雷閣이라고도 함
塔	世祖 13년 4월 癸卯(8-69) ; 김수온 기문	13층, 분신사리와 새로 번역한 『원각경』을 안치, 현존
佛像	睿宗 1년 윤2월 丁丑(8-343)	
木佛	成宗 11년 5월 甲辰(10-128) ; 成宗 11년 5월 甲辰(10-129) ; 成宗 11년 5월 丙午(10-129) ; 成宗 11년 5월 丁未(10-129) ; 成宗 11년 5월 己酉(10-134)	법당의 내부에 있음
羅漢	成宗 11년 5월 戊申(10-133)	목불과 같음
白玉 불상	世祖 12년 7월 甲申(8-33)	

가람 구성의 내용	전 거	비 고
幡蓋	睿宗 1년 윤2월 丁丑(8-343) ; 睿宗 1년 3월 己亥 (8-353)	
碑	成宗 12년 6월 庚戌(10-224) ; 中宗 14년 6월 癸未 (15-547)	현존
池	김수온 기문	동편에 있음

법당은 원각사의 중심 건물이다. 불전·불당도 법당을 일컫는 것인데, 법당의 정식 이름은 大光明殿, 光明殿이었다. 건물명에서 미루어 볼 때 봉안된 불상은 비로자나불로 보인다. 원각사의 법당은 청기와로 덮었다.43)

해장전은 법당의 뒤편에 있으며, 장경이 보관되어 있는 건물이다. 원각사에서 불경을 박아낸 것도44) 불경 관련 목판이 해장전에 소장되어 있었기에 가능했을 것이다. 御室은 사찰의 동남쪽에 자리했으며, 세조가 臨幸之所로 만든 것이었다.45)

원각사에서는 西室과 西上室로 불리는 건물이 있었다. 서실은 명의 사신이 원각사를 방문했을 때 주지가 이들을 이곳에 들도록 청한 일이 있다.46) 그리고 성종 19년 7월 원각사 서상실의 조영을 언급한 내용이 보인다.47) 禪堂에서는 명 사신 일행에게 식사를 제공한 일이 있다.48) 그 밖에도 김수온의 기문에 따르면 운집·향적료 등의 건물이 있었다.

원각사에는 3개의 문이 있었던 것으로 보인다. 입구에서 볼 때 맨 앞에

---

43) 『世祖實錄』권33, 世祖 10년 6월 甲午(12일), 7-630 ; 『成宗實錄』권218, 成宗 19년 7월 癸未(22일), 11-359 ; 『燕山君日記』권14, 燕山君 2년 4월 庚子(23일), 13-105.
44) 『成宗實錄』권127, 成宗 12년 3월 丙子(2일), 10-197 ; 『成宗實錄』권127, 成宗 12년 3월 己卯(5일), 10-197 ; 『燕山君日記』권6, 燕山君 1년 6월 丁丑(26일), 12-687 ; 『燕山君日記』권6, 燕山君 1년 6월 己卯(28일), 12-687 ; 『燕山君日記』권7, 燕山君 1년 7월 壬午(1일), 13-1 ; 『燕山君日記』권7, 燕山君 1년 7월 丙戌(5일), 13-3.
45) 『成宗實錄』권43, 成宗 5년 6월 戊辰(15일), 9-113.
46) 『睿宗實錄』권4, 睿宗 1년 윤2월 丁丑(22일), 8-343.
47) 『成宗實錄』권218, 成宗 19년 7월 甲子(3일), 11-354.
48) 『睿宗實錄』권4, 睿宗 1년 윤2월 丁丑(22일), 8-343.

있는 것은 해탈문이고, 가운데가 반야문이며, 맨 안에 있는 것은 寂光門이
었다. 그리고 해탈문의 서쪽 위에 長行廊이 있었다.[49]

원각사 탑은 현재도 남아 있는데 규모가 매우 크고 아름다우며 대리석
으로 만들었다. 원각사 종을 봉안한 鍾閣은 法雷閣이라 불리었다. 명의 사
신이 원각사 불상을 관람했다는 것이 전하는 데서[50] 불상의 존재를 확인
할 수 있다. 원각사의 목불은 대광명전에 봉안된 羅漢을 가리킨다.[51]

幡蓋는 명의 사신이 이를 周覽했다는 것에서[52] 그 존재를 확인할 수
있다. 원각사 전체를 둘러싼 담장이 있었으며,[53] 연못이 동편에 있었
다.[54] 원각사를 조영한 뒤 원각사 비를 세웠는데, 그 비의 글은 永山府院
君 金守溫이 작성했다.[55] 원각사에는 다수의 사리가 봉안되어 있었다. 그
사리가 분신하는 수도 있었으며,[56] 원각사 사리를 국왕에게 바친 일도
있었다.[57]

원각사의 전체 규모는 고려시기 큰 사찰에 미치지 못했지만 그렇다고
영세한 사원도 아니었다. 원각사의 위상을 잘 보이는 것은 御室이라 하겠
다. 이곳은 국왕이 행차할 때 머무는 별도의 공간이었다. 그리고 대장경을
안치한 해장전도 중요하다. 그러나 국왕의 영정을 모신 眞殿이 보이지 않
아 고려시기 사원보다 위상이 낮았음을 알 수 있다. 또 후대에 자주 보이

49) 『世祖實錄』권35, 世祖 11년 4월 癸巳(17일), 7-682.
50) 『睿宗實錄』권4, 睿宗 1년 윤2월 丁丑(22일), 8-343.
51) 『成宗實錄』권117, 成宗 11년 5월 戊申(29일), 10-133.
52) 『睿宗實錄』권4, 睿宗 1년 윤2월 丁丑(22일), 8-343 ; 『睿宗實錄』권4, 睿宗 1년 3월
　 己亥(15일), 8-353.
53) 『成宗實錄』권111, 成宗 10년 11월 乙巳(24일), 10-89.
54) 金守溫, 「大明朝鮮國大圓覺寺碑銘」 『拭疣集』補遺.
55) 『成宗實錄』권130, 成宗 12년 6월 庚戌(7일), 10-224.
56) 『世祖實錄』권37, 世祖 11년 12월 丁酉(24일), 7-716 ; 『世祖實錄』권42, 世祖 13년
　 4월 壬寅(7일), 8-69 ; 『睿宗實錄』권4, 睿宗 1년 윤2월 甲申(29일), 8-346.
57) 『世祖實錄』권34, 世祖 10년 10월 辛巳(1일), 7-655 ; 『世祖實錄』권35, 世祖 11년
　 3월 戊申(1일), 7-675.

는 산신각·칠성각 등의 건물이 조영되지 않았음도 주목된다.

원각사는 성종 19년(1488) 失火로 크게 파괴되었다. 이를 중수하는 과정
에서 많은 논란이 있었다. 중수의 방법과 절차는 이전 세조대 창건 때와는
자못 다른 양상을 보였다. 원각사가 불에 타자 성종 19년 윤1월 국왕은 材
瓦를 공급해 중수토록 했다. 이에 대해 弘文館副提學 安瑚 등은 재와는 모
두 민력에서 나오는 것이므로 無用한 곳에 허비해서는 안 된다고 주장했
다.58) 처음에는 재와만을 제공하고 군졸은 사역하지 않았는데 신료들의
반대가 이어지자59) 재와마저 지급하지 않았다가 공사가 일시 중단되었
다.60) 4개월 뒤 6월에 비가 샌다는 이유를 들어 공사가 시작되었으며, 또
다시 반대가 이어지자 禮曹에 일임했는데, 실제의 일은 繕工監이 맡아 진
행했다. 선공감에서는 100명의 군인을 동원하고 관원을 선정해 감독케 했
다.61) 별도의 기구나 특정 재물을 제공하지 않고 국가의 공식기구를 통해
舊例에 따라 중수를 해결했다. 국가의 公廨 건물이 퇴락했을 때 처리하듯
이 선공감을 통해 중수를 수행한 것이다. 세조대와는 자못 다른 분위기 속
에서 원각사 중수가 진행되었음을 알 수 있다.

3. 經濟 기반과 기능

사원이 유지되어 가기 위해서는 상당한 재정수입을 필요로 했다. 원각

---

58) 『成宗實錄』권212, 成宗 19년 윤1월 戊寅(13일), 11-297.
59) 『成宗實錄』권212, 成宗 19년 윤1월 己卯(14일), 11-297 ; 『成宗實錄』권212, 成宗
   19년 윤1월 庚辰(15일), 11-298 ; 『成宗實錄』권212, 成宗 19년 윤1월 辛巳(16일),
   11-299 ; 『成宗實錄』권212, 成宗 19년 윤1월 壬午(17일), 11-300.
60) 『成宗實錄』권213, 成宗 19년 2월 乙卯(21일), 11-310.
61) 『成宗實錄』권217, 成宗 19년 6월 戊午(26일), 11-352 ; 『成宗實錄』권218, 成宗
   19년 7월 癸亥(2일), 11-352 ; 『成宗實錄』권229, 成宗 20년 6월 甲辰(17일),
   11-486 ; 『成宗實錄』권229, 成宗 20년 6월 丁未(20일), 11-489.

사는 토지를 보유했으며, 민인들의 시주가 있었고, 국가로부터 상당한 재물을 제공받았다. 그러나 상업 활동을 활발하게 전개하거나 고리대 활동에 적극 참여한 것으로는 보이지 않는다. 이 점은 고려시기 사원의 경제운영과 큰 차이를 보이는 것이다.

토지는 세조 11년(1465) 4월 낙성하기 하루 전날 300결을 사여했다.[62] 이것은 다른 사찰보다 규모가 큰 것이었다.[63] 이 토지는 다른 사찰의 토지와 마찬가지로 수조지였을 것으로 보인다. 이 토지에서의 수입이 원각사 유지의 기본 자산이 되었을 것으로 판단된다. 貢法의 규정에 따라 1결 당 최대 20斗를 田租로 징수했다고 보면, 300결의 토지에서 매년 400석(6,000두) 정도의 수입을 확보할 수 있었다.

원각사는 연산군 10년(1504) 12월 완전히 혁파되었는데 명종 5년(1550) 9월 원각사 토지가 언급되었다. 洪州 소재 원각사 位田 150여 결이 누락되었다고 진고한 것이다.[64] 150결의 토지는 원각사 혁파와 더불어 속공되어 국가의 수입이 되었지만, 나머지 홍주 소재 150결은 여전히 원각사 토지의 명목으로 있었던 것이다.[65] 홍주 소재 토지는 명종 5년 이후 속공된 것으로 추측된다.

원각사는 도성의 중앙에 있으며, 국왕이나 국가를 위한 각종 불교행사를 설행하고 있었기에 국가에서 재물을 사여하여 사찰의 재정을 도왔다. 원각사에 지급하는 물품의 양은 상당했다. 성종 18년(1487)의 기록에 따르면, 원각사에는 매년 鹽 10碩, 末醬 6碩 5斗, 黃豆 48碩, 麻布 10匹, 綿布

---

62) 『世祖實錄』권35, 世祖 11년 4월 壬午(6일), 7-681.

63) 세종 6년 4월 사사전을 지급받은 36사 가운데 300결 이상을 받은 사찰은 開慶寺(400결)·檜巖寺(500결)·楡岾寺(300결)·覺林寺(300결)·衍慶寺(400결)·表訓寺(300결) 등 6개이며, 도성 내의 興天寺와 興德寺는 각각 250결을 받았다(김갑주, 2007, 『조선시대 사원경제사 연구』, 景仁文化社, 28~29쪽).

64) 『明宗實錄』권10, 明宗 5년 9월 乙未(5일), 19-718.

65) 혹은 원각사 승려로서 京山에 있던 승려가 조세를 거두어들였을지도 모르겠다(『中宗實錄』권7, 中宗 3년 10월 戊寅(14일), 14-282).

20匹이 지급되었다.66) 이것은 봉선사를 제외하면 가장 많은 양이었다.

원각사에 이러한 물품이 사여된 것은 성종 3년부터 확인되지만,67) 조성
초기부터 지급된 것으로 보아야 할 것이다. 원각사에 재정을 지원하는 것
은 자주 거론되었으며,68) 특히 흉년이 발생할 때마다 국가재정의 어려움
을 들어 이것의 감축 내지 철폐를 강력하게 요구하는 주장이 있었다. 그
결과 성종 3년 5월, 성종 12년 7월 일시적으로 반으로 줄인 일이 있었지
만,69) 추수철이 되거나 재정 사정이 나아지면 곧 원래대로 지급했다. 연산
군대에도 원각사에 대한 물품의 사여는 계속되었으며,70) 아마도 원각사가

---

66) <표> 조선 성종대 각 사찰에 제공되는 물품(『成宗實錄』권199, 成宗 18년 1월 甲
子(23일), 11-179)

사원명	물품의 종류와 양
開慶寺	鹽 53碩 5斗
檜岸(巖?)寺	鹽 60碩
津寬寺·莊義寺	鹽 合 20碩
淨業院·正因寺	鹽 合 60碩
衍慶寺·福泉寺	鹽 93碩 5斗
崇孝寺·報恩寺	鹽 合 50碩
覺林寺·大慈寺·龍門寺	鹽 合 120碩
內佛堂	鹽 5碩, 末醬 5碩 5斗, 米 31碩 2斗, 麻布 8匹, 綿布 10匹
奉先寺	鹽 100碩, 末醬 6碩 5斗, 黃豆 48碩, 米 48碩, 麻布 10匹, 綿布 20匹
圓覺寺	鹽 10碩, 末醬 6碩 5斗, 黃豆 48碩, 麻布 10匹, 綿布 20匹
演窟菴(?)·福世菴	鹽 合 10碩 6斗, 末醬 5碩, 米 27碩 6斗
兩宗	鹽 合 40碩
選僧之年	米 合 30碩, 黃豆 30碩

67) 『成宗實錄』권18, 成宗 3년 5월 己亥(3일), 8-656.
68) 『成宗實錄』권55, 成宗 6년 5월 戊午(22일), 9-221 ; 『成宗實錄』권81, 成宗 8년 6
월 乙丑(30일), 9-468 ; 『成宗實錄』권82, 成宗 8년 7월 丁卯(2일), 9-469 ; 『成宗
實錄』권91, 成宗 9년 4월 丙申(5일), 9-574 ; 『成宗實錄』권91, 成宗 9년 4월 壬子
(21일), 9-583 ; 『成宗實錄』권130, 成宗 12년 6월 癸酉(30일), 10-240.
69) 『成宗實錄』권18, 成宗 3년 5월 己亥(3일), 8-656 ; 『成宗實錄』권131, 成宗 12년
7월 乙酉(12일), 10-242.
70) 『燕山君日記』권4, 燕山君 1년 4월 甲戌(20일), 12-661 ; 『燕山君日記』권4, 燕山

철폐된 뒤에 지급이 중단된 것으로 보인다. 이러한 재물은 원각사 유지의 중요한 재정수입이었을 것이다.

闕內의 祭物이 있을 경우, 그것을 원각사 승려에게 분급하는 것이 관례였던 것으로 보인다. 文昭殿의 物膳을 원각사에 나누어 주는데, 승려가 宦官에게 고하면 환관이 또 봉상시 관리를 독촉함으로써 祭享物饌을 원각사에 제공했다는 것이 그것이다.[71] 이것도 원각사의 재정 수입에 일정한 도움이 되었을 것이다.

원각사에서 국왕이나 왕실을 위한 행사를 베풀었을 경우 재물을 사여했다. 예종 즉위년(1468) 12월 세조의 百齋를 원각사에서 베풀고서, 寺僧에게 미 50석을 사여했다.[72] 예종 1년 5월 원각사에서 祈晴齋를 지내자 비가 개였으므로 원각사 승려에게 布를 차등있게 내렸다.[73] 원각사에서 국가를 위한 중요한 행사를 설행했을 경우, 그 행사를 주관한 승려에게는 이처럼 물품이 사여되는 것이 일반적이었을 것이다. 그러나 국왕이나 왕실을 위한 불교 행사는 활발하게 설행한 것이 아니었으므로, 이러한 재물의 사여는 흔한 일이 아니었다. 행사를 계기로 한 재화의 제공은 매우 불규칙적인 것이어서 원각사의 재정에 크게 도움되는 것이 아니었다.

개인 차원의 시주물도 원각사의 재정 수입의 하나였다. 원각사에는 여러 부류의 사람들이 재물을 시주했다. 민인들의 시주도 있었지만, 주목되는 것은 명나라 사신의 시주였다. 세조 14년 4월 원각사를 찾은 명의 사신이 향을 사르고 彩段과 紗絹을 시납했다.[74] 성종 14년 8월 명나라 사신의 병으로 원각사에서 법연을 열고서, 승려 30인을 선발해 3일 동안 경전을 염송하고서 파했는데, 이때 흑마포 1필, 채단과 紗絹을 보시했다. 이때 국

君 1년 4월 辛巳(28일), 12-662 ;『燕山君日記』권39, 燕山君 6년 9월 丙寅(15일), 13-426.
71)『成宗實錄』권86, 成宗 8년 11월 庚午(7일), 9-525.
72)『睿宗實錄』권2, 睿宗 즉위년 12월 壬寅(16일), 8-314.
73)『睿宗實錄』권5, 睿宗 1년 5월 癸卯(20일), 8-370.
74)『世祖實錄』권46, 世祖 14년 4월 甲辰(15일), 8-178.

왕도 紗羅 3匹、絹 10필을 제공했다.75) 국왕의 보시를 들은 명의 사신은 다시 紗羅 및 三升綿布 약간을 내서 시주했다. 국왕도 추가로 正布 50匹을 보내었다.76) 다음날에도 그 다음날에도 명의 사신이 시주했다.77) 명의 사신이 원각사에서 불공을 드리는 경우 시주가 있었던 것이다.

이적을 보거나 듣고서 시주하는 일은 흔했다. 성종 11년 5월 원각사 木佛이 回立했다는 소식이 전해지자 都城의 士女들이 다투어 원각사에 시주했다. 시주하는 층은 都人士女라든지78) '上自宗室 下及庶人'이라고 표현되었으며,79) 덕원군와 월산대군도, 심지어 대비도 재물을 시납했다.80) 시납한 물품에 떡이나 비단, 채소, 과일, 콩, 곡식이 있으며, 등에 지고 머리에 이고 갔다고 지적했다.81) 그리고 많은 이가 몰려드는 모습에 관해 '爭持布帛 塡溢寺門 後至者不能入'하다고 언급했다.82) 원각사의 문이 막혀 뒤에 오는 이는 들어갈 수 없었다는 것이다.

원각사 승려가 불상이 회립했다고 선전하자 성종 11년 5월에서 6월 사이 짧은 기간에 이처럼 많은 이들이 재물을 시주했다. 회립 사실의 유포는 아마도 재정 수입을 늘리기 위한 목적도 일정하게 작용했을 것이다. 이러한 물품은 원각사가 재정을 확대하는 데 다소 기여했다고 생각한다. 목불의 회립을 계기로 전개된 시주행위를 볼 때, 많은 이들이 불교를 여전히 신앙으로 받들고 있음을 알 수 있다.

---

75) 『成宗實錄』권157, 成宗 14년 8월 壬戌(2일), 10-493.
76) 『成宗實錄』권157, 成宗 14년 8월 甲子(4일), 10-494.
77) 『成宗實錄』권157, 成宗 14년 8월 乙丑(5일), 10-494 ; 『成宗實錄』권157, 成宗 14년 8월 丙寅(6일), 10-494.
78) 『成宗實錄』권117, 成宗 11년 5월 甲辰(25일), 10-128 ; 『成宗實錄』권117, 成宗 11년 5월 乙巳(26일), 10-129 ; 『成宗實錄』권117, 成宗 11년 5월 丙午(27일), 10-129 ; 『成宗實錄』권117, 成宗 11년 5월 丁未(28일), 10-129.
79) 『成宗實錄』권117, 成宗 11년 5월 丁未(28일), 10-131.
80) 『成宗實錄』권118, 成宗 11년 6월 辛亥(2일), 10-136.
81) 『成宗實錄』권117, 成宗 11년 5월 丁未(28일), 10-129.
82) 『成宗實錄』권117, 成宗 11년 5월 丙午(27일), 10-129.

원각사는 특별한 대우를 받아 照剌赤(조라치)라 불리는 노비를 보유하고 있었다.[83] 사원의 노비는 태종대와 세종대에 걸쳐 속공되어 사원이 노비를 보유하는 일은 거의 불가능했다.[84] 특별한 사원만이 노비를 보유하는 것이 가능했다. 고려시기에는 사원에 노비가 있어서 승려들이 허드렛일을 하지 않을 수 있었지만, 조선시기 노비를 보유하지 못하자 승려들은 나무를 하거나 청소를 하는 일, 그리고 기타 허드렛일을 스스로 하지 않으면 안 되었다.

노비는 원각사의 낙성을 며칠 남겨두지 않은 세조 11년 3월 지급했다. 호조에 명해 원각사 修掃奴 30구를 지급하되 物故하는 경우 즉시 충원토록 한 것이[85] 그것이다. 노비 30명을 청소하는 일을 담당한다는 명목으로 지급했으며, 사망해 결원이 생기면 그때마다 보충하도록 했다. 파격적인 대우라 하겠다.

조라치는 대가를 지불하고 역을 면제받을 수 있었으므로 공천으로서 이에 속하고자 하는 이가 많았다. 성균관의 奴 4인,[86] 南學의 노 1명이 조라치가 된 것과,[87] 長興庫의 노비가 조라치가 된 것이[88] 그 예였다. 조라치는 富實한 公賤으로 巨商 富賈였다는 지적도 있었다.[89]

연산군 2년 4월 국왕은 원각사 조라치 10명을 줄이고 內需司 노비로 充給하게 했지만,[90] 원각사의 조라치는 30명을 유지했다. 원각사가 혁파될 때까지 조라치가 존속한 것으로 보인다.[91] 조라치는 사찰의 청소를 담당

83) 金甲周, 1977, 「圓覺寺의 照剌赤에 대하여」, 『曺佐鎬博士華甲紀念論叢』(同, 1983, 『朝鮮時代 寺院經濟 研究』, 同和出版公社 재수록).
84) 임승우, 2003, 「조선전기 사원노비의 혁거와 처지의 변화」, 『靑藍史學』7.
85) 『世祖實錄』권35, 世祖 11년 3월 甲戌(27일), 7-680.
86) 『成宗實錄』권157, 成宗 14년 8월 庚辰(20일), 10-502.
87) 『成宗實錄』권191, 成宗 17년 5월 庚戌(6일), 11-123.
88) 『成宗實錄』권199, 成宗 18년 1월 甲子(23일), 11-179.
89) 『成宗實錄』권157, 成宗 14년 8월 丙子(16일), 10-499 ; 『燕山君日記』권48, 燕山君 9년 1월 乙亥(7일), 13-537.
90) 『燕山君日記』권14, 燕山君 2년 4월 庚子(23일), 10-106.

하는 것이 주된 임무였지만 원각사의 주지가 그 역을 면제시키고 대신 일
정한 재물을 받기도 했다. 조라치가 제공하는 물품이 원각사의 재정 수입
의 일부를 구성하는 것이다. 그리고 원각사에 其人이 배속된 적도 있었던
것 같다.[92] 그렇지만 기인 관련 기록이 이어지지 않아 일시적인 것으로 보
인다.

　원각사에는 지키는 병사가 배치되어 있었다. 성종 3년 4월 司憲府 持平
金利貞이 圓覺寺 門을 正兵으로 하여금 지키게 하는 것이 심히 불가하니
철폐하라고 청했으며, 국왕은 이를 청종했다.[93] 원각사에는 궁궐을 지키는
정병이 배치되었는데, 이때에 와서 철폐되었지만 이것은 가뭄으로 일시 폐
지된 것이며 이후 곧 복구된 것으로 보인다.[94] 성종 20년에도 원각사의 把
門正兵이 언급되었지만,[95] 연산군대에는 언급된 적이 없이 성종 말엽에
파문정병은 혁파된 것으로 추측된다.

　원각사에는 다양한 부류의 승려가 있었다. 소임에 따라 주지승·분수승·
작법승·유나승·화주승·향화승·상양승 등으로 일컬어졌다. 그 가운데 상양
승은 상주승으로서 생활하고 있는 모든 승려를 가리키는 것으로 보이며,
주지승은 1명으로 생각된다. 다른 승려는 소임에 따라 일컬어진 것으로 여
겨진다.

---

91) 『燕山君日記』권14, 燕山君 2년 4월 乙未(18일), 13-104 ; 『燕山君日記』권14, 燕
　　山君 2년 4월 丙申(19일), 13-105 ; 『燕山君日記』권14, 燕山君 2년 4월 丁酉(20
　　일), 13-105 ; 『燕山君日記』권14, 燕山君 2년 4월 戊戌(21일), 13-105 ; 『燕山君日
　　記』권14, 燕山君 2년 4월 庚子(23일), 13-105~106 ; 『燕山君日記』권32, 燕山君 5
　　년 3월 丙戌(27일), 13-352 ; 『燕山君日記』권48, 燕山君 9년 1월 乙亥(7일),
　　13-537.
92) 『成宗實錄』권91, 成宗 9년 4월 丙申(5일), 9-574 ; 『成宗實錄』권91, 成宗 9년 4월
　　壬子(21일), 9-583.
93) 『成宗實錄』권17, 成宗 3년 4월 丙申(30일), 8-654.
94) 『成宗實錄』권35, 成宗 4년 10월 庚申(2일), 9-64 ; 『成宗實錄』권70, 成宗 7년 8월
　　辛未(1일), 9-368 ; 『成宗實錄』권76, 成宗 8년 2월 甲戌(5일), 9-420.
95) 『成宗實錄』권229, 成宗 20년 6월 庚戌(23일), 11-491.

〈표 2〉 원각사 소속 승려의 유형

승려 유형 및 승려명	실록 전거	비 고
住持(승)	睿宗 1년 윤2월 丁丑(8-343) ; 成宗 11년 5월 甲辰(10-128) ; 成宗 11년 5월 丙午(10-129) ; 成宗 11년 5월 戊申(10-133) ; 成宗 11년 6월 庚申(10-138) ; 成宗 14년 8월 甲子(10-494) ; 成宗 14년 8월 丙子(10-499) ; 成宗 25년 5월 甲午(12-526)	
焚修僧	成宗 9년 4월 壬子(9-583) ; 成宗 16년 7월 丙辰(11-38)	
作法僧	成宗 11년 5월 戊申(10-133)	
維那僧	成宗 11년 5월 戊申(10-133)	
化主僧	成宗 11년 5월 戊申(10-133)	
香火僧	成宗 11년 5월 甲辰(10-128) ; 成宗 11년 5월 丙午(10-129) ; 成宗 11년 5월 丁未(10-129)	
常養僧	成宗 9년 4월 丙申(9-574) ; 成宗 9년 8월 癸巳(9-636)	
學能	成宗 11년 5월 丁未(10-129)	
學專	成宗 11년 5월 丁未(10-129)	
雪誼	成宗 11년 5월 丁未(10-129) ; 成宗 11년 5월 戊申(10-133)	성종 11년 당시 주지
智一	成宗 11년 5월 戊申(10-133)	목불을 돌려 놓은 승려
衍熙	燕山君 2년 4월 辛丑(13-106)	연산군 2년 당시 주지
性修	成宗 11년 5월 戊申(10-133) ; 成宗 11년 6월 壬子(10-136)	성종 11년 당시 化主僧
學祖	成宗 13년 5월 辛巳(10-334) ; 成宗 13년 5월 丁亥(10-334) ; 成宗 13년 6월 己亥(10-339) ; 成宗 20년 5월 癸酉(11-473)	

사찰에서 가장 중요한 위치에 있는 이는 주지였다. 예종 1년 윤2월 원각사를 찾은 명의 사신을 서실로 맞아 들여 茶禮를 행하고 饋飯한 승려는 주지였다.[96] 성종 25년 5월 일본국 사신이 원각사를 방문했을 때 이들을 맞이한 것도 주지였다.[97] 외국 사신을 맞이하는 일은 주지의 임무였다.

주지는 그 사찰의 대표로서 사찰 내의 모든 일을 관장하고 있었다. 성종 11년 6월 원각사 주지가 妖言을 금하지 못했으므로 바꿀 것을 청했다.[98]

---

96) 『睿宗實錄』권4, 睿宗 1년 윤2월 丁丑(22일), 8-343.
97) 『成宗實錄』권290, 成宗 25년 5월 甲午(7일), 12-526.
98) 『成宗實錄』권118, 成宗 11년 6월 庚申(11일), 10-138.

성종 14년 8월 원각사를 불결하게 하고 佛堂에 거미줄 치게 한 것에 대해
주지가 게으르고 뜻을 다하지 않아 이 지경에 이르렀다고 해서 사헌부에
게 추고하도록 했다.[99] 요언을 금하는 일, 깨끗이 관리하는 일이 주지의
책무였다. 원각사 조라치로부터 뇌물을 받고 소제를 면제시켜 주는 주체도
주지였다.[100] 주지는 사찰의 모든 일을 책임지고 있는 존재임을 알 수 있
다. 원각사의 주지임이 확인되는 승려는 雪誼(성종 11년), 衍熙(연산군 2년)
였다. 원각사 주지는 국가에서 임명하는 존재로 보인다.[101]

　원각사에 거처하는 승려는 30명이었다. 성종 9년 8월 領事 鄭昌孫의 말
가운데, 원각사 常養僧 30이 언급되어 있다.[102] 원각사에 거처하는 승려는
고려시기처럼 1,000명 내지 수백 명에 이르지 않았다. 그만큼 원각사의 규
모가 전 시대에 비해 상대적으로 작았음을 알 수 있다.

　국가 차원에서 조영하고 각종 재정 지원을 받은 원각사는 다양한 기능
을 수행했다. 우선 외국사신이 찾는 곳이었다. 조선에 온 명이나 일본의 사
신은 원각사를 자주 찾았다. 원각사의 탑이 특히 유명했다. 이미 세조 13년
3월 일본 승려 道闇이 中原의 사찰을 두루 보았는데, 원각사 탑이 천하의
최고라는 것을 들었다고 하면서 觀賞을 청하자 다음날 보도록 했다.[103] 탑
은 세조 13년 4월에 완성되지만 아직 완성되지 않은 시점에서도 유명했기
에 이러한 일이 있었다. 성종 24년 10월 일본 사신이 전별식에서 원각사
보기를 청하자 들어주었다.[104] 성종 25년 5월 일본 사신이 오면 반드시 원
각사를 보고자 한다는 언급이 있다.[105]

---

　99) 『成宗實錄』권157, 成宗 14년 8월 甲子(4일), 10-494.
100) 『成宗實錄』권157, 成宗 14년 8월 丙子(16일), 10-499.
101) 유기정, 2002, 「조선전기 승정의 정비와 운영」 『靑藍史學』5 참조.
102) 『成宗實錄』권95, 成宗 9년 8월 癸巳(4일), 9-636. 다른 기록에는 15명으로 언급
　　　된 것도 있으나(『成宗實錄』권95, 成宗 9년 4월 丙申(7일), 9-574), 규모에서 볼
　　　때 15명보다는 30명이 사실에 가까운 것으로 추정된다.
103) 『世祖實錄』권41, 世祖 13년 3월 辛未(6일), 8-64.
104) 『成宗實錄』권283, 成宗 24년 10월 甲子(3일), 12-407.

일본 사신이 원각사를 찾는 것보다는 명의 사신이 원각사를 찾는 일이
빈번했다. 명의 사신이 원각사를 찾아 향을 사르고 예불하고 재물을 시주
하는 것은 흔했다. 세조 14년 4월 명의 사신이 원각사에 이르러 燒香하고
비단을 시납했다.106) 다음달 5월 원각사에 이르러 懸幡하고 燒香하고 拜佛
했다.107) 예종 1년 윤2월 명의 사신이 원각사에 가서 皇帝·皇后가 보낸 幡
을 걸었으며, 사신도 私幡을 걸고 燒香 禮佛했다. 그리고 佛像, 幡蓋, 벽화
및 해장전을 周覽하고서 찬탄했다.108) 같은 해 3월 명의 사신이 원각사에
가서 표기를 달았으며,109) 다음달 원각사에서 點香했다.110) 성종 1년 6월
명의 사신이 원각사에 가서 點香했으며,111) 성종 14년 8월 명의 사신이 병
이 나자 원각사에서 며칠 동안 法筵을 열었다.112)

성종 19년 윤1월 원각사 중수를 둘러싸고 논의할 때 국왕은 中朝使臣과
日本倭人 등이 매양 와서 보기를 청하므로 중수해야 한다고 했다.113) 명의
사신이 찾는 사찰이라는 것은 당시 국왕이나 신료들이 모두 인지하는 바
였다. 명의 사신은 연산군대에도 원각사를 찾은 일이 있다.114)

원각사는 사신이 찾는 곳일 뿐만 아니라, 국가나 국왕을 위한 여러 가지
기능을 맡은 사찰이었다. 원각사는 국왕의 병환이 있을 경우 기도하는 장
소였으며, 기우재·기청재를 지내는 곳이기도 했다. 세조 14년 8월 국왕의

---

105) 『成宗實錄』권290, 成宗 25년 5월 甲午(7일), 12-526.
106) 『世祖實錄』권46, 世祖 14년 4월 甲辰(15일), 8-178.
107) 『世祖實錄』권46, 世祖 14년 5월 甲戌(15일), 8-185.
108) 『睿宗實錄』권4, 睿宗 1년 윤2월 丁丑(22일), 8-343.
109) 『睿宗實錄』권4, 睿宗 1년 3월 己亥(15일), 8-353.
110) 『睿宗實錄』권5, 睿宗 1년 4월 丁巳(4일), 8-357.
111) 『成宗實錄』권6, 成宗 1년 6월 丙寅(19일), 8-511.
112) 『成宗實錄』권157, 成宗 14년 8월 壬戌(2일), 10-493 ; 『成宗實錄』권157, 成宗 14
    년 8월 甲子(4일), 10-494 ; 『成宗實錄』권157, 成宗 14년 8월 乙丑(5일), 10-494.
113) 『成宗實錄』권212, 成宗 19년 윤1월 戊寅(13일), 11-297 ; 『成宗實錄』권212, 成
    宗 19년 윤1월 辛巳(16일), 11-299 ; 『成宗實錄』권212, 成宗 19년 윤1월 壬午(17
    일), 11-300.
114) 『燕山君日記』권49, 燕山君 9년 5월 戊辰(3일), 13-561.

병이 심해지자, 세자가 朝臣을 나누어 보내 기도할 때 社稷·昭格殿과 더불어 원각사도 기도 장소였다.[115] 국왕이 오래도록 회복하지 못하자 10여 일 뒤 세자가 근심하여 朝臣을 分遣하여 기도한 곳의 하나가 원각사였다.[116] 예종 1년 1월 국왕의 足疾이 오래도록 낫지 않자 기도한 곳이 원각사였다.[117] 같은 해 11월 국왕이 편치 않자 行香使를 나누어 보내 기도한 여러 곳 가운데 원각사가 포함되어 있었다.[118] 이처럼 세조와 예종이 병이 있을 때 기도하는 사찰이 원각사였다.

국왕이나 왕실을 위한 여러 행사도 열렸다. 예종 즉위년 12월 세조의 百齋를 원각사에서 설행했다. 국왕이 永昌殿에 이르러 上食하고 돌아오다가 원각사에 이르러 燒香했다. 太妃와 中宮, 粹嬪 및 尹昭訓 역시 원각사에 이르러 佛事를 보았다.[119] 며칠 뒤 국왕이 원각사에 가서 향을 피웠으며, 사면 조치를 취했고, 원각사 밖에서 승려 1,000명에게 飯僧했다.[120]

성종 1년 3월 원각사에서 예종의 百日齋를 베풀었다.[121] 세조와 예종의 명복을 빌기 위한 장소로서 원각사가 기능했다. 성종 5년 윤6월 恭惠王后의 백일재를 원각사에서 베푼 일도 있다.[122] 원각사에서는 薦新의 기능도 하고 있었다. 성종 8년 종묘와 더불어 원각사에서도 천신하고 있음이 확인된다.[123]

그리고 원각사는 국왕이 종종 행차하는 사찰이었다. 세조는 원각사 공사를 보기 위해 행차했으며,[124] 낙성 경찬회가 있었을 때 행차했다.[125] 예

---

115) 『世祖實錄』권47, 世祖 14년 8월 己亥(12일), 8-206.
116) 『世祖實錄』권47, 世祖 14년 8월 辛亥(24일), 8-208.
117) 『睿宗實錄』권3, 睿宗 1년 1월 辛酉(6일), 8-317.
118) 『睿宗實錄』권8, 睿宗 1년 11월 丙午(26일), 8-431.
119) 『睿宗實錄』권2, 睿宗 즉위년 12월 壬寅(16일), 8-314.
120) 『睿宗實錄』권2, 睿宗 즉위년 12월 戊申(22일), 8-315.
121) 『成宗實錄』권4, 成宗 1년 3월 乙酉(6일), 8-478.
122) 『成宗實錄』권44, 成宗 5년 윤6월 戊申(25일), 9-124.
123) 『成宗實錄』권81, 成宗 8년 6월 乙丑(30일), 9-468 ; 『成宗實錄』권82, 成宗 8년 7월 丁卯(2일), 9-469 ; 『成宗實錄』권87, 成宗 8년 12월 壬寅(9일), 9-536.

종 즉위년 10월 왕이 원각사에 행차했다.[126] 예종 1년 윤2월,[127] 예종 1년
7월 국왕이 원각사에 거둥했다.[128] 원각사에 국왕이 행차한 것은 세조와
예종뿐이었다.

원각사는 祈雨齋와 祈晴齋가 설행되는 대표적인 사찰이었다. 예종 1년
5월 원각사에서 기청불사를 행했다. 霖雨가 그치지 않아 기청불사를 하게
된 것이다.[129] 곧 비가 개자 행향사에게 말을 내리고, 승려에게 포를 차등
있게 하사했다.[130] 같은 해 7월 오랫동안 비가 오지 않자, 원각사에서 기우
하게 했다.[131] 다음날 北郊에서 기우하고 흥천사와 원각사에서 祈雨佛事
를 베풀었다.[132]

성종 1년 4월 두루 기도해도 비가 오지 않아 원각사에서 精勤祈禱할 것
을 청하자,[133] 다음날 좌부승지 鄭孝常을 원각사에 보내어 기우불사를 감
리하게 했다.[134] 원각사에서 기우불사를 행하는 것이다. 성종 3년 4월에도
원각사에서 기우하게 했다.[135] 국왕이나 왕실을 위한 불사는 세조·예종대
에 집중되었으며, 성종 초에도 이어졌다. 그러나 성종대부터는 행사가 줄
어들거나 폐지되었다.

불교 경판을 보관하는 해장전이 있었기 때문에 원각사는 불경을 인쇄할
수 있는 사찰이었다. 불교 경전을 인쇄한 것은 성종 12년과 연산군 1년의

---

124) 『世祖實錄』권34, 世祖 10년 8월 癸未(2일), 7-643.
125) 『世祖實錄』권35, 世祖 11년 4월 癸未(7일), 7-681.
126) 『睿宗實錄』권1, 睿宗 즉위년 10월 己亥(13일), 8-282.
127) 『睿宗實錄』권4, 睿宗 1년 윤2월 甲申(29일), 8-346.
128) 『睿宗實錄』권6, 睿宗 1년 7월 辛丑(20일), 8-403.
129) 『睿宗實錄』권5, 睿宗 1년 5월 庚子(17일), 8-369.
130) 『睿宗實錄』권5, 睿宗 1년 5월 癸卯(20일), 8-370.
131) 『睿宗實錄』권6, 睿宗 1년 7월 辛卯(10일), 8-401.
132) 『睿宗實錄』권6, 睿宗 1년 7월 壬辰(11일), 8-401.
133) 『成宗實錄』권4, 成宗 1년 4월 丁卯(19일), 8-489.
134) 『成宗實錄』권4, 成宗 1년 4월 戊辰(20일), 8-490.
135) 『成宗實錄』권17, 成宗 3년 4월 庚午(4일), 8-649.

일이었다. 성종 12년 3월 대비전이 주도해 원각사에서 印經했다.[136] 연산
군 1년 6월에도 원각사에서 대비전의 주도로 工匠을 모아 많은 佛經을 인
쇄했다.[137]

　　원각사의 위상이 높고 유명하기 때문에 원각사를 빙자한 일이 발생할
수 있었다. 원각사가 낙성한 지 얼마 안 되어, 세조 11년 8월 社長이 원각
사 緣化를 사칭하고서 圓覺寺 造成提調의 明文과 印信을 만들어 보시한
물품의 다소로써 公私노비는 양인으로 삼고 徙居人은 放送하거나 혹은 給
復한다고 하면서 촌락을 횡행하며 재물을 수렴한 일이 있었다.[138] 세조 14
년 5월 僧人 社長 등이 전라도를 중심으로 圓覺寺 佛油를 募緣한다고 칭하
고서 여러 고을의 民間에 弊를 끼치는 자가 頗多하다는 지적이 있었다.[139]
원각사의 유명세가 있기에 가능한 일이었다. 원각사를 빙자한 재물의 수렴
도 세조대에 한정될 뿐 이후에는 보이지 않았다.

　　원각사에서는 특이하게도 부채를 만들어 바치는 부담을 지고 있었다.
원각사는 매년 端午 이전에 圓扇을 바쳐야 했다. 성종 20년 5월에 이르러
바치지 않자, 국왕이 승려가 국가에 대해 하나도 裨益되는 것이 없으며, 오
직 부채 하나를 만드는 것이 役인데, 지금 어떤 일로 바치지 않는가라고
하면서 추문해 알리라고 했다.[140] 원각사에서 단오 이전에 둥근 부채를 만
들어 바치는 것이 관례였음을 알 수 있다. 사찰이 부채를 제작해 바친다는

---

136)『成宗實錄』권127, 成宗 12년 3월 丙子(2일), 10-197 ;『成宗實錄』권127, 成宗
　　12년 3월 己卯(5일), 10-197.
137)『燕山君日記』권6, 燕山君 1년 6월 丁丑(26일), 12-687 ;『燕山君日記』권6, 燕山
　　君 1년 6월 己卯(28일), 12-687 ;『燕山君日記』권7, 燕山君 1년 7월 壬午(1일),
　　13-1.
138)『世祖實錄』권36, 世祖 11년 8월 戊子(13일), 7-698. 社長은 불교 신앙 활동을 담
　　당했으며, 승려와 구분되는 비승비속의 존재였다(진나라, 2004,「조선전기 社長
　　의 성격과 기능」『한국사상사학』22).
139)『世祖實錄』권46, 世祖 14년 5월 癸亥(4일), 8-183 ;『世祖實錄』권46, 世祖 14년
　　5월 乙丑(6일), 8-183.
140)『成宗實錄』권228, 成宗 20년 5월 甲子(7일), 11-470.

것은 고려시기에는 상상할 수 없는 일이다.

4. 佛事 관련 논란과 혁파

세조대 원각사의 창건에 대해서 감히 이의를 제기하는 관료는 없었다. 예종대에도 원각사를 둘러싼 시비가 발생하지 않았다. 그러나 성종대부터 원각사를 둘러싸고 많은 논란이 있었다. 원각사와 관련한 여러 문제를 중심으로 원각사 혁파까지 거론되었다.

먼저 원각사의 종을 둘러싼 발언이 있었다. 성종 1년(1470) 1월 陰氣가 성하여 재해와 옥사가 빈발한다고 하면서 원각사의 종을 치지 말 것을 청했다. 이때 원각사 종은 體大할 뿐만 아니라 그 소리가 고르지 못해 민간이 놀라므로 상서롭지 못하다고 했으며 나아가 한가한 때를 기다려 다시 주조하라고 요청했다. 국왕은 다시 주조하는 것을 보류했다.[141] 같은 해 9월 원각사의 대종이 人定·罷漏의 종소리와 차이가 없으니 이후로는 치지 말 것이며 佛事 時에는 아뢴 뒤에 치도록 조치했다.[142] 성종 1년 1월 건의 후 취해진 조치인 것이다. 원각사 대종에 대해서 국가에서 공식적으로 소리의 문제를 지적한 것이다. 원각사와 관련한 첫 번째 논란인데, 그 대상은 원각사의 종이었다. 세조대와 예종대에는 논란이 없다가 성종 원년부터 종소리 문제를 지적한 것은 성종대에 원각사를 둘러싼 많은 쟁론이 있을 것임을 예고하는 것이었다.[143]

원각사에 대한 본격적인 논란은 원각사 把門正兵의 문제를 둘러싸고 성종 3년부터 집중적으로 진행되었다. 성종 3년 4월 司憲府 持平 金利貞이

---

141) 『成宗實錄』권2, 成宗 1년 1월 庚寅(1일), 8-453.
142) 『成宗實錄』권7, 成宗 1년 9월 己丑(14일), 8-532.
143) 성종대의 불교정책 전반에 대해서는 李逢春, 1991, 「朝鮮 成宗朝의 儒教政治와 排佛政策」 『佛教學報』28이 참고된다.

지금은 가뭄이 심한 때이며, 步兵과 正兵은 본래 宮闕을 宿衛할 뿐인데, 圓
覺寺 門을 정병으로 하여금 지키게 하고 있어 심히 불가하니 철폐하라고
청했다.144) 이에 지금 旱災가 매우 심하므로 圓覺寺의 守直正兵은 모두 폐
지하라고 조치했다.145) 가뭄으로 인해 일시 철수된 것으로 보는 것이 타당
할 듯하다.

성종 4년 10월 원각사의 경우 正兵이 문을 지켜 宮禁과 유사하다는 지
적이 있었다.146) 지난해 가뭄으로 일시 폐지된 것이 곧 회복되어 원각사에
정병이 파견되어 지키고 있었음을 알 수 있다. 이후에도 군인은 궁궐을 숙
위하는 것이 임무인데 원각사 문을 지킴은 불가하다는 지적이 있었으
며,147) 결국 성종 8년 2월에 원각사 정병을 2명 줄이는 조치가 있었다.148)
그 뒤 성종 20년에도 여전히 원각사 정병의 혁파에 대한 주장이 있었
다.149) 그러나 성종 20년 이후 파문정병을 혁파하라는 주장이 보이지 않아
성종 20년 이후 곧 폐지된 것으로 보인다.

원각사의 높은 위상을 상징하는 건물이 御室인데, 이에 대해서도 조치
가 있었다. 성종 5년 6월 원각사의 御室을 금후로는 어실이라 칭하지 말고
원각사에 속하게 하라고 했다. 어실을 사찰에 속하게 함으로써 다시는 臨
幸하지 않겠다는 뜻을 보인 것이다.150) 원각사의 위상이 하락함을 상징하
는 것이다. 연산군 9년(1503) 1월에 원각사 御室이 국가에 무용하고 사찰에
긴요한 것이 아니므로 그대로 두어서는 안 된다고 했다.151) 앞서 폐지 지
시를 내렸지만 이때까지도 어실은 존재한 것으로 보인다. 어실은 성종 5년

144) 『成宗實錄』권17, 成宗 3년 4월 丙申(30일), 8-654.
145) 『成宗實錄』권17, 成宗 3년 4월 丙申(30일), 8-654.
146) 『成宗實錄』권35, 成宗 4년 10월 庚申(2일), 9-64.
147) 『成宗實錄』권70, 成宗 7년 8월 辛未(1일), 9-368.
148) 『成宗實錄』권76, 成宗 8년 2월 甲戌(5일), 9-420.
149) 『成宗實錄』권229, 成宗 20년 6월 庚戌(23일), 11-491.
150) 『成宗實錄』권43, 成宗 5년 6월 戊辰(15일), 9-113.
151) 『燕山君日記』권48, 燕山君 9년 1월 乙亥(7일), 13-537.

이후 기능은 하지 않으면서 연산군 9년까지 철폐되지 않은 것이다.

원각사에 대한 재정 지원에 대해서도 끊임없이 이의를 제기했다. 가뭄이나 홍수 등으로 국가 재정이 어려워지면 더욱 이것이 문제되었다. 성종 3년 5월 호조에서 금년은 한재가 심하므로 원각사 僧人에 대한 供饋를 반으로 줄이자고 아뢰자 국왕이 이를 따랐다.[152] 그해 가을이 되자 원각사의 승려에 대한 공궤를 예전대로 지급하라고 했다.[153] 5월에 반으로 줄인 것을 추수철이 되자 다시 원래대로 지급하라는 것이다.

성종 4년 10월 사간원 대사간 鄭佸 등이 근래 해마다 흉년이 이어져 國用이 여유롭지 못한데, 원각사에 공급하는 것은 아직도 이어지고 있다고 언급했다.[154] 성종 6년 5월 원각사의 승려가 '坐費公廩'하고 있다는 지적이 있었다.[155] 이후에도 원각사 승려에 대한 공궤는 여러 차례 논란이 되었다.[156] 국왕은 조종조부터의 일이므로 혁거할 수 없다는 태도를 보였다. 흉년이 들면 지급액을 줄였는데, 성종 12년과 연산군 6년에 그러한 조치가 확인된다.[157] 사정이 나아지면 다시 원래대로 지급했다. 연산군 10년 원각사가 폐지될 때까지 원각사에 대한 물품의 제공은 지속되었다.

승려에 대한 공궤 이외에 수시로 祭物을 사여했는데 이에 대해서도 문제삼았다. 성종 8년 11월 文昭殿 物膳으로 남는 것을 원각사 등의 승려에게 나누어 주었는데, 이제부터는 祭物을 僧人에게 분여하지 말라는 조치도

---

152) 『成宗實錄』권18, 成宗 3년 5월 己亥(3일), 8-656.
153) 『成宗實錄』권23, 成宗 3년 10월 壬午(19일), 8-691.
154) 『成宗實錄』권35, 成宗 4년 10월 庚申(2일), 9-64.
155) 『成宗實錄』권55, 成宗 6년 5월 戊午(10일), 9-221.
156) 『成宗實錄』권91, 成宗 9년 4월 丙申(5일), 9-574 ; 『成宗實錄』권91, 成宗 9년 4월 壬子(21일), 9-583 ; 『成宗實錄』권181, 成宗 16년 7월 丙辰(8일), 11-38 ; 『成宗實錄』권204, 成宗 18년 6월 庚午(2일), 11-219 ; 『成宗實錄』권261, 成宗 23년 1월 庚子(29일), 12-140 ; 『成宗實錄』권270, 成宗 23년 10월 戊戌(1일), 12-230 ; 『燕山君日記』권4, 燕山君 1년 4월 甲戌(21일), 12-661.
157) 『成宗實錄』권131, 成宗 12년 7월 乙酉(12일), 10-242 ; 『燕山君日記』권39, 燕山君 6년 9월 丙寅(15일), 13-426.

보였다.158) 이때에 와서 제물을 원각사에게 내리는 것을 금한 것이다.

원각사가 수행한 기능에 대해서도 문제를 삼음으로써 중단된 것이 있었다. 薦新에 대한 중지 요구가 그 하나였다. 원각사에서는 종묘나 문소전과 동일하게 천신행사를 했는데, 성종 8년 6월에 이르러 이의 혁파를 청했다.159) 혁파 주장은 8년 7월에도 있었으며,160) 8년 12월에도 제기되었는데 이때 국왕은 점차 없애가겠다고 했다.161) 이후 언급이 없어 그 무렵에 폐지된 것으로 추측된다.

그리고 기우재 설행도 금지하자는 주장이 있었다. 성종 16년 6월 홍문관 典翰 鄭誠謹이 근일에 가뭄이 심하여 홍천사에서 祈雨했으나 조금도 영험함이 없었으니 그 誕妄함이 명백하므로 기도하지 말라고 啓했다. 이에 국왕도 人力을 수고롭히고 虛費供羞할 뿐이라고 했다.162) 기우재에 대한 부정적 인식을 읽을 수 있다. 이후로는 기우재와 기청재를 원각사에서 지내지 않게 된 것으로 보인다.

조라치 혁파의 주장은 성종 9년부터 시작해 이후 여러 차례 반복되었다. 성종 9년 4월 領事 鄭昌孫은 원각사 조라치가 30명인데, 이것은 종묘·사직에도 없는 바로서 이 사찰만이 가지고 있는 것은 폐단이라고 했다. 이에 대해 국왕이 祖宗朝의 故事라고 하면서 혁파할 수 없다고 했다.163) 이후에도 논란이 반복되었다. 신료들은 조라치는 궁궐을 위해 설치한 것인데, 원각사를 위해 역을 제공하고 있음은 부당하다고 주장했다.164) 또한 갑자기 혁파할 수 없다면 결원에 생기면 보충하지 말라는 제안도 했다.165) 지평

---

158) 『成宗實錄』권86, 成宗 8년 11월 庚午(7일), 9-525.
159) 『成宗實錄』권81, 成宗 8년 6월 乙丑(30일), 9-468.
160) 『成宗實錄』권82, 成宗 8년 7월 丁卯(2일), 9-469.
161) 『成宗實錄』권87, 成宗 8년 12월 壬寅(9일), 9-536.
162) 『成宗實錄』권180, 成宗 16년 6월 丁酉(18일), 11-28.
163) 『成宗實錄』권91, 成宗 9년 4월 丙申(5일), 9-574.
164) 『成宗實錄』권94, 成宗 9년 7월 丁丑(18일), 9-629.
165) 『成宗實錄』권94, 成宗 9년 7월 乙亥(16일), 9-628.

安璿은 조라치를 둘러싸고 계속 논란하자, 비록 원각사를 훼철하고 사문을 모두 죽여도 나쁘지 않다고 극언했다.166) 성종 9년에 조라치 문제에 관해 많은 논란이 있었지만 그것은 혁파되지 않았다. 이후 성종 11년, 14년, 17년에도 다시 논란되었다.167) 연산군 2년 4월 원각사 조라치 10명을 줄이고 내수사 노비로 충급하는 조치가 취해졌지만168) 혁파된 것은 아니었다. 연산군 9년에도 조라치를 혁파해 원각사의 승려가 修掃하게 해야 한다는 주장이 있었다.169) 궁궐에만 있는 조라치를 원각사에 둔 것은 잘못이니 혁파하라는 것이 신료들의 주장이었지만, 국왕은 조종조의 일이라고 하고서 혁파에는 끝내 동의하지 않았다. 연산군 10년 원각사가 혁파될 때까지 조라치는 존속했다.

성종 11년 5월부터 뜨겁게 논란이 된 것이 원각사 木佛回立이었다. 원각사 木佛이 돌아섰다는 소문을 들은 都城의 士女들이 다투어 원각사에 시주한 데서 논란이 시작되었다. 掌令 李仁錫은 都人士女들이 원각사 목불이 돌아섰다는 것을 듣고 서로 다투어 시납했으며, 月山大君도 가서 보았는데, 이것은 필시 만들어낸 虛誕한 이야기라고 했다. 말을 만든 자를 국문하고 죄를 다스려서 사람들의 의혹을 풀게 하라고 청했다. 이에 대해 국왕은 지금은 매우 더운 때인데, 긴급하지 않은 일로 牢獄에 두는 것은 차마 하지 못하는 일이라고 했다. 이인석은 이에 원각사의 주지와 佛殿 香火僧을 추문하라고 했으며, 正言 尹碩輔도 국문하기를 청했다. 그러나 국왕은 윤허하지 않았다.170)

허황된 말을 퍼뜨린 승려를 국문해야 한다는 신하들의 주장이 계속 이어졌다.171) 국문한들 실정을 알기 어려우며 여름철 고문하면 죽음에 이를

166) 『成宗實錄』권94, 成宗 9년 7월 壬午(23일), 9-632.
167) 『成宗實錄』권114, 成宗 11년 2월 癸亥(13일), 10-112 ; 『成宗實錄』권157, 成宗 14년 8월 丙子(16일), 10-499 ; 『成宗實錄』권192, 成宗 17년 6월 戊戌(25일), 11- 130.
168) 『燕山君日記』권14, 燕山君 2년 4월 庚子(23일), 10-106.
169) 『燕山君日記』권48, 燕山君 9년 1월 乙亥(7일), 13-537.
170) 『成宗實錄』권117, 成宗 11년 5월 甲辰(25일), 10-128.

수 있다는 논리로 국왕은 이를 거부했지만[172] 결국 수용해 국문하도록 했는데,[173] 승려 智一이 돌려 놓았다는 사실을 파악할 수 있었다.[174] 그러나 국왕은 대비의 교를 받들어 관련 승려를 처벌하지 않고 放送하는 조치를 취했다. 그 과정에서 실언을 한 유생을 처벌하려고 했으며, 결국에는 유생과 승려를 동시에 석방하는 정치적 처리를 했다.[175] 이러한 조치를 취하자 신료들은 원각사 승려를 석방함이 부당하다고 하면서 처벌할 것을 주장했다. 妖言을 발설해 백성을 미혹시킨 요승을 먼 곳으로 유배보내자는 주장도 있었다.[176] 승려들을 끝까지 국문해 처벌하자는 주장이 이어졌다.[177] 국왕은 이러한 요구에도 불구하고 처벌하는 조치를 취하지 않았다.[178]

성종 11년에는 원각사와 양종에 거처하는 승려의 수를 정하고 그 이외의 승려가 도성 안에 횡행하는 것을 금지했다.[179] 승려의 도성 내 활동을 원각사·홍천사·홍덕사 승려를 제외하고는 불가능하게 한 조치였다. 원각사 승려의 도성 내 이동은 가능했지만 전체적으로 불교계가 위축되는 것을 상징하는 일이었다.

---

171) 『成宗實錄』권117, 成宗 11년 5월 甲辰(25일), 10-129 ; 『成宗實錄』권117, 成宗 11년 5월 乙巳(26일), 10-129 ; 『成宗實錄』권117, 成宗 11년 5월 丙午(27일), 10- 129.
172) 『成宗實錄』권117, 成宗 11년 5월 丁未(28일), 10-129.
173) 『成宗實錄』권117, 成宗 11년 5월 戊申(29일), 10-133.
174) 『成宗實錄』권117, 成宗 11년 5월 戊申(29일), 10-133.
175) 『成宗實錄』권117, 成宗 11년 5월 己酉(30일), 10-134.
176) 『成宗實錄』권118, 成宗 11년 6월 壬子(3일), 10-136.
177) 『成宗實錄』권118, 成宗 11년 6월 庚戌(1일), 10-135 ; 『成宗實錄』권118, 成宗 11년 6월 辛亥(2일), 10-135~136 ; 『成宗實錄』권118, 成宗 11년 6월 壬子(3일), 10-136 ; 『成宗實錄』권118, 成宗 11년 6월 甲寅(5일), 10-136 ; 『成宗實錄』권118, 成宗 11년 6월 丙辰(7일), 10-137 ; 『成宗實錄』권118, 成宗 11년 6월 己未(10일), 10-138 ; 『成宗實錄』권118, 成宗 11년 6월 庚申(11일), 10-138 ; 『成宗實錄』권118, 成宗 11년 6월 辛酉(12일), 10-139 ; 『成宗實錄』권118, 成宗 11년 6월 甲子(15일), 10-140 ; 『成宗實錄』권118, 成宗 11년 6월 乙丑(16일), 10-141.
178) 목불회립을 둘러싼 논쟁을 유생층의 동향이라는 시각에서 접근한 연구가 있다 (金燉, 1997, 『朝鮮前期 君臣權力關係 硏究』, 서울대 출판부, 32~35쪽).
179) 『成宗實錄』권121, 成宗 11년 9월 壬午(5일), 10-161.

원각사에서 이루어진 경전 인쇄를 계기로 해서도 많은 논란이 있었다. 성종 12년과 연산군 1년 2차례에 걸쳐서 불경의 인쇄가 원각사에서 있었다. 성종 12년 3월 사간원 대사간 金碔은 원각사에서 印經하고 있어 놀랍다고 하면서 속히 파하라고 했다. 이에 국왕은 인경은 내가 하는 바가 아니며 정치에 무슨 관계가 있는가라고 반문했다.180) 正言 申經은 원각사 인경을 大妃殿에 아뢰어 속히 정지시킬 것을 청했다. 국왕은 알았다고 했다.181) 이후 문제가 되지 않은 것을 볼 때 인경은 중단된 것으로 여겨진다.

연산군 1년 원각사에서 경전을 인쇄하는 것이 다시 문제되었다. 弘文館 直提學 表沿沫 등이 원각사에서 대비전 주도로 工匠을 모으고 많은 불경을 인쇄하고 있어 놀랍다고 했다. 국왕은 자신이 모르는 일이라고 했다.182) 이후에도 원각사에서 인경하는 것이 부당하다는 주장이 이어졌다. 국왕은 자신이 비록 중지를 요청하면 대비는 다른 곳으로 옮겨 경전을 인쇄할 것이라고 하면서 중지의 실효성을 문제시했다.183) 그럼에도 계속 인경의 부당함을 지적하자184) 결국 중단시키는 조치가 취해진 것으로 여겨진다.185)

원각사를 둘러싸고 신료들이 계속 문제를 제기하는 가운데, 유생이 원각사 승려와 충돌한 사건이 발생했다. 성종 13년 5월 유생 오익신, 김수경, 정광정, 윤시형 등이 원각사에 함부로 들어가서 僧人을 때려 다치게 했으며, 승려 學祖의 衣襟을 잡고서 부채 자루로 때려 쓰러지게 했고, 그 가운데 오익신이 원각사의 못가에 放尿했다. 이들은 중형에 처해졌는데, 주모자 오익신은 杖 100, 윤시형·김수경·정광정은 隨從者로 모두 杖 90에 처하고 贖하게 했다.186) 그리고 이들에 대해서는 과거 응시자격을 박탈했다.

---

180) 『成宗實錄』권127, 成宗 12년 3월 丙子(2일), 10-197.
181) 『成宗實錄』권127, 成宗 12년 3월 己卯(5일), 10-197.
182) 『燕山君日記』권6, 燕山君 1년 6월 丁丑(26일), 12-687.
183) 『燕山君日記』권6, 燕山君 1년 6월 己卯(28일), 12-687.
184) 『燕山君日記』권7, 燕山君 1년 7월 壬午(1일), 13-1 ; 『燕山君日記』권7, 燕山君 1년 7월 丙戌(5일), 13-3.
185) 『燕山君日記』권10, 燕山君 1년 11월 丁未(28일), 13-53.

집의·사간 등이 이들 유생에게 과거 응시를 금지시킨 일이 지나치다고 했지만 국왕은 받아들이지 않았다.[187]

유생들이 승려를 쉽게 생각하고 국가에서 중시한 원각사에 들어가 승려와 충돌한 사건인데, 유생의 처벌로 종결되었다. 유생의 불교에 대한 태도를 단적으로 보여주는 사건이었다. 이러한 일이 발생하자 성종 14년 8월 원각사 등에 잡인이 출입해서는 안 된다고 규정했다.[188] 유생 등이 사찰의 승려와 충돌하는 것을 금지하는 의미가 있을 것이다.

원각사는 성종 19년 실화로 크게 파괴되었다. 그 중수 과정에서 많은 논란이 있었다. 그것은 그해 윤1월부터 시작되었다. 원각사 중수를 위해 제공하는 재와는 모두 민력에서 나오는 것이므로 無用한 곳에 허비해서는 안 된다는 주장이 제기되자, 국왕은 先王이 창건한 것이고 외국 사신이 찾는 사찰이라고 하면서 중수의 불가피성을 역설했다.[189]

신료의 반대가 있자, 성종은 다음날 다만 재와를 제공할 뿐 軍卒을 사역하지는 않겠다고 했다. 원각사 창건 시에는 2,000명을 상회하는 군졸을 사역시켰지만 이제는 그렇게 하지 않겠다는 것이다. 檢討官 閔祥安은 재와도 민력에서 나오는 것이므로 결국 민을 사역하는 것이라고 했다.[190] 홍문관 부제학 안호 등은 원각사가 재화를 입은 것은 天幸이라고까지 극언했다.[191] 원각사를 보수하는 데 필요한 재목과 기와는 모두 민력에서 나오는 것이라는 주장이 되풀이되었다.[192] 신하들의 반대가 이어지자, 성종은 先

---

186) 『成宗實錄』권141, 成宗 13년 5월 辛巳(13일), 10-334 ; 『成宗實錄』권141, 成宗 13년 5월 丁亥(19일), 10-334.

187) 『成宗實錄』권142, 成宗 13년 6월 己亥(2일), 10-339.

188) 『成宗實錄』권157, 成宗 14년 8월 丙子(16일), 10-500.

189) 『成宗實錄』권212, 成宗 19년 윤1월 戊寅(13일), 11-297.

190) 『成宗實錄』권212, 成宗 19년 윤1월 己卯(14일), 11-297.

191) 『成宗實錄』권212, 成宗 19년 윤1월 庚辰(15일), 11-298.

192) 『成宗實錄』권212, 成宗 19년 윤1월 辛巳(16일), 11-299~300 ; 『成宗實錄』권212, 成宗 19년 윤1월 壬午(17일), 11-300.

王·先后의 뜻을 잊을 수 없지만 不可하다고 하니 材瓦를 지급하지 않겠다
고 했다.193)

　한 달이 지난 2월 원각사의 보수는 신료들의 요청으로 중단했다.194) 史
臣은 국왕이 평소 異端에 미혹하지 않아서 처음에는 원각사에 재와를 지
급하여 선후의 뜻을 따랐으나 正論을 듣고 고침에 인색하지 않았다고 평
가했다.195)

　그렇지만 어느 시점에서 중수를 시작한 듯 하다. 그해 6월 원각사 수리
를 위해 군인을 제공했으며 관원을 정해 그 역을 감독하고 있어 부당하다
는 지적이 있었다.196) 신료들이 원각사 수리의 부당함을 주장했지만, 국왕
은 즉위한 이래로 이단을 崇信한 일이 없으며, 다만 구례를 따르고, 또 貞
熹王后의 敎가 귓가에 생생하여 修葺할 뿐이라고 했다.197) 국왕은 원각사
는 선왕이 창건한 것이고 외국의 사신이 찾는 곳이므로 중수해야 한다고
했다. 또한 원각사의 유지는 대비가 부탁한 일이라는 발언을 했다. 난처할
경우 국왕은 자신이 불교를 받들지 않는다고 강변했다.

　부처가 만약 영험함이 있다면 원각사를 창건해 복전을 구한 세조는 마
땅히 100년의 수를 누렸어야 했지만, 원각사가 겨우 완성되자 세조가 세상
을 떠났다고 지적하기도 했다. 또한 원각사가 公廨가 아니므로 훼철해도
가한데 軍卒을 부려 보수하는 것이 타당하지 않다고 주장하기도 했다. 태
종대의 불교억압 정책을 계승해서 원각사를 중수하지 말라고 발언하기도
했다.198) 원각사 중수를 중단하라는 주장이 이어지고 있었지만199) 성종은

---

193) 『成宗實錄』권212, 成宗 19년 윤1월 癸未(18일), 11-300.
194) 『成宗實錄』권213, 成宗 19년 2월 乙卯(21일), 11-310.
195) 『成宗實錄』권213, 成宗 19년 2월 丙辰(22일), 11-311.
196) 『成宗實錄』권229, 成宗 20년 6월 乙巳(18일), 11-487 ; 『成宗實錄』권229, 成宗
　　20년 6월 丁未(20일), 11-489.
197) 『成宗實錄』권229, 成宗 20년 6월 戊申(21일), 11-489.
198) 『成宗實錄』권229, 成宗 20년 6월 甲寅(27일), 11-492.
199) 『成宗實錄』권229, 成宗 20년 6월 戊申(21일), 11-490 ; 『成宗實錄』권229, 成宗

반대를 막아내며 중수를 완료했다.

성종대에는 파문정병(성종 3년), 목불회립(성종 11년), 불교 경전의 간행 (성종 12년), 조라치(성종 14년), 건물의 보수(성종 19년) 등을 둘러싸고 많은 논란이 있었다. 국왕은 일관되게 선왕이 한 일로서 자신이 시작한 일이 아니라는 것, 대비가 중히 여기고 있다는 것, 외국의 사신이 찾는 곳이라는 논리로 방어에 힘썼으며, 불교에 적대적인 신료들은 원각사를 지원하거나 우대하는 것을 비판했고, 나아가 원각사의 철폐를 주장했다. 성종대에는 원각사를 둘러싸고 여러 비판이 있었지만 국왕은 반대를 무릅쓰고 자신의 의지를 관철시켜 나갔다. 그렇지만 원각사가 담당하는 기능은 크게 축소되었다. 국가·국왕을 위한 행사는 거의 설행하지 않게 되었다.

연산군대에 이르면 국왕 스스로 억불에 적극성을 보였다.[200) 연산군 9년 1월 회암사, 봉선사 주지와 일체 城 外 거처하는 승려는 금후로는 양종 과 원각사에 출입하지 못하도록 했다.[201) 외부의 승려가 원각사에 출입하는 것을 금지하는 조치였다. 외부의 승려가 왕래하는 것이 어려워지므로 결국 원각사가 고립되는 것을 의미하는 조치였다.

연산군 10년 7월 원각사에 성균관을 옮기려는 논의가 있었으며, 결국 이 논의는 중단되었지만 원각사를 헐지는 말라고 했다.[202) 며칠 뒤 홍덕사를 원각사로 옮기라는 조치가 있었다.[203) 홍덕사가 일시 원각사로 옮겨짐으로써 원각사가 사찰로서의 기능을 할 수 있도록 했다. 그러나 곧이어 원각

20년 6월 己酉(22일), 11-490 ;『成宗實錄』권229, 成宗 20년 6월 庚戌(23일), 11-490~491 ;『成宗實錄』권229, 成宗 20년 6월 壬子(25일), 11-491 ;『成宗實錄』권229, 成宗 20년 6월 癸丑(26일), 11-492 ;『成宗實錄』권229, 成宗 20년 6월 丙辰(29일), 11-495.

200) 연산군 10년 4월의 갑자사화 이전까지는 대체로 성종대의 배불정책을 계승했지만, 갑자사화 이후는 都會所의 철폐와 兩宗 혁파, 僧科의 폐지 등 '破佛'의 조치를 취했다(李逢春, 1992,「燕山朝의 排佛策과 그 推移의 성격」『佛敎學報』29).

201)『燕山君日記』권48, 燕山君 9년 1월 丙戌(18일), 13-539.

202)『燕山君日記』권54, 燕山君 10년 7월 己亥(11일), 13-645.

203)『燕山君日記』권54, 燕山君 10년 7월 癸卯(15일), 13-646.

사에서 승려를 내보내는 조치가 있었다. 같은 해 12월 원각사는 비록 世祖
가 창건한 것이라도 일시의 일이지 만세의 법이 아니며, 補國 延祚의 場이
아니라고 하면서, 승도를 내쫓고 그 절을 비워 국가에서 일이 있으면 사용
하도록 했다.204) 원각사는 연산군 10년 12월에 이르러 완전히 사찰로서의
기능이 중단된 것이다. 이어서 연산군 11년 2월에 掌樂院을 원각사로 옮김
으로써205) 원각사는 사찰이 아니게 되었다.

중종이 즉위하자 원년(1506) 10월에 원각사를 復立하지 못하도록 傳教
했다.206) 그러나 대비가 원각사를 복립하려는 뜻을 갖고 있었다. 중종 2년
1월 대비가 원각사는 조종조에 세운 것으로, 우리나라의 산천이 험조하여
사찰을 세워 누른 것이라는 점, 연산군대에 원각사가 폐기되었는데 이는
조종에게 큰 죄를 지은 것이라는 점, 또 정희왕후가 매양 조종의 遺教로써
성종에게 원각사를 유지하도록 했다는 점을 들면서 복립하고자 했다. 대비
가 원각사 복립에 관해 강한 의지를 표방했지만 신료들의 반대로 성취할
수 없었다. 신료들은 도성 내 사찰을 복립한다면 新創보다 폐가 클 것이고,
민력을 사용하지 않는다 하더라도 결국 승려가 민을 꾀어서 일을 진행할
것이며, 사방에서 복립의 소식을 들으면 심산유곡 모두에 사찰을 세울 것
이라고 했다.207)

중종 2년에 한성부를 원각사로 옮겼다. 그러나 중종 5년 1월 한성부에서
불편하다면서 다시 원래의 한성부로 돌아가고자 했다. 원각사 窓壁이 파괴

---

204) 『燕山君日記』권56, 燕山君 10년 12월 壬午(26일), 13-680. 중종 3년 10월 정언
　　박수문의 말 가운데, 양종과 원각사 승도가 지금 京山에 있으면서 掌印하고 있
　　는데 이를 혁파해 根株를 끊어야 한다는 내용이 보인다(『中宗實錄』권7, 中宗 3
　　년 10월 戊寅(14일), 14-282). 원각사는 혁파되었지만 소속 승려는 경산에 소재하
　　고 있음을 알 수 있다.
205) 『燕山君日記』권57, 燕山君 11년 2월 丁丑(21일), 13-689.
206) 『中宗實錄』권1, 中宗 1년 10월 庚申(15일), 14-88 ; 『中宗實錄』권1, 中宗 1년 10
　　월 辛酉(16일), 14-88.
207) 『中宗實錄』권2, 中宗 2년 1월 辛巳(7일), 14-110 ; 『中宗實錄』권2, 中宗 2년 1월
　　甲申(10일), 14-110.

되었고, 各年決訟文案이 다른 곳에 보관되어 있어 불편하다는 것이 이유였
지만, 실은 한성부 右尹 成允祖가 갑자기 병으로 졸했는데 그것이 폐사의
동티 때문이라고 생각했던 것이다.208)

중종 7년 7월 원각사를 議得廳으로 삼는 것이 논의되었다. 의논할 일이
있으면 마땅히 闕廷에 모여야 하는데 근래에 변방의 일이 자주 일어나 일
일이 闕에 이르는 것이 편치 못하므로 원각사에 모이도록 하고서, 이름을
의득청이라고 개칭했다. 그러자 국가의 대사를 市廛 사이에서 의논할 수
없다고 하면서 원각사 땅을 백성에게 주어 집을 짓도록 하자고 했다.209)
집없는 宰相·朝官에게 원각사 터를 분급했으나 그들은 꺼리고 거처하지
않았다.210) 반면에 민인들은 원각사의 기와와 돌을 사용해 집을 지음으로
써 민가가 점차 들어섰다.

중종 20년 12월 원각사 터에 다수 사람이 거처했으며, 도적의 소굴이 되
었음을 전하고 있다.211) 중종 21년 5월에는 도적의 소굴이 된 원각사 터
주민을 규찰하기 위해 십가작통법을 시행토록 했다.212) 원각사 터에는 이
처럼 많은 민인이 거처함으로써 원각사를 복립하는 것은 불가능했다. 일부
에서 원각사를 복립하려는 의지가 없지 않았지만 성취할 수 없었다.213)

명종 2년(1547) 2월 경에도 원각사의 일부 건물이 남아 있었다. 棟梁이
기울고 기와도 頹毁하기는 했지만 건물이 남아 있었음을 알 수 있다.214)
남아 있는 건물의 材瓦를 수리하는 곳에 주자는 의견이 제출되기도 했

---

208)『中宗實錄』권10, 中宗 5년 1월 己巳(12일), 14-403.
209)『中宗實錄』권16, 中宗 7년 7월 乙未(24일), 14-601 ;『中宗實錄』권16, 中宗 7년
　　 7월 丁酉(26일), 14-602 ;『中宗實錄』권16, 中宗 7년 7월 己亥(28일), 14-602.
210)『中宗實錄』권20, 中宗 9년 8월 丙申(6일), 15-22.
211)『中宗實錄』권56, 中宗 20년 12월 戊戌(14일), 16-478.
212)『中宗實錄』권57, 中宗 21년 5월 丁亥(5일), 16-509.
213) 중종 11년 5월 갑사 경인손은 원각사를 개조하면 삼천 천녀가 하강하고 국가가
　　 태평할 것이며 세상의 질병이 없어질 것이라는 요망한 글을 올렸다(『中宗實錄』
　　 권25, 中宗 11년 5월 甲辰(24일), 15-179).
214)『明宗實錄』권5, 明宗 2년 2월 己亥(17일), 19-485.

다.215) 재와를 다른 곳에 준다는 것은 곧 그 건물의 해체를 의미하는 것이
다. 국왕은 허물어버리는 것을 주저했다.216) 아마도 법당의 건물은 남아
있었으며 다른 건물은 대체로 없어진 듯 하다. 이 과정에서 원각사와 관련
한 시설도 어려움을 겪게 되었다.217)

　명종대 문정왕후가 불교를 옹호하면서 선교 양종이 복립되었다.218) 명
종 6년 그 일환으로 원각사가 장차 복립할지 모른다는 염려가 신료들 사이
에서 팽배했다.219) 그렇지만 원각사 터에는 이미 민가가 들어서 있기 때문
에 그것을 복립한다는 것은 현실적으로 어려운 일이었다.

　그러나 명종 9년과 20년 이곳에서 화재가 남으로써 원각사를 복구하려
는 움직임이 있었다. 명종 9년 8월 원각사 옛터 근처 인가에서 실화하여
100여 호를 연소한 일이 발생했다.220) 국왕은 화재를 입은 이재민을 수구
문 밖으로 옮기도록 했다.221) 이에 신료들은 흉년이고 점차 추워지고 있으

---

215) 『明宗實錄』권5, 明宗 2년 2월 戊戌(16일), 19-485.
216) 『明宗實錄』권5, 明宗 2년 2월 己亥(17일), 19-485.
217) 원각사의 종은 성종대부터 소리에 문제가 있다는 지적이 있었으며, 그것은 중종
　　31년에 동대문으로 옮겨 걸어서 새벽과 저녁에 치도록 해 성 밖에서 들을 수 있
　　도록 했다. 종각이 철거되었지만 종을 그대로 방치해 두었는데, 중종 36년 6월
　　訓練院으로 옮기는 것이 논의되었다(『中宗實錄』권95, 中宗 36년 6월 丙辰(1일),
　　18-469). 명종 10년 5월 총통의 주조에 원각사 종을 사용할 것을 비변사에서 요청
　　했으나 윤허하지 않았다(『明宗實錄』권18, 明宗 10년 5월 丙辰(23일), 20-275).
　　명종 18년 11월에 원각사의 종을 내수사에 주도록 했다(『明宗實錄』권29, 明宗
　　18년 11월 辛卯(16일), 20-677). 내수사에 줌으로써 불교적인 방향에서 사용되도
　　록 배려한 것이다.
218) 金燉, 1997, 앞의 책, 255~257쪽 ; 金宇基, 2001, 『朝鮮中期 戚臣政治 研究』, 集
　　文堂, 249~260쪽 ; 韓春順, 2006, 『明宗代 動戚政治 研究』, 혜안, 232~247쪽 ;
　　李逢春, 2002, 앞의 논문 ; 한춘순, 2013, 「조선 명종대 불교정책과 그 성격」, 『韓
　　國思想史學』44, 韓國思想史學會 ; 이경희, 2015, 「朝鮮 明宗代의 佛教中興과
　　虛應堂 普雨」, 『普照思想』44, 普照思想研究院.
219) 『明宗實錄』권11, 明宗 6년 1월 癸卯(15일), 20-3.
220) 『明宗實錄』권17, 明宗 9년 8월 戊戌(30일), 20-230.
221) 『明宗實錄』권17, 明宗 9년 9월 己亥(1일), 20-230.

니 많은 이재민을 다른 곳으로 옮기는 것은 어려운 일이며, 이곳에 사는 사람들은 시전에서 매매하며 살기 때문에 도성문 밖으로 가면 살아갈 수 없다고 하면서 이에 반대했다.222) 원각사를 복립하려는 의지가 작용해 이 재민을 옮기려고 한 것으로 보이는데, 이를 감지한 신료들이 적극 반대함으로써 그대로 살게 했다.223)

명종 20년 3월 원각사 터의 민가에서 화재가 발생하여 200여 家가 피해를 입었으며, 사람이 타 죽기까지 했다. 화재가 발생한 원각사 터를 비워두고 이재민을 南伐原 광활한 곳에 옮겨 살도록 조치를 취했다.224) 이에 대해 이곳에서 오래 산 민인을 다른 곳으로 옮기도록 하면 소요할 것이며, 이들은 시전을 무대로 생계를 꾸려갔기에 옮겨 가면 생계를 도모할 수 없다고 하면서 반대했다.225) 문정왕후가 원각사를 복립하려는 의도 하에 민가를 옮기고자 한 것이었지만 결국 朝論을 꺼려 그렇게 하지 못하고 결국 그대로 살게 했다.226) 이렇게 됨으로써 원각사를 복립하는 것은 불가능해졌다.

5. 結語

조선초 세조대 창건된 원각사는 40년 정도 유지 존속했다. 국가적 차원에서 지원해 조영했지만 그 위상과 기능은 고려시기보다 현저히 낮았다.

---

222) 『明宗實錄』권17, 明宗 9년 9월 己亥(1일), 20-230 ;『明宗實錄』권17, 明宗 9년 9월 庚子(2일), 20-230.
223) 『明宗實錄』권17, 明宗 9년 9월 庚子(2일), 20-230.
224) 『明宗實錄』권31, 明宗 20년 3월 丙午(9일), 21-8.
225) 『明宗實錄』권31, 明宗 20년 3월 丙午(9일), 21-8 ;『明宗實錄』권31, 明宗 20년 3월 丁未(10일), 21-8.
226) 『明宗實錄』권31, 明宗 20년 3월 己酉(12일), 21-9. 문정왕후가 명종 20년 4월 사망함으로써 불교정책은 억압하는 방향으로 급변했다.

원각사가 철훼되고 비슷한 시기에 흥천사·흥덕사가 기능하지 못하게 됨으로써 도성 내에 사찰이 모습을 감추게 되었다.

세조 10년 5월 국왕이 주도해 원각사를 창건케 했다. 조성을 위한 도제조·제조 등은 왕실의 종친을 중심으로 구성했으며 판서가 다수 참여했다. 특히 효령대군이 중요한 역할을 했다. 2,100명의 군인을 동원했고 50명의 장인을 사역시켰으며, 자발적으로 참여한 이들도 있었다. 그러나 승려의 참여는 차단되었다. 국가에서 조영에 필요한 재목과 銅을 제공했다. 세조 11년 4월 낙성이 되자 경찬회를 베풀었으며, 세조가 직접 행차했다. 대종은 세조 11년 1월에 주조되었으며, 백옥 불상은 세조 12년 7월, 탑은 세조 13년 4월에 각각 만들어졌다. 무리한 진행으로 사망사고가 발생하기도 했다. 조영 이후 참여한 이들에게 상을 내려주었다. 고려시기 민인의 요역 징발을 통해 조영한 것과는 큰 차이가 있었다. 전각에는 대광명전(법당), 해장전, 어실, 서실, 선당, 해탈문, 반야문, 적광문 등이 보이며, 그 가운데 국왕이 행차할 때 머무는 어실이 있었음이 주목된다. 전각의 수에서 볼 때 원각사의 규모는 고려시기 개경 내 소재한 대사찰에는 크게 미치지 못했다. 고려시기의 사찰에 보이는 眞殿이 설치되지 않았으며, 조선후기에 흔히 보이는 산신각·칠성각 등도 조영되지 않았다. 원각사는 성종 19년 화재를 입자 반대를 무릅쓰고 중수를 단행했다. 이때에는 선공감이 주도해 100명의 군인을 동원함으로써 진행했는데, 신료들의 반대가 극심했다. 이는 세조대에 상상할 수 없는 일이었다.

원각사가 기능을 수행하기 위해서는 상당한 재원이 필요했다. 건물을 보수하고, 승려를 공양하며 각종 불교 행사를 설행하기 위해서는 재정 수입이 필요했다. 토지가 300결 지급되었으며, 修掃奴(조라치) 30명이 사여되었는데 이는 파격적인 대우였다. 醬, 黃豆, 麻布, 綿布 등 각종 물품이 지급되었으며, 祭享物饌이 제공되기도 했다. 목불회립으로 많은 이가 몰려 와 시주한 일이 있지만, 통상적인 시주는 활발하지 않은 것으로 보인다. 원각사를 찾는 명과 일본의 사신도 시주하는 일이 있었다. 국가나 국왕을 위한 행사를 베풀었을 경우 물품의 사여가 뒤따랐다. 寶를 설치해 운영하거나 상업 활동에 적극 참여함으로써 재원을 확보하는 것은 보이지 않는다. 원각사에는 파문정병이 배치되어 있었다. 승려는 30명이었으며 주지는 국가에서 임명했는데 사찰의 모든 일을 총괄했다. 원각사는 사찰로서 중요한 기능을 수행했다. 명이나 일본 사신이 예불하고 點香하는 사찰이었다. 원각사는 세조와 예종의 병이 있을 때 기도하는 곳이었고, 국왕의 사후에 재를 지내는 곳이었으며, 세조와 예종이 행차한 곳이기도 했다. 기우재와 기청재를 설행하는 사찰이었으며 薦新을 행하는 사찰이기도 했다. 해장전에 모셔져 있는 판각을 이용해 불경을 간행하는 일도 있었다. 圓扇을 바치는 부담을 지고 있음은 주목된다.

성종대부터 원각사를 둘러싸고 많은 논란이 있었다. 원각사 종 소리가 문제되어 불사가 있을 때 아뢴 뒤에 종을 치도록 하는 조치가 성종 1년에 취해졌다. 파문정병의 혁파 주장은 성종 3년부터 제기되었는데, 성종 8년에 2명이 줄기는 했지만 성종말까지 존속한 것으로 보인다. 원각사의 상징성을 보이는 어실도 철폐되었다. 장·황두·마포 등의 물품 제공을 중단할 것을 요청하는 주장이 이어졌지만 대체로 지속한 것으로 보인다. 성종 9년 무렵부터 조라치의 혁파 주장이 이어졌지만 연산군대까지 존속했다. 성종 11년 목불회립 사건을 계기로 뜨거운 논란이 있었다. 철저히 조사해 처벌하라는 주장이 이어졌지만 국왕은 실상의 개요를 파악하는 데 그치고 승려를 처벌하지 않고 방면했다. 불경의 인쇄를 반대하는 주장은 성종 12년과 연산군 1년에 있었다. 유생이 원각사를 찾아 승려를 구타하는 등 행패를 부린 사건도 발생했다. 성종 19년 화재가 나자 원각사의 중수를 둘러싸고 많은 논란이 있었다. 관료들은 민력이 소모된다고 하면서 반대했지만 국왕은 선왕이 창건했으며 외국 사신이 찾는 곳이라는 논리로 중수를 강행했다. 성종대까지는 신료의 반대가 있었지만 국왕은 자신이 好佛하지 않

는다고 강변하면서 대체로 원각사를 유지시켜 갔다. 그렇지만 사찰로서의
기능은 상당히 축소되었다. 연산군 10년에 와서 원각사에서 승려를 내쫓고
다음해에 掌樂院을 이곳으로 옮기면서 사찰로서의 기능은 종결되었다. 중
종 초 원각사를 복립하지 않겠다는 전교가 있었는데 이는 대비가 원각사
를 복립하려는 의지를 보였기 때문에 나온 것이었다. 한때 한성부를 이곳
으로 옮긴 적이 있었으며, 중종 7년에 일시 국정을 논의하는 議得廳이 된
적도 있었다. 중종 20년에는 민가가 가득 자리한 곳으로 변해 갔으며, 도둑
의 소굴이라는 지적도 있었다. 중종대는 언관의 활동이 활발한 시기이기
때문에 원각사를 복립한다는 것은 불가능했다. 명종대 문정왕후가 불교의
재흥을 위해 노력하면서 원각사를 복립하려는 의지도 갖고 있었다. 그러나
민가가 가득 들어차 있기에 불가능했다. 명종 9년, 명종 20년 원각사 터의
민가에서 화재가 나자 다른 곳으로 옮기려는 시도가 있었지만 신료의 반
대로 그대로 살게 했다. 이로써 원각사는 복립할 수 없게 되었다.

　원각사는 파격적인 대우를 받은 사찰이었다. 그렇지만 조영 과정에서
고려시기처럼 민인을 사역시키지 않았으며, 규모와 거처하는 승려를 볼 때
고려시기와 같은 위상을 보이지 못했다. 수행하는 기능은 고려시기 이래의
것을 계승하기는 했지만 현저히 축소되었다. 고려시기에 비해 크게 하락한
조선초 불교계의 모습을 상징적으로 보여주는 사찰이었다. 그리고 불교 정
책의 추이에 따라 쇠퇴의 길을 밟지 않을 수 없었다.

[부록] 원각사 관련 연표

서기	왕대 연 월	내 용
1464	세조 10년 5월	회암사에서 이적이 나타난 것이 계기가 되어 원각사 창건 시작
		원각사 造成 都提調, 提調, 副提調 임명
	세조 10년 6월	원각사 터 거주민 200여를 이주시키고 보상함
		銀川君 纘과 玉山君 躋를 監役督察官으로 임명함
		瓦窯提調가 원각사 법당에 소요되는 청기와가 8만 장이라고 함
		원각사에 상서로운 일이 발생(黃雲이 둘러싸고 天雨四花하며, 이상한 향이 허공에 가득함)
		범종을 만들기 위한 銅 5만 근을 마련하게 함
	세조 10년 7월	원각사 조영에 참여한 匠人을 90명에서 50명으로 줄임
	세조 10년 8월	세조가 원각사에 행차해 터를 살펴봄
		繕工監의 注簿가 충청도에서 벌목함
		흙을 파들어가다 무너져 압사한 군인이 2명, 부상한 군인이 5명
	세조 10년 9월	원각사에 서기가 나타남
		효령대군이 원각사에서 새로 만든 불상과 분신 사리를 바침
	세조 10년 10월	원각사에 서기가 나타남
	세조 10년 11월	원각사 담장을 朝官이 品從을 내서 축조함
	세조 10년 12월	원각사에 서기가 나타남
		겨울철 추위로 인해 공사를 다음해 1월 보름까지 중단함
		원각사 대종을 주조함, 소요된 銅이 4만여 근
1465	세조 11년 1월	원각사 역에 승려가 도첩을 받고 참여할 것을 요청했으나 거절함
		원각사 대종이 완성됨
	세조 11년 2월	원각사 역부가 簑衣를 입고 기근을 호소함
		원각사 조영 공사 중에 추락해 사망하는 사고가 발생함
	세조 11년 3월	원각사에서 나한의 분신 사리를 바침
		원각사에 修掃奴 30구를 지급함
	세조 11년 4월	원각사에 토지 300결을 사여함
		원각사 낙성 경찬회를 베품, 세조가 원각사에 행차함
	세조 11년 5월	원각사 역에 동원된 장인에게 상을 내림
		원각사에 사리, 서기, 雨花가 나타남
	세조 11년 8월	외방에서 원각사 연화를 사칭하는 社長이 횡행함
	세조 11년 12월	원각사에서 사리가 분신함
1466	세조 12년 4월	원각사에 서기가 나타남
		원각사의 조영을 도운 이들에게 影職과 檢職을 제수함

서기	왕대 연 월	내　용
	세조 12년 7월	백옥 불상이 완성됨
	세조 12년 10월	원각사에 서기가 나타남
1467	세조 13년 3월	일본의 승려가 원각사 탑을 보고자 함
	세조 13년 4월	원각사 탑에서 사리가 분신함
		원각사 탑이 완성됨
		원각사 조영에 수고한 효령대군 李補에게 노비 20구를 사여함, 族親 등에게 자급을 代加하게 함, 造成에 참여한 관원에게도 직을 내림
1468	세조 14년 4월	원각사를 찾은 명의 사신이 향을 사르고 재물을 시납함
	세조 14년 5월	僧人·社長이 원각사 佛油를 募緣한다고 칭하고서 폐를 끼치는 자가 있음
	세조 14년 8월	세조의 병이 심해지자 원각사 등에서 기도하게 함
	예종 즉위년 10월	예종이 원각사에 행차함
	예종 즉위년 12월	大行大王의 百齋를 원각사에 베풂
		예종이 원각사에 가서 燒香하고 원각사 밖에서 1,000명의 승려에게 반승함
1469	예종 1년 1월6	예종의 足疾이 낫지 않자 원각사 등에서 기도하게 함
	예종 1년 윤2월	명의 사신이 원각사를 구경함
		예종이 원각사에 행차, 원각사 사리가 분신함
	예종 1년 3월	명의 사신이 원각사에 懸幡함
	예종 1년 5월	원각사에서 祈晴齋를 설행함
	예종 1년 7월	원각사에서 기우재를 지냄
		예종이 원각사에 행차함
1470	성종 1년 1월	음기가 성하여 재해와 옥사가 빈발한다고 하면서 원각사 종을 치지 말 것을 청함
	성종 1년 3월	원각사에서 예종의 百日齋를 베풂
	성종 1년 4월	원각사에서 기우재를 지냄
	성종 1년 6월	명의 사신이 원각사에 가서 點香함
	성종 1년 9월	인정·파루와 차이가 없으므로 원각사 종을 불사가 있을 경우 아뢴 뒤에 치도록 함
1472	성종 3년 4월	원각사에서 기우재를 지냄
		원각사 把門正兵을 철폐하라는 요구가 있음
	성종 3년 5월	가뭄으로 원각사 승려에 대한 供饋를 반으로 줄임
	성종 3년 10월	원각사 승려에 대한 공궤를 원래대로 지급하게 함
1473	성종 4년 10월	원각사 파문정병을 혁파할 것을 요구함
1474	성종 5년 6월	원각사의 御室을 이제부터는 어실이라 칭하지 말고, 사찰에 속하게 함
	성종 5년 윤6월	恭惠王后의 百日齋를 원각사에 베풂

서기	왕대 연 월	내 용
1476	성종 7년 8월	원각사 파문정병이 불가하다고 지적함
1477	성종 8년 2월	원각사 파문정병을 2명 줄임
	성종 8년 6월	원각사에서 薦新하는 것을 중지하도록 요청함
	성종 8년 11월	文昭殿 등의 祭物을 원각사에 지급하는 것을 중지시킴
	성종 8년 12월	원각사에서 천신하는 것을 혁파할 것을 요청함
1478	성종 9년 4월	鄭昌孫이 조라치 혁파를 주장함, 이후부터 이러한 주장 이어짐
1480	성종 11년 5월	木佛回立 논란(승려가 불상을 손으로 돌려놓고서 스스로 그런 것이라고 요언을 함), 5월 말에서 6월 초에 걸쳐 집중 논란됨
1481	성종 12년 3월	원각사에서 佛經을 찍어냄, 중지를 요청함
	성종 12년 7월	원각사 승려에게 제공하는 쌀을 명년 추수 때까지 반으로 줄임
1482	성종 13년 5월	유생 4,5명이 원각사에 가서 승려를 구타하고 못가에 방뇨하는 등 행패를 부림
1483	성종 14년 8월	명 사신의 병으로 원각사에서 법연을 베풀고 기도함
		원각사 등에 잡인이 출입하는 것을 엄중히 금함
		원각사 조라치가 대부분 巨商 富賈라는 지적이 있음
1485	성종 16년 6월	기우재를 지내고 영험함이 없으니 원각사에서 기우재를 지내지 말도록 함
	성종 16년 7월	원각사 승려가 國廩을 앉아서 소비하는 데 이를 줄여 백성을 구제하자는 주장이 있음
1487	성종 18년 1월	원각사에 제공하는 물품이 鹽 10碩, 末醬 6碩 5斗, 黃豆 48碩, 麻布 10匹, 綿布 20匹
1488	성종 19년 윤1월	원각사가 실화, 중수를 둘러싼 논의, 신료들은 재와가 민력에서 나온 것이라는 논리로 반대함
	성종 19년 2월	신료들의 요청으로 원각사 중수 역이 중단됨
	성종 19년 6월	원각사 중수 재개, 이에 대한 신료들의 반대 이어짐
	성종 19년 7월	원각사 중수 반대가 이어짐, 선공감에서 정병 100명을 사역시켜 진행함
1489	성종 20년 5월	원각사에서 매년 바치던 圓扇을 바치지 않아 추문케 함
	성종 20년 6월	원각사 파문정병을 혁파할 것을 청함
1493	성종 24년 10월	일본 사신이 원각사를 구경하고자 청함
1494	성종 25년 5월	일본 사신이 원각사를 찾음
1495	연산군 1년 4월	원각사 승려가 坐費公廩한다고 지적함
	연산군 1년 6월	원각사에서 불경 인쇄, 신료들이 중단 요청함, 논란이 이어짐
	연산군 1년 7월	원각사에서 불경 인쇄, 신료들이 중단 요청함, 논란이 이어짐
1496	연산군 2년 4월	원각사 조라치 10명을 줄이고 內需司 노비로 충급하게 함
1503	연산군 9년 1월	회암사·봉선사 주지와 城 外 거처하는 승려가 원각사에 출입하지 못하게 함

서기	왕대 연 월	내 용
1504	연산군 10년 7월	원각사에 성균관을 옮기는 것이 불가하다고 함, 원각사를 헐지 말게 함
		흥덕사를 원각사로 옮김
	연산군 10년 12월	원각사의 승려를 내쫓고 절을 비워 국가에서 일이 있으면 사용하도록 함
1505	연산군 11년 2월	掌樂院을 원각사로 옮김
1506	중종 1년 10월	원각사를 복립하지 못하도록 전교함
1507	중종 2년 1월	대비가 원각사를 복립하고자 함
	중종 2년	한성부를 원각사로 옮김
1508	중종 3년 10월	원각사 승려가 경산에 있으면서 掌印하고 있음
1510	중종 5년 1월	창벽이 파손되었다고 하면서 원각사의 한성부를 다시 원래의 한성부로 옮길 것을 청함
1512	중종 7년 7월	의논할 일이 있으면 원각사에 모이도록 하고, 議得廳이라 함, 곧 폐지됨
		한성부로 하여금 원각사 땅에 대한 도면을 작성해 올리게 함
1514	중종 9년 8월	원각사 터를 집없는 宰相과 朝官에게 분급했으나 꺼리고 거처하지 않음
1516	중종 11년 5월	갑사 경인손이 원각사를 부활시키면 삼천 천녀가 하강하고 국가가 태평할 것이라는 글을 올림
1519	중종 14년 6월	원각사 비를 무너뜨릴 것을 요청함
1526	중종 21년 5월	원각사 기지에 많은 민가가 있음, 도적의 소굴이라는 지적이 있음, 십가 작통법을 시행하게 함
1536	중종 31년	원각사 종을 동대문으로 옮겨 종각을 짓고 새벽과 저녁마다 종을 침
1541	중종 36년 6월	동대문에 있는 원각사 종을 訓練院으로 옮기는 것이 논의됨
1547	명종 2년 2월	원각사 건물을 훼철할 것을 요청함
1550	명종 5년 9월	원각사 위전 150여 결이 누락되었다는 언급이 있음
1554	명종 9년 8월	원각사 터 민가에 불이 나서 100여 호 연소함
	명종 9년 9월	원각사 터 이재민을 수구문 밖으로 옮기고자 했으나 신료들의 반대로 그대로 살게 함
1563	명종 18년 11월	홍인문에 있는 원각사 종을 내수사에 주도록 함
1565	명종 20년 3월	원각사 터 민가에 화재 발생, 200여 가를 불태움, 南伐原으로 옮길 것을 국왕이 제안했으나 신료의 반대로 옮기지 않음

제2장 朝鮮前期 奉先寺의 造營과 機能

1. 序言

세조 王陵인 光陵을 조영하고서 창건한 奉先寺는 조선전기 매우 특이한 예를 보이는 사찰이다. 봉선사는 광릉과 연관되기 때문에 왕실에서 소홀히 할 수 없는 사찰이었다. 불교 억제의 분위기 속에서도 유지될 수 있었던 것은 왕실, 왕릉과의 관계 때문이었다. 이 봉선사는 명종 5년(1550) 선교 양종이 복립할 때 교종의 중심 사찰이 되어 선종의 중심 사찰인 奉恩寺와 나란한 위치에 있었다.[1]

봉선사가 수행한 기능을 살펴보면, 사찰이 국가 차원의 공적인 기능을 담당하던 데에서 멀어져 가고 반면에 왕실의 사사로운 영역으로 한정되어 가는 모습을 잘 보여 준다. 그에 따라 국가의 공적 기구보다는 왕실의 일을 주관하는 내수사와 깊이 관계하는 것으로 변해 갔다.

왕실의 불교신앙은 봉선사에 잘 표현되어 있으며, 신료들의 불교에 대한 비판적인 태도도 봉선사를 소재로 해 전개되는 양상을 보이기 때문에, 봉선사를 깊이 고찰하면 성종대에서 명종대에 이르는 불교의 위상 변화도 구체적으로 파악할 수 있다. 각 단계에 따라 불교 정책이 변화하고 사찰의 기능과 위상이 달라짐을 간취할 수 있다. 또한 억불의 시대에 불교가 존속

---

1) 奉先寺의 역사와 유물에 관해 개략적으로 소개한 글이 여럿 확인된다. 대한불교신문 편집국 엮음, 1993, 『한국의 사찰①』, 대한불교신문 출판사업부, 387~393쪽 ; 최완수, 1994, 『명찰순례②』, 대원사, 70~97쪽 ; 사찰문화연구원, 1995, 『전통사찰총서⑤』, 사찰문화연구원, 180~203쪽 ; 탁효정, 2021, 『조선 왕릉의 사찰』, 역사산책, 155~164쪽.

할 수 있었던 이유를 이해할 수 있게 해준다. 그리고 봉선사의 경제 기반
에 대한 검토는 이 시기 사원경제 전반의 추이에 대한 이해에 큰 도움을
준다.

이 글에서는 봉선사의 조영, 가람 구성, 주지를 역임한 승려를 우선 정
리하고, 경제 기반의 마련과 운영을 살펴보는데, 그 가운데 토지와 禁標에
대해 집중 조명하고자 한다. 봉선사가 담당한 기능 그리고 봉선사의 위상
이 왕대별로 어떠한 변화를 보이는지도 검토하고자 한다. 봉선사는 도성
내에 있지 않고 60리 떨어진 지점에 있어 『조선왕조실록』에 관련 내용이
풍부하게 남아 있지 않다.

2. 造營과 伽藍 구성 및 住持

봉선사는 세조비 大王大妃(=정희왕후)가 세조를 위해 창건한 사찰이
다.[2] 세조가 재위 14년(1468) 9월 사망하자 장지를 양주에 정하고서 12월
에 장례를 치렀다. 세조비가 왕릉의 곁에 사찰을 두겠다는 뜻을 가지고 河
城府院君 鄭顯祖, 上黨府院君 韓明澮, 綾城君 具致寬 등을 提調로 삼아 터
를 살피게 했다. 정현조 등이 윤허를 받아 왕릉의 남쪽에 사찰을 조영했다.
공사는 예종 1년(1469) 6월에 시작하여 9월에 종료했는데, 예종이 봉선사
라 사액했다.[3] 세조 사후 그를 추모하고 광릉을 유지해 가기 위해 봉선사
를 창건한 것이었다. 국가·왕실의 차원에서 조영한 것이기에 조영 과정도
국가가 직접 관장했다.

「奉先寺記」에서는 봉선사의 조영이 예종 1년 6월에 시작했다고 하지만

---

2) 『奉先本末寺誌』에 따르면, 봉선사 자리에 法印國師가 고려 光宗 20년(969)에 개
    창한 雲岳寺가 있었다고 하나(『奉先本末寺誌』(亞細亞文化社 影印本, 1978), 2
    쪽, 7쪽), 다른 증거 자료가 보이지 않는다.
3) 金守溫, 「奉先寺記」, 『拭疣集』권2.

『睿宗實錄』에서는 윤2월부터 공사가 진행되고 있음이 확인된다. 예종 1년 윤2월 봉선사의 조영이 영릉·광릉의 役과 함께 진행되고 있다고 함이 그 것이다. 役夫는 모두 번상의 正兵과 船軍이며 농민이 아니었다.4) 부분적으로 양주민이 동원되었을 것이겠지만 정병과 선군이 핵심 노동력이었다. 그리고 한명회·구치관·權瑊을 불러 봉선사·영릉·광릉 영조의 일을 의논했다.5) 이는 이미 조영 작업이 시작되었음을 의미한다.

봉선사의 전각 가운데 影殿이 가장 먼저 조영을 완료했다. 예종 1년 4월 봉선사 영전의 參奉 2인을 두는 데서 그것을 알 수 있다.6) 아직 봉선사 조영이 완료되지 않았음에도 참봉 2인을 배치한 것이다. 아마 봉선사 전각 가운데 우선적으로 영전 조영을 완료하고7) 세조의 영정을 봉안했기에 서둘러 참봉을 배치한 것으로 보인다. 예종 1년 5월 도승지 권감에게 술을 가지고 가서 봉선사 董役提調를 위로하게 했다.8) 조영 공사가 본격적으로 진행되고 있음을 알려 준다.

예종 1년 6월 奉先寺가 이루어졌다. 學悅과 學祖에게 살피게 하니 학열과 학조가 기둥의 높이, 지붕의 재목, 칸막이의 모양 등을 문제삼아 허물고 다시 짓도록 했다. 영전도 허물려고 했으나 도제조인 영의정 한명회와 능성군 구치관이 고집해 허물지 못하게 했다. 그리고 학열이 사찰을 속히 조성해야 한다고 하면서 都城人의 車兩을 사용해 木石을 운반할 것을 청했다. 이에 국왕이 부득이 따랐다. 활용된 수레가 500여 량에 달했다.9) 6월에

---

4) 『睿宗實錄』권4, 睿宗 1년 윤2월 丁丑(22일), 8-343(국사편찬위원회 影印本 8冊, 343쪽을 의미함. 이하 같음).
5) 『睿宗實錄』권4, 睿宗 1년 윤2월 戊寅(23일), 8-343.
6) 『睿宗實錄』권5, 睿宗 1년 4월 甲戌(21일), 8-361. 광릉의 참봉은 예종 즉위년 10월 甲午(8일)에 衰服을 입은 자로 차임하고 있어(『睿宗實錄』권1, 睿宗 즉위년 10월 甲午(8일), 8-281), 봉선사 영전의 참봉보다 먼저 파견되었음을 알 수 있다.
7) 예종 1년 6월 봉선사 공사가 일단락되었을 때 학열과 학조가 대대적으로 고쳐 짓도록 했다. 이때 影殿도 허물려고 했다는 것으로 보아(『睿宗實錄』권6, 睿宗 1년 6월 己卯(27일), 8-392), 영전 조영이 가장 먼저 완료된 것으로 보인다.
8) 『睿宗實錄』권5, 睿宗 1년 5월 丁未(24일), 8-370.

봉선사가 이루어졌다고 하지만 기본 골격이 갖추어진 것이지 완성된 것은
아닌 것으로 보인다. 기본 골격이 마련된 것을 「봉선사기」에서 공사가 시
작한 시점으로 기술했다. 기본 골격이 갖추어진 것을 학열과 학조가 크게
수정했으므로, 봉선사의 전각은 기본적으로 학열과 학조가 구상한 것으로
볼 수 있다.

예종 1년 7월 왕이 봉선사 조영으로 민이 만약 고통스럽다면 역 부담을
줄이는 것을 의논하라 했으며, 이에 한명회는 의논한 뒤에 아뢰겠다고 했
다.10) 봉선사 조영으로 인해 민이 괴로워하고 있음을 엿볼 수 있다. 봉선사
의 조영으로 인한 민인의 고통은 조영이 완료된 뒤에도 자주 언급되었다.11)

예종 1년 8월 봉선사의 鍾이 완성되었다. 이때 수고한 이들에게 말[馬]
을 내려 주었다. 董役提調로서 綾城君 具致寬, 河城君 鄭顯祖, 左議政 尹子
雲, 西平君 韓繼禧, 都承旨 權瑊, 坡城君 尹贊 등이 보인다.12) 당시의 최고
위치에 있던 구치관·정현조·윤자운·한계희 등이 봉선사의 종을 주조하는
데 관여했음을 알 수 있다.

예종 1년 9월 세조 일주기를 맞아 국왕이 광릉에 행차해 제사를 지냈으
며, 守陵官과 侍陵宦官에게 冬衣를 사여했다. 이어 봉선사에 행차해 崇恩
殿에서 제사지냈다. 이때 봉선사가 완성되어 世祖忌晨을 위해 7일간 佛事
를 설행했다.13) 봉선사는 윤2월에 시작해 7개월 정도 소요되어 완성했다.
약 7개월의 비교적 짧은 기간에 조영될 수 있었던 것은 중앙정부의 적극적
인 지원이 있었기 때문이었다. 고위 관인을 제조로 임명해서 공사를 지휘

---

9) 『睿宗實錄』권6, 睿宗 1년 6월 己卯(27일), 8-392. 다른 기록을 보면 학조와 학열이
   낙산사로부터 이곳에 와서 廚舍 10여 칸을 고쳐지었다고 한다(『睿宗實錄』권7, 睿
   宗 1년 9월 戊子(8일), 8-415).
10) 『睿宗實錄』권6, 睿宗 1년 7월 戊戌(17일), 8-402.
11) 『成宗實錄』권10, 成宗 2년 6월 己酉(8일), 8-576 ; 『成宗實錄』권32, 成宗 4년 7월
    丙午(17일), 9-38 ; 『成宗實錄』권55, 成宗 6년 5월 戊午(10일), 9-221.
12) 『睿宗實錄』권7, 睿宗 1년 8월 庚辰(29일), 8-414.
13) 『睿宗實錄』권7, 睿宗 1년 9월 戊子(8일), 8-415.

하게 했으며 役夫는 번상한 正兵과 船軍이었다. 공사의 후반기에는 都城人의 수레 500여 량이 동원되었다. 그리고 봉선사 조영에 수고한 관리에 대한 論賞이 이루어졌다.[14]

조영되고 나서 10년 정도 경과한 뒤, 성종 11년(1480) 봉선사를 보수하도록 명했다.[15] 아마 봉선사 전각 가운데 일부를 보수한 것으로 보인다. 봉선사의 보수에 대해서는 성종 19년에도 언급되고 있다. 봉선사의 비 새는 곳에 대한 보수를 奉先寺에서 禮曹에 移報했는데, 예조에서 거행하지 않고 있다고 국왕이 지적하자, 예조에서 근일 사신이 서울에 와 번거로워 하지 못했다고 변명했다.[16] 사찰에서 예조에 알리면 예조에서 보수함이 원칙인 것이다. 국가가 관리하는 사원의 보수는 예조에서 주관함을 알 수 있다. 조성 이후 성종 11년과 19년에 부분적인 보수가 있었으며, 대체로 임진왜란까지 큰 변동없이 건물을 유지해 간 것으로 보인다.

봉선사는 세조를 위해 예종대에 조영한 사찰이기 때문에 세조와 관련한 전각을 갖추고 있었다. 영전이 대표적이라 하겠다. 광릉과 봉선사가 다소 거리가 떨어져 있었기에 세조의 幀影(影子, 晬容, 肖像)을 봉안한 眞殿을 별도로 조영한 것이다.[17] 예종 1년 5월 光陵 影殿을 崇恩殿으로 부르도록 했다.[18] 숭은전은 성종 3년 奉先殿으로 이름을 고쳤다.[19]

---

14) 『睿宗實錄』권7, 睿宗 1년 9월 癸卯(23일), 8-418 ; 『睿宗實錄』권7, 睿宗 1년 9월 戊申(28일), 8-419 ; 『睿宗實錄』권8, 睿宗 1년 10월 辛亥(1일), 8-420.

15) 『成宗實錄』권113, 成宗 11년 1월 庚戌(29일), 10-110.

16) 『成宗實錄』권215, 成宗 19년 4월 丙辰(23일), 11-330.

17) 金守溫,「奉先寺記」『拭疣集』권2 ; 『成宗實錄』권181, 成宗 16년 7월 丙辰(8일), 11-38 ; 『成宗實錄』권215, 成宗 19년 4월 丙辰(23일), 11-330 ; 『成宗實錄』권232, 成宗 20년 9월 甲戌(19일), 11-518 ; 『燕山君日記』권61, 燕山君 12년 3월 癸卯(23일), 14-45. 조선초의 陵寢寺는 고려의 진전사원과는 달리 별도의 진전을 설치하지 않았지만(탁효정, 2016,「조선초기 陵寢寺의 역사적 유래와 특징」『조선시대사학보』77), 광릉의 경우 다소 떨어져 있어 별도의 진전을 세운 것이다.

18) 『睿宗實錄』권5, 睿宗 1년 5월 己亥(16일), 8-369.

19) 『成宗實錄』권15, 成宗 3년 2월 辛巳(14일), 8-636. 봉선전의 위치는 봉선사의 동

봉선사는 광릉과 관련해 조영되었기에 화려하게 장식한 것으로 보인다. 金碧으로 장식하고 청기와를 덮었는데,[20] 전체 규모는 89칸이었다.[21] 전각의 구성을 보면 正殿으로 大雄寶殿이 있었으며, 堂으로 표현된 건물이 6동, 寮로 표현된 건물이 7동, 門이 3개, 樓가 1개였다(<표 1> 참조). 고려시기에 보이지 않는 대웅보전이라는 건물명이 보이는 것은 주목할 만하며, 후대에 자주 보이는 산신각·칠성각·삼성각 등의 건물이 찾아지지 않는 점도 관심을 끈다.[22] 89칸이라는 규모는 고려시기 사찰에 비하면 크다고 할 수 없다. 국가적인 차원에서 힘써 조영했지만 1,000칸을 넘는 고려시기 대사찰에 비교할 때 매우 초라함을 알 수 있다. 이는 불교 위상의 하락을 상징하는 것이라 하겠다. 광릉에는 水剌閣과[23] 丁字閣, 齋室廳이 있었다.[24] 그런데 임진왜란으로 인해 봉선사·奉先殿·光陵齋室이 200여 칸 불 탔다는 데서[25] 예종대 조성한 이후 새로운 전각이 증설되었을 가능성도 있다.

<표 1> 봉선사 가람구성[26]

大雄寶殿(正殿), 普應堂(東上室), 海空堂(西上室), 訪迹堂(僧堂), 雲霞堂(禪堂), 圓寂門, 淸遠樓(鍾樓), 證眞門, 雲集寮, 猿歇寮, 海納寮, 塵靜寮, 虛積寮, 燕寂寮, 香積堂(佛供殿), 興福寮(正廳), 轉熟堂, 離幻門 : 합 89칸

봉선사에 거처하는 승려가 다수 있었겠지만 그들에 관한 소상한 정보가 없다. 다만 주지에 관해서 몇몇 기록이 전할 뿐이다. 봉선사의 주지로 확인

쪽에 있었다(『新增東國輿地勝覽』권11, 京畿, 楊州牧, 宮殿, 奉先殿).

20) 『成宗實錄』권218, 成宗 19년 7월 戊寅(17일), 11-358 ; 『成宗實錄』권218, 成宗 19년 7월 癸未(22일), 11-359.

21) 비슷한 시기에 조성한 正因寺는 119칸이었다(金守溫, 「正因寺記」, 『拭疣集』권2).

22) 고려시기 사찰의 가람 구성에 관해서는 이병희, 1999, 「高麗時期 伽藍構成과 佛教信仰」, 『文化史學』11·12·13합집, 韓國文化史學會 참조.

23) 『宣祖實錄』권15, 宣祖 14년 3월 己巳(6일), 21-373.

24) 『宣祖實錄』권35, 宣祖 26년 2월 乙巳(20일), 21-641.

25) 『宣祖實錄』권36, 宣祖 26년 3월 辛未(16일), 21-665.

되는 승려에는 學祖(성종 14~16년), 祖澄(성종 20년), 卽浩(연산군 8년), 守眞(명종 6~8년)이 있었다(<표 2> 참조). 주지는 사찰의 대표로서, 사찰을 대변해 여러 주장을 했고, 찾는 이에게 향응을 제공했으며, 소속 승려를 보호하는 일을 했다.

<표 2> 봉선사 주지

주지명	확인되는 시점	전 거
學祖	성종 14년 6월 ; 성종 15년 8월 ; 성종 16년 7월	『성종실록』권155, 성종 14년 6월 丁丑(10-473) ;『성종실록』권169, 성종 15년 8월 戊午(10-612) ;『성종실록』권181, 성종 16년 7월 壬子(11-33)
祖澄	성종 20년 9월	『성종실록』권232, 성종 20년 9월 甲戌(11-518)
卽浩	연산군 8년 1월	『연산군일기』권42, 연산군 8년 1월 己丑(13-463)
守眞	명종 6년 6월	『명종실록』권11, 명종 6년 6월 壬午(20-29)
	명종 8년 3월	『명종실록』권14, 명종 8년 3월 庚子(20-120)
		『명종실록』권14, 명종 8년 3월 甲辰(20-122)

학조는 세조대부터 佛事가 있을 경우 핵심적인 일을 담당했다. 세조 13년(1467) 2월 학조를 금강산에 보내 楡岾寺를 중창케 했으며,[27] 세조 14년 1월에는 학조가 유점사를 보수함으로 인해 강원도가 騷然하다고 했다.[28] 그리고 세조대 防納이 허용될 때, 豪家巨室·富商大賈·僧徒 등이 學祖·信眉·學悅에 붙어서 방납권을 얻고자 했다.[29] 이처럼 학조는 높은 위치에 있

---

26) 金守溫, 「奉先寺記」, 『拭疣集』권2. 참고로 일제시기 『奉先本末寺誌』에 실려 있는 봉선사 전각은 다음과 같다(『奉先本末寺誌』(亞細亞文化社 影印本, 1978), 17쪽). 창건 초와 크게 다름을 알 수 있다.

> 大雄殿, 香爐殿, 三聖閣, 御室閣, 雲霞堂, 放跡堂, 眞影堂, 涅槃堂, 眞如門, 天王門, 解脫門, 淸風樓, 食堂樓, 判事室, 廓舍, 東司

27) 『世祖實錄』권41, 世祖 13년 2월 癸丑(17일), 8-61.
28) 『世祖實錄』권45, 世祖 14년 1월 甲申(23일), 8-157.
29) 『睿宗實錄』권3, 睿宗 1년 1월 壬午(27일), 8-322.

는 승려로서 상당한 영향력을 행사하고 있었다. 학조는 世祖와 貞熹王后가
중히 대우한 승려였다고 지적했다.[30] 뒷날 학조는 세조대에 信眉·學悅과
함께 奸慝한 일을 해 민에게 병폐를 끼쳤고, 陰計를 멋대로 했으며 그 동
생 永銓 등을 모두 顯官으로 만들었다고 비판받았다.[31]

성종 3년 安東·平海에 가는 학조에게 역말을 주게 한 일이 있으며,[32] 성
종 7년 學祖·學悅·信眉·雪俊 등이 '多殖貨利', 즉 殖利 활동을 심하게 하
고 있다는 지적이 보인다.[33] 성종 13년 儒生 4인이 圓覺寺에 들어가 學祖
의 衣襟을 잡고 부채 자루로 때린 사건이 발생하여 큰 문제가 되었다.[34]
성종 14년 6월 학조는 세조대부터 총애를 받아, 그 친척이 이에 의거해 관
직을 얻은 자가 하나가 아니었으며, 그후 諸大妃가 또 尊信하여 內庭에 온
갖 말을 전달할 수 있었고, 경외에 출입함에 추종하는 자가 넘쳤다고 지적
했다.[35] 성종 14년 12월 학조가 直指寺에 退居하고서 廣營產業해서 민에
게 적지 않은 폐해를 끼치고 있었는데, 이때 그의 병이 위독하자 內醫를
보냈다.[36] 이후 성종 16년 7월 학조는 金山 직지사를 私刹로 삼아 '蓄積巨
萬 多聚其徒'하고 있다는 지적이 있었다.[37] 성종14~16년에 봉선사 주지인
그가 직지사를 私刹로 삼아 재력을 축적하고 있음을 알려 준다.

학조는 이후에도 중요한 불사를 맡은 일이 있었다. 성종 18년 학조가 海
印寺 板堂 修補의 監役을 맡은 일이 있으며,[38] 이때 합천 소재 폐사인 月

---

30) 『成宗實錄』권163, 成宗 15년 2월 癸未(26일), 10-572.
31) 『成宗實錄』권181, 成宗 16년 7월 壬子(4일), 11-33.
32) 『成宗實錄』권14, 成宗 3년 1월 壬寅(5일), 8-622.
33) 『成宗實錄』권68, 成宗 7년 6월 丁酉(26일), 9-355.
34) 『成宗實錄』권141, 成宗 13년 5월 辛巳(13일), 10-334 ; 『成宗實錄』권141, 成宗
    13년 5월 丁亥(19일), 10-334 ; 『成宗實錄』권142, 成宗 13년 6월 己亥(2일), 10-
    339 ; 『成宗實錄』권142, 成宗 13년 6월 癸丑(16일), 10-344.
35) 『成宗實錄』권155, 成宗 14년 6월 丁丑(16일), 10-473.
36) 『成宗實錄』권161, 成宗 14년 12월 戊子(29일), 10-155.
37) 『成宗實錄』권181, 成宗 16년 7월 壬子(4일), 11-33.
38) 『成宗實錄』권209, 成宗 18년 11월 癸卯(8일), 11-259~260.

光寺의 토지를 회복하게 하여 문제가 되었다. 폐사인 월광사의 토지는 이미 鄕校의 學田이 된 지 여러 해였는데, 승려 道人을 시켜 월광사에 살게하고 그 토지를 경작케 했다. 이 때문에 향교생과 충돌했지만 그가 힘을써서 결국 그 토지를 월광사에 속하게 했다.39) 이후 이 토지를 둘러싼 논쟁, 갈등이 심각했다.40) 성종 25년 5월 興福寺에서 月山夫人이 佛事를 주도했는데, 학조가 사주한 것이었다. 이후 이를 둘러싼 논란이 많았으며, 학조를 처벌하자는 주장이 이어졌다.41)

연산군 2년(1496) 4월 帶方夫人 宋氏가 安神寺에서 城中 士族의 寡婦와僧尼를 모아 크게 법회를 연 적이 있는데, 이것은 학조가 주창하고 송씨가시주한 것이었다. 이를 둘러싸고 학조를 처벌하는 문제로 논란이 이어졌다.42) 연산군 2년 6월 憲府에서 학조를 국문하자 석방토록 하는 조치가 있었다.43) 연산군 9년 4월 廣平大君 妻 申氏가 亡夫 設齋를 명목으로 여러차례 학조를 맞이하자, 학조가 出入無節했다는 지적이 있었다.44)

중종 3년(1508) 5월에는 太學生 蔡忱 등이 상소해 誑惑愚民하는 학조를誅할 것을 요청했으며,45) 다음날에도 誅할 것을 요청했고,46) 그 뒤에도 이어졌다.47) 그가 입적한 시점은 확인되지 않는다.

---

39) 『成宗實錄』권239, 成宗 21년 4월 乙未(13일), 11-585.
40) 『成宗實錄』권239, 成宗 21년 4월 癸卯(21일), 11-588 ; 『成宗實錄』권239, 成宗 21년 4월 甲辰(22일), 11-589 ; 『成宗實錄』권239, 成宗 21년 4월 乙巳(23일), 11-589 ; 『成宗實錄』권239, 成宗 21년 4월 丙午(24일), 11-590 ; 『成宗實錄』권251, 成宗 22년 3월 辛巳(5일), 12-1 ; 『成宗實錄』권251, 成宗 22년 3월 己丑(13일), 12- 3.
41) 『成宗實錄』권290, 成宗 25년 5월 壬辰(5일), 12-523 ; 『成宗實錄』권290, 成宗 25년 5월 癸巳(6일), 12-524 ; 『成宗實錄』권290, 成宗 25년 5월 甲午(7일), 12-525~526.
42) 『燕山君日記』권14, 燕山君 2년 4월 辛丑(24일), 13-106.
43) 『燕山君日記』권15, 燕山君 2년 6월 丙戌(11일), 13-115 ; 『燕山君日記』권15, 燕山君 2년 6월 丁亥(12일), 13-115.
44) 『燕山君日記』권49, 燕山君 9년 4월 庚子(4일), 13-556.
45) 『中宗實錄』권6, 中宗 3년 5월 丁未(10일), 14-250.
46) 『中宗實錄』권6, 中宗 3년 5월 戊申(11일), 14-250.
47) 『中宗實錄』권6, 中宗 3년 5월 壬子(15일), 14-251.

이처럼 학조는 세조대 이후 성종·연산군대를 거쳐 중종초까지 크게 세력을 떨친 승려였다. 그가 성종 14년~16년 무렵에 봉선사의 주지를 맡았던 것이 확인된다. 아마 봉선사 조영 과정에도 깊이 관여했기에 초기부터 주지를 역임했을 것으로 추측된다. 봉선사의 위상이 높기에 학조를 주지로 임명한 것으로 보인다.

학조가 봉선사의 주지로서 활동한 내용으로 長利와 관련한 것이 있다. 성종 16년 7월 흉년을 맞아 장리곡의 公收가 거론되었는데 학조가 承政院에 이르러 봉선사의 장리곡을 公收하지 말 것을 청했다.[48] 사찰의 대표로서 승정원에 가서 봉선사 장리곡의 유지를 요청한 것이다.

성종 20년(1489) 이후 봉선사의 주지는 祖澄이었다. 성종 20년 9월 국왕이 광릉에서 친히 제사지낼 때 봉선사 주지 조징이 떡·과일·죽을 바쳤다.[49] 봉선사를 찾은 국왕 일행에게 음식을 마련해 제공한 주체가 주지였다.

성종 23년 사사전에 대해 관수관급이 실시되자, 봉선사 승려가 본사의 位田稅 米豆는 先王先后를 위한 水陸齋 용도라고 하면서 관수관급에서 제외시켜 직접 걷고자 한다고 上言했다.[50] 이러한 上言을 한 승려는 주지로 보인다.

봉선사 주지로서 卽浯가 확인되는 것은 연산군대이다. 연산군 8년 1월 봉선사의 주지 즉부가 봉선사 賜牌奴婢 後所生을 正案에 기록해 貢을 거두는 것을 문제로 지적하고 사찰에서 거둬야 한다고 주장했다.[51] 노비 관련 문제의 해결을 꾀한 이는 주지이다. 연산군 11년 8월 祭物을 驛馬로 운반하고서 광릉의 朔望祭를 거행할 때 봉선사 주지승으로 하여금 行香케 했다.[52] 주지승이 삭망제를 거행하는 임무를 맡도록 한 것이다.

---

48) 『成宗實錄』권181, 成宗 16년 7월 壬子(4일), 11-33.
49) 『成宗實錄』권232, 成宗 20년 9월 甲戌(19일), 11-518.
50) 『成宗實錄』권272, 成宗 23년 12월 戊午(22일), 12-262.
51) 『燕山君日記』권42, 燕山君 8년 1월 己丑(16일), 13-463.
52) 『燕山君日記』권59, 燕山君 11년 8월 乙丑(18일), 14-14.

봉선사 주지는 그 사찰을 대표하는 승려였다. 중종 20년 3월 국왕이 봉선사에 가까운 봉선전·齋室에 행행할 때 승도를 그대로 있게 함이 옳지 않으므로, 잠시 屛出케 하려고 하자, 住持僧이 '사찰에는 보물이 많아 지키는 자가 없을 수 없다.'라고 주장했다.[53) 주지승이 사찰의 대표로서 사찰의 입장을 대변하는 임무를 띠고 있다.

명종대 문정왕후가 주도해서 호불정책을 추진할 때, 봉선사는 교종의 대표 사찰이 되었다. 이때 주지로 선임된 승려는 守眞이었다. 명종 6년(1551) 6월 守眞이 判敎宗事 都大師의 승직을 띠고서 봉선사 주지가 되었다. 이때 선종 대표사찰 봉은사의 주지는 보우였다.[54) 수진은 전체 교종 승려의 대표로서 統領의 위상을 갖게 되었다. 명종 6년 7월 봉선사에 부임해 가기 전에 光化門 밖에서 肅拜를 할 때 도성의 노소가 몰려들어 다투어 구경했다.[55)

주지였던 수진이 소속 승려를 무리하게 비호하다 문제가 된 적이 있었다. 명종 8년 佛覺이란 승려가 1家 3人을 살해한 사건이 일어났으나, 봉선사 주지 수진이 忌晨齋를 핑계로 그를 藏匿하고 내주지 않아 문제가 되었다. 결국 불각을 은닉한 죄로 주지 수진이 하옥되었다.[56) 소속 승려 불각을 보호하려는 주지 수진의 모습을 볼 수 있다. 수진을 斬刑에 처함이 마땅하다는 신료들의 주장이 있었으나, 이를 막고서 국왕은 贖하는 것으로 처리했다.[57) 수진 이후 봉선사의 주지를 역임한 승려는 확인되지 않는다. 다만 임진왜란 때 세조의 영정을 은밀처에 봉안함으로써, 지켜낸 승려 三行이 보인다.[58) 봉선사의 주지로 확인되는 승려는 당대의 대표적 위치에

---

53) 『中宗實錄』권53, 中宗 20년 3월 丙寅(8일), 16-388.
54) 『明宗實錄』권11, 明宗 6년 6월 壬午(25일), 20-29.
55) 『明宗實錄』권11, 明宗 6년 7월 癸卯(17일), 20-32.
56) 『明宗實錄』권14, 明宗 8년 3월 辛卯(15일), 20-118 ; 『明宗實錄』권14, 明宗 8년 3월 庚子(24일), 20-120.
57) 『明宗實錄』권14, 明宗 8년 윤3월 丁卯(21일), 20-128.
58) 『宣祖實錄』권36, 宣祖 26년 3월 辛未(16일), 21-665.

있는 승려였다. 학조와 수진이 이를 잘 나타내고 있다.

3. 經濟 기반의 마련과 運營

봉선사의 경제 기반은 다양했다. 토지와 노비가 있었으며, 국가로부터 米布를 사여받았다. 그리고 柴場을 소유하고 있음도 확인되며, 장리를 통해 재원을 조달하는 것도 보인다.[59] 국가에서 조영하고 국왕인 세조를 추모하는 사찰이기에 국가가 기능을 유지해 갈 수 있도록 적극 배려했다.

예종 1년(1469) 9월 봉선사가 완공된 직후 職田 가운데 비옥한 것을 택해 봉선사에 지급했으며, 內需司 관원으로 하여금 그 田品을 살피게 했다.[60] 비옥한 직전을 택해 봉선사에 지급했다는 것인데 그 규모가 얼마인지 명시되어 있지 않다. 내수사 관원이 전품을 살피도록 한 것에서 내수사가 봉선사와 깊이 연관됨을 읽을 수 있다. 당시 직전이 畿內에 한정되었기 때문에, 봉선사에 지급된 토지 역시 기내에 소재했을 것이다. 직전을 봉선사의 토지로 전환하고 있는 점이 주목된다. 이 토지는 봉선사에서 수조하는 토지였으므로 공법을 따르면 소출의 1/20을 수취했을 것이다.

성종 1년(1470) 10월 충훈부에 사여한 亂臣 南怡의 廣州 전지를 봉선사에 옮겨 사여했다.[61] 예종 즉위년 11월 남이가 모역의 일로 처벌받으면서 남이의 廣州 토지는 충훈부에 속하게 했는데,[62] 그 토지를 다시 봉선사에 내려 준 것이다. 남이의 광주 토지는 남이의 개인 소유 토지로 보인다.[63]

---

59) 봉선사의 토지, 노비 및 전곡에 관해서는 별도의 文簿가 작성되었다(金守溫, 「奉先寺記」『拭疣集』권2).

60) 『睿宗實錄』권7, 睿宗 1년 9월 己酉(29일), 8-420.

61) 『成宗實錄』권8, 成宗 1년 10월 丙寅(22일), 8-536.

62) 『睿宗實錄』권7, 睿宗 즉위년 11월 丙子(20일), 8-298. 몰수된 남이의 토지는 광주 외에도 남양, 부평, 의녕에 소재한 것이 확인된다(『睿宗實錄』권3, 睿宗 1년 1월 辛巳(26일), 8-322 ; 『睿宗實錄』권4, 睿宗 1년 3월 戊戌(14일), 8-353).

이 토지는 봉선사의 소유지였을 것이기 때문에 소출의 1/2을 지대로 징수
했을 것이다.

성종 4년 7월 寺社位田 혁파 주장이 있었을 때, 다른 사찰의 위전은 革
除해도 무방하지만 개경사(태조릉)·연경사(태조비 한씨릉)·봉선사(세조릉)·
흥교사(정종 후릉) 등은 先王先后의 陵室을 위해 위전을 주어서 祖宗 이래
지금까지 서로 이어져 오고 있어 모두 혁파하는 것은 어렵다는 의견이 있
었다.[64] 사찰의 위전 혁파 논의가 있었을 때 봉선사의 경우는 선왕선후의
능실을 위해 위전을 받았기 때문에 혁파할 수 없다는 주장이 나오는 것이
다. 봉선사가 받은 위전은 職田에서 전화한 것을 의미할 것이다.

성종 9년 직전·공신전·별사전 등 私田은 官收官給制가 시행되었다.[65]
그렇지만 성종 23년까지 사사전은 관수관급에서 제외되어 직접 수조할 수
있었다.

성종 16년 戶曹에서 密陽의 守山堤堰이 모두 200여 결인데, 그 토지의
반을 봉선사에 시납한 것을 문제로 지적했다.[66] 守山堤 屯田은 세조대에
설치했고 府內에 거주하는 노비를 번상역 면제의 조건 하에 동원해 경작
했으며, 성종 1년 둔전의 병작경영 방침이 실행되면서 폐지되었다. 국가에
의한 직접 경영이 폐지된 후 이 둔전의 반은 봉선사에 절급되고, 나머지
반은 평민에게 나누어 주고 병작했다. 성종 18년 다시 군인경작에 의한 직
영제로 복구되었다.[67] 성종 18년 직영제로 복구되었을 때, 봉선사의 토지
도 다시 둔전이 되었을 것이다.[68] 봉선사의 토지는 직전 가운데 비옥한 것,

---

63) 남이 사건에 연루된 여러 사람의 토지가 몰수되었는데, 그 토지는 전국 여러 곳에
소재한 것으로 보아, 대체로 소유지일 가능성이 크다. 부분적으로 수조지도 있을
수 있지만 그것보다는 소유지가 중심으로 보인다(『睿宗實錄』권4, 睿宗 1년 3월
戊戌14일), 8-353).

64) 『成宗實錄』권32, 成宗 4년 7월 己未(30일), 9-43.

65) 李景植, 1986, 『朝鮮前期 土地制度 研究』, 一潮閣, 252~265쪽.

66) 『成宗實錄』권184, 成宗 16년 10월 乙酉(8일), 11-59.

67) 李景植, 1998, 『朝鮮前期 土地制度 研究』Ⅱ, 지식산업사, 388~391쪽.

남이에게서 몰수한 광주 토지로 구성되었다.[69]

성종 23년 寺社田租를 관수관급하도록 조치하자 승려들이 반발했다. 성종 23년 12월 봉선사 승려가 상언해서, 本寺의 位田稅의 米豆는 先王先后를 위해 水陸齋 설행에 소요되는 것인데, 지금 호조에서 自收함을 不許하고 있으며 軍資倉穀를 지급하도록 하니, 이 곡식으로 供辦한다면 精潔하지 못할까 두려우니 예전처럼 스스로 징수하게 해 달라고 요청했다. 이에 대해 호조판서 鄭崇祖 등이 와서 啓하기를, 諸 田稅를 京倉으로 하여금 收納케 한 것은 민폐를 없애기 위함이므로, 寺田稅를 自收함을 허락할 수 없다고 했다. 결국 水陸神御 소용은 所在官에서 收納한 것을 승려가 받아 가고, 나머지는 군자감에서 받도록 조치했다.[70] 수륙재에 소요되는 미곡은 소재관에서 수납한 것을 봉선사 승려가 가서 받는 것으로 된 것이다. 관수관급은 실시하되, 세조를 위한 수륙재 소용의 미곡은 소재관에서 거둔 것을 승려가 직접 받아가도록 특별 배려한 것이다. 수륙재에 소요되는 것 이외의 전세는 군자감에서 받아가게 된 것이다.

사사전 가운데 별도로 수륙위전이 설정된 것은 세종 6년 36사로 토지 지급받는 사찰을 제한할 때이다. 36개 사찰 가운데 개성 觀音窟의 경우 수륙위전 100결(기타 사사전 150결), 津寬寺는 수륙위전 100결(기타 사사전 150결)이었다. 이후 능침사에서 기신수륙재를 설행함에 따라 사사전 가운데 일부가 수륙위전으로 구분되고, 나머지 토지는 거승위전으로 남게 된 듯 하다.[71]

사찰의 지목 가운데 거승위전이 보이는 것은 성종 12년이다. 성종 12년

---

68) 『新增東國輿地勝覽』권26, 慶尙道, 密陽都護府, 古跡, 守山堤. "在守山縣 周二十里 … 我世祖朝 決水置閘 以爲國屯田 後賜奉先寺 成宗朝 還屬國屯田".
69) 이 무렵 수세하는 寺社, 곧 국가로부터 수조지를 받은 사찰은 50개 정도였다(『成宗實錄』권204, 成宗 18년 6월 庚午(2일), 11-219).
70) 『成宗實錄』권272, 成宗 23년 12월 戊午(22일), 12-262.
71) 사찰의 토지가 수륙위전과 거승위전으로 구분되기 시작한 시점은 명확하지 않다. 성종대부터는 분명하게 구분된 것으로 보인다.

7월 호조에게 京外의 비용절감과 救荒節目을 啓한 내용에, '京外寺社水陸位田 居僧位田稅 與禮曹同議以減'이란[72] 언급이 보이는 데에서 확인할 수 있다. 수륙위전과 거승위전으로 사찰의 토지가 구분되고 있는 것이다. 거승위전은 僧人位田으로 일컬어지기도 했다. 성종 13년 戶曹에서 계한 내용에, '京外寺社水陸位田 僧人位田 結卜多小'라는[73] 표현이 보이는 데서 알 수 있다. 또한 사찰의 토지는 先王陵寢所在水陸位田, 寺社田으로 구분하기도 했다.[74] 수륙위전은 대체로 기신수륙재를 봉행하는 능침 사찰에 지급되었음을 알 수 있다.

조선전기 능침사는 興天寺(태조비 강씨 貞陵), 衍慶寺(태조비 한씨 齊陵, 개성 소재), 報恩寺(신륵사, 세종 英陵), 正因寺(덕종의 敬陵, 예종의 昌陵), 奉先寺(세조 光陵), 奉恩寺(견성사, 성종 宣陵, 中宗 靖陵), 開慶寺(태조 건원릉, 문종 顯陵), 興敎寺(定宗 厚陵)였다.[75] 이 가운데 정릉이 천장되어 흥천사는 능침사에서 제외되어 능침사는 모두 7개였다. 봉은사는 연산군대에 이후 설정되었으므로 성종대를 기준으로 하면 6개에 불과하다. 陵寢寺는 嗣王이 先王을 追孝하여 능침 가까운 곳에 세우고 제사를 행하며, 3寶를 존숭하여 선왕의 冥遊를 인도하는 사찰을 가리킨다. 선왕을 위한 수륙재 설행을 위해 위전을 보유한 사찰은 6~7개였다.

수륙위전은 先王陵寢이 소재한 사찰에 한정되므로 봉선사도 수륙위전을 보유했다. 외방에 소재한 사찰이나 능침과 무관한 흥천사·흥덕사·원각사의 경우는 거승위전만을 보유할 수 있었다. 봉은사는 수륙위전과 거승위전을 모두 보유였다고 생각된다. 기신수륙재를 거행하지 않는 다른 사찰이 보유한 수조지는 거승위전·승인위전만으로 이루어졌다.

연산군 11년에 사찰의 수조지가 혁파되었는데, 능침사·수륙사를 포함한

<hr />

72) 『成宗實錄』권131, 成宗 12년 7월 乙酉(12일), 10-242.
73) 『成宗實錄』권145, 成宗 13년 윤8월 庚寅(24일), 10-388.
74) 『成宗實錄』권162, 成宗 15년 1월 乙卯(27일), 10-562.
75) 탁효정, 2016, 앞의 논문.

모든 사찰의 토지가 대상이었다.[76] 봉선사의 수륙위전과 거승위전이 모두 몰수당했을 것이다. 다만, 광주의 토지는 몰수에서 제외되었을 것으로 보인다.

중종 즉위 직후 연산군대 혁파한 사찰의 수조지를 환급했지만, 곧 水陸寺位田, 陵寢寺位田을 제외한 나머지 各寺 位田을 모두 혁파하라는 조치가 있었다.[77] 환급받은 사사전의 대부분은 혁파되었을 것이다. 이때 봉선사 수륙위전은 혁파를 면하고 거승위전은 혁파당한 것으로 보인다. 중종대 사찰토지 혁파론이 제기되었지만 능침사인 봉선사의 수륙위전은 혁파되지 않고 유지되었다. 전세의 관수관급이 실시되던 당시에 국가에서 전세를 사찰에 지급하지 않으면 그 토지는 몰수된 것과 다름없었다. 수륙위전의 전세만은 국가에서 봉선사에 지급했을 것이다. 중종 11년 봉선사에서 설행하는 기신재가 폐지됨에 따라 수륙위전의 명분도 사라졌으며, 따라서 이 이후 수륙위전에 대한 전세 지급은 중단되었다고 여겨진다. 이후 봉선사가 수취할 수 있는 토지는 광주의 남이 토지를 이급받은 것뿐이었다.

명종대 문정왕후가 호불정책을 취하면서 사찰의 위상이 높아졌으며 경제력도 크게 확대되었다. 내원당이 크게 증대한 사실에서 미루어 알 수 있다. 문정왕후가 수렴청정하면서 내원당과 그 사유지가 급격히 증가하여서, 명종 5년(1550) 중외의 거찰이 내원당으로 지정되어 79개 소에 이르렀고, 내수사가 이를 수호하고 있었으며, 명종 9년 당시 내원당이 전국적으로 300~400개 소에 이르렀다.[78]

명종 7년 1월 政院에 傳하기를, 사찰의 位田은 다른 곳에는 없고 오직 봉선사·봉은사·정인사에만 있으며, 그것도 많지 않다고 하면서, 이곳은 선왕의 陵寢이므로 그대로 지급함이 가하다고 했다.[79] 봉선사에 위전이 있

---

76) 宋洙煥, 2002, 『朝鮮前期 王室財政 研究』, 集文堂, 134쪽.
77) 『中宗實錄』권1, 中宗 1년 10월 庚申(15일), 14冊, 88쪽.
78) 宋洙煥, 2002, 앞의 책, 139쪽, 349쪽 ; 김정아, 2022, 「조선 명종대 왕실의 내원당 운용」『조선전기 불교사 연구』, 한국교원대 출판문화원.

으며 선왕의 능침이므로 그대로 지급하라는 것이다. 이 위전은 수륙위전으로 보이며, 이러한 위전을 갖는 대표적인 사찰이 봉선사·봉은사·정인사 3사였던 것이다. 중종대에 폐지된 봉선사의 수륙위전이 이 무렵 회복되었음을 알 수 있다.

봉선사의 경우 수륙위전만이 아니라 거승위전도 복구된 것으로 보인다. 명종 11년 6월 憲府에서 계한 내용에 호조의 別賜田案에 봉선사의 수륙위전 10字(50결), 거승위전 40字(200결)가 있었다는 것이 보인다. 이 가운데 거승위전 사십자를 수세하여 국용을 돕도록 하라고 주장했다.80) 거승위전 40자를 봉선사가 보유하고 있음을 알려 주는 것이다. 다른 능침사의 경우에도 수륙위전 외에 거승위전도 보유하고 있었을 것으로 보인다.81)

명종대에는 거승위전을 둘러싸고 많은 논란이 있다. 수륙위전과 거승위전은 구분되는 것인데, 수륙위전은 능침을 위하고 수륙재의 설행을 위해 제공하는 것이다. 이에 비해 거승위전은 승려와 사찰에 지급한 것이어서 승려의 생활비나 사찰의 유지비로 지출하는 것이었다.

명종 12년 2월 各 寺의 居僧位田稅를 특별히 지급했다고 해서 문제되었다. 관인들은 응당 職田을 받아야 할 사람이 받지 못하고 있지만 逃賦避役한 승려가 받는다고 지적했다. 이에 대해 국왕은 거승위전은 승려를 보호해서 지급한 것이 아니라 조종조로부터 선왕·先后의 능침 수호를 위해 지급한 것이며 그 유래가 오래되었다고 하면서 윤허하지 않았다.82) 거승위전은 유래가 오래이기는 했지만 실제로는 유명무실해졌는데 이때에 와서 지급하도록 해서 문제가 된 것으로 이해된다. 거승위전이 승려를 위함이

---

79) 『明宗實錄』권13, 明宗 7년 1월 辛亥(28일), 20-72.
80) 『明宗實錄』권20, 明宗 11년 6월 丙申(9일), 20-344 ; 『明宗實錄』권20, 明宗 11년 6월 庚子(13일), 20-344.
81) 봉은사에도 水陸位와 居僧位가 구분되어 있었다(『明宗實錄』권26, 明宗 15년 5월 乙未(30일), 20-557).
82) 『明宗實錄』권22, 明宗 12년 2월 丁未(23일), 20-394.

아니라, 능침 수호를 위해 지급한 것이라는 논리이다. 이어서 諫院에서 啓하기를, 水陸施食位田과 居僧位田은 호조 田案을 보건대 각각 字數가 있다고 했다. 근래 여러 해 凶荒이 들어 國儲가 여유롭지 못해서, 朝土의 職田을 지급하지 못했으며, 거승위전도 직전과 一例로서 모두 이미 지급하지 않았는데, 거승위전을 특명으로 제급하는 것은 정치에 누가 된다고 주장했다.[83]

명종 12년 4월 거승위전을 지급하는 문제로 여러 차례 논란되었으나 국왕이 거부하고 있다고 지적했다.[84] 국왕은 居僧位田이 先王 陵寢을 위해 지급한 것이라는 논리를 펴면서 대간들의 주장을 수용하지 않았다.[85] 거승위전은 선왕 능침을 위한 것, 금일에 시작한 것이 아니고 유래가 오래되었다는 논리였다.

명종대에는 능침사의 경우 수륙위전은 세를 지급하고 거승위전도 세를 지급하라는 일관된 조치를 취하려고 했다. 국가 재정의 어려움으로 거승위전의 전세 지급이 중단되는 수도 있었지만, 대체로 지급되고 있었다. 문정왕후가 명종 20년(1565)에 사망한 뒤 능침사를 제외한 내원당의 전지는 모두 내수사에 이속되었다.[86] 이 무렵 거승위전도 거의 기능을 못했을 것이다. 능침사는 수륙위전의 세만 지급받을 수 있었을 뿐이다.

봉선사의 수륙위전은 연산군 말기에 폐지되었다가 중종초 다시 복구되었지만 중종 11년 이후 지급이 중단되었다. 거승위전은 연산군대 폐지된 이후 중종대에 복구되지 못한 것으로 보인다. 그러나 명종대에는 능침사의 경우 수륙위전과 거승위전이 모두 복구되었지만, 거승위전은 전세 지급이 자주 문제되다가 문정왕후 사망 이후에는 폐지되고, 다만 수륙위전만을 유

---

83) 『明宗實錄』권22, 明宗 12년 2월 丁未(23일), 20-394.
84) 『明宗實錄』권22, 明宗 12년 4월 癸巳(10일), 20-402.
85) 『明宗實錄』권22, 明宗 12년 4월 壬寅(19일), 20-404 ; 『明宗實錄』권22, 明宗 12년 5월 丙辰(4일), 20-408 ; 『明宗實錄』권22, 明宗 12년 5월 庚申(8일), 20-411.
86) 宋洙煥, 2002, 앞의 책, 349쪽.

지한 것으로 이해된다. 봉선사의 경우 수륙위전과 거승위전은 치폐를 거듭했지만, 사적인 소유지인 광주 전지를 확보하고 있었기에 경제적으로 크게 위축되지는 않은 것으로 보인다.

조선시기 사찰은 임야를 점유하고 있음이 확인된다. 임야를 활용함으로써 사찰은 필요한 땔나무와 임산물을 확보할 수 있었다. 성종 1년 3월 奉先寺는 땔나무를 취할 수 있는 곳이 멀지 않으며 노비 또한 많으므로 埋炭이 어렵지 않다고 하면서, 금년부터 여러 고을에서 봉선사에 매탄을 납부하지 말도록 조치했다.[87] 봉선사는 땔나무를 채취할 수 있는 곳을 가지고 있음을 알 수 있다. 봉선사 조영 초기에 이미 取柴處를 확보하고 있는 것이다.

봉선사에는 금표를 설치하여 외부인이 함부로 출입할 수 없게 했다. 속인 특히 유생들이 사찰에 들어와 승려와 충돌하는 일이 많았는데, 이러한 충돌을 막고자 한 데서 이러한 조치가 취해졌다.

성종대에 유생들이 사찰에 들어가 승려와 충돌하는 일이 빈번했다. 이에 雜人들이 사찰에 출입함을 금하는 조치가 취해졌다. 성종 14년 8월 양종(흥천사와 흥덕사), 봉선사, 내불당, 원각사, 장의사, 진관사, 복세암, 용문사, 만덕사 등은 선왕이 別護하는 곳이니 雜人이 出入함을 엄히 금지하도록 하고 이를 위반하는 자는 制書有違律로써 논한다고 했다.[88] 중요한 사찰에 한해 잡인이 출입하지 못하도록 한 것이다. 사찰의 승려와 이곳을 찾는 유생들이 종종 충돌하기 때문에 이러한 조치가 취해진 것으로 이해된다.

연산군 6년 4월 봉선사 등 12寺, 내불당, 선·교종 等處에 雜人이 출입하여 作弊하는 것은 내수사로 하여금 古例에 의거해 고찰하도록 한다고 했다.[89] 내수사에게 사찰에 출입하는 잡인을 고찰하도록 지시한 것이다.

---

87) 『成宗實錄』권4, 成宗 1년 3월 乙未(16일), 8-480.
88) 『成宗實錄』권157, 成宗 14년 8월 丙子(16일), 10-500.
89) 『燕山君日記』권37, 燕山君 6년 4월 壬寅(19일), 13-410.

사찰 출입을 금지하거나 제한하던 데서 나아가 명종대에는 사찰에 禁標를 세움으로써 배타적 권역을 설정했다. 금표가 설치되면 외인의 출입이 제한될 뿐만 아니라 그 내부의 漁箭이나 柴場을 독점할 수 있었다. 금표는 연산군이 사냥을 위해 연산군 10년·11년·12년에 걸쳐 도성 주위에 대대적으로 설치했다.[90] 금표 안에 출입할 수 없었으며 위반하는 자는 가혹하게 처벌했다. 연산군대에 세운 금표는 중종초에 모두 혁파되었다.[91] 금표를 사찰에서 활발하게 세우는 것은 명종대였다.

명종 4년 9월 慈殿이 政院에 傳하기를, 正因寺는 덕종의 능침사이고, 회암사는 태종의 능침사인데 유생이 난입해 요란함이 없도록 봉은사·봉선사의 예에 의거해 榜을 붙여 금하라고 했다.[92] 봉선사에는 방을 붙여 유생이 출입함을 금하고 있었음을 알 수 있다. 방을 세웠을 뿐 금표를 설치한 것은 아니었다.

그러나 명종 5년부터는 금표에 대한 언급이 많아졌다. 명종 5년 2월 사찰에서 세운 금표를 뽑아버려야 한다는 주장이 나오고 있으며,[93] 또한 근래에 '寺樹禁標 僧佩內旨'하는 문제를 지적하고 있다.[94] 명종 5년 3월 내수사가 금표를 세워 승도를 庇護한다면 異敎가 장차 번성하고 吾道가 장차 쇠할 것이고 무리가 모여 도적이 되어 해가 민에게 미칠 것이라고 언급했다.[95] 명종 5년 무렵에 사찰이 금표를 다투어 설치하고 있음을 알 수 있다. 명종 7년 7월 大司諫 金澍 등의 上箚에, "往年立禁標 前年設兩宗 今年選僧徒"이라는 표현이 보인다.[96] 올해인 명종 7년에 승과 시험이 실시되었다는 것이고, 전년인 명종 6년에 양종을 설했다는 것이며, 왕년 곧 명종 5

---

90) 燕山君 10년, 11년, 12년『燕山君日記』의 기사 참조.

91)『中宗實錄』권1, 中宗 1년 9월 戊寅(2일), 14-73.

92)『明宗實錄』권9, 明宗 4년 9월 甲戌(8일), 19-667.

93)『明宗實錄』권10, 明宗 5년 2월 壬寅(7일), 19-682.

94)『明宗實錄』권10, 明宗, 5년 2월 乙卯(20일), 19-683.

95)『明宗實錄』권10, 明宗 5년 3월 己卯(15일), 19-685.

96)『明宗實錄』권13, 明宗 7년 7월 辛卯(11일), 20-94.

년에 금표를 세웠다는 것이다. 명종 5년 무렵에 금표의 설립이 성행함을 알려 준다. 금표를 세우는 사찰은 흔히 內願堂이라 칭했다. '中外巨刹 無不 以內願堂目之 多至七十九所 禁標相望於諸山'이라거나,[97] 혹은 '諸山寺刹 稱號內願堂 又樹禁標'라고[98] 하는 것이 그것이다.

명종 6년 1월 산야에 두루 금표를 세웠다고 지적했다.[99] 명종대에 이르러 금표의 설립이 도처에서 성행하고 있음을 알 수 있다. 명종 7년 7월 지금 내외 사찰이 모두 금표를 설치해 그 거처를 엄히 하고 있다는 표현이 있으며,[100] 명종 8년 10월 幼學 徐崦이 上疏한 내용에, 사찰의 門庭에 標를 세워 禁人하고 있다는 지적이 있다.[101] 양종 소속의 사찰은 5리 근처에 모두 금표를 세웠다고 지적했다.[102]

금표 안에는 다른 사람이 들어와 업신여기지 못하도록 해 승려 자신의 몸을 귀하게 했으며,[103] 관인이 출입할 수 없고 내수사에서 관여할 수 있었으며,[104] 향촌의 里正도 발을 들여놓을 수가 없어서 규찰할 수 없었다.[105] 그리고 금표 내에는 葬地를 쓸 수 없었다.[106] 금표 내에서는 물고기 잡은 것이 금지되었으며, 사찰에서 柴場을 독점할 수 있었다.[107] 山林·川澤은 與民共之가 원칙이나, 漁箭之禁, 柴場之占이 성행하는 것이다.[108]

명종대 사찰의 입구에 금표를 세우는 일이 빈번하게 발생했다. 관수관

---

97) 『明宗實錄』권10, 明宗 5년 3월 乙亥(11일), 19-685.
98) 『明宗實錄』권10, 明宗 5년 3월 乙酉(21일), 19-685.
99) 『明宗實錄』권11, 明宗 6년 1월 丙午(18일), 20-5.
100) 『明宗實錄』권13, 明宗 7년 7월 丙午(26일), 20-95.
101) 『明宗實錄』권15, 明宗 8년 10월 丙申(23일), 20-167.
102) 『明宗實錄』권21, 明宗 11년 9월 戊午(3일), 20-358.
103) 『明宗實錄』권13, 明宗 7년 7월 丙午(26일), 20-95.
104) 『明宗實錄』권11, 明宗 6년 2월 庚申(2일), 20-9.
105) 『明宗實錄』권14, 明宗 8년 2월 戊申(1일), 20-110.
106) 『明宗實錄』권21, 明宗 11년 9월 己未(4일), 20-358.
107) 『明宗實錄』권25, 明宗 14년 2월 辛亥(9일), 20-501 ; 『明宗實錄』권25, 明宗 14년 2월 己未(17일), 20-502.
108) 『成宗實錄』권17, 明宗 9년 12월 丙子(10일), 20-249.

급제 하에서 수조지 확대가 어렵고 실제로 무의미하기 때문에 금표의 설치로 표출된 것으로 보인다. 봉선사도 당연히 금표를 세워 외부인의 출입을 막았을 것으로 보인다. 토지를 적극적으로 확대하는 것 대신에 금표를 세워 그 안의 柴場과 漁箭을 배타적·독점적으로 경영함으로써 경제 기반을 안정시키고 또 외인의 출입을 막음으로써 사찰을 지켜 낼 수 있었다. 금표를 설치해 특혜를 누리던 것은 명종 20년 문정왕후가 사망하면서 폐지되었을 것으로 보인다.

조선초기 사찰의 노비는 대부분 혁거되었기 때문에 극히 일부의 사찰만이 소유할 수 있었다. 봉선사의 경우도 노비를 소유한 드문 사찰이었다. 성종 1년 3월 노비 40구를 봉선사에 사여했다.[109] 노비 40구는 봉선사를 위한 제반 일을 담당했을 것이다. 봉선사의 청소, 땔나무 마련, 국왕 행차 시의 준비 등은 이들의 몫이었을 것이다.

연산군 8년 1월 노비의 소생을 그대로 봉선사에 속하게 해야 하나 正案에 기록되었기에 司瞻寺에서 貢을 거두자 봉선사 주지가 奴婢貢을 거두게 해 달라고 했다. 後所生을 얻으면 봉선사에서 貢을 거두는 것이 마땅하나 정안을 가벼이 고칠 수 없으므로, 사섬시에서 그대로 거두라고 조치했다.[110] 봉선사의 노비 소생이 있으면 당연히 봉선사에서 공을 거두는 것이 원칙이지만, 이미 정안에 기재되었으므로 사섬시에서 그대로 노비공을 거두도록 한 것이다. 아마 이 이후의 소생은 당연히 봉선사에서 노비공을 징수했을 것이다. 이 노비는 혁파되지 않고 지속된 것으로 보인다.

봉선사에는 米布 등이 사여되었다. 봉선사에서 특별한 행사가 있을 경우에는 관례대로 미포가 사여되어 그 비용에 충당되었다. 국왕이 행차했을 경우에도 미포의 사여가 있었다. 이러한 미포의 사여는 특별한 지원이었으며 이는 행사의 비용에 충당하는 한편으로 사찰의 재원으로 활용되었을

---

109) 『成宗實錄』권4, 成宗 1년 3월 庚寅(11일), 8-480.
110) 『燕山君日記』권42, 燕山君 8년 1월 己丑(16일), 13-463.

것이다. 그리고 정례적으로 제공하는 물품도 있었다.

〈표 3〉 봉선사에 대한 물품 사여

시 점 및 전 거	내 용	비 고
예종 1년 7월 癸卯(8-405)	봉선사에 미 300석을 사여함	
예종 1년 9월 戊子(8-415)	봉선사에 미 100석을 사여함	국왕의 행차
성종 2년 3월 甲戌(8-556)	봉선사에 미 40석을 사여함	국왕이 행차
성종 3년 2월 己丑(8-638)	봉선사 승려에게 면포 100필을 사여함	대왕대비, 인수왕대비, 왕대비가 행차해 친히 제사지냄
성종 3년 5월 己亥(8-656)	가뭄이 심해 봉선사 승려 공궤하는 것을 반으로 줄임	
성종 6년 9월 辛酉(9-260)	봉선사에 米豆 합 40석을 하사함	
성종 8년 8월 丙辰(9-491)	봉선사에 미두 합 70석을 사여함	
성종 12년 7월 乙酉(10-242)	봉선사에 供僧하는 미는 명년 가을까지 한해 반으로 줄임	구황의 일환
성종 13년 윤8월 辛卯(10-338)	미두 합 30석, 면포 100필, 정포 100필을 사여함	국왕이 친히 제사
성종 16년 3월 丙申(10-694)	봉선사에 미두 합 60석, 면포 50필, 정포 10필을 사여함	
성종 18년 1월 甲子(11-179)	매해 봉선사에 사여하는 물품이 鹽 100碩, 末醬 6碩 5斗, 黃豆 48碩, 미 48碩, 麻布 10匹, 면포 20필	정례적인 것
성종 20년 9월 乙亥(11-519)	봉선사에 미두 합 30석, 면포 100필, 마포 100필을 사여함	
성종 22년 10월 己未(12-101)	봉선사에 전례대로 지급하는 것을 줄여, 면포 50필, 정포 50필을 사여하고 미두는 그대로 30석을 사여	미포 사여를 둘러싼 논란

봉선사에 미포가 특별히 사여되는 것은 예종과 성종대였다. 국왕이 광
릉과 봉선사에 행차했을 때, 또 대비 등이 친히 제사를 지냈을 때, 봉선사
에 미포가 사여되었다. 국왕의 행차나 대비의 제사가 있을 때 봉선사 승려
가 많은 수고를 하기에 이러한 미포의 사여가 있었던 것으로 보인다.

국왕이 행차해 제사를 올리는 경우 늘 미포가 사여되었다. 예종 1년 9월
봉선사가 완성되자, 국왕이 光陵에 이르러 친히 제사지내고, 봉선사에 행
차해 崇恩殿에서 제사지내고 봉선사에 米 100石을 사여했다.[111] 성종 2년
3월 국왕이 광릉에 이르러 제사를 거행했으며 숭은전에 이르러 茶禮를 행
했다. 이어서 봉선사에 행차해 香幣를 올리고 禮佛했는데, 이때 미 40석을
봉선사에 사여했다.[112] 국왕이 행차하고 제사를 거행하는 경우 이처럼 의
례 미곡을 사여하는 것이다.

성종 3년 2월 대왕대비, 인수왕대비, 왕대비가 광릉에 이르러 친히 제사
지냈으며, 또 봉선전에서 제사지냈다. 그리고 이어 봉선사에서 예불했다.
승려에게 綿布 100匹을 사여했다.[113]

행차 시에 미포를 사여함이 관례이지만, 불규칙적인 것이었다. 항례적·
제도적으로 미포 등 각종 물품을 제공하는 것은 아니지만 그럼에도 봉선
사의 중요한 재정 수입인 것이다.

국왕이나 왕비가 행차할 때가 아닌 보통의 때에도 매해 봉선사에 물품
을 제공했다. 供饌·供僧이라고 하는 것이 그것이었다. 성종 3년 5월 호조
에서 계한 내용에, 올해는 가뭄이 심하므로 봉선사·원각사 승인에게 공궤
하는 것을 임시로 반으로 줄이라 하니 국왕이 따랐다.[114] 봉선사 승려에게
관례대로 공궤하는 것이 있음을 확인할 수 있는 것이다. 성종 3년 10월 호
조에 傳하기를, 봉선사·원각사 승인에 대한 공궤를 예전대로 지급하라고

---

111) 『睿宗實錄』권7, 睿宗 1년 9월 戊子(8일), 8-415.
112) 『成宗實錄』권9, 成宗 2년 3월 甲戌(1일), 8-556.
113) 『成宗實錄』권15, 成宗 3년 2월 己丑(22일), 8-638.
114) 『成宗實錄』권18, 成宗 3년 5월 己亥(3일), 8-656.

했다.115) 지난 5월에 반으로 줄였다가 다시 원래대로 지급한 것이다.

성종 12년 7월 호조에서 京外에서 비용을 줄이고 救荒하는 節目을 啓했는데, 그 가운데, 봉선사·원각사·복세암에 供僧하는 米는 명년 가을까지 반으로 줄이라 요청하자, 국왕이 따랐다.116) 이는 공승의 비용이 제도화·항례화되어 있음을 뜻한다.

봉선사에 정례적으로 제공하는 물품의 종류와 수량은 橫看에 기재되어 있었다. 횡간은 '國計恒數之簿'라고 일컬어졌다.117) 횡간은 세조대 마련되었으며, 여러 차례 개정이 이루어졌다.118) 횡간에 기록된 내용 가운데에는 僧佛之供·飯僧供佛이 있었다.119) 성종 8년 1월 司諫院 大司諫 崔漢禎 등이 僧佛之供은 횡간에 실려 있어 常貢으로 정해져 있지만, 횡간공안에 실린 供佛·飯僧의 물건을 일체 蠲減해 民瘼을 제거하기를 청했는데, 국왕이 供僧은 이미 횡간에 실려 있는 것이므로 가벼이 고칠 수 없다고 했다.120) 승려에 대한 공궤는 횡간에 실려 있고 상공으로 정해져 있음을 알 수 있다.

정례적으로 봉선사에 품목과 수량은 성종 18년의 기록에서 鹽 100碩, 末醬 6碩 5斗, 黃豆 48碩, 米 48碩, 麻布 10匹, 緜布 20필임을 알 수 있다.121) 그때그때 사유가 발생할 때마다 미포를 사여하기도 했지만 정례적으로 횡간에 기록된 바대로 물품을 사여하기도 했다.

성종 18년 司憲府 大司憲 金升卿 등이 上疏한 내용에, 봉선사·원각사·내불당·복세암의 승려가 公廩을 坐食하고 있어 허비함이 적지 않으므로,

---

115) 『成宗實錄』권23, 成宗 3년 10월 壬午(19일), 8-691.
116) 『成宗實錄』권131, 成宗 12년 7월 乙酉(12일), 10-242.
117) 『明宗實錄』권33, 明宗 21년 10월 己巳(12일), 21-123.
118) 『世祖實錄』권33, 世祖 10년 6월 庚戌(28일), 7-633 ; 『世祖實錄』권35, 世祖 11년 2월 壬辰(15일), 7-673 ; 『世祖實錄』권40, 世祖 12년 12월 己亥(2일), 8-52 ; 『世祖實錄』권46, 世祖 14년 4월 己酉(20일), 8-180.
119) 『成宗實錄』권75, 成宗 8년 1월 壬子(13일), 9-408~410.
120) 『成宗實錄』권75, 成宗 8년 1월 壬子(13일), 9-408.
121) 『成宗實錄』권199, 成宗 18년 1월 甲子(23일), 11-179.

모두 혁제해 국용에 충당하라는 것이 보인다.[122] 봉선사 승려가 공름으로 부터 물건을 받고 있음을 알려 준다. 이러한 정례적인 물품의 사여는 연산군 말년에 가서 중단된 것으로 보인다.[123] 破佛的인 조치를 취해 모든 사사전을 혁파하는 사정에서 물품을 사여하는 일도 중단될 수밖에 없었을 것이다.

문소전의 제물을 봉선사에 사여하기도 했다. 성종 8년 文昭殿의 物膳 가운데 여분을 봉선사·내불당·원각사 승려에게 분급했는데, 만일 奉常 관리가 혹 때맞추어 分與하지 않으면 사찰의 승려가 친히 문소전에 와서 督責함이 있었다고 하고서 금후로는 분여하지 말라고 했다.[124] 승려에게 문소전의 제물을 나누어 줌이 관례였는데 성종 8년에 와서 이를 금지하기에 이른 것이다. 문소전의 물건을 받는 사찰은 봉선사, 내불당, 원각사였음을 알 수 있다.

봉선사에 국왕이 행차하는 일이 드물어지면서 賜物은 적었으며, 횡간에 기재된 것도 연산군대 이후 거의 지급이 중단된 것으로 보인다. 미포의 제공에 대한 언급이 없기 때문이다. 여전히 미포가 사여되었다면 중종대에 빈번하게 그것이 논란되었을 것이기 때문이다.

고려시기 사찰의 고리대 활동이 활발하여 사찰의 재정 수입의 중요한 일부를 구성했다. 조선초에도 그러한 고리대를 사찰이 운영하기는 했지만 미미한 수준이었다. 봉선사의 경우 부분적으로 고리대를 운영한 것이 확인되는데 長利라고 지칭되었다. 고려시기 '寶'로 칭하는 것과 상당한 차이가 있으며, 단지 取息 행위의 성격만을 띠게 되었다. 佛事에 참여한다는 의미는 완전히 상실하고 이자를 불리는 성격만을 띠게 되었다.[125]

---

122) 『成宗實錄』권204, 成宗 18년 6월 庚午(2일), 11-219.
123) 아마도 연산군 11년 11월 수륙재에 사용하는 잡물을 혁파하는 것이(『燕山君日記』권60, 연산군 11년 11월 丁亥(6일), 14-27) 그것을 의미하는 것으로 보인다.
124) 『成宗實錄』권86, 成宗 8년 11월 庚午(7일), 9-525.
125) 이병희, 2016, 「朝鮮初期 佛敎界의 寶 運營과 그 意味」 『東國史學』61, 동국역

성종 1년 10월 전에 충훈부에 사여한 난신 南怡의 광주 장리를 봉선사에 옮겨 사여하도록 했다.[126] 남이의 장리가 봉선사에 옮겨 사여된 것이다. 장리곡으로서 이자 수입을 꾀했을 것이다.

성종 8년 司諫院 大司諫 崔漢禎 등이 上疏한 내용에, 名庵 巨刹이 모두 장리를 두고 있다고 지적하고서 寺社長利를 모두 혁파하도록 하라는 상소가 있자, 논의를 한 뒤, 諫院에 傳하기를, 지금 사찰로서 殖穀하는 것이 몇 곳인지 모두 아뢰라고 분부했다.[127] 장리하는 사찰의 수를 파악토록 하고 있다. 이후에도 사찰의 취식 행위는 중단되지 않았다.

성종 16년 奉先寺 住持僧 學祖가 承政院에 이르러 寺穀을 움직이지 말 것을 청했는데, 弘文館 副提學 安處良 등이 불가하다고 하면서 그 곡식으로 민을 진휼하라고 계했다. 안처량은 광주에 있는 奉先寺의 곡식은 先后가 사여한 것이므로 역시 公儲이니, 민간의 私藏에 비할 것이 아니다 라고 하면서, 학조를 治罪하고 그 곡식을 봉하도록 요구했다. 이에 국왕은 奉先寺는 先王의 眞殿이 있는 곳이라는 것, 만약 먹을 곡식이 없다면 사찰은 장차 비게 될 것이라는 것, 그리고 그 곡식은 貞熹王后가 사여한 것이라는 이유를 들어서 公收할 수 없다고 했다.[128] 광주에 있는 봉선사의 곡식은 흉년임에도 그대로 인정해 사찰의 것으로 운영토록 한 것이다. 광주에 있는 봉선사의 장리곡은 성종 1년 남이의 곡을 빼앗아 사여한 것인데, 15년이 경과한 뒤에도 여전히 운영되고 있음을 알 수 있다.

연산군대에도 봉선사의 장리곡이 존속했다. 연산군 9년 通禮院 引儀 李墍이 봉선사·정인사의 장리곡이 列郡에 두루 넘쳐 승려가 풍흉을 생각하지 않고 독촉해 침탈하니 民産이 이미 고갈되어 폐가 장차 구제하기 어렵

사문화연구소(본서 수록) 참조.
126) 『成宗實錄』권8, 成宗 1년 10월 丙寅(22일), 8-536.
127) 『成宗實錄』권75, 成宗 8년 1월 壬子(13일), 9-408.
128) 『成宗實錄』권181, 成宗 16년 7월 壬子(4일), 11-33 ; 『成宗實錄』권181, 成宗 16
　　년 7월 丙辰(8일), 11-38.

다고 했다. 그러면서 그 곡식을 거두어 軍需를 돕도록 하라고 했다.129) 봉
선사의 경우 장리곡을 운영하고 있음을 알 수 있다. 풍흉을 살피지 않고
독촉해 거둠으로써 民産이 고갈될 정도였다. 봉선사의 중요한 재정 수입의
원천으로 장리곡이 자리함을 알 수 있다. 사찰에서 운영하는 장리곡은 명
종대에 다시 확대되므로 봉선사 역시 그러했을 것으로 추정된다.

봉선사는 토지와 노비, 장리곡을 가지고 운영의 경비로 사용했다. 횡간
을 기준으로 국가에서 제공하는 미포 등의 물품도 중요한 원천이었으며,
수시로 지급하는 미포 역시 봉선사 재정의 중요 원천이었다. 그러나 민인
의 재물 보시가 없지는 않았겠지만, 활발하지는 않았을 것으로 이해된다.
도성과 떨어져 있고 불교를 억제하는 시대 분위기에서 민인들이 활발하게
찾기는 어려웠을 것이며, 따라서 시주하는 물품도 많을 수 없었을 것이다.

4. 機能과 位相 변화

봉선사는 기우재나 기청재를 설행하는 국가의 공적인 기능보다는 세조
개인을 위한 기능, 왕실을 위한 기능을 주로 담당했다. 봉선사는 세조의 명
복을 빌기 위해 조영했기 때문에 세조를 위한 각종 의식을 거행했다.130)
또한 여러 국왕이나 왕실 관련 인사가 광릉을 찾으면서 봉선사도 함께 들
르는 사찰이 되었다. 국왕이나 왕비가 사망했을 때 재를 올리는 중요한 사
찰이기도 했다.

예종 1년(1469) 4월 봉선사 影殿에 參奉 2인을 두었다.131) 영전에는 세
조의 영정을 봉안했으며, 이곳에서 세조를 위한 각종 의식을 거행했다. 예

---

129) 『燕山君日記』권48, 燕山君 9년 1월 乙亥(7일), 13-537.
130) 봉선전에는 참봉 2인이 새벽과 저녁에 배알하게 하고 초하루와 보름에는 반드시
헌관을 보내서 능실과 같이 예배하도록 했다(金守溫, 「奉先寺記」『拭疣集』권2).
131) 『睿宗實錄』권5, 睿宗 1년 4월 甲戌(21일), 8-361.

종 1년 9월 봉선사가 완성되자, 세조의 忌晨을 위해 7일 불사를 설행했
다.[132] 세조의 기신재를 설행하는 기능을 봉선사가 맡았다.

성종 2년 3월 국왕이 광릉에 이르러 제사를 지내고, 또 숭은전에 이르러
茶禮를 행했으며, 그리고 봉선사에 행차하여 香幣를 바치고 禮佛했다. 隨
駕한 宗宰도 역시 절했다.[133] 광릉에 제사지내는 경우, 봉선사에 거둥해
예불하는 것이 통상적인 일일 것이다. 성종 13년 윤8월 국왕이 광릉·봉선
전에 이르러 친히 제사지냈다.[134]

성종 20년 9월 국왕이 광릉에 이르러 親祭하고, 봉선전에 이르러 세조
수용을 배알하고 茶禮를 행했다. 봉선사 주지 승 祖澄이 餠果糜粥을 바치
니 扈從宗宰 및 衛士에게 사여하도록 명했다.[135] 성종이 직접 광릉에 행차
한 것은 성종 2년, 성종 13년, 성종 20년 3차례였으며, 모두 제사를 지내고
봉선사를 들렀다.

성종 3년 2월 대왕대비(세조비, 정희왕후), 인수왕대비(덕종비, 성종모),
왕대비(예종계비, 안순왕후, 仁惠大妃)가 광릉에 이르러 친히 제사지내고
또 봉선전에서 제사지냈다. 그리고 봉선사에 들어가 禮佛했다.[136] 광릉에
와 제사지내는 경우 봉선사에 들러 예불하는 것이 통상이었을 것이다. 이
처럼 봉선사는 광릉의 능침사로서 국왕이나 왕비가 광릉에 행차했을 때
찾는 사찰이었다. 특히 봉선사 동쪽에 있는 봉선전은 국왕이 반드시 배알
했다.

왕이나 왕비가 사망했을 때 재를 올리는 사찰로서의 구실도 담당했다.
예종 1년 11월 예종의 병이 위독하자, 行香使를 나누어 보내 기도했는데,
그 가운데 봉선사 내 숭은전이 포함되었다.[137] 예종이 1년 11월 사망하자,

---

132) 『睿宗實錄』권7, 睿宗 1년 9월 戊子(8일), 8-415.
133) 『成宗實錄』권9, 成宗 2년 3월 甲戌(1일), 8-556.
134) 『成宗實錄』권145, 成宗 13년 윤8월 辛卯(25일), 10-388.
135) 『成宗實錄』권232, 成宗 20년 9월 甲戌(19일), 11-518.
136) 『成宗實錄』권15, 成宗 3년 2월 己丑(22일), 8-638.
137) 『睿宗實錄』권8, 睿宗 1년 11월 丙午(26일), 8-431.

그를 위한 재를 봉선사에서 설행했다. 봉선사에서는 예종을 위해 三齋,[138] 五齋,[139] 七齋를 설행했다.[140]

세조비인 정희왕후의 喪을 당해서도 봉선사에서 齋를 올렸다. 성종 14년 4월 처음에는 봉선사에서 3재와 7재를 거행하도록 계획되어 있었지만,[141] 6재만을 설행했다.[142] 그리고 성종 14년 6월 봉선사 齋室에 虞主를 봉안하고 虞祭를 거행했다.[143] 다음날 세조비를 광릉에 장사지냈다.[144] 성종 14년 7월 세조비의 百日齋를 봉선사에서 거행했다.[145] 봉선사에서는 이처럼 대행대비를 위해 6재, 우재, 100일재를 설행했다.

성종이 재위 25년 12월 훙거하자,[146] 성종을 위한 3재도 연산군 1년(1495) 1월 봉선사에서 거행했다.[147] 봉선사에서는 이처럼 예종·세조비·성종이 사망하자 재를 설행했다. 그만큼 봉선사의 위상이 높았음을 알 수 있다. 봉선사에서는 先王先后를 위한 薦新의 기능도 담당했다.[148]

봉선사에서는 왕실 주도하에 寫經이 이루어지기도 했다. 성종 8년 3월 奉先寺에서 仁粹王大妃가 세조를 위해 金字로 사경했는데, 대비는 私財로 사경하고 私穀으로 飯人하면서 진행했다.[149] 봉선사에서 금을 사용해 佛經을 사경하고 있으며, 그 주체는 인수대비이고 선왕인 세조의 명복을 빈다는 것이 명분이었다. 뒷날 연산군대 기록에 朴耕이란 인물이 이때 사경

---

138) 『成宗實錄』권1, 成宗 즉위년 12월 戊辰(19일), 8-447.
139) 『成宗實錄』권2, 成宗 1년 1월 壬午(3일), 8-451.
140) 『成宗實錄』권2, 成宗 1년 1월 丙申(17일), 8-455.
141) 『成宗實錄』권153, 成宗 14년 4월 癸亥(1일), 10-445.
142) 『成宗實錄』권154, 成宗 14년 5월 壬寅(11일), 10-461.
143) 『成宗實錄』권155, 成宗 14년 6월 壬申(11일), 10-469.
144) 『成宗實錄』권155, 成宗 14년 6월 癸酉(12일), 10-469.
145) 『成宗實錄』권156, 成宗 14년 7월 辛丑(11일), 10-482.
146) 『成宗實錄』권297, 成宗 25년 12월 己卯(24일), 12-612.
147) 『燕山君日記』권2, 燕山君 1년 1월 戊戌(14일), 12-635.
148) 『成宗實錄』권86, 成宗 8년 11월 壬申(9일), 9-526.
149) 『成宗實錄』권78, 成宗 8년 3월 辛未(4일), 9-437 ; 『成宗實錄』권78, 成宗 8년 3월 壬申(5일), 9-437.

의 일로 봉선사에 갔다고 했다.[150]

성종 10년 재차 봉선사에서 사경이 있었다. 역시 인수대비가 주도한 것이며, 선왕을 위한 것이라고 표방했다.[151] 성종 8년, 10년에 사경이 있었지만, 국가의 공식적인 것이라기보다 인수대비가 주도한 것이었다.

봉선사는 세조의 능침사로서 진전이 있었기 때문에 그것을 지키는 별도의 군인이 배치되어 있었다. 예종 1년 4월 진전에 參奉 2인이 배치된 바있다.[152] 또한 참봉 이외에 守護軍이 배치되었다.[153]

성종대에는 신료들의 반대가 없지 않았지만 세조비(정희왕후)가 성종 14년까지 생존하고 있고, 성종의 모후(인수대비)가 호불하고 있기 때문에 봉선사는 세조를 위해 명복을 비는 기능을 담당하면서 유지되었다. 신료들이 문제삼은 경우도 종종 있었다.

봉선사에서 인수대비가 사경을 주도했을 때 문제삼았다. 인수대비가 봉선사에서 사경하자 신료들의 반대가 여러 차례 제기되었다.[154] 무엇보다도 명에 금은을 조공품에서 면제받고자 요청하는 사정 하에서 사경이 문제라는 것이다.

국왕이 광릉에 제사지내면서 봉선사에서 식사하는 것도 문제삼았다. 성종 13년 윤8월 왕이 광릉 봉선전에 이르러 친히 제사지냈을 때, 봉선사에서 호종관에게 饋하려고 하자, 신료들이 僧舍에 나아가 식사함은 體貌가 없는 일이라고 하면서 반대했으나, 이에 국왕이 금일 사찰에 온 것은 影殿을 위함이지 사찰을 위함이 아니며, 대비의 교가 있고, 또 전례가 있다고 하면서 봉선사의 식사 제공을 수용했다.[155] 신료들의 반대를 무릅쓰고 국왕이 의지를 실천했다.

---

150) 『燕山君日記』권30, 燕山君 4년 7월 丙午(12일), 13-317.
151) 『成宗實錄』권102, 成宗 10년 3월 丁丑(21일), 9-700.
152) 『睿宗實錄』권5, 睿宗 1년 4월 甲戌(21일), 8-361.
153) 『成宗實錄』권181, 成宗 16년 7월 壬子(4일), 11-33.
154) 『成宗實錄』권78, 成宗 8년 3월 甲戌(7일), 9-438.
155) 『成宗實錄』권145, 成宗 13년 윤8월 辛卯(25일), 10-388.

성종 16년 7월 弘文館 副提學 安處良 등은 上疏에서, 奉先寺는 세조대왕
의 眞殿을 위해 설치한 곳이며 진전에는 參奉이 있고 또 守護軍이 있으니
승려가 없어도 무방하다는 주장을 폈다. 이에 국왕은 봉선사는 선왕의 영
정이 있는 곳이며 선후가 마음으로 중히 여기고 있어 다른 사찰과 병렬적
으로 논의할 수 없다고 했다.156) 신료들은 봉선사가 없어도 진전을 유지해
갈 수 있다는 입장을 보인 것이다.

청기와를 사용해 보수하는 것을 문제삼기도 했다. 성종 19년 청기와를
사용해 보수하면, 공역이 심히 크며, 또 선왕의 영정을 불우에 봉안함은 옳
지 않다고 지적했다. 국왕은 반대를 무릅쓰고 진행시켰다.157) 청기와를 사
용해 봉선사 보수하는 것에 대해 여러 차례 논란이 이어졌다.158)

흉년이 들고 국가의 재정이 악화된 때에, 봉선사에 미포 등의 물품을 제
공하는 것도 문제삼았다. 성종 13년 윤8월 국왕이 행차하고서 前例에 이곳
에 행차하면 모두 사여함이 있었으나. 지금은 흉년이므로 전례에 의거할 수
없다 하고서, 米豆 합 30석, 綿布 100필, 正布 100필을 사여하도록 했다.159)
다른 때보다는 지급하는 액수를 줄였지만 전례대로 일정한 재물을 사여함
을 볼 수 있다. 이후 이 문제를 둘러싸고 여러 차례 논란이 이어졌다.160)

성종 22년 10월 봉선사에 미 30석, 면포·정포 각 100필을 사여하려고 하
자, 지금 국가에 일이 많고 군수가 부족함을 들어 반대했다. 이에 국왕은
면포·정포 각 50필을 감해 지급하라고 했다.161) 봉선사에 미포를 지급한

---

156) 『成宗實錄』권181, 成宗 16년 7월 丙辰(8일), 11-38.
157) 『成宗實錄』권218, 成宗 19년 7월 甲戌(13일), 11-358.
158) 『成宗實錄』권218, 成宗 19년 7월 甲戌(13일), 11-358 ; 『成宗實錄』권218, 成宗
19년 7월 戊寅(17일), 11-358 ; 『成宗實錄』권218, 成宗 19년 7월 癸未(22일),
11-359 ; 『成宗實錄』권218, 成宗 19년 7월 乙酉(24일), 11-360.
159) 『成宗實錄』권145, 成宗 13년 윤8월 辛卯(25일), 10-388.
160) 『成宗實錄』권145, 成宗 13년 윤8월 甲午(28일), 10-388 ; 『成宗實錄』권145, 成
宗 13년 윤8월 乙未(29일), 10-389.
161) 『成宗實錄』권258, 成宗 22년 10월 己未(16일), 12-101.

것이 불가함을 지적하는 상소가 있자 국왕은 승려를 위한 것이 아니라 先
王을 위해 사여하는 것이라고 주장했다.[162] 국왕은 승려를 위해 사여한 것
이 아니라 선왕을 위해 사여했다고 강변하고 있다.

봉선사는 세조와 관련해 창건되었으며, 광릉과 연결된 기능을 수행했고,
국왕의 행차와 예불이 있었다. 그러나 비판도 있었으니, 사경을 하는 것,
청기와를 사용해 보수하는 것, 흉년에 미포를 사여하는 것이 문제되었다.
성종대에는 봉선사에서 佛事가 있었을 때 언관을 중심으로 한 신료들의
문제 제기와 반대가 있었지만, 국왕은 그 불사가 先王을 위해 하는 것이며,
민인의 재물을 손상시키는 것이 아니라는 논리를 세워 강행했다. 큰 변화
없이 봉선사는 기능을 하면서 유지되었다.

연산군대에는 성종대와 달리 광릉에 행차한 일도 없었으며, 봉선사에 대
한 배려도 적었다. 성종의 사후 재를 설행한 것이 전부였다. 봉선사에 대한
관계가 크게 소원했음을 의미한다. 만년에는 破佛적인 조치를 취했다.[163]

연산군 2년 2월 대간이 合司해 봉선사에서 設齋한 것을 문제로 삼았
다.[164] 봉선사에서 재를 베푸는 것조차도 시비가 되는 것이다. 국왕을 위
한 것임에도 비판의 대상이 되는 것이다.

연산군 11년 5월 광릉·봉선전 참봉을 모두 혁파하고, 두 곳의 제물은 한
달 전에 봉선사 僧人에게 수송하고 熟辦해 제사지내라고 했다.[165] 그리고
광릉 祭享 시 香祝은 봉선사 승인에게 보내고 승인으로 하여금 제사지내
게 하라고 조치했다.[166] 참봉을 혁파한 뒤 사찰에 기능을 전담시켜, 광릉
의 제사를 봉선사 승려가 지내게 된 것이다.

연산군 11년 8월 광릉·봉선전 祭物은 驛馬로 輪轉하고 광릉의 朔望祭를

---

162) 『成宗實錄』권258, 成宗 22년 10월 壬戌(19일), 12-106.
163) 이봉춘, 1992, 「燕山朝의 排佛策과 그 推移의 성격」『불교학보』29(同, 2015, 『조
    선시대 불교사 연구』, 민족사 재수록).
164) 『燕山君日記』권12, 燕山君 2년 2월 戊辰(20일), 13-75.
165) 『燕山君日記』권58, 燕山君 11년 5월 丙戌(2일), 14-1.
166) 『燕山君日記』권58, 燕山君 11년 5월 庚寅(6일), 14-1.

봉선사 住持僧으로 하여금 行香케 했다.[167] 광릉과 봉선전의 제사를 헌관을 보내 진행하지 않고 봉선사 승려에게 일임하는 것이다. 연산군대에는 광릉과 관련한 것을 아예 봉선사에 일임하고 관인이 직접 참여하는 것을 중지시켰다. 광릉·봉선전의 위상을 낮추는 조치일 것이다.

연산군 10년(1504)에 승과(승선)가 폐지되고, 11년에는 양종의 도회소인 흥덕사와 흥천사가 燒失되고, 이후 도성의 사찰이 모두 속공되었다. 11년 11월에는 모든 사찰에서 위전의 세를 거두는 것과 수륙재에 쓰는 잡물도 혁파하라고 계청했다. 이렇게 되자 사찰은 국가와의 공식적인 관계에서 오는 경제적 후원을 완전히 상실했다.[168] 破佛的인 조치를 취하는 연장선상에서 광릉·봉선전의 제사를 봉선사의 승려에게 일임한 것이기에 결국 국왕의 기신재가 승려만의 행사로 축소되는 것이다. 연산군대에는 광릉에 행차하지 않았으며, 세조를 위한 일도 관인이 관여하지 말고 사찰에서 알아서 하도록 일임했다. 아예 관심을 끊는 조치인 것이다.

중종대에는 士林의 정계 진출이 활발하고 언관의 활동이 적극적이어서, 불교에 대해서도 매우 비판적이었다. 불교를 絶滅해야 한다는 주장도 속출했다. 중종대에도 국왕이 봉선사에 행차해 제사를 올리는 일이 드물었다.[169] 중종 18년 8월 추석에 광릉에 拜하겠으며, 배릉 후에 봉선전에서 茶禮를 행하겠으며, 還宮 시에 농사를 보고자 했지만,[170] 災變으로 인해 국왕이 행차하지 않았다.[171] 중종 20년 3월 광릉에 이르러 제사지냈다.[172]

국가에서 지원하지 않고 사신을 보내 봉행하지 않았지만, 봉선사에서는

167) 『燕山君日記』권59, 燕山君 11년 8월 乙丑(13일), 14-14.
168) 金熙俊, 2001, 「朝鮮前期 水陸齋의 設行」『湖西史學』30.
169) 중종대 불교정책의 전반적인 내용은 다음의 글이 참고된다. 이봉춘, 1997, 「중종대의 불교정책과 그 성격」『한국불교학』23 ; 손성필, 2013, 「조선 중종대 불교정책의 전개와 성격」『韓國思想史學』44.
170) 『中宗實錄』권49, 中宗 18년 8월 癸卯(6일), 16-252.
171) 『中宗實錄』권49, 中宗 18년 9월 丁亥(20일), 16-264.
172) 『中宗實錄』권53, 中宗 20년 3월 戊辰(9일), 16-389.

자체적으로 세조와 세조비(정희왕후)를 위한 기신재가 중종대에도 설행되고 있었다. 중종 11년(1516) 2월 領事 金應箕에 따르면, 매일 저녁 여러 승려들이 봉선전에서 세조대왕과 정희왕후의 혼을 부르는데 高聲大唱하여 褻慢했다. 기신재 때에는 祖宗位板을 뜰아래에 두고 拜佛의 예를 할 때 疏文에 칭하기를, '奉佛弟子朝鮮國王'이라고 하면서 진행하고 있다고 했다.[173] 매일 저녁 봉선사 승려들이 봉선전에서 세조를 위한 의식을 거행하고 있음을 볼 수 있다.[174]

중종 11년 2월부터 6월 2일까지 50여 회 가까이 기신재와 내수사의 장리 혁파를 계청했다. 중종 11년 5월 太學生 柳溁 등의 上疏에, 기신재를 혁파하고 봉선사 등을 철거하라고 했다. 이에 국왕은 기신재의 유래는 오래되어 태종도 혁파할 수 없었으며, 세종도 기신재는 선왕선후를 위한 것이기에 차마 혁파할 수 없었다고 했다. 성종조에도 대간이 혁파를 청했지만 윤허를 받지 못했다고 했다.[175] 선왕의 명복을 비는 기신재, 이를 담당하는 봉선사의 혁파를 주장하는 것이다. 결국 중종 11년 6월 기신재를 혁파했다. 기신재 혁파 후 文昭殿·延恩殿 각위 외의 선왕·선후 기신재는 폐지하지 않고 중국의 예에 따라 각각 능침에서 설행했다. 이때 모든 능침의

---

173) 『中宗實錄』권24, 中宗 11년 2월 丁丑(26일), 15-148.

174) 忌晨齋와 水陸齋 전반에 대해서는 다음의 성과가 주목된다. 이병휴, 1994, 「조선전기 내불당기신재의 혁파논의와 그 추이」, 『九谷黃鍾東교수정년논총』; 金熙俊, 2001, 앞의 논문 ; 沈曉燮, 2003, 「朝鮮前期 忌晨齊의 設行과 儀禮」, 『佛教學報』40 ; 沈曉燮, 2004, 「朝鮮前期 水陸齋의 設行과 儀禮」, 『東國史學』40 ; 임호민, 2009, 「조선전기 수륙재 설행목적과 법규정비」, 『嶺東文化』10, 관동대 ; 한상길, 2009, 「조선전기 수륙재 설행의 사회적 의미」, 『한국선학』23 ; 강호선, 2017, 「조선전기 국가의례 정비와 '국행'수륙재의 변화」, 『한국학연구』44, 인하대 한국학연구소 ; 민순의, 2017, 「조선전기 수륙재의 내용과 성격 - 薦度儀禮의 성격 및 無遮大會와의 개념적 차별성을 중심으로 -」, 『불교문예연구』9, 동방문화대학원대 불교문화예술연구소 ; 이기운, 2019, 「조선 초 국행수륙재를 통해본 밀교사상 연구」, 『원불교사상과 종교문화』81, 원광대 원불교사상연구원.

175) 『中宗實錄』권25, 中宗 11년 5월 戊戌(18일), 15-174.

기신재 설행은 회암사에서 설행했다.176) 이후 봉선사에서 행하던 세조를
위한 기신수륙재가 중단된 것으로 보인다.

중종대에는 광릉 행차가 있었지만 봉선사에 대해서는 매우 소홀했다.
봉선사와 봉선전은 가까이 있기 때문에 봉선전에 행차할 때 승려를 黜送
시키자는 주장이 있었다. 중종 20년 3월 布營使 安潤德이 봉선사는 奉先殿
齋室에 너무 가까우므로 行幸 시에 승도가 그대로 있는 것은 마땅치 않으
니 잠시 屛出케 하자고 했지만, 국왕은 봉선전과 봉선사는 隔遠이므로 출
송할 필요없이 물러나 西邊常住處에 있게 하라고 했다.177) 광릉에 행차하
더라도 승려와 맞닥뜨리지 않도록 그들을 멀리 내 보내려는 것임을 알려
준다. 행차 시 봉선사를 찾고 그 소속 승려의 접대를 받는 것과는 큰 차이
를 보이는 것이다.

불교를 뿌리뽑고자 할 때 봉선사와 봉은사는 상징성을 갖기에 집중적으
로 거론되었다. 중종 33년 봉선사·봉은사부터 허물기 시작해 다른 사찰에
이른다면 불교는 절멸시킬 수 있으며, 이렇게 되면 농민이 날로 늘어가고
兵額이 충원되며 卒迫聚盜의 患도 없으며 또 毁常亂俗의 폐도 없을 것이
라는 주장이 제기되었다.178) 승려의 根柢, 이단의 根柢는 봉선사와 봉은사
라는 것이다. 이 두 사찰을 허물어 근저를 끊어야 승도를 없애고 이단을
절멸시킬 수 있다고 했다. 봉선사가 갖는 대표성을 읽을 수 있다.

그러나 국왕은 두 사찰은 근일에 창건한 것이 아니고 조종조의 사찰이
어서 가벼이 고칠 수 없다고 했으며, 사찰을 혁파하면 승려가 모두 盜賊이
되어 避役할 것이고, 만약 핍박해 山谷에 嘯聚하게 되며, 朝廷이 병사를 써
서 搜討하면 그 弊는 클 것이라고 했다.179) 이러한 논리로 봉선사의 훼철

---

176) 金熙俊, 2001, 앞의 논문.
177) 『中宗實錄』권53, 中宗 20년 3월 丙寅(7일), 16-388.
178) 『中宗實錄』권88, 中宗 33년 9월 己丑(19일), 18-208.
179) 『中宗實錄』권91, 中宗 34년 6월 己亥(3일), 18-299 ; 『中宗實錄』권91, 中宗 34
      년 6월 庚子(4일), 18-302 ; 『中宗實錄』권91, 中宗 34년 6월 甲辰(8일), 18-304.

을 저지했다.

두 사찰은 대표성을 갖기에 관인들은 이 두 사찰을 없애야 불교가 절멸 될 수 있다고 주장하는 것이다. 이에 대해 국왕은 선왕대부터 유지해 온 사찰이기에 없앨 수 없다는 논리를 폈다. 중종대 불교에 대한 비판이 치열 했지만, 왕실과 깊이 연결된 봉선사는 훼철되지 않고 유지되었다.

명종대에는 문정왕후의 호불에 힘입어 봉선사의 위상도 높아져서, 교종 의 대표사찰로 부상했다. 명종 4년(1549) 9월 成均館 生員 安士俊 등의 上 疏 내용 중에, 사찰로서 陵寢에 가까운 것은 마땅히 철거해야 한다는 주장 도 있었지만,[180] 대체로 불교를 우대하는 정책이 추진되었다.[181]

문정왕후의 호불로 명종 5년 12월 선교 양종이 복립되었다. 양민이 날로 줄어들고 군졸의 고통이 지금보다 심한 적이 없는데, 그 이유는 민이 4,5명 의 아들이 있으면 군역의 고통을 꺼려 모두 승려가 되기 때문이라는 것이 다. 이 때문에 승려가 날로 많아지고 군액이 날로 줄어들고 있으니, 이는 승도 가운데 統領하는 바가 없어 雜僧을 금하기 어렵기 때문이라는 것이 다. 그리하여 봉은사를 선종으로, 봉선사를 교종으로 하도록 했다.[182] 늘어 나는 승려를 지휘 통제하기 위해 그 중심 사찰로 봉선사(교종), 봉은사(선 종)를 삼는다는 것이다. 봉선사가 전체 교종 사찰과 승려를 통령하는 지위 를 갖게 되었음을 의미한다.

---

180) 『明宗實錄』권9, 明宗 4년 9월 丙戌(20일), 19-668.

181) 명종대의 불교정책에 관해서는 다음과 같은 중요한 연구 성과가 있다. 金宇基, 2001, 『朝鮮中期 戚臣政治 研究』, 集文堂, 241~279쪽 ; 姜德雨, 1994, 「조선중 기 불교계의 동향」 『國史館論叢』56 ; 박영기, 1997, 「朝鮮 明宗朝 度僧·僧科制 에 대한 考察」 『彌天睦楨培博士華甲紀念論叢』; 韓春順, 1999, 「명종대 왕실 의 불교정책」 『인문학연구』4, 경희대 인문학연구소(同, 2006, 『明宗代 動戚政治 研究』, 혜안 재수록) ; 장희흥, 2002, 「조선 명종대 환관 활동 - 내수사 운영과 사찰 관리 문제를 중심으로 -」 『동국사학』38 ; 한춘순, 2013, 「조선 명종대 불교 정책과 그 성격」 『韓國思想史學』44, 韓國思想史學會 ; 이경희, 2015, 「朝鮮 明 宗代의 佛敎中興과 虛應堂 普雨」 『普照思想』44, 普照思想研究院.

182) 『明宗實錄』권10, 明宗 5년 12월 甲戌(15일), 19-726.

이후 사헌부가 선교 양종을 복립하라는 명을 거둘 것을 청했지만, 윤허
하지 않았다. 통령이 없기 때문에 민이 모두 승려가 되었으며 도적 가운데
승려가 반에 이르고 있다고 하고서, 통령이 있으면 민이 임의로 승려가 되
지 못할 것이며 軍卒이 조금 많아질 것이므로, 선교 양종을 두었다고 했
다.183) 도적의 모습을 한 많은 승려를 통령할 양종이 필요하다는 논리이다.

그리고 봉선사에서 몰수해 봉선전에 소장했던 그릇을 다시 봉선사에 되
돌려 주는 조치를 취했다. 명종 6년 3월, 중종 11년(1516) 기신재가 폐지되
자 봉선전에 銀器들을 보관했지만, 이제 기신재를 봉선사에서 설행하게 되
었으므로 은기 등의 물건을 봉선사에 移給하도록 했다.184) 중종 11년 폐지
된 기신재가 명종 6년 회복되자 은기를 다시 봉선사에 환급토록 한 것이다.
기신재의 회복에 대해 兩司의 반대하는 啓가 있었지만, 윤허하지 않았다.185)

명종 6년 7월 예조에서 봉선전 기신재 소용의 은기를 봉선사에 移給하
면 봉선전 6名日 大祭 時에 祭器가 없게 된다고 계문했다. 이에 국왕은 은
기는 봉선사의 물건이므로 환급한 것이라고 했다.186) 봉선사의 위상을 되
살리는 조치의 일환인 것이다.

명종대 기신재가 회복되자 봉선사에서 기신재가 설행되었다. 명종 8년
3월 살인죄를 지은 봉선사 승려 불각을 봉선사 주지 守眞이 기신재로 인해
즉시 잡아 보내지 않았다는 데서.187) 기신재가 봉선사에서 설행되고 있음
을 알려 준다.

명종 6년 3월 기신재가 복구된 이후 기신재 혁파 논의가 양사를 중심으
로 계속되었다. 그렇지만 문정왕후가 사망하고 선조가 즉위한 뒤에야 혁파
되었다. 그리고 사찰의 私事로 설행되던 기신재도 현종대에 列聖位牌를 사

---

183) 『明宗實錄』권10, 明宗 5년 12월 乙亥(16일), 19-726.
184) 『明宗實錄』권11, 明宗 6년 3월 壬子(24일), 20-18.
185) 『明宗實錄』권11, 明宗 6년 3월 甲寅(26일), 20-18.
186) 『明宗實錄』권11, 明宗 6년 7월 甲辰(18일), 20-32.
187) 『明宗實錄』권14, 明宗 8년 3월 庚子(24일), 20-120.

찰에서 제거함으로써 실질적으로 종식되었다.[188]

명종 14년 7월 국왕이 즉위한 이래 한번도 광릉을 배알하지 못해 미안하다는 마음을 표한 적이 있으며,[189] 명종 15년 3월에도 즉위한 이래 한번도 광릉을 拜하지 못했다는 언급이 보인다[190] 명종 15년 3월 왕이 행차해서 광릉에 제사지냈다.[191] 결국 명종은 광릉에 한번 행차한 것이다.

봉선사는 세조를 위해 창건했으며 세조를 위한 각종 행사를 주관했다. 그리고 광릉을 찾는 국왕이나 관인들이 찾는 사찰이기도 했다. 국왕 왕실과 관련해 이러한 높은 위상, 중요한 기능을 담당하는 봉선사였지만 여러 차례 혁파 주장에 휩싸이기도 했다. 봉선사는 당시 사찰을 대표하는 상징성을 갖기에 함부로 처리할 수는 없었다.

5. 結語

조선전기 봉선사는 세조의 능침사로 경기도 양주에 조성되었는데, 이 시기 불교계의 동향 및 사원경제의 향방을 집약해 보여주는 사찰이었다. 이 시기 불교가 억제되면서도 불교가 존속할 수 있는 이유를 봉선사가 담당하는 기능에서 추적할 수 있었다. 불교 정책의 추이에 따라 봉선사의 위상도 많은 변화를 겪었지만, 능침사이기 때문에 어느 정도 위상을 유지할 수 있었다.

봉선사는 세조를 장사지낸 후 인근에 조영했다. 예종 1년 7개월 정도 걸려서 완공했다. 국가적 차원에서 조영한 것이기에 주로 군인들이 노동력을 제공했으며 공사의 후반부에는 도성인이 수레를 제공했다. 당시 최고위에

---

188) 金熙俊, 2001, 앞의 논문.
189) 『明宗實錄』권25, 明宗 14년 7월 己丑(20일), 20-524.
190) 『明宗實錄』권26, 明宗 15년 3월 丁丑(11일), 20-545.
191) 『明宗實錄』권26, 明宗 15년 3월 壬辰(26일), 20-546.

있던 관인들이 提調로서 참여해 공사를 주관했다. 봉선사에는 세조의 영정
을 봉안한 숭은전(봉선전)이 있었으며, 대웅보전으로 불리는 정전이 있었
다. 그렇지만 삼성각이나 칠성각·산신각의 이름은 보이지 않는다. 청기와
를 사용해 지붕을 덮었으며 모두 89칸에 달했다. 국가 차원에서 조영한 것
이었지만, 고려시기 대사찰의 규모에 크게 미치지 못하는 것이었다. 성종
11년과 성종 19년에 보수가 있었지만 대체로 큰 변동없이 임진왜란까지
지속한 것으로 보인다. 봉선사는 광릉과 관련한 사찰이기에 당시의 고승인
학조와 수진이 주지를 역임했다.

   봉선사의 경제 기반에는 여러 종류가 있었지만 토지가 가장 중요했다.
토지는 직전 가운데 비옥한 것, 남이로부터 몰수된 토지, 수산제언 등으로
구성되었다. 수산제언은 곧 둔전으로 환속되었다. 직전으로 받은 것은 수
조지이며, 나머지의 토지는 소유지로 보인다. 수조지는 아마도 수륙위전과
거승위전으로 불리었던 것 같으며, 연산군대에는 모든 수조지가 몰수당하
기도 했다. 중종 즉위 이후 봉선사의 수륙위전은 회복되었지만 종종 11년
기신재 혁파로 전세지급을 받을 수 없었을 것이다. 명종대 봉선사의 수륙
위전·거승위전 모두 회복되었으나 거승위전은 자주 논란되었다. 봉선사는
토지 이외에도 柴場을 보유하고 있었다. 성종대 이후 사찰에서 자주 충돌
이 발생하자 출입을 금하는 조치가 취해졌는데, 명종대 이후 금표가 세워
지면서 외부인의 출입이 차단당했으며, 금표 내의 柴場과 漁箭은 봉선사에
서 배타적·독점적으로 사용할 수 있었다. 그렇지만 문정왕후가 사망하면
서 이러한 금표는 철수된 것으로 보인다. 봉선사의 노비는 개창 초기에 40
구를 사여했는데, 큰 변동없이 유지된 것으로 보인다. 그리고 봉선사에는
米布를 비롯한 많은 물품이 사여되었다. 국왕이나 왕비가 행차하는 경우
미포가 사여되는 것이 통상적인 일이었으며, 그밖에도 정례적으로 지급되
는 것이 있었는데, 이것은 橫看에 기재되어 있었다. 장리곡은 경기도 광주
에 보유하고 있었는데, 상당히 긴 기간동안 유지되어서 그 이자는 봉선사

의 중요한 수입원이었다. 봉선사의 경제 기반은 안정적이었다고 할 수 있 겠지만, 고려시기의 사원의 규모에는 크게 미치지 못하는 것이었다.

봉선사는 세조와 관련한 기능을 주로 담당했다. 세조의 명복을 비는 사 찰이어서 예종과 성종이 직접 행차해서 제사를 올리기도 했다. 그리고 예 종, 정희왕후, 성종이 사망했을 때 齋를 올리는 사찰의 하나였다. 세조의 명복을 빌기 위한 사경이 성종 8년, 10년에 걸쳐 정희왕후에 의해 이루어 졌다. 성종대에는 봉선사가 세조와 관련한 기능을 하면서 유지되었지만, 신료들의 봉선사 운영과 관련한 문제를 제기하는 수가 많았다. 사경의 문 제, 국왕 행차시 식사 제공의 문제, 청기와를 사용해 보수하는 것, 미포 등 의 물품을 사여하는 것 등이 논란거리였는데, 국왕은 반대를 무릅쓰고 봉 선사에 대한 지원을 중단하지 않았다. 그러나 연산군대에는 국왕이 세조릉 에 행차하는 일도 없었으며, 말기에는 破佛的인 조치를 취하면서 아예 세 조릉에 대한 배려를 크게 약화시켰으며, 세조와 관련한 기신재를 봉선사에 일임시키고 관인을 보내지 않았다. 중종대에는 불교에 대한 비판이 매우 강렬했는데, 능침사에서 행하는 국왕을 위한 기신재도 중종 11년 혁파하는 조치를 취했다. 불교라는 이단을 없애기 위해, 봉선사부터 훼철해야 한다 는 주장이 빈번했다. 그렇지만 중종은 직접 광릉에 행차해 제사를 올린 적 도 있어서 봉선사와의 관계가 어느 정도 유지되었다. 명종 즉위 이후 문정 왕후가 호불 정책을 추진하자 양종이 복립되고 능침사의 기신재도 복구되 었다. 이에 따라 봉선사는 교종의 중심 사찰이 되었으며, 수진을 주지로 맞 이했다. 이러한 봉선사의 위치도 문정왕후가 사망하면서 크게 하락한 것으 로 보인다. 능침사로서 기신재를 겨우 봉행하는 정도의 위치를 가졌다고 하 겠다.

봉선사는 수도인 한양과 거리를 두고 세워졌기에 도성인이 활발하게 찾 는 일은 보이지 않는다. 그러나 세조릉인 광릉이 소재했기에 역대 국왕이 중시할 수밖에 없는 사찰이었다. 봉선사는 상당한 경제 기반을 갖추고 있으며, 국왕을 위한 행사를 주관한 최고의 사찰이었다. 그렇지만 끊임없는 비판 속에서 봉선사의 위상은 왕대별로 상당한 부침을 겪었다. 15세기 중반에서 16세기에 걸친 불교계의 변화상은 봉선사에 집약되어 있다고 할 수 있다.

[부록] 봉선사 관련 연표

서기	왕대 연월일	내용
1468	세조 14년 1월	· 學悅이 洛山寺를 조영하고, 學祖가 楡岾寺를 보수하는 일로 인해 강원도가 騷然함
1469	예종 1년 윤2월	· 봉선사 조영이 영릉·광릉의 조영과 함께 진행됨 · 한명회·구치관·권감을 불러 봉선사·영릉·광릉 영조의 일을 의논함
	예종 1년 4월	· 봉선사 影殿의 參奉 2인을 두게 함
	예종 1년 5월	· 光陵 影殿을 崇恩殿으로 고침 · 권감에게 명해 술을 가지고 가서 봉선사 董役提調를 위로하게 함
	예종 1년 6월	· 봉선사가 이루어졌으나, 학열과 학조와 와서 허물고 고침
	예종 1년 7월	· 왕이 정인지·한명회 등에게 봉선사 조영에 민이 고통스럽다면 감할 것을 의논케 함 · 봉선사에 미 300석을 사여함
	예종 1년 8월	· 봉선사 종이 완성됨
	예종 1년 9월	· 왕이 광릉에 행차해 제사를 지냄, 守陵官과 侍陵宦官에게 冬衣를 내림. 봉선사에 미 100석을 사여, 세조의 忌晨을 위해 7일 불사를 설행 · 봉선사 조영에 힘쓴 관리에 대해 논상 · 職田 가운데 비옥한 것을 택해 봉선사에 지급하고, 內需司 관원으로 하여금 그 田品을 살피게 함
	예종 1년 10월	· 봉선사·간경도감의 동역제조와 郎官를 論賞토록 함
	성종 즉위년 12월	· 봉선사에서 三齋를 설행함
1470	성종 1년 1월	· 봉선사에서 七齋를 설행함
	성종 1년 3월	· 노비 40구를 봉선사에 사여함 · 봉선사는 땔나무를 취할 수 있는 곳이 멀지 않으며, 노비 또한 많으므로 埋炭이 어렵지 않다는 언급이 보임
	성종 1년 4월	· 봉선사·유점사·낙산사 등의 稅外 雜役과 奴婢雜役을 減하도록 명함
	성종 1년 10월	· 충훈부에 사여한 南怡의 廣州 전지와 長利를 봉선사에 옮겨 사여함
1471	성종 2년 3월	· 국왕이 광릉과 봉선사에 행차, 광릉에 이르러 제사를 거행하고 崇恩殿에 이르러 茶禮를 행함, 봉선사에 행차해 香幣를 올리고 禮佛함, 이때 미 40석을 봉선사에 사여함
1472	성종 3년 2월	· 崇恩殿을 奉先殿으로 고침 · 대왕대비, 인수왕대비, 왕대비가 광릉에 이르러 친히 제사지냄, 봉선전에서 제사, 봉선사에서 예불, 승려에게 綿布 100필을 사여함
	성종 3년 5월	· 가뭄이 심해, 봉선사·원각사 승려를 공궤하는 것을 반으로 줄이도록 함
1473	성종 4년 7월	· 개경사·연경사·봉선사·홍교사 등은 先王先后의 陵室을 위해 位田을 주어서 지금까지 이어져 오고 있는 것, 다른 사찰의 위전은 모두 革除함이 어떨지 논란
1475	성종 6년 9월	· 봉선사에 米豆 합 40석을 하사함

서기	왕대 연월일	내용
1477	성종 8년 1월	· 名庵·巨刹이 모두 長利를 두고 있으면서 斂散하고 있다는 언급이 보임
	성종 8년 윤2월	· 두 승려가 봉선사에 入禪하고 있는 祖師의 심부름이라고 칭하면서 월산대군의 집에 이르름
	성종 8년 3월	· 근일에 봉선사에서 金字經을 寫經한다는 언급, 이후 사경이 논란됨
	성종 8년 8월	· 봉선사에 米豆 합 70석을 사여함
	성종 8년 11월	· 文昭殿의 제물을 내불당·원각사·봉선사 승려에게 나누어 주던 것을 금지함, 檢討官 金孟性이 正言이었을 때, 봉선사·정인사 鷹新의 그릇됨을 말했지만 그대로 지속하고 있다고 언급
1478	성종 9년 7월	· 직전·공신전·별사전 등 사전의 관수관급제를 실시함
1479	성종 10년 3월	· 인수대비가 봉선사에서 寫經을 하고 있어 문제가 됨
1480	성종 11년 1월	· 봉선사를 보수하도록 명함
1481	성종 12년 7월	· 구황하는 절목, 水陸位田·居僧位田稅를 줄이는 조치 · 봉선사·원각사·복세암에 供僧하는 米는 명년 가을까지 한해 반으로 줄임
1482	성종 13년 윤8월	· 국왕이 光陵·奉先殿에 이르러 친히 제사 지냄, 米豆 합 30석, 綿布 100필, 正布 100필을 사여함 · 봉선사에 대한 미두 사여에 대한 논란, 국왕이 지급하라고 함
1483	성종 14년 4월	· 대행대비의 三齋를 봉선사에 하는데 內資寺·內瞻寺·禮賓寺로 하여금 차례대로 供辦하도록 함
	성종 14년 5월	· 봉선사에서 六齋를 설행함
	성종 14년 6월	· 봉선사 齋室에 虞主를 봉안하고 虞祭를 거행하도록 함 · 봉선사 주지 학조가 월정사 승려 行謙을 역마를 주어 오도록 해 일을 맡길 것을 청함
	성종 14년 7월	· 대행대비의 百齋를 봉선사에서 거행함
	성종 14년 8월	· 봉선사·원각사·양종 등에 雜人이 출입하는 것을 금함
1484	성종 15년 8월	· 봉선사의 현재 주지는 學祖
1485	성종 16년 3월	· 봉선사에 米豆 합 60석, 綿布 50필, 正布 10필을 사여함
	성종 16년 7월	· 봉선사의 주지 學祖가 정원에 들어와 寺穀을 움직이지 말 것을 청함, 이 곡식은 貞熹王后가 사여한 것, 이 곡식은 흉년임에도 封하지 않고 사찰의 것으로 인정함
1487	성종 18년 1월	· 매해 봉선사에 사여하는 물품이 鹽 100碩, 末醬 6碩 5斗, 黃豆 48碩, 米 48碩, 麻布 10匹, 綈布 20匹
	성종 18년 6월	· 봉선사·원각사·내불당 승려가 公廩을 坐食하고 있어 이를 모두 혁제하라는 요청이 있음
1488	성종 19년 4월	· 봉선사 보수를 예조에게 하도록 했는데 예조에서 제대로 하고 있지 않음, 봉선사는 선왕의 영정을 봉안한 곳이라고 언급함

서기	왕대 연월일	내용
	성종 19년 7월	· 봉선사에 청기와를 사용함이 부당하다고 正言 安潤德이 계함, 이후 논란이 이어짐
1489	성종 20년 9월	· 왕이 광릉에 이르러 친히 제사 지냄, 봉선전에 이르러 世祖 수용을 배알하고 茶禮를 행함, 봉선사 주지 祖澄이 餠果·糜粥을 바침 · 봉선사에 米豆 합 30석, 綿布 100필, 麻布 100필을 사여함
1491	성종 22년 10월	· 봉선사에 지급하는 면포를 전례보다 줄여서, 면포 50필, 정포 50필을 사여함(미두는 그대로 30석), 봉선사에 미포를 사여한 것에 관해 논란이 계속 이어짐
	성종 22년 11월	· 봉선사에 미포를 사여한 사실이 논란됨
1492	성종 23년 12월	· 봉선사 승려가 본사의 位田稅 米豆는 先王先后를 위한 水陸齋 용도라고 상언함
1495	연산군 1년 1월	· 봉선사에서 三齋를 설행함
1496	연산군 2년 2월	· 봉선사에서 設齋한 것이 정치에 방해되는 큰 일이라고 논란됨
1500	연산군 6년 4월	· 봉선사 등 12사, 內佛堂·禪敎宗 等處에 雜人이 출입하여 作弊하는 것을 內需司로 하여금 살피도록 함
1502	연산군 8년 1월	· 봉선사의 현재 주지는 卽浩, 즉부가 봉선사 賜牌奴婢 後所生을 正案에 기록해 貢을 거두는 것의 문제점을 지적함
	연산군 8년 4월	· 봉선사의 부채 바치는 승려가 곧바로 政院에 들어간 것이 문제됨
1503	연산군 9년 1월	· 봉선사·정인사는 국가가 先王陵寢을 위해 창건한 것, 토지와 노비, 長利穀을 사여했음을 언급함
1504	연산군 10년 8월	· 光陵·奉先殿·奉先寺에 출입하는 사람의 수를 정함
1505	연산군 11년 5월	· 光陵·奉先殿의 參奉을 혁파함, 두 곳의 제물은 忌日 한달 전에 봉선사 승인에게 輸送하고 熱辦해 제사하라고 함 · 광릉 祭享 시 香祝은 봉선사 僧人에게 下送하고 僧人으로 하여금 제사지내게 함
	연산군 11년 8월	· 광릉·봉선전의 제물을 驛馬로 수송토록 함 · 광릉이 入標 內에 있어 朔望祭를 봉선사 주지승으로 하여금 行香케 함
	연산군 11년 11월	· 모든 사찰 위전으로 세 거두는 것, 수륙재에 사용하는 잡물을 혁파함
	연산군 11년 12월	· 능침사·수륙사의 사사전도 혁파함
1506	연산군 12년 3월	· 봉선사 御容을 擇日해 移安토록 함
	중종 1년 10월	· 연산군이 혁파한 수륙사·능침사 수조지를 환급함
1509	중종 4년 윤9월	· 왕이 친히 광릉에 제사 지내고, 봉선전에 이르러 다례를 행함
1516	중종 11년 2월	· 奉先殿에서 매일 저녁 여러 승려들이 세조와 정희왕후의 혼을 부르는데 高聲大唱하여 褻慢하다고 함, 또 忌晨齋 때에 祖宗位板을 뜰아래에 두고 拜佛의 예를 하고 있다는 언급함
	중종 11년 5월	· 기신재를 혁파하고 봉선사를 철거하라는 상소, 국왕은 기신재는 유래가 오래되어 차마 혁파할 수 없다고 함

서기	왕대 연월일	내용
	중종 11년 6월	· 내수사 장리 및 忌晨齋를 혁파함
1523	중종 18년 8월	· 올 추석에 광릉에 拜하겠으며, 배릉 후에 奉先殿에서 茶禮를 행하고 환궁 시에 농사를 보고자 한다고 傳함(災變으로 인해 국왕이 행차하지 않음)
1525	중종 20년 3월	· 봉선사에 가까운 봉선전 齋室에 행행할 때, 黜送 논란 뒤, 봉선사 승려를 西邊 常住處에 있도록 함 · 국왕이 광릉에 이름
1539	중종 34년 6월	· 僧의 根柢는 봉선사·봉은사 두 사찰에 있다, 불교를 끊으려면 두 사찰을 없애야 한다는 주장, 며칠 간 두 사찰을 반드시 허물어야 한다는 주장이 이어짐
1546	명종 1년 1월	· 先王 陵寢의 사찰로서 광릉봉선사와 선릉봉은사가 언급
1549	명종 4년 9월	· 봉선사·봉은사의 예에 의거해 榜을 붙여 先王 陵寢에 잡인이 출입하는 것을 금함 · 성균생원이 능침에 가까운 사찰을 마땅히 철거해야 한다고 상소
1550	명종 5년 12월	· 선교 양종의 복립을 명함 · 사헌부가 선교 양종을 복립하라는 명을 거둘 것을 청함
1551	명종 6년 3월	· 봉선전에 소장한 銀器를 忌晨齋가 다시 설행됨에 따라 봉선사에 移給하라고 함
	명종 6년 6월	· 守眞을 判教宗事 都大師 奉先寺 주지로 삼음
	명종 6년 7월	· 봉선전 기신재 소용의 銀器를 봉선사에 移給한다면 奉先殿 6名日 大祭 時에 은기가 없다는 지적이 보임
1552	명종 7년 1월	· 봉선사·봉은사·정인사에 位田이 있음을 언급
1553	명종 8년 3월	· 봉선사 승려 佛覺이 도둑이 되어 3인을 살해한 일이 발생함 · 살인죄를 지은 봉선사 승려 불각을 봉선사 주지 守眞이 기신재로 인해 즉시 잡아 보내지 않은 것이 논란됨
	명종 8년 윤3월	· 불각을 비호한 주지 수진을 斬刑에 처하자는 주장, 贖하는 것으로 마무리
	명종 8년 10월	· 봉은사·봉선사에 供養하는 米穀을 모두 거두어 궁궐 營繕의 비용으로 삼으라는 상소가 있음
1556	명종 11년 6월	· 호조의 別賜田案에 봉선사 아래에 '田結四十字'가 있고 그 아래에 '水陸十字'가 있음
1559	명종 14년 7월	· 즉위한 15년 이래 한번도 광릉을 배알하지 못해 미안한 마음이라는 국왕의 언급
1560	명종 15년 3월	· 즉위한 이래 한번도 광릉을 拜하지 못했다고 언급 · 국왕이 행차해 광릉에 제사 지냄
1566	명종 21년 7월	· 문정왕후 사망 이후 능침사를 제외한 내원당의 전지는 모두 내수사에 移屬

서기	왕대 연월일	내용
1581	선조 14년 3월	· 光陵 水剌閣이 失火함
1593	선조 26년 2월	· 광릉의 丁字閣, 齋室廳, 奉先殿이 파괴된 상태에 있음
	선조 26년 3월	· 왜란 초에 승려가 영정을 숨겨 두었는데, 광릉 참봉이 이를 찾아 옮겨서 화를 면함
1596	선조 29년 5월	· 봉선전의 세조 晬容을 태묘로 이안하는 일을 심의함

제4부

寺刹의 亡廢와 遺物

제1장 朝鮮前期 寺刹의 亡廢와 遺物의 消失

1. 序言

조선초 억불정책을 적극 추진하면서 토지를 분급받는 사찰의 수가 크게 감소했으며, 사찰이 보유하던 노비도 대부분 속공되었다. 이러한 사정 하에서 다수의 사찰이 亡廢되어, 건물이 무너지고 시설이 파괴되며, 승려들이 떠나갔다. 『新增東國輿地勝覽』 古跡條에 수록되어 있는 사찰은[1] 극히 일부에 불과하며, 그보다 훨씬 많은 사찰이 폐사가 되었다고 여겨진다.

반면 새로운 사찰의 창건은 이례적이고 드문 일이었다. 새로운 사찰의 창건은 국초부터 금지되었으며, 기존의 사찰을 중수하거나 사찰 터에 중창하는 것만 법적으로 허용되었다.[2] 그렇기 때문에 국왕이나 왕실 주도 하에 일부의 사찰이 조성될 뿐, 전체적으로 보면 새로운 사찰은 거의 세워지지 않았다.

사찰이 피폐되면서 사찰이 보유한 불교유물은 消失됨을 면할 수 없었다. 건축물 조영에 쓰인 목재와 기와는 새 시설에 재사용되었으며, 불상·범종·기명 등 금속유물도 사찰을 떠나 다른 용도로 사용되기도 했다. 신국가 건

---

1) 『新增東國輿地勝覽』 古跡條에 기록된 사찰은 모두 70개이며, 佛宇條에 기재된 사찰은 1,658개이다(李炳熙, 1997, 「朝鮮時期 寺刹의 數的 推移」 『歷史教育』61).

2) 연세대 국학연구원편, 1993, 『經濟六典輯錄』, 신서원, 157쪽. "新創寺社之禁 雖載元典", "元續六典 新創寺社及重修之禁", "寺社於古基重創者 依續六典 必告官重修 雖已創寺社 石有改構處 京中則告于漢城府 移關禮曹 外方則告于其官 傳報監司 方許改造 違者依律論罪 並令撤毀" ; 『經國大典』권3, 禮典, 寺社. "凡寺社勿新創 唯重修古基者 告兩宗 報本曹啓聞" ; 강윤경, 2022, 「조선초기 사찰 조영의 규제와 실제」 『조선전기 불교사 연구』, 한국교원대 출판문화원.

설과 운영에 소요되는 건축 자재나 금·은·동·철 금속이 사찰에서 제공되었다.

사찰의 망폐와 보유 유물의 소실은 억불정책 하에서 사찰이 해체되어 가는 실상을 구체적으로 알려 준다. 이 글에서는 사찰이 망폐되어 가는 양상과 사찰의 건축자재 재사용, 금속제 유물의 소실 등을 중심으로 살펴보도록 하겠다.

2. 寺刹의 亡廢와 佛敎 遺物

조선초 여러 가지 이유로 폐사가 속출했다. 사찰 건물은 세월이 흐름에 따라 노후되어 보수하지 않으면 폐사가 되었다. 폐사·망사가 출현하는 것은 어느 시기에나 있을 수 있었다. 그렇지만, 억불정책이 적극 추진되는 조선초에 그러한 현상이 심각했다. 사찰의 중수와 중창이 어려워짐에 따라 퇴락한 상태에서 이를 다시 회복하는 일은 매우 어려웠다. 게다가 조선 건국의 주도세력이 인위적으로 사찰을 파손시키는 경우도 적지 않았다. 때로는 사찰의 시설은 유지되고 있었지만, 승려들이 핍박을 받아 떠남으로써 폐사가 되기도 했다. 세속인의 거주지와 가까운 사찰, 사람이 많이 왕래하는 교통로에 자리한 사찰이 특히 이러한 피해를 입었다.

조선전기 지방관이나 유생이 의도적으로 사찰을 공격하거나 파손시키는 것은 흔한 일이었다. 이것은 물론 문제가 되는 일이었지만, 억불이라는 시대 분위기 속에서 속출했다. 예컨대 조선 건국 직후 태조 2년(1393) 竹州 監務가 그 고을에 소재한 野光寺를 파괴한 일이 있었다.[3] 태종 1년(1401) 知陜州事 尹穆이 지역내 夢溪寺 승려가 百種法席을 화려하게 베풀자 이를

---

3) 『太祖實錄』권3, 太祖 2년 3월 丙午(1일), 1-41(국사편찬위원회 影印本 1册, 41쪽을 의미함. 이하 같음).

철거하고 사찰의 곡식 300여 석을 탈취해 雜貢을 보충하고 나머지는 鄕校에 지급했다.[4] 조선초 사찰에 대해 공세적인 수령의 모습을 잘 전하는 내용이다. 각 지방의 수령은 闢佛思想을 갖고 있어서 사찰이나 승려에 대해 핍박을 가하곤 했다. 수령의 핍박으로 사찰이 쇠락하고 마침내 亡廢의 지경에 이르는 수가 흔했다.

당시 젊은 학도들이 사찰에 쳐들어가 피해를 주는 일도 매우 빈번했다. 사찰에 가서 승려와 충돌하거나 사찰의 시설을 파손하는 일은 자주 언급되었다. 태조 2년에 동부 학당의 학생이 사찰을 汚毀하고 있다는 지적이 보인다.[5] 당시 젊은 儒生들은 성리학을 공부하고 있었기에 불교에 대한 비판의식이 매우 높았으며, 이러한 의식을 바탕으로 사찰을 훼손하거나 승려와 충돌하는 것이었다.

세종 24년(1442) 유생들이 山寺에서 놀면서 佛經을 탈취하고 佛卓을 파손시킨 일이 있어 문제가 되었다.[6] 그 정황은 '竊取佛經 破僧器皿'이라고도 표현했다.[7] 같은 해에 서부·중부 학당의 생도 10여 명이 寶燈寺에 가서 승려를 결박하고 불경과 縣布를 탈취한 일도 있었다.[8] 유생들의 직접적인 가해로 인해 승려와 사찰은 피폐해 갔으며, 이러한 공격을 받은 승려들이 사찰을 떠나 버리는 일도 있었다. 그리하여 승려가 거처하지 않는 폐사가 되는 것이다. 세종 31년 전라도 綾城縣 校生 梁淮 등이 齋菴 11곳을 불태워 훼손했다.[9] 유생이 사찰을 파손시키는 일은 도성 주변만이 아니라 외방에서도 있었음을 알려 준다. 또한 성종 20년(1489) 인수대비가 조영한 淨業院 불상을 유생들이 불태운 일이 있었다.[10] 성종 24년 유생 15인이 술에

---

4) 『太宗實錄』권2, 太宗 1년 12월 乙丑(11일), 1-219.

5) 『太祖實錄』권3, 太祖 2년 3월 乙丑(20일), 1-42.

6) 『世宗實錄』권97, 世宗 24년 7월 丙戌(28일), 4-423.

7) 『世宗實錄』권97, 世宗 24년 7월 丁亥(29일), 4-424.

8) 『世宗實錄』권98, 世宗 24년 11월 壬午(26일), 4-448.

9) 『世宗實錄』권124, 世宗 31년 6월 庚午(22일), 5-135 ; 『世宗實錄』권125, 世宗 31년 8월 壬戌(15일), 5-142.

취해 公主 齋宮에 이르러 法堂의 자물쇠를 뽑아 버리고 불경을 훔치고 불
상을 더럽히고 훼손했다.[11]

연산군 6년(1500)에는 유생들이 演窟寺의 불상을 던져 훼손시켰다.[12] 그
리고 중종 5년(1510) 유생들이 河城尉 齋社에 가서 승려와 싸우고 불상을
훼손했으며, 經文을 빼앗고 佛器를 깨뜨렸다.[13] 성리학을 공부하는 젊은
유생들이 사찰에 가서 승려와 충돌하고 불교시설을 파손함으로써 사찰을
쇠락시키거나 폐사에 이르도록 하는 일은 조선전기 지속적으로 발생했다.
도성 주변만이 아니라 외방에서도 수령의 비호를 받는 유생들이 사찰을
파손시키는 것은 흔한 일이었다. 국초부터 시작해 16세기까지 전국적으로
이런 일이 발생하여 사찰은 피폐해 갔다.

외침으로 인한 사찰의 피해도 컸다. 인접국의 침입이 있을 때 사찰이 집
중적으로 피해를 입는 경우가 많았다. 고려말 잦은 외침으로 많은 사찰이
파괴되었다.[14] 그러한 사찰 가운데 일부는 중수나 중창을 통해 사찰의 기
능을 회복했지만, 그렇지 못하고 조선초에 이르러 폐사의 지경에 이른 사
찰도 적지 않았다. 외침으로 파괴된 사찰이 조선초에 중수·중창되는 일은
거의 없었다. 그렇기 때문에 고려말 외침으로 인해 파괴된 사찰은 조선초
에 자연히 亡寺로 굳어졌다. 충청도의 安波寺는 태종 5년 '因倭而廢'한 상
태에 있었다고 언급되었다.[15] 안파사와 비슷한 처지에서 자연스럽게 망사
가 되는 경우는 매우 흔했을 것이다.

자연재해도 사찰의 퇴락을 가져오는 원인이었다. 자연재해는 늘 있는
일이지만 이 시기에 피해가 있으면 회복이 불가능하다는 점이 특징이다.
태종 18년 도성의 뒷산이 무너져 靜因寺를 덮쳐 승려 5명이 사망했으며,[16]

---

10) 『成宗實錄』권228, 成宗 20년 5월 戊辰(11일), 11-472.
11) 『成宗實錄』권275, 成宗 24년 3월 壬申(7일), 12-280.
12) 『燕山君日記』권37, 燕山君 6년 4월 壬寅(19일), 13-410.
13) 『中宗實錄』권11, 中宗 5년 4월 己丑(4일), 14-421.
14) 李炳熙, 2008, 『高麗後期 寺院經濟 硏究』, 景仁文化社, 185~193쪽.
15) 『太宗實錄』권10, 太宗 5년 8월 壬辰(29일), 1-334.

경상도 善山에서 산사태가 나서 朱勒寺를 덮쳐 승려 2명이 압사했다.17) 세
종 10년 果川縣 冠岳山 佛成峯이 무너져 僧舍를 덮쳐 5명이 사망했으며,18)
다음해 楊州 水落山이 홍수로 무너져 地藏寺를 덮쳐 승려 2명과 유생 3명
이 사망했다.19)

세조 10년(1464) 文殊寺가 큰 비로 인해 무너져서 승려 10인이 압사당하
는 일이 발생했다.20) 승려 10인이 압사당하는 상황에서 사찰의 시설이 크
게 파손되었음은 의심의 여지가 없다. 성종 8년에 산의 돌이 무너져 내려
觀音窟寺의 건물을 뒤덮어 '佛像亦不知所在'했다.21) 자연재해로 인해 사찰
이 파손되는 것은 어느 시기에나 있을 수 있지만, 조선전기에는 파괴된 경
우 이를 복구하는 일이 거의 불가능했으므로 결국 폐사에 이르는 것이다.

때로는 화재가 발생하여 사찰이 큰 피해를 입는 수도 있었다. 목조 건축
물인 사찰이 화재를 입는 일도 흔히 있을 수 있는 것이지만, 조선전기에
그러한 피해를 입으면 회복하지 못하고 폐사에 이르게 되는 일이 많았다.
세종 7년 강원도의 水陸社인 上元寺가 화재를 당했으며,22) 단종 1년(1453)
楡岾寺의 143칸이 모두 燒失되었는데,23) 물론 두 사찰은 국가와 깊은 관련
되었다는 특수성 때문에 중수가 이루어져 폐사에 이르지는 않았다. 그러나
화재를 입은 대부분의 사찰은 회복이 어려웠다.

성종 6년 충청도 節度使 金瑞衡이 行獵으로 인해 禁山에 불을 지르고
開心寺를 延燒시켜 처벌받았다.24) 성종 20년 강원도에서 산불이 일어나
민가를 태우고 아울러 洛山寺 觀音殿도 불태웠다.25)

16) 『太宗實錄』권35, 太宗 18년 5월 乙亥(26일), 2-227.
17) 『太宗實錄』권36, 太宗 18년 7월 丙子(28일), 2-242.
18) 『世宗實錄』권40, 世宗 10년 5월 甲寅(3일), 3-130.
19) 『世宗實錄』권44, 世宗 11년 6월 丙子(1일), 3-183.
20) 『世祖實錄』권33, 世祖 10년 7월 癸酉(22일), 7-637.
21) 『成宗實錄』권81, 成宗 8년 6월 壬寅(7일), 9-463.
22) 『世宗實錄』권30, 世宗 7년 12월 甲申(19일), 2-707.
23) 『端宗實錄』권9, 端宗 1년 6월 辛卯(6일), 6-597.
24) 『成宗實錄』권56, 成宗 6년 6월 甲申(7일), 9-233.

연산군 10년 陵寢에 가까운 正因寺가 失火했으며,[26] 興德寺와 興天寺가
화재를 당했다.[27] 화재는 알 수 없는 원인으로 발생하는 수도 있었지만,
벽불적인 인사들이 의도적으로 발생시킨 수도 있었다. 조선전기 화재를 입
은 사찰의 경우 특정 사찰을 제외하면 중수·중창의 과정을 거쳐 회복하는
것은 쉬운 일이 아니었다.

특이하게도 국왕에 의한 사찰 철거도 있었다. 연산군 9년 演窟寺와 福世
菴의 철거가 있었으며,[28] 다음 해 藏義寺에서 승려를 내쫓아 그 사찰을 비
게 했다.[29] 국왕이 직접 나서서 사찰을 철거시키는 일은 연산군을 제외하
면 거의 없었다.

조선전기에 기능을 하지 못하고 폐사가 된 사원은 敗亡寺社, 亡廢寺社,
破亡寺社, 廢寺, 破寺, 廢刹 등으로 일컬어졌다. 그러나 革去寺社는 폐사찰
이 아니었다. 혁거사사는 고려시기에 대우를 받다가 조선국가로부터 경제
적 대우를 받지 못한 사찰로서, 대부분 건물이 온존하고 승려가 거처했다.[30]

사찰이 퇴락해 사라지는 것은 어느 시기에나 있을 수 있다. 건물은 자재
의 특성상 영구적일 수 없으며, 외침이나 자연재해로 파괴되는 경우 중수·
중창하지 않으면 廢寺가 됨은 항상 있을 수 있는 일이다.[31] 조선전기 두드

---

25) 『成宗實錄』권226, 成宗 20년 3월 壬申(14일), 11-455.

26) 『燕山君日記』권55, 燕山君 10년 9월 辛亥(24일), 13-663.

27) 『燕山君日記』권56, 燕山君 10년 12월 乙丑(9일), 13-677.

28) 『燕山君日記』권51, 燕山君 9년 11월 癸酉(10일), 13-582 ;『燕山君日記』권51, 燕
   山君 9년 11월 己丑(26일), 13-586 ;『燕山君日記』권51, 燕山君 9년 11월 辛卯(28
   일), 13-586.

29) 『燕山君日記』권54, 燕山君 10년 7월 乙巳(17일), 13-646.

30) 革去寺社 가운데 亡廢에 이르는 수도 없지 않았지만, 국가에서 공권력을 동원해
   조직적으로 毁撤하지는 않았으므로 유지된 경우도 많았다. 이들 사찰이 보유한
   유물을 징발하는 일은 적지 않았다. 이에 대해서는 다음의 글을 참고할 수 있다. 손
   성필, 2019, 「조선 태종·세종대 '혁거' 사원의 존립과 망폐 - 1406년과 1424년 승정
   체제(僧政體制) 개혁의 이해 방향과 관련하여 -」『韓國史研究』186 ; 손성필, 2019,
   「寺刹의 혁거, 철훼, 망폐 - 조선 태종·세종대 승정체제 개혁에 대한 오해 -」『震檀
   學報』132.

러진 특징은 폐사에 이르는 원인이 수령과 유생의 공격 때문이라는 점이다. 수령과 유생은 억불정책의 선봉에 서서 사찰에 핍박을 가했으며, 이로 인해 지방사회에서 다수의 사찰이 망폐되어 갔다.

이와 달리 사찰의 건물이 존속하면서 用處가 변경되는 것도 폐사에 이르는 길의 하나였다. 정치권력이 승려를 내몰고 그 사찰의 시설을 세속의 용도로 전환시켜 버리는 경우 사찰의 건물은 유지되고 있었지만, 속인의 시설로 변해 버려 사찰이라고 할 수 없는 것이다. 이처럼 승려를 내몰고 다른 용도로 사용함으로써 불교 사찰의 기능이 중단된 경우도 많았다. 이 것도 폐사라고 할 수 있을 것이다.

조선초기 관원들이 闢佛의 일환으로서 사찰을 다른 용도로 사용하자는 주장을 하는 일이 많았다. 세종 1년 李原은 京中의 사찰을 창고와 학교로 삼자고 주장했다.32) 세종 20년에도 사찰을 學堂으로 삼자는 상소가 있었으며,33) 세종 23년 사헌부는 京都에는 태조가 창건한 흥천사와 흥덕사 두 사찰만 두고 나머지는 혁파해 官府로 삼자는 주장을 펼쳤다.34)

실제로 사찰이 다른 시설로 전환된 예는 많았다. 세종 10년 西部學堂은 본래 僧舍였다는 언급이 보이며,35) 세조 3년 興福寺가 官廨가 된 지 오래라는 표현이 보인다.36) 사찰이 학당과 관청 건물이 되었음을 뜻한다. 세조대 도성 내에 세운 圓覺寺는 폐지되어 중종대에 일시 漢城府의 관아건물로 사용되기도 했다.37) 讀書堂은 舊 龍山廢寺라고 했는데,38) 아마도 사찰

31) 건축물은 자주 보수하지 않으면 퇴락해 갔다. 태조대 세운 興天寺 舍利殿은 20년이 채 안 된 태종 11년에 황폐해져서 보수하지 않으면 안 되었다(『太宗實錄』권27, 太宗 11년 3월 庚寅(30일), 1-579). 조선초 사찰에 대한 보수가 제대로 이루어지지 않은 실정에서 다수의 사찰이 자연적으로 퇴락해 감을 면하기 어려웠다.
32) 『世宗實錄』권6, 世宗 1년 12월 辛巳(11일), 2-350.
33) 『世宗實錄』권82, 世宗 20년 7월 辛卯(9일), 4-153.
34) 『世宗實錄』권94, 世宗 23년 윤11월 壬申(9일), 4-371.
35) 『世宗實錄』권42, 世宗 10년 11월 壬戌(14일), 3-154.
36) 『世祖實錄』권7, 世祖 3년 3월 丁亥(24일), 7-189 ;『新增東國輿地勝覽』권3, 漢城府, 佛宇, 圓覺寺.

을 독서당으로 전환한 것으로 보인다.[39]

직산현에 소재한 奉先弘慶寺는 弘慶院으로 전환했다. 고려 현종대 봉선 홍경사와 廣緣通化院이 함께 조영되었는데, 사찰의 기능이 중단되고 원의 기능만이 남게 되면서 홍경원으로 불리게 되었다.[40] 사찰이 불교적 기능을 잃고 숙박의 기능을 전담하는 院으로 변한 것은 매우 흔한 일이었을 것이다.[41]

星州牧의 鄕射堂은 龍興廢寺라고 했는데,[42] 폐사터에 세웠을 가능성도 있지만, 寺址라고 언급하지 않은 것으로 보아 아마도 사찰이 향사당으로 전환되었을 가능성이 높아 보인다. 開寧縣 향교는 현의 서쪽에 있는 獅子寺를 건물로 사용했다.[43] 원주목의 천왕사는 射廳으로 전환되었다.[44]

이렇듯 용도가 바뀜으로써 사찰이 사라졌다. 사찰의 건물이나 시설이 유지되고 있었지만 불교와 관련하지 않은 세속인의 공간이 됨으로써 자연히 사찰의 기능이 중단되고 다른 용도의 시설로서 기능하게 되는 것이다.[45] 사찰의 입장에서 보면 이것도 폐사의 일종이라고 하겠다.

---

37) 『中宗實錄』권20, 中宗 9년 8월 丙申(6일), 15-22.

38) 『新增東國輿地勝覽』권3, 漢城府, 宮室, 讀書堂.

39) 폐사의 터에 독서당을 조영했을 가능성이 없지 않으나, 기존 건물을 다소 보수해서 사용한 것으로 보는 것이 타당할 것이다.

40) 『新增東國輿地勝覽』권16, 忠淸道, 稷山縣, 驛院, 弘慶院.

41) 崔永俊, 2004, 『한국의 옛길 - 嶺南大路 -』, 高麗大 民族文化研究所, 286~301쪽 ; 崔在京, 1975, 「朝鮮時代 院에 대하여」『嶺南史學』4, 영남대 사학회 ; 韓嬉淑, 1992, 「朝鮮初期의 院主」『西巖趙恒來敎授華甲紀念 韓國史學論叢』, 논총간행위원회 ; 崔孝軾, 1997, 「朝鮮前期의 院 經營에 관한 考察」『竹堂李炫熙敎授華甲紀念 韓國史學論叢』, 논총간행위원회 ; 정요근, 2020. 「고려~조선 시대 院 시설 유적의 특성과 院 시설의 유형 분류」『사학연구』140.

42) 『新增東國輿地勝覽』권28, 慶尙道, 星州牧, 樓亭, 鄕射堂.

43) 『新增東國輿地勝覽』권29, 慶尙道, 開寧縣, 學校.

44) 『新增東國輿地勝覽』권46, 江原道, 原州牧, 古跡, 天王寺.

45) 사원이 鄕校·鄕廳·書院으로 변모되는 전체적인 모습은 李樹煥, 2001, 『朝鮮後期書院研究』, 一潮閣, 69~71쪽 참조. 이수환씨가 지적한 사례는 대개 寺址에 이들 시설이 세워지는 경우가 대부분이다. 특히 서원의 경우 16세기 중엽에 세워지기

그리하여 조선전기에 많은 폐사가 있었다. 폐사가 다수 발생함은 여러 자료를 통해 그 정황을 읽을 수 있다. 태종 5년 廢寺田口를 모두 屬公하는 조치가 있었다.46) 이 시점에서 많은 폐사가 있었음을 의미하는 것이다. 태종 6년 寺社田을 242사에 한정해 지급했다. 그런데 이때 망폐사사에도 住持가 파견된 예가 있었다고 하고서 다음해 88사를 山水勝處 大伽藍으로 교체했다.47) 토지를 분급받은 242사 가운데 88사는 이미 망폐의 지경에 놓여 있었음을 알 수 있다. 242사는 고려 이래의 중요한 사찰이었음에도 그 가운데 88개에 이르는 다수의 사찰이 망폐해 있다는 것이다. 고려에서의 대사찰 가운데 태종 6년, 7년 경 이미 폐사의 지경에 이른 사찰이 다수였음을 확인할 수 있다. 국가의 전반적인 억불정책이 사찰의 망폐를 가져오는 결정적 여건을 조성했다고 하겠다.

16세기에도 사찰이 망폐에 이르렀음을 언급하고 있다. 명종대에 개경의 연복사, 왕륜사, 광명사, 개국사가 '基地荒廢 舊跡宛然'하다고 했다.48) 또한 개성에 소재한 陵寢寺인 衍慶寺(齊陵), 興教寺(厚陵) 등이 '破壞已久'했다고 언급되었다.49) 고려시기 개경의 중요사찰만이 아니라 조선초 건재했던 陵寢寺도 16세기 중반에 가면 파괴되어 이처럼 폐사가 되는 일이 있었다.

명종 7년(1552)에는 조종조 이래로 불교를 숭상하지 않아서, "凡新羅高麗時所創寺刹 皆已墜毁 只有舊基者 不知其幾也"하다고 지적하기도 했다.50) 신라·고려때에 창건한 사찰이 모두 파괴되어 옛터만 남아 있는 것이 얼마인지 모르겠다는 것이다. 신라·고려 이래의 사찰 가운데 상당한 수가 16세기 중반에 이르면 터만 남아 있는 상태로 폐사가 되었음을 잘 알려 주는 것이다. 안동지역의 경우 고려의 사원 가운데 40% 정도가 16세기에 폐

시작하므로 이미 한참 전에 폐사된 基地에 세워지는 것이었다.
46) 『太宗實錄』권10, 太宗 5년 8월 壬辰(29일), 1-334.
47) 『太宗實錄』권14, 太宗 7년 12월 辛巳(2일), 1-425.
48) 『明宗實錄』권11, 明宗 6년 2월 壬戌(4일), 20-10.
49) 『明宗實錄』권13, 明宗 7년 11월 甲申(6일), 20-105.
50) 『明宗實錄』권13, 明宗 7년 6월 甲寅(3일), 20-89.

사가 되었다.[51]

사찰이 망폐하는 경우, 그 사찰이 보유한 시설이나 유물의 처리가 뒤따랐다. 사찰의 조영 과정에서 다량의 금속과 재와가 사용되었기 때문에 폐사가 되는 경우 잔존하는 건축자재와 금속 유물은 상당했다. 신라 眞平王代 주조한 석가모니의 丈六佛像은 黃鐵 5만 7천 근과 黃金 3萬 分으로 만들었으며,[52] 惠恭王대에 조영한 奉德寺의 종은 구리 12만 근을 사용해 주조했다.[53]

태종 16년 原州 覺林寺 중창을 위해 鐵 1,000斤을 보냈다는 데서[54] 사찰의 조영에 많은 철이 사용되었음을 알 수 있다. 이 철로는 건축에 필요한 여러 부품을 제작하고 불교의례에 사용되는 물품도 제작했을 것이다. 따라서 사찰 내에는 다수의 철제 유물이 있었다. 그리고 각림사 중창을 위해 材木 1,000개를 보냈다.[55] 상당한 양의 목재가 건축자재로 쓰였음을 알 수 있다.

세조대 圓覺寺의 경우 법당을 덮는 기와가 8만 장에 달했으며,[56] 범종을 만들기 위한 銅은 5만 근이 소요되었다.[57] 또한 信眉를 보내 오대산 상원사를 조영할 때 正鐵 1만 50근을 제공하도록 했다.[58] 폐사가 되어도 다

---

51) 李樹煥, 2001, 앞의 책, 69쪽. 16세기 안동 지역 사찰의 전체적인 변화 양상에 관해서는 양혜원, 2019, 「16세기 지방 불교 시설과 공간 질서의 변동 - 안동 읍지 『영가지(永嘉誌)』 분석을 중심으로 -」 『사림』67, 수선사학회 참조.

52) 『新增東國輿地勝覽』권21, 慶尙道, 慶州府, 古跡, 迦葉宴坐石. 『조선왕조실록』에서는 진흥왕이 黃鐵 5만 7천 근, 黃金 3만 근으로 석가삼존상과 장육상을 주조했다고 언급했다(『中宗實錄』권27, 中宗 11년 12월 丙辰(10일), 15-243).

53) 『新增東國輿地勝覽』권21, 慶尙道, 慶州府, 古跡, 奉德寺鍾. 이 종은 세조 6년 (1460) 靈妙寺에 옮겨 달았다. 『조선왕조실록』에서는 신라 景德王때 49만 7,300여 근을 사용해 주조했다고 언급했다(『中宗實錄』권27, 中宗 11년 12월 丙辰(10일), 15-243).

54) 『太宗實錄』권31, 太宗 16년 4월 庚寅(28일), 2-112.

55) 『太宗實錄』권32, 太宗 16년 8월 壬午(23일), 2-132.

56) 『世祖實錄』권33, 世祖 10년 6월 甲午(12일), 7-630.

57) 『世祖實錄』권33, 世祖 10年 6月 戊戌(16일), 7-631.

량의 재목과 기와, 금속제의 유물이 남게 마련이었다.

　세종대에 불상은 大寺에는 수백에 이르고 小寺에도 20, 30개를 밑돌지 않는다고 했다. 소상의 경우에는 금으로 도금하고 있으며, 금을 사용하지 않은 불상이 하나도 없다고 했다.59) 구체적으로 新林寺에는 銀佛이 12개, 長安寺에는 金佛 6개, 銀佛 18개, 銅佛 4개가 있었음이 확인된다.60) 당시 사찰에는 金字經 역시 알 수 없을 정도로 많다고 했다.61)

　사찰에는 이처럼 불상이나 梵鐘, 각종 佛具와 器皿이 있었으며 다량의 불교 경전이 소장되어 있었고, 석재로 된 탑이나 부도, 당간지주가 있었다. 건축물도 사찰의 중요한 구성요소였다. 퇴락하는 경우 건물의 재목과 기와는 재사용이 가능한 수가 많았다. 금·은·동·철을 소재로 한 범종·불구·기명 등은 국가에서 회수해 긴요처에 사용했다. 그러나 유물 가운데 석재는 크게 활용되지 않았다. 석재는 상대적으로 매우 흔하고, 운반이 어려우며, 가공품이어서 사용에 불편했다. 그 사찰이 보유한 土地나 奴婢 및 그 사찰 基地의 처리도 중요했다.62)

3. 建築資材의 再使用

　사찰이 기능을 중단했어도, 사찰의 건축물은 비교적 온전한 경우가 많았다. 특히 속인의 핍박으로 승려들이 불가피하게 사찰을 떠나는 경우, 사찰의 건물 자체는 온전한 상태에 있었다. 이 경우 사찰을 다른 용도로 전환하는 수도 있었으며, 그 건물을 해체시키고 기와와 재목을 다른 용처에

---

58) 『世祖實錄』권35, 世祖 11년 2월 丁酉(20일), 7-673.
59) 『世宗實錄』권94, 世宗 23년 12월 甲午(2일), 4-383.
60) 『成宗實錄』권210, 成宗 18년 12월 丁亥(22일), 11-277.
61) 『世宗實錄』권94, 世宗 23년 12월 甲午(2일), 4-383.
62) 본고에서는 건축자재 및 금속유물을 중심으로 살피고자 하므로 토지와 노비에 대해서는 언급하지 않는다.

사용하는 수도 있었다. 사찰의 건물에 사용한 기와와 재목은 양질의 것이 기에 다른 건축물에 재사용할 수 있었다. 그러나 건물이 腐毁하면 재목과 기와를 사용할 수 없었다.63)

조선초에 다수 조영되는 향교나 관아의 건물에 폐사찰의 재목과 기와를 사용했던 것이 확인된다. 속인이 개인적인 용도로 사용하는 일은 흔치 않았을 것이다. 태조 2년(1393)에 감무가 竹州의 野光寺를 허물고서 그 자재를 활용해서 관사를 修葺했다.64) 관사를 보수하는 데 사찰의 자재를 활용하고 있음을 확인할 수 있다. 이미 망폐한 사찰의 재와를 사용한 것은 아니고, 폐사로 만들어 버리고 사용한 것이다.

세종 1년(1419) 서울의 五部學堂이 좁다고 하자, 開城 소재 廢寺 재와를 철거해 사용하도록 했다.65) 개경에 있는 폐사의 재와를 철거해서 비좁은 오부학당의 東西齋를 확장토록 한 것이다. 세종 7년 高陽縣 소속 碧蹄驛 東別館의 行廊과 新宴廳이 초가로 조성되었는데, 이를 개성 및 근처의 空閑 革去寺社의 材瓦로 보수토록 했다.66) 아마도 두 건물의 지붕을 기와로 바꾸어 조영하도록 한 것으로 생각된다. 이때 다른 站도 이러한 방식으로 보수토록 했다.67) 각 지역의 역참을 보수하는 데 사찰의 목재와 기와를 사용하고 있는 것이다. 혁거사사 가운데 空閑한 사찰의 재와를 활용하는 것일 뿐, 공한하지 않은 즉 승려가 거주하는 혁거사사는 대상이 되지 않았다.

세종 10년 陰竹縣의 昊天寺를 허물고서 그 고을의 國庫를 지었으며, 海州의 極樂寺를 허물고서 靑丹驛을 지었다.68) 고을의 창고와 驛舍를 조영하는 데 사찰의 재와를 활용하는 것이다. 세종 11년 경상도 仁同縣 加林寺가 오랫동안 廢해지고 승려가 없자, 그 재와를 활용해서 창고와 향교를 修

---

63) 『明宗實錄』권5, 明宗 2년 2월 戊戌(16일), 19-485.
64) 『太祖實錄』권3, 太祖 2년 3월 丙午(1일), 1-41.
65) 『世宗實錄』권4, 世宗 1년 7월 壬子(9일), 2-324.
66) 『世宗實錄』권29, 世宗 7년 8월 戊子(22일), 2-689.
67) 『世宗實錄』권29, 世宗 7년 8월 戊子(22일), 2-689.
68) 『世宗實錄』권40, 世宗 10년 윤4월 丁亥(6일), 3-127.

葺하게 했다. 사찰의 재와를 활용해서 고을의 창고와 향교를 보수토록 한
것이다. 그리고 진주 임내 永善縣에 新寺가 있었는데, 승려가 거처하지 않
은 지 여러 해 되자, 그 재와를 철거해서 公館을 지었다.[69] 영선현 소재의
새 사찰은 조영한 지 얼마되지 않았으므로 재목과 기와의 상태가 매우 양
호했을 것으로 생각된다. 이처럼 각 고을에서 관아나 창고, 향교를 조영하
거나 보수하는 데 사찰의 재와를 활용하는 일은 매우 흔했다.

　세종 19년 각 驛을 修治하는 일은 察訪과 驛丞이 홀로 처리할 수 없는
일이니, 守令으로 하여금 가까운 廢寺의 材瓦를 사용해 각 역에 운반하고
찰방과 역승이 감독해서 修葺하고 감사는 친히 규찰해서 黜陟의 근거로
삼으라고 했다.[70] 각 역의 보수에 폐사의 재목과 기와를 사용토록 한 것인
데, 수령이 폐사의 재와를 역에 운반토록 하고, 찰방과 역승이 보수하는 일
을 완수하도록 했다. 각 지역에서 폐사찰의 재와가 역의 보수에 크게 활용
되고 있음을 알려주는 것이다.

　세종 27년 墨寺가 患者를 汗蒸沐浴시키는 기능을 담당하고 있었는데,
그 기능을 東西活人院으로 돌리고, 그 재와를 倭館을 수즙하는 데 사용토
록 했다.[71] 도성에 있는 묵사를 헐고서, 그 재와를 활용해 왜관을 보수하
도록 한 것이다.

　특이하게도 廢寺의 재와로써 다른 사찰을 보수토록 한 경우도 보인다.
세종 29년 여흥군 閔抃의 願刹인 北神寺가 퇴락하자, 가까운 亡廢寺院의
재와를 취해서 보수토록 한 일이 그것이다.[72] 북신사는 민변의 원찰이기
에 특별한 대우를 받아 인근 폐사찰의 재와를 공급받아 보수할 수 있었던
것이다. 성종 3년(1472) 黃州 月鳳寺의 재목을 철거해서 館舍를 수리했다
는 俗傳이 있다.[73] 실제로 그러한 일을 했는지는 분명치 않지만, 그럴 가

69)『世宗實錄』권45, 世宗 11년 8월 甲申(10일), 3-194.
70)『世宗實錄』권77, 世宗 19년 6월 庚申(2일), 4-78.
71)『世宗實錄』권110, 世宗 27년 11월 丁丑(8일), 4-644.
72)『世宗實錄』권117, 世宗 29년 7월 己亥(9일), 5-29.

능성이 매우 높아 보인다.

도성 내에 위치한 圓覺寺가 燕山君代 이후 廢寺가 되었는데, 중종 9년 (1514) 원각사의 瓦石을 주변의 민인들이 집을 만드는 데 사용했다.74) 원 각사의 기와와 석재가 민가를 조영하는 데 활용되었음을 전하는 것이다. 또한 원각사 건물의 재목을 다른 營繕處에 사용토록 한 일도 있다.75) 원각 사의 재목을 公廨를 만드는 데 사용한 사실이 확인된다.76)

중종 15년 충주의 可興倉을 조영하는 데에도 사찰의 기와를 사용했 다.77) 충주 지역의 寺社 기와를 헐어 옮겨서 가흥창을 짓도록 한 것이다. 기와를 제공한 사찰은 정상적인 기능을 하던 사찰도 포함되었을 것이지만, 폐사가 주 대상이었을 것으로 추측된다. 중종 36년 사찰의 材瓦로 院宇·館 驛·官舍의 修理하는 곳에 사용하자는 의견이 보인다.78) 중종대에 사찰의 재와를 다른 용처에 사용하자는 경우, 폐사만이 아니라 현존의 사찰도 대 상으로 삼자는 주장일 것이다.

중종 5년 無賴之徒 200여 인이 三角山 廢寺를 철거하고 재목을 취해 사 용한 일이 있다.79) 이것은 관의 시설 조영에 사용하는 것이 아니라 사사로 운 용처에 사용한 것을 의미한다. 그렇지만 속인이 사사로이 폐사의 재와 를 사용하는 것은 흔한 일은 아니었을 것이다.

각 지방에서 향교나 관의 시설을 조영할 때 폐사찰의 재와를 활용한 구 체적 사례는 다수 확인된다. 連山縣의 향교는 廢寺의 기와를 가져다가 사 용해 조영했다.80) 星州牧 소재 臨風樓를 조영하는 재목은 폐사의 것을 뜯

---

73) 『成宗實錄』권15, 成宗 3년 2월 癸酉(6일), 8-634.
74) 『中宗實錄』권20, 中宗 9년 3월 乙亥(12일), 15-9.
75) 『中宗實錄』권20, 中宗 9년 8월 丙申(6일), 15-22.
76) 『明宗實錄』권4, 明宗 1년 7월 壬午(28일), 19-434.
77) 『中宗實錄』권40, 中宗 15년 윤8월 戊申(23일), 15-687.
78) 『中宗實錄』권94, 中宗 36년 3월 辛丑(15일), 18-446.
79) 『中宗實錄』권12, 中宗 5년 12월 辛丑(19일), 14-482 ; 『中宗實錄』권12, 中宗 5년 12월 戊申(26일). 14-485.

어다 사용했다.[81] 성주목 소재 南亭의 조영에도 폐사의 재목을 사용했
다.[82] 善山都護府의 南館이나,[83] 海平縣의 향교 역시 폐사의 재목과 기와
를 사용해서 조영했다.[84]

　조선초 官衙·鄕校·倉庫·驛站과 기타 건물을 다수 조영했는데, 이때 필
요한 材瓦를 폐사에서 가져와 재사용하는 수가 많았다. 폐사의 재와가 조
선초 다수의 새 건축조영에 재활용됨을 알려준다.[85] 한편 현존 사찰의 재
와를 다른 용처에 사용하기도 했다. 이것은 재와를 사용함으로써 결국 폐
사에 이르게 되는 것인데, 이런 일도 흔히 발생했다. 종종 闢佛을 주장하는
이들은 불교의 폐지를 주장하면서 현존 사찰 건축물을 해체시켜 재와를
재사용하자고 했다.

4. 金屬製 遺物의 消失

　사찰에는 금속으로 조영한 많은 유물이 있었다. 불상이나 범종은 금속
으로 만드는 것이 보통이었으며, 기타 佛具와 器皿도 금속으로 만든 것이
많았다. 金銀으로 필사한 寫經도 적지 않았다. 사용된 금속은 금·은·동·철
이 대표적이라고 하겠다. 폐사가 속출하면서 그 사찰이 소장하고 있던 금
속제 유물의 처리도 중요한 문제가 되었다.

　조선초 국가 건설과정에서 많은 금속 재원이 소요되었다. 명과의 관계

---

80) 『新增東國輿地勝覽』권18, 忠淸道, 連山縣, 學校.
81) 『新增東國輿地勝覽』권28, 慶尙道, 星州牧, 樓亭, 臨風樓.
82) 『新增東國輿地勝覽』권28, 慶尙道, 星州牧, 樓亭, 南亭.
83) 『新增東國輿地勝覽』권29, 慶尙道, 善山都護府, 宮室, 南館.
84) 『新增東國輿地勝覽』권29, 慶尙道, 善山都護府, 學校, 海平縣鄕校.
85) 이미 폐사가 된 경우 그 재와도 노후화되어 재활용하기에 부적절한 수도 없지 않
　　았을 것이다. 폐사라고 하더라도 일부의 건물은 상태가 좋을 수도 있을 것이고,
　　이런 건물의 재와는 재사용에 무리가 없을 것이다.

에서 금은이 다량 필요했으며, 세종대에 銅錢을 주조하는 데 많은 동이 소요되었다. 그리고 무기를 제작하는 데에도 다량의 금속이 필요했다. 이러한 수요로 인해 사찰이 소장하고 있던 금속제 유물이 징발의 대상이 되었다. 주로 폐사찰의 유물이 징발되었지만 현존 사찰의 유물도 징발되는 수가 있었다.

폐사찰의 금속유물을 모두 국가에서 징발한 것은 아니었다. 기능을 하는 다른 사찰로 이속되는 수도 많았다. 사찰이 기능을 하지 못하게 되는 경우, 소장 유물은 다른 사찰로 옮겨지는 경우가 흔했을 것으로 보인다. 세종 15년(1433) 文昭殿 佛堂을 없애고, 그 불상과 잡물을 흥천사에 옮기게 한 데서86) 그러한 추정이 가능하다. 대개의 경우 사찰이 기능을 하지 못하게 되면 인근의 다른 사찰로 소장품이 옮겨졌을 것이다.

단종 1년(1453) 유점사가 불타자 불상을 인근의 사찰로 옮기는 문제가 논의되었다.87) 연산군 10년(1504) 藏義寺를 폐지하자, 그 불상을 兩宗의 승려로 하여금 삼각산 內外 寺刹로 옮기도록 했다.88) 같은 해에 內佛堂 불상은 흥천사로 옮겼으며, 香林寺 불상은 檜巖寺로 옮기도록 했다.89) 사찰이 폐사되거나 사찰의 기능이 중단되는 경우 소장하고 있는 불상이나 범종·경전, 기타 유물은 현존하는 다른 사찰로 옮겨지는 것이 흔한 일이었다.

때로는 세속의 장소로 이동해 기능하도록 했다. 세종 7년 흥천사 종을 옮겨 남문에 건 것은,90) 흥천사의 종을 人定과 罷漏를 알리는 세속의 용도로 활용하고자 함이었다.

이와는 달리 사찰의 유물이 해체되어 재활용되는 수가 있었다. 조선초 명나라에서 다량의 금과 은을 歲貢으로 요구하여, 매년 金 150兩과 銀 700

---

86) 『世宗實錄』권59, 世宗 15년 1월 甲申(30일), 3-441.
87) 『端宗實錄』권9, 端宗 1년 12월 乙未(13일), 6-652.
88) 『燕山君日記』권54, 燕山君 10년 7월 乙巳(17일), 13-646.
89) 『燕山君日記』권54, 燕山君 10년 7월 丁巳(29일), 13-650.
90) 『世宗實錄』권28, 世宗 7년 4월 戊午(19일), 2-665.

兩을 보내야 했다.[91] 조선으로서는 큰 부담이 되었기에 금은의 확보에 상
당한 고충이 있었다.[92] 그런 사정 하에서 금은으로 만든 器皿을 內用·國用
을 제외하고는 사용하지 말도록 하자는 상소도 있었다.[93] 금은의 확보에
힘쓰는 데서 나오는 주장이었다.

　태종 7년(1407) 금은은 국가에서 생산되지 않는 것인데, 매양 명에 공헌
할 때에 값을 배로 해서 수매했지만, 바치는 자가 드물었다는 지적이 보인
다.[94] 국가에서 금은의 확보를 위해 값을 후하게 지불하고 사들이고 있었
지만 바치는 자가 적었다는 것이다. 명에 세공으로 보낼 금은의 마련에 고
충을 겪는 모습을 전하는 것이다.[95]

　그렇지만 아직 사찰의 佛像까지 징발할 의지는 없었다. 태종 9년 革去寺
社의 불상을 외방의 州郡이 官府에 두고 있어 민을 놀라게 한다고 지적하
고서 寺社로 옮겨 두도록 했다.[96] 외방의 주군에서 혁거사사의 불상을 관
부에 옮겨 놓는 일이 많았음을 전하는 것이다. 혁거사사는 태종 6년 국가
의 토지분급에서 탈락했지만 기능이 중단된 사찰은 아니었다. 이른바 폐사
찰은 아니었다. 기능을 유지하던 사찰의 불상을 빼앗아 관부에 옮겨두어서
는 안 되고 다시 사찰로 옮겨 놓으라는 조치인 것이다.

　태종 11년 鷄林府尹이 慶州의 폐사 金佛 3구, 銀佛 1구를 의정부에 보내
국용에 사용하기를 청하자, 국왕이 僧錄司에 두도록 조치했다.[97] 당시 국

91)『太宗實錄』권34, 太宗 17년 8월 戊申(25일), 2-184 ; 柳承宙, 1993,『朝鮮時代鑛
　　業史硏究』, 고려대 출판부, 61~62쪽 ; 柳承宙, 1982, 「鑛工業의 生産形態 - 金銀
　　鑛工業을 中心으로 -」『韓國史論』11, 국사편찬위원회.
92) 朴元熇, 2002,『明初朝鮮關係史硏究』, 一潮閣, 301~305쪽, 326~328쪽.
93)『太宗實錄』권13, 太宗 7년 1월 甲戌(19일), 1-383.
94)『太宗實錄』권14, 太宗 7년 10월 甲辰(24일), 1-420.
95) 15세기 전반기에 걸쳐 추진한 金銀鑛業政策은 명나라에 대한 금은의 歲貢과 밀
　　접하게 연결되어 있었다(柳承宙, 1993, 앞의 책, 61쪽). 명에 대한 금은의 세공은
　　세종 11년 12월에 감면되었다(柳承宙, 1993, 앞의 책, 75쪽).
96)『太宗實錄』권17, 太宗 9년 4월 乙未(23일), 1-482.
97)『太宗實錄』권21, 太宗 11년 6월 甲寅(25일), 1-588.

가의 금은 수요 때문에 각 지방에서 금은을 바치고 있었는데, 그 일환으로 계림부윤이 금불과 은불을 바친 것이다. 그런데 그 불상을 승록사에 두도록 한 것은 불상을 훼손시켜 국용에 사용하는 것을 부담스럽게 여긴 때문으로 보인다.

태종 12년 국가에서 금은은 事大와 관계되는 일이므로 대비하지 않을 수 없어서, 국가에서 豊海州郡에 감독관을 보내 吹鍊시키고 있다고 사헌부에서 언급했다.[98] 금은의 마련을 위해 국가에서 지방에 관원을 보내 취련하고 있음을 알리는 것이다. 태종 17년 공조에서 금은을 거두는 계책을 올렸는데, 그 내용 중에 중앙의 僧錄司, 그리고 외방의 監司로 하여금 사찰의 金銀鑄佛造塔을 거두어 들이자는 것이 포함되어 있었다. 이 계책은 실천되지는 않았다.[99] 금은으로 만든 불상과 탑을 거두어들여 명에 제공할 금은을 마련하자는 의견으로 보인다. 금은의 마련에 상당한 고충을 겪고 있기에 현존 사찰 소장의 금은제 불상과 탑을 징발하자는 주장인 것이다. 태종대에 금은의 조달이 중요한 과제이기는 했지만, 사찰의 불상을 징발하는 데까지 이르지는 않았다.

사찰이 소장하고 있는 銅製의 유물은 무기의 제조에 중요한 소재였다. 조선전기 대부분의 銃筒이라는 火器는 청동으로 제작되었다. 구리에 주석과 납을 같은 비율로 첨가한 청동으로 제작했다.[100] 화기의 제작을 위해서 다량의 동이 필요했는데, 일부는 폐사찰의 유물을 활용하기도 했다.

태종대에 火器가 본격적으로 발달하기 시작했다. 火藥의 성능이 倍加하고 火車가 創製되었으며, 火㷁軍의 수가 1만 명으로 늘고, 즉위초의 화약 6斤 4兩, 火㷁 200여 柄의 상태에서 화약 6,980근, 火㷁 13,000柄으로 크게 증가했다.[101] 이러한 화기의 대 발전을 위해서는 다량의 금속이 필요했다.

태종 15년 '命收亡寺鍾 鑄火㷁' 한 것은 이를 상징하는 일이었다.[102] 망폐한 사찰의 종을 거두어 火㷁을 주조토록 한 것이다. 화포의 제작을 위한 원료를 망사의 종을 징발함으로써 해결한 것이다.

이렇듯 태종 15년 화기를 제작하기 위해 망사의 종을 거두어 들이자 불상까지 바치는 수령이 없지 않았던 것으로 보인다. 그것은 그해 6월 軍器監에서 외방의 수령이 바친 銅佛을 僧錄司에 보내도록 한 조치에서 알 수 있다. 근래에 수령들이 敗亡寺社 銅佛을 바치는 일이 있자, 국왕은 지금 이후 혹시 이런 자가 있으면 승려로 하여금 진고해 논죄토록 했다.[103] 군기감에서 다량의 금속이 필요했는데, 외방의 수령이 범종이 아닌 불상을 바쳐서 문제가 된 것이다.

태종 15년 9월 밀양부사 李暕이 銅佛을 破해서 軍器監에 바치는 火㷁鐵에 충당하려고 감사에게 보고하자, 당시 감사인 韓雍이 허락한 일이 있었다. 憲司에서 이를 탄핵하자, 개성부유후로 옮겨간 한옹과 밀양부사 이간을 파직토록 조치했다.[104] 망사의 종을 징발하던 시대 분위기에서, 외방의 수령이 과잉조치로 불상까지 거두어 바쳐 문제가 된 것을 의미한다. 불상은 가급적 징발하려고 하지 않았다.

태종대에는 명에 보내는 금은의 마련에 부심하고 있었으며, 무기 제조의 원료확보에 노력했다. 그러나 징발대상은 敗亡寺社의 범종에 한정되어 있을 뿐 불상을 징발하는 조치를 취하지는 않았다. 불상을 훼손시켜 국용에 충당하는 것은 큰 부담으로 여겼던 것으로 보인다.

세종대에는 명에 보내는 金銀의 마련도 중요했지만 朝鮮通寶라는 동전 주조용 금속이 다량 필요했다. 火器의 제작을 위해서도 많은 청동이 필요했다. 세종 5년 동전을 주조하기로 결정하자, 다량의 동전을 주조하는 것

1994, 『韓國武器發達史』, 전쟁기념사업회, 289~291쪽.

102) 『太宗實錄』권29, 太宗 15년 3월 癸丑(15일), 2-55.

103) 『太宗實錄』권29, 太宗 15년 6월 乙酉(20일), 2-71.

104) 『太宗實錄』권30, 太宗 15년 9월 乙卯(21일), 2-86.

이 큰 과제였다.105) 무엇보다도 주전의 원료인 동을 다량 확보하는 것이 중요했다. 그리하여 세종 5년 10월 各 道 廢寺의 器皿을 서울로 운반해 鑄錢하도록 조치했다.106) 폐사의 그릇을 대대적으로 징발해 조선통보라는 동전을 주조토록 한 것이다. 불상·불탑을 징발하지 않고 器皿을 우선적으로 속공하는 것이다.

세종 6년 2월 戶曹에서 동전을 鑄造하는데, 각 도의 破亡寺社의 銅器를 거두어 사용하자는 의견을 제시하자, 국왕이 따랐다.107) 전 해에 이어서 폐사찰의 그릇을 징발하는 것이다. 다음 달에는 아예 불교 자체를 폐지시키고 사찰이 보유한 銅像·鍾磬을 속공시키자는 주장도 제기되었다.108) 이것은 물론 실행에 옮겨지지는 않았다. 대신 破亡寺 및 各 宗 革去사찰의 大鍾·銅柱를 破取해서 운반토록 했다.109) 대상이 된 사찰은 破亡사사와 革去사사의 大鍾과 銅柱였다. 破亡寺 곧 폐사찰만이 아니라 혁거사사의 범종·銅柱까지 징발하는 것으로 확대된 것이다.

동전 주조를 위해 범종을 마구 징발하는 가운데, 유명한 범종도 대상이 된 듯 하다. 세종 6년 5월 경상도 경주 奉德寺 大鍾과 개성의 演福寺 大鍾을 훼손하지 말도록 조처한 데서 알 수 있다.110) 이 무렵 동전 주조의 원료를 확보하기 위해 사찰의 종을 징발하고 있어서 봉덕사 종과 연복사 종도 대상이 되었지만, 두 범종이 갖는 상징성 때문에 훼손하지 못하도록 조

---

105) 세종대의 동전 주조에 관해서는 다음의 글이 참조된다. 宮原兎一, 1951, 「朝鮮 初期の銅錢について」『朝鮮學報』2 ; 權仁赫, 1986, 「世宗代의 銅錢流通策」 『제주대논문집(인문편)』19, 제주대 ; 원유한, 2007, 「조선전기 화폐사의 역사적 성격」『문명연지』8-1, 한국문명학회 ; 정성일, 2004, 「朝鮮의 銅錢과 日本의 銀 貨 - 貨幣의 流通을 통해 본 15~17世紀 韓日關係 -」『韓日關係史硏究』20 ; 유 현재, 2009, 「조선 초기 화폐 유통의 과정과 그 성격」『朝鮮時代史學報』49.
106) 『世宗實錄』권22, 世宗 5년 10월 丁巳(10일), 2-559.
107) 『世宗實錄』권23, 世宗 6년 2월 壬戌(16일), 2-582.
108) 『世宗實錄』권23, 世宗 6년 3월 戊子(12일), 2-586.
109) 『世宗實錄』권23, 世宗 6년 3월 壬辰(16일), 2-587.
110) 『世宗實錄』권24, 世宗 6년 5월 丁丑(3일), 2-595.

치한 것으로 보인다.

세종 7년 좌사간 柳季聞의 상소 중에, '鑄佛像而爲錢'할 것을 주장한 것이 보인다.[111] 불상을 녹여서 동전을 만들자는 것이다. 동전 주조에 필요한 원료인 동이 부족함을 이유로 해서 사찰의 불상을 녹여 동전을 만들자는 의견이다. 아마도 폐사찰은 물론이고 현존하고 있는 사찰도 모두 대상으로 삼자는 주장일 것이다. 동전은 세종 5년 11월부터 주조하기 시작해 세종 9년 정월까지 약 4만 貫(40만 兩)을 주조했다.[112]

세종대에는 주전을 위한 원료인 동의 마련에 크게 부심하고 있어, 사찰이 소장한 동제 유물인, 器皿·銅器·鍾이 징발의 주 대상이었다. 그리고 破亡寺社를 중심으로 해서 혁거사사까지 대상이 되었다.

세종대에는 금은의 확보를 위해서도 유물의 징발에 적극 나섰다. 세종 7년 9월 혁거된 사찰의 금은으로 제작한 그릇과 탑 등을 工曹에 수납케 했다. 革去된 摠南宗·天台宗·曹溪宗 3宗의 銀佛器 1,231兩 및 金小塔 1重 6兩, 銀鉤紐 2개, 銀軸子 15개, 銀佛藏 16개, 銀合 1개 등을 工曹에 수납케 한 것이다.[113] 명에 바치는 금은이 부족하자 혁거사사의 탑·불기까지 대상이 확대되었다.

이 조치에 대해 승려가 거부하고 관에 납부하지 않은 일이 있어 문제되었다. 개경사 주지 雪牛, 각림사 주지 中皓 등이 지난 해에 혁거 曹溪宗 사찰의 銀器를 녹여 錠[114]으로 만들고 納官하지 않았으며, 그 나머지 금은·기명도 밤에 모두 녹여 덩어리로 만들었고, 또 金과 銀을 간직한 櫃 하나도 역시 소재를 몰랐다. 이에 국왕은 이들의 직첩을 빼앗고 추궁하라고 조

---

111) 『世宗實錄』권27, 世宗 7년 1월 丙申(25일), 2-650.

112) 원유한, 2006, 『한국화폐사 - 고대부터 대한제국시대까지 -』, 한국은행 발권국, 101쪽.

113) 『世宗實錄』권29, 世宗 7년 9월 戊戌(2일), 2-691.

114) 錠은 단위가 일정하지 않은 은 덩어리인데, 때로는 16兩을 1錠으로 삼기도 하고, 때로는 10兩을 1錠으로 삼기도 했다(柳承宙, 1993, 앞의 책, 128쪽).

치했다.[115] 금은제 유물의 징발은 명에 보낼 金銀의 마련이 목적이었던 것으로 보인다. 혁거사사의 금은제 塔·佛器·軸을 대상으로 했지만 불상은 대상에 포함되지 않았다. 국가의 이런 조치에 대해 승려가 반발하는 모습이 이채롭다.

세종 11년 말 명에 보내는 금은 세공이 면제되자 이후 금은제 유물의 적극적인 징발은 행해지지 않았다. 그렇지만 이후에도 국가적 차원에서 필요로 하는 금속을 사찰을 대상으로 징발하는 일이 이어졌다. 세종 14년 8월 敦化門 鍾을 주조할 鐵을 경상도 革去寺社 鍾磬을 사용케 하자고 호조에서 청하자, 국왕이 따랐다.[116] 혁거사사의 종경을 징발해서 돈화문의 종을 주조하자는 것이다. 혁거 대상이 된 사찰에서 다수의 종경이 징발되었을 것임을 추정할 수 있다.[117] 세종 6년에도 혁거사찰을 대상으로 종을 징발한 일이 있었는데, 다시 세종 14년에 그 조치가 취해진 것이다.

세종대에는 화기 제작의 원료 확보를 위해서도 사찰의 유물을 활용했다. 이 시기에 火器의 개량과 鑄造量의 증대가 있었다. 세종 23년 도성 내에서 태조가 창건한 두 사찰을 제외하고 혁파된 사찰의 '佛像鍾磬 鎔鑄爲兵'하자는 상소가 있었다.[118] 태조가 창건한 두 사찰인 흥천사와 흥덕사를 제외하고 다른 사찰의 불상과 종경을 녹여서 무기를 제작하자는 것이다. 물론 이 주장은 실행되지 않았다. 특히 세종 27년에는 종래의 모든 화기를 신식으로 改鑄하고, 사표국과 총통국을 설치함으로써 화기 발달사상에서 획기적인 盛期를 이루었다.[119] 이 무렵 다량의 원료를 확보하기 위한 조치를

---

115) 『世宗實錄』권31, 世宗 8년 3월 癸卯(9일), 3-13.

116) 『世宗實錄』권57, 世宗 14년 8월 辛丑(15일), 3-409.

117) 태종 3년 癸未字 주조에서 세종 16년 甲寅字 주조에 이르기까지 대대적으로 국가적 차원에서 청동제 금속활자를 주조했는데(전상운, 2000, 「세종 시대의 산업기술」『세종문화사대계』2, 세종대왕기념사업회, 424쪽), 금속활자 주조를 위한 원료 확보를 명분으로 사찰에서 器物을 징발하지는 않았다.

118) 『世宗實錄』권94, 世宗 23년 윤11월 壬申(9일), 4-371.

119) 許善道, 1994, 앞의 책, 48쪽, 76쪽, 79~80쪽.

취했다.

세종 27년 6월 火砲를 만들기 위해 廢亡寺社의 銅器를 조사해 보고하게 했다.[120] 여기에서 폐사찰의 동기를 활용해 화포를 제작하려는 것을 읽을 수 있다. 전에는 주로 동전 주조를 명목으로 징발하던 것에서, 무기제조의 원료 조달을 명분으로 징발하는 것이다.

세종대에는 범종이나 기명을 징발했으며, 그 대상 사찰이 망폐사찰에 그치지 않고 혁거사사까지 확대되었다. 태종 6년 242사에 지정되지 않은 사찰이 혁거사사였지만, 세종 6년 토지지급 사찰이 36사로 축소되면서 혁거사사도 크게 늘어났다. 다수의 혁거사사까지 소장한 금속제 기명·범종 등을 징발당했지만 불상은 징발대상에 포함되지 않았다.

세조대 이후 火器 제작이 크게 활기를 띠지 않았기에 銅의 수요도 상대적으로 적었고, 廢寺로부터 원료를 징발하는 일도 거의 없었다. 세조는 火器의 발달을 억제했으며 성종초까지 그 추세가 이어졌다. 몇몇 새로운 화기의 개발이 있었지만 전체적으로 볼 때 기술적인 측면에서는 큰 진전이 없었다. 성종대 銃筒 주조의 원료인 동철은 일본에서 貿入했으며, 동철은 비교적 여유 있는 상태에 있었던 것으로 보인다.[121] 사찰에서 금속제 유물을 적극 징발하는 일은 없었지만, 속인이나 승려가 자진해서 개별적으로 불교 관련 유물을 국가에 바치는 수는 있었다.

문종 즉위년(1450)에 전 해남 현감 芩以成의 家奴가 밭을 갈다가 신라때의 金佛 1구와 銅藏具를 얻어서 이를 바치자 의복을 하사한 일이 있다.[122] 세속인이 우연히 확보한 금·동제 불교 유물을 바친 것인데, 국가에서 이를 수용했다. 성종 1년(1470) 승려 雪敬이 黃金 2兩 9分을 진상했으나 받지 않았다. 국왕은 이 황금이 불상에서 나온 것으로 생각해 받지 않은 것이다.

---

120) 『世宗實錄』권108, 世宗 27년 6월 丁巳(15일), 4-621.

121) 허선도, 1994, 앞의 책, 106쪽, 121쪽, 150쪽 ; 강신엽 외, 2007, 『나라를 지켜낸 우리 무기와 무예』, 국사편찬위원회, 173쪽 ; 박재광, 2009, 앞의 책, 68쪽.

122) 『文宗實錄』권1, 文宗 즉위년 3월 己酉(5일), 6-224.

이를 받게 되면 이를 본받는 자가 많아질 것을 우려해서였다.123) 불교 관련 유물을 개인이 국가에 바치는 일은 이후에도 종종 있었다.124)

중종대 三浦倭亂(1510), 명종대 乙卯倭變(1555)이 발발하면서 화기에 대한 수요가 커졌으며, 그에 따라 화기 제작에 필요한 원료를 사찰에서 징발하고자 했다. 중종 5년(1510) 삼포왜란을 겪음으로써 滅絶의 위기에 빠졌던 火器·兵器의 실태를 심각하게 여기고 화기의 제작에 큰 관심을 기울였다.125) 그 무렵 홍천사 종과 홍덕사 종으로 軍器를 만들 것을 청하는 주장이 있었다. 중종 7년 6월 좌의정 柳順汀이 홍천사·홍덕사 종으로 軍器를 주조할 것을 청하자, 국왕이 총통을 만들도록 했는데, 결국은 대비가 기명을 주조하기 위해 내수사로 이미 옮겨서 工曹에 보낼 수 없다고 했다.126) 두 사찰의 종으로 무기 제작하는 일은 허용되지 않았지만, 같은 해 11월 慶州의 길 가운데 서 있는 銅像으로 軍器를 만들도록 했다.127) 중종 연간에는 무기를 제작하는 것이 시급한 일이었지만, 사찰을 대상으로 적극적인 징발은 행해지지 않았다.

삼포왜란이 일어날 때까지는 倭人들은 火藥兵器의 기술을 알지 못했다. 그러나 중종 말에서 명종초에 왜인은 화약병기 기술을 습득하고 이를 사용하기 시작했다. 명종 10년(1555) 5월 을묘왜변이 일어났을 때 왜인들은 銃筒을 사용했다. 倭船 70여 척이 전라도 영암군의 達梁浦에 정박·하륙함으로써 을묘왜변이 시작되었는데, 총통을 사용하는 왜인들을 격퇴하는 것이 쉽지 않았다. 이러한 비상상황 하에서 火器의 주조에 몰두하지 않을 수

123)『成宗實錄』권7, 成宗 1년 8월 甲戌(29일), 8-528.
124) 중종 37년 淸州人이 은불상 4개를 농지에서 발굴해 바치자 술잔으로 만들어 承政院·藝文館·讀書堂·侍講院에 사여했다(『中宗實錄』권99, 中宗 37년 9월 庚戌(3일), 18-619).
125) 허선도, 1994, 앞의 책, 162쪽.
126)『中宗實錄』권16, 中宗 7년 6월 甲子(22일), 14-594 ;『中宗實錄』권16, 中宗 7년 6월 乙丑(23일), 14-595.
127)『中宗實錄』권17, 中宗 7년 11월 庚辰(10일), 14-622.

없었다. 그리하여 명종 10년 이후 상당한 열의를 가지고 화기의 주조에 노력했다.128)

을묘왜변 직후 원각사 종과 홍천사 종으로 총통을 주조하자는 주장이 있었다. 명종 10년 5월 간원에서 총통 주조에 동대문과 남대문에 버려둔 大鍾인 원각사 종과 홍천사 종을 사용할 것을 요청했으나 국왕이 윤허하지 않았다. 훈련원에서도 이를 요구했으나 허락하지 않았고, 홍문관에서 이를 요청했지만, 역시 윤허하지 않았다.129)

명종 10년 6월 전라좌도 방어사 南致勤이 전라도 사찰의 종으로 총통을 만들자고 청했는데, 허락하지 않았다.130) 현존 사찰의 종을 징발해서 총통을 주조하자는 주장인 것이다. 당시 을묘왜변으로 다량의 火器가 필요하자 그것을 제작할 원료를 급히 마련하고자 사찰의 종을 사용하자는 주장이었다. 대상도 왜변이 일어난 전라도 지역 내의 사찰 범종이었다. 현존 전라도 사찰의 범종을 징발하자는 절박한 주장이었다.

국왕이 금했음에도 불구하고 사찰에서 범종을 징발한 일이 있었던 듯하다. 명종 10년 7월 奸吏들이 사찰의 구리 그릇을 거두어 간 것에 대해 전라도 관찰사 金澍에게 下書해서 다시 각 사찰에 되돌려주라는 데서,131) 그렇게 추측할 수 있다. 마구잡이로 징발한 것을 되돌려 주라는 조치인 것이다.

이후 전라도 관찰사 김주는 倭變 때 兵火로 燒破한 諸寺의 器物을 취해서 총통제작에 사용하자고 했는데, 이 주장은 수용되었다.132) 결국 을묘왜

128) 許善道, 1994, 앞의 책, 198~199쪽 ; 강신엽 외, 2007, 앞의 책, 174쪽.
129) 『明宗實錄』권18, 明宗 10년 5월 乙卯(22일), 20-275 ; 『明宗實錄』권18, 明宗 10년 5월 丙辰(23일), 20-275 ; 『明宗實錄』권18, 明宗 10년 5월 戊午(25일), 20-276. 결국 明宗 18년에 두 종을 내수사에 지급했다(『明宗實錄』권29, 明宗 18년 11월 辛卯(16일), 20-677 ; 『明宗實錄』권29, 明宗 18년 11월 癸巳(18일), 20-677).
130) 『明宗實錄』권18, 明宗 10년 6월 庚辰(17일), 20-283~284.
131) 『明宗實錄』권19, 明宗 10년 7월 甲午(2일), 20-286.
132) 『明宗實錄』권19, 明宗 10년 7월 甲寅(22일), 20-290.

변으로 파괴된 사찰의 그릇을 사용해 병기를 주조하는 것이 허여된 것이다. 현존하는 사찰은 곤란하지만 왜변으로 파괴된 사찰을 대상으로 그릇을 징발해 병기를 주조토록 한 것이다. 왜변의 주된 피해가 전라도 일대에 있었으므로 징발대상이 된 폐사찰 역시 주로 전라도에 소재했을 것이다. 명종 11년 10월에도 간원에서 폐사의 종을 녹여서 총통을 만들 것을 주장하자, 국왕이 그대로 하도록 했다.133) 무기의 제작에 폐사찰의 종을 적극 활용하는 것이다.134)

이렇듯 조선전기에 다량의 사찰 금속제 遺物이 징발되어 국가의 소요처에 사용되었다. 주로 亡廢한 사찰의 그것이 징발되었지만, 革去寺社의 것도 대상이 되었다. 나아가 때때로 현재 기능하고 있는 사찰의 그것도 징발되는 수가 있었다. 범종이나 기명이 주대상이 되었을 뿐 불상을 징발하는 일은 거의 없었다. 세조·성종 연간에는 흔치 않았고, 삼포왜란과 을묘왜변이 발발하자 다시금 사찰의 유물이 징발대상이 되었으며 주로 폐사찰의 유물이었다. 이처럼 국가적 차원의 징발로 인해서 사찰의 범종이나 기명은 다수 사라지게 되었다.

사찰 소장의 유물이 사라져감에는 외교관계가 계기가 되기도 했다. 조선초 외교 관계로 인해 일부의 금속유물이 명이나 일본으로 건너가는 수가 많았다. 폐사찰의 유물에 그치지 않고 현재 기능하고 있는 사찰에서 징발해 제공했다. 태종 6년 원나라 간섭기에 良工이 제작한 제주의 法華寺 미타삼존 銅佛을 명의 사신 黃儼이 요구해 보낸 일이 있었다.135) 법화사

---

133) 『明宗實錄』권21, 明宗 11년 10월 庚寅(5일), 20-365.
134) 명종 10년에서 12년 사이에 대규모의 총통주조가 있었다. 처음에는 佛家의 器物을 이용하고자 했으며, 이어 민간 집기의 수집에 힘썼고, 다시 동철의 貿入으로 발전했으며, 끝내는 동철의 국내 생산에 힘쓰는 방향으로 노력했다(許善道, 1994, 앞의 책, 206~207쪽, 227쪽 ; 國防軍史研究所, 1994, 앞의 책, 238쪽, 296쪽).
135) 『太宗實錄』권11, 太宗 6년 4월 己卯(19일), 1-354 ; 『太宗實錄』권11, 太宗 6년 4월 庚辰(20일), 1-355 ; 『太宗實錄』권12, 太宗 6년 7월 癸卯(16일), 1-363 ; 『太宗實錄』권12, 太宗 6년 7월 己酉(22일), 1-364.

가 폐사는 아니었지만, 유명한 불상이 있음이 알려져 명나라에 보내지는
것이다.

세종 2년에도 중국 사신 가운데 副使가 鍍金鑄像小觀音 1구를 요청한
일이 있었다.136) 주조불상으로 도금한 관음상 1구를 요청한 것인데, 아마
도 제공했을 것으로 보인다. 세종 9년 명의 사신 昌盛이 銅製 두레박[鑵子]
과 鍍金한 銅佛을 요청하자 제공했다.137)

일본에서도 동종을 요구한 일이 있었다. 태종 13년 일본 九州 절도사 등
이 土物을 바치고 사찰의 銅鍾을 요청하자, 사여했다.138) 다음해 일본에서
鍾을 요청하자, 국왕이 그 종을 폐사에서 구해서 주도록 했다.139) 세종 5년
일본 구주 摠管 源道鎭이 서신을 보내 硫黃과 丹木을 바치고 佛寺의 鍾을
요청했다.140) 그리고 세조 5년 小鍾을 일본에 보낸 것이 확인된다.141)

명이나 일본과의 외교관계상 필요로 국내의 불상과 범종이 외국으로 보
내지는 수가 종종 있었다. 폐사의 그것을 거둬서 보내는 수도 있었고, 현존
사찰의 것을 징발해 보내기도 했다. 이렇게 명이나 일본으로 건너 감으로
써 고려 이래 사찰의 불상과 범종이 감소하는 것이다.142)

절도로 인해서도 사찰이 많은 유물을 상실했다. 특히 금은으로 제작한
불상이나 사경이 대상이 되었다. 태종 8년 軍資監 崔在田의 父가 銅佛과
鑄器를 훔쳐서 獄中에 있었던 것이 보인다.143) 태종 9년 李天龍의 노비가

---

136) 『世宗實錄』권8, 世宗 2년 4월 甲辰(6일), 2-378.

137) 『世宗實錄』권36, 世宗 9년 4월 壬午(24일), 3-69.

138) 『太宗實錄』권25, 太宗 13년 4월 丁丑(29일), 1-670.

139) 『太宗實錄』권28, 太宗 14년 7월 壬午(11일), 2-27.

140) 『世宗實錄』권19, 世宗 5년 1월 庚戌(28일), 2-523.

141) 『世祖實錄』권17, 世祖 5년 8월 壬申(23일), 7-343.

142) 조선전기에 불교 경전도 일본측의 요청으로 상당량 일본에 사여됨으로써, 조선
내의 불교 경전도 감소했다. 예컨대 태종 14년 神勒寺 소장의 대장경 전부, 豊歲
縣 廣德寺 소장 『大般若經』 전부를 일본 사신에 사여했다(『太宗實錄』권28, 太
宗 14년 7월 壬午(11일), 2-27).

143) 『太宗實錄』권16, 太宗 8년 11월 己巳(25일), 1-465.

銅佛과 器皿을 훔친 일이 언급되었다.144)

세종 7년 외방 革去寺社 및 無僧寺社에서 소장한 金銀字經을 훔쳐 가는
일이 발생하자, 승려가 聚居하는 寺社로 옮기도록 조치한 것이 보인다.145)
도난방지에 취약한 사찰의 귀한 소장품을 승려가 거처하는 사찰로 옮기도
록 한 것이다. 다수의 승려가 거처하는 사찰에 귀중품을 보관하면 도난을
예방할 수 있기 때문이다. 세종 19년 당시 국가에서 금은을 귀중하게 여겨
금은을 바치는 자에게 厚하게 賞을 주자, 商賈의 무리가 사찰의 金字經을
훔쳐서 녹여 바치는 일이 많았다.146) 같은 해 원주 淸平寺에서 金字經 절
도가 있었다.147) 금은으로 쓴 사경을 훔쳐감을 알리는 것이다.148) 이 무렵
원종공신 黃招의 서자 黃日流가 湧泉寺 金字經을 훔쳐서 교형에 처해졌
다.149) 당시 금자경을 훔치는 것이 세태가 됨을 알 수 있다.

단종 즉위년 都官奴 崔元遇 등이 거짓으로 속여 華藏寺 승려 洪修를 꾀
어 金字經 30권, 銀字經 20권을 빌려 받자 ‘銷鎔取金銀’했다. 또 普賢寺 金
字經 60軸을 녹여서 금을 채취했다. 이때 녹여 확보한 것은 금 20兩 3錢,
은 6兩이었는데, 모두 관에서 몰수했다.150)

세조 6년(1460) 도적이 대자암에 들어 두 불상 속에 넣어둔 금·은·칠보
등을 훔쳐가자 도성의 문을 닫고 수색해 잡으라고 했다.151) 세조 7년 양현
고 노비 등이 천마산 사찰의 불경을 훔쳤다.152) 같은 해 백성 金末生과 성
균관노 白同 등이 개성부 여러 사찰의 경전을 훔쳤는데,153) 아마도 금은의

---

144) 『太宗實錄』권18, 太宗 9년 10월 丙辰(18일), 1-514.
145) 『世宗實錄』권28, 世宗 7년 4월 庚子(1일), 2-662.
146) 『世宗實錄』권77, 世宗 19년 4월 癸亥(4일), 4-63.
147) 『世宗實錄』권77, 世宗 19년 4월 乙丑(6일), 4-63.
148) 명에 대한 금은의 세공은 세종 12년 이후 면제되었으므로, 세종 19년 이후 상인
    들이 바치는 금은은 국가 차원에서 필요한 것으로 보인다.
149) 『世宗實錄』권77, 世宗 19년 4월 癸亥(4일), 4-63.
150) 『端宗實錄』권3, 端宗 즉위년 9월 丁酉(8일), 6-535.
151) 『世祖實錄』권22, 世祖 6년 12월 丁酉(25일), 7-440.
152) 『世祖實錄』권24, 世祖 7년 4월 甲戌(4일), 7-457.

사경으로 보인다. 세조 13년에는 동불상을 훼손해 몰래 판 자들을 붙잡아
가둔 일이 있었다.[154]

성종 17년 금강산의 불상을 훔치고 승려를 죽인 장검산을 참부대시에
처하도록 했다.[155] 성종 18년 朝宗朝에 금은불상을 몰래 금강산 獅子庵에
두었는데, 그것에 金 50여 兩을 사용하고, 은 500~600량을 사용했다. 內官
을 보내 보니, 불상이 모두 없어졌음이 확인되었다. 의금부로 하여금 범인
을 잡으라고 했다.[156] 승려 智閡, 박귀원, 박은손 등이 범인이었으며, 그들
이 훔친 것은 純金佛 8개, 鍍金銀佛 32개, 銀幟 1개, 服藏銀片 등이었다. 이
들 무리가 福泉寺에서도 금은불상을 훔쳤으며, 또한 新林寺의 銀佛 12개,
長安寺의 金佛 6개, 銀佛 18개, 銅佛 4개를 훔치기도 했다.[157] 박은손은 회
암사의 금불을 훔치기도 했다.[158] 승려 지경은 獅子菴·福泉寺·楡岾寺의
금은불상을 훔친 일로 추국을 당했다.[159] 성종 18년 무렵 불상을 훔치는
일이 빈번했으니, 국왕이 "今盜佛像連繫者 幾百餘 當速處決"하라는[160] 데
서 잘 알 수 있다.

중종 11년(1516) 儒生이 남원의 萬福寺 佛腹所藏之物을 훔쳤다.[161] 귀중
품이기 때문에 절도의 대상이 되었을 것이다. 금은의 불상이나 사경을 사
찰에서 절도하는 것은, 高價이기 때문이었다. 이렇게 절도당한 금은은 국
내에서 유통되기도 했지만, 국제 무역의 결제 수단으로 전용되기도 했을
것으로 보인다. 불교의 사회적 위상의 하락은 이러한 절도를 성행케 한 중

---

153) 『世祖實錄』권24, 世祖 7년 5월 戊申(9일), 7-462.
154) 『世祖實錄』권42, 世祖 13년 4월 壬戌(27일), 8-71.
155) 『成宗實錄』권198, 成宗 17년 12월 乙酉(14일), 11-168.
156) 『成宗實錄』권207, 成宗 18년 9월 丁未(11일), 11-245.
157) 『成宗實錄』권210, 成宗 18년 12월 丁亥(22일), 11-277.
158) 『成宗實錄』권240, 成宗 21년 5월 丙寅(15일), 11-594 ; 『燕山君日記』권5, 燕山
　　　君 1년 5월 丙戌(4일), 12-665.
159) 『成宗實錄』권219, 成宗 19년 8월 壬辰(1일), 11-363.
160) 『成宗實錄』권209, 成宗 18년 11월 壬寅(7일), 11-259.
161) 『中宗實錄』권24, 中宗 11년 2월 戊午(7일), 15-141.

요한 배경이 되었을 것이다. 폐사찰을 대상으로 한 절도만이 아니라 현재 기능하고 있는 사찰을 대상으로 해서, 그 소장품을 훔쳐 가는 일이 빈번했던 것이다. 불상이나 범종, 기명, 각종 불구를 상실함으로써 사찰 소장의 유물은 그 수가 크게 줄어들었다.162) 이처럼 국가 차원의 징발로 인해서, 대외관계의 필요로 인해서, 또 절도로 인해서도 사찰 소장품의 다수가 사라지게 되었다.

5. 結語

조선전기 억불정책 하에서 불교계가 위축되는 모습을 사찰의 망폐와 보유 유물의 소실에서 확인할 수 있었다. 불교계의 위상 하락은 토지와 노비의 감축이나 승려의 사회적 지위의 하락, 국가차원 불교 의례의 축소 등에서도 찾을 수 있지만, 유물의 소실에서도 확인할 수 있다. 국가의 재원 확보가 불교 유물 소실의 중요한 계기가 되었음은 주목된다.

조선전기 사찰의 수가 줄어들고 사찰이 보유한 유물은 소실되어 갔다. 국가의 억불정책 기조 하에서 벽불성향의 지방관원과 儒生이 사찰을 파괴함으로써 망폐에 이르는 것이 흔했다. 고려말 외침이 극심했는데 그 여파로 회복하지 못하고 망폐하는 경우도 많았다. 자연재해로 인해, 또 예기치 않은 화재로 인해 사찰이 피해를 입는 수도 있었다. 국왕에 의한 파괴는 연산군에서 확인된다. 인위적 파괴가 많았고 중수와 중창이 힘들어졌다는 것이 이 시기의 특징이었다. 사찰의 용도가 변경됨으로써도 사찰이 기능을 중단했다. 관아의 창고나 향교로 전환되었으며, 때로는 院이나 鄕射堂으로

---

162) 임진왜란으로 많은 불교 유물은 피해를 입었으며, 소실되었다. 예컨대 鐘樓의 鍾이 파괴되었고, 檜巖寺의 大鍾도 불에 타는 피해를 입었으며, 기타 경기 내 사찰이 불타고 버려진 종이 종종 있었다(『宣祖實錄』권64, 宣祖 28년 6월 乙巳(4일), 22-504).

바뀌었다. 이렇게 됨으로써 사찰은 줄어갔다. 16세기 중엽에 이르면 신라·고려시기 창건한 사찰 다수가 파괴되어 터만이 남아 있다는 언급이 보였다. 사찰의 조영과정에서 다량의 材瓦가 사용되고 금속제의 유물이 제작되었으므로, 사찰이 망폐하는 경우 그에 대한 처리도 중요했다.

망폐한 사찰 건축물의 목재와 기와는 재사용할 수 있었다. 심히 노후하거나 화재로 소실한 건축물의 자재는 곤란하지만, 최근에 새로이 조영한 건물의 경우 자재의 재사용이 가능했다. 사찰 조영에 사용한 목재와 기와가 고급이기에 더욱 그러했다. 폐사찰의 材瓦가 관사나 학당, 향교, 역참의 조영에 사용한 경우는 허다했다. 현존 기능하고 있는 사찰을 대상으로 재와를 징발하는 수도 종종 있었다. 이런 과정을 거쳐 사찰의 건축물은 해체되어 갔다. 불교 자체의 전면 폐지를 주장하는 논자들은 으레 사찰 재와의 재사용을 언급했다. 다만 석재는 거의 징발되는 일이 없었다.

사찰의 금속제 유물도 여러 방식으로 소실되었다. 명에 대한 금은의 歲貢, 동전의 주조, 火器의 제작에 필요한 금속을 사찰에서 징발했다. 태종대에는 망폐사원의 범종으로 한정되었다. 세종대에 이르면 화폐와 무기주조, 금은 세공에 소요되는 금속이 다량 필요해서 器皿·범종이 징발되었는데, 망폐사사만이 아니라 혁거사사까지 대상이 확대되었다. 그러나 불상을 징발하지는 않았다. 문종이후 연산군대까지는 사찰의 유물을 징발하는 일은 거의 없었다. 국가의 수요가 상대적으로 크지 않았기 때문이었다. 중종·명종대 倭變이 연이어 발생하면서 화기의 필요성이 높아졌다. 특히 을묘왜변 이후 왜인이 화기를 사용했으므로 신속한 화기 제작의 필요로 전라도 일대의 사찰 유물이 징발대상이 되었다. 부분적으로 현존 사찰의 유물도 징발된 듯 하지만, 망폐사의 범종과 기명이 중심 대상이 되었다. 사찰의 유물은 대외관계의 필요에서 외부로 반출되기도 했다. 명의 사신이 요구하고 왜의 사절이 요청함으로 불상이나 범종이 외국으로 건너갔다. 태종·세종대 이후 빈번한 竊盜로 인해서 사찰의 귀중한 금은제 불상, 금은 사경물이 사라져 갔다. 특히 금은의 사경물을 태워 녹여서 금속을 채취하는 일이 많았는데, 이렇게 되면 사경물은 완전히 없어지는 것이었다. 이렇듯 국가 재정의 필요로 인해서는 동종과 기명이, 사신의 요청으로는 불상과 범종이, 그리고 절도로 인해서는 불상과 사경이 사라지게 되었다. 이는 엄청난 불교 유물의 消失을 의미하는 것이다.

이처럼 고려시기 조영한 사원 건축물이 조선전기에 망폐되어 갔으며, 화려하고 풍부했던 불교 문화재 역시 다수가 사라지게 되었다. 이것이 사찰의 위상 하락, 불교계의 위축과 깊이 연관됨은 재언할 필요가 없겠다.

참 고 문 헌

1. 사료

『稼亭集』.
『經國大典』.
『高麗史』.
『高麗史節要』.
『東文選』.
『牧隱文藁』.
『三國遺事』.
『三峰集』.
『拭疣集』.
『新增東國輿地勝覽』.
『陽村集』.
『益齋亂藁』.
『佔畢齋集詩集』.
『朝鮮王朝實錄』(太祖~光海君).
『拙藁千百』.

亞細亞文化社, 1978, 『奉先本末寺誌』(影印本).
연세대 국학연구원 편, 1993, 『經濟六典輯錄』, 신서원.
許興植 編著, 1984, 『韓國金石全文』, 亞細亞文化社.

2. 연구서

강신엽 외, 2007, 『나라를 지켜낸 우리 무기와 무예』, 국사편찬위원회.
姜晉哲, 1980, 『高麗土地制度史研究』, 高麗大 出版部.

국방군사연구소, 1994,『韓國武器發達史』, 전쟁기념사업회.

金甲周, 1983,『朝鮮時代 寺院經濟 硏究』, 同和出版公社.

金甲周, 2007,『조선시대 사원경제사 연구』, 景仁文化社.

김광식·한상길, 2018,『진관사(津寬寺)』, 대한불교조계종 불교사회연구소.

金燉, 1997,『朝鮮前期 君臣權力關係 硏究』, 서울대 출판부.

金宇基, 2001,『朝鮮中期 戚臣政治 硏究』, 集文堂.

대한불교신문 편집국 엮음, 1993,『한국의 사찰①』, 대한불교신문 출판사업부.

박도식, 2011,『조선전기 공납제 연구』, 혜안.

박도식, 2015,『조선전기 공납제의 운영』, 태학사.

朴元熇, 2002,『明初 朝鮮關係史硏究』, 一潮閣.

박재광, 2009,『화염조선 - 전통 비밀병기의 과학적 재발견 -』, 글항아리.

사찰문화연구원, 1995,『전통사찰총서⑤』, 사찰문화연구원.

孫弘烈, 1988,『韓國中世의 醫療制度 硏究』, 신서원.

宋洙煥, 2002,『朝鮮前期 王室財政 硏究』, 集文堂.

원유한, 2006,『한국화폐사 - 고대부터 대한제국시대까지 -』, 한국은행 발권국.

柳承宙, 1993,『朝鮮時代 鑛業史 硏究』, 고려대 출판부.

李景植, 1986,『朝鮮前期 土地制度 硏究』, 一潮閣.

李景植, 1998,『朝鮮前期 土地制度硏究』Ⅱ, 지식산업사.

李炳熙, 2008,『高麗後期 寺院經濟 硏究』, 景仁文化社.

李炳熙, 2009,『高麗時期 寺院經濟 硏究』, 景仁文化社.

李炳熙, 2020,『高麗時期 寺院經濟 硏究』Ⅱ, 景仁文化社.

이봉춘, 2015,『조선시대 불교사 연구』, 민족사.

李相佰, 1947,『韓國文化史硏究論攷』, 乙酉文化社.

李樹煥, 2001,『朝鮮後期 書院 硏究』, 一潮閣.

李載昌, 1993,『韓國 佛敎寺院經濟 硏究』, 불교시대사.

李存熙, 1990,『朝鮮時代 地方行政制度 硏究』, 一志社.

이종봉, 2016,『한국 도량형사』, 소명출판.

林松山, 1995,『佛敎社會福祉 - 思想과 事例 -』, 弘益齋.

崔永俊, 1990,『한국의 옛길 嶺南大路』, 高麗大 民族文化硏究所.

최완수, 1994,『명찰순례②』, 대원사.

탁효정, 2021,『조선 왕릉의 사찰』, 역사산책.

韓基汶, 1998,『高麗寺院의 構造와 機能』, 民族社.

韓㳓劤, 1993,『儒教政治와 佛教 - 麗末鮮初 對佛教施策 -』, 一潮閣.

韓春順, 2006, 『明宗代 動戚政治 研究』, 혜안.
許善道, 1994, 『朝鮮時代 火藥兵器史 研究』, 一潮閣.

田川孝三, 1964, 『李朝貢納制の研究』, 東洋文庫.

3. 연구 논문

姜德雨, 1994, 「조선중기 불교계의 동향」 『國史館論叢』56.
강제훈, 2006, 「朝鮮 世祖代의 貢物代納政策」 『朝鮮時代史學報』36.
강호선, 2013, 「조선 태조 4년 國行水陸濟 설행과 그 의미」 『한국문화』62, 서울대 규장각 한국학연구원.
강호선, 2017, 「조선전기 국가의례 정비와 '국행'수륙재의 변화」 『한국학연구』44, 인하대 한국학연구소.
高錫珪, 1985, 「16·17세기 貢納制 개혁의 방향」 『韓國史論』12, 서울대 국사학과.
權延雄, 1993, 「世祖代의 佛敎政策」 『震檀學報』75.
權仁赫, 1986, 「世宗代의 銅錢流通策」 『제주대논문집(인문편)』19, 제주대.
金甲周, 1976, 「朝鮮前期 寺院田을 中心으로 한 佛敎界 動向의 一考」 『東國史學』13.
金甲周, 1977, 「圓覺寺의 照剌赤에 대하여」 『曹佐鎬博士華甲紀念論叢』.
金甲周, 1992, 「朝鮮時代 寺院田의 性格」 『伽山李智冠스님華甲紀念論叢 韓國佛敎文化思想史』上.
김동진, 2009, 「조선초기 土產物 변동과 貢案改正의 추이」 『朝鮮時代史學報』50.
金斗鍾, 1960, 「近世 朝鮮의 醫療 制度의 變革과 醫療 保護 事業의 追憶」 『鄕土 서울』8.
金三守, 1965, 「'寶'의 前期的 資本 機能에 관한 宗敎社會學的 研究」 『亞細亞學報』1.
金煐泰, 1995, 「朝鮮前期의 度僧 및 赴役僧 문제」 『佛敎學報』32.
김용곤, 2002, 「世宗·世祖의 崇佛政策의 목적과 의미」 『崔承熙敎授停年紀念論文集 - 朝鮮의 政治와 社會 - 』.
김용태, 2011, 「조선전기 억불정책의 전개와 사원경제의 변화상」 『朝鮮時代史學報』58.
김정아, 2022, 「조선 명종대 왕실의 내원당 운용」 『조선전기 불교사 연구』, 한국교원대 출판문화원.

金鎭鳳, 1973, 「朝鮮初期의 貢物代納制」『史學研究』22.

金鎭鳳, 1975, 「朝鮮前期의 貢物防納에 대하여」『史學研究』26.

金澔, 1996, 「朝鮮前期 對民 醫療와 醫書 編纂」『國史館論叢』68.

김훈식, 1993, 「朝鮮初期 義倉制度 研究」, 서울대 국사학과 박사학위논문.

金熙俊, 2001, 「朝鮮前期 水陸齋의 設行」『湖西史學』30.

민순의, 2016, 「조선전기 도첩제도의 내용과 성격 -『경제육전』체제와『경국대전』 체제를 중심으로 -」『韓國思想史學』53.

민순의, 2017, 「조선전기 수륙재의 내용과 성격 - 薦度儀禮의 성격 및 無遮大會와 의 개념적 차별성을 중심으로 -」『불교문예연구』9, 동방문화대학원대 불 교문화예술연구소.

朴廣成, 1962, 「朝鮮 初期의 義倉制度에 對하여」『史叢』7.

朴道植, 1995, 「朝鮮前期 貢物防納」『慶熙史學』19.

박도식, 1998, 「16세기 국가 재정과 공납제 운영」『국사관논총』80.

박도식, 2020, 「조선전기 영동지역의 전세조공물」『江原史學』34, 강원사학회.

박세연, 2011, 「조선초기 世祖代 불교적 祥瑞의 정치적 의미」『사총』74, 고려대 역사연구소.

박영기, 1997, 「朝鮮 明宗朝 度僧·僧科制에 대한 考察」『彌天睦楨培博士華甲紀 念論叢』.

朴鍾進, 1986, 「高麗前期 義倉制度의 構造와 性格」『高麗史의 諸問題』.

박현순, 1997, 「16~17세기 貢納制 운영의 변화」『韓國史論』38, 서울대 국사학과.

배명애, 2006, 「조선전기의 승려통제책과 僧役」『역사와 세계』30.

변량근, 2022, 「조선초기 승려의 연화(緣化) 활동」『조선전기 불교사 연구』, 한국 교원대 출판문화원,

徐吉洙, 1981, 「高麗時代의 借貸關係 및 利子에 관한 研究」『國際大學 論文集』9.

蘇淳圭, 2013, 「『世宗實錄』地理志를 통해 본 朝鮮初 貢物 分定의 실제와 특성」 『韓國史研究』161.

蘇淳圭, 2022, 「16세기 貢納制 운영 변화의 구조적 원인과 배경」『大東文化研究』 117.

손성필, 2013, 「조선 중종대 불교정책의 전개와 성격」『韓國思想史學』44.

손성필, 2019, 「조선 태종·세종대 '혁거' 사원의 존립과 망폐 - 1406년과 1424년 승정체제(僧政體制) 개혁의 이해 방향과 관련하여 -」『韓國史研究』186.

손성필, 2019, 「寺刹의 혁거, 철훼, 망폐 - 조선 태종·세종대 승정체제 개혁에 대

한 오해 -」『震檀學報』132.

宋聖安, 2002, 「高麗後期 寺院手工業의 性格」『慶大史論』12·13합집.

宋洙煥, 1992, 「朝鮮前期의 寺院田 - 특히 王室關聯 寺院을 중심으로 -」『韓國史研究』79.

沈曉燮, 2003, 「朝鮮前期 忌晨齊의 設行과 儀禮」『佛敎學報』40.

沈曉燮, 2004, 「朝鮮前期 水陸齋의 設行과 儀禮」『東國史學』40.

양혜원, 2019, 「15세기 승과(僧科) 연구」『韓國思想史學』62.

양혜원, 2019, 「16세기 지방 불교 시설과 공간 질서의 변동 - 안동 읍지『영가지(永嘉誌)』분석을 중심으로 -」『사림』67, 수선사학회.

엄기표, 2014, 「高麗~朝鮮時代 梵字銘 기와의 제작과 미술사적 의의」『역사와 담론』71.

柳基貞, 2002, 「朝鮮前期 僧政의 整備와 運營」『靑藍史學』5.

柳承宙, 1982, 「鑛工業의 生産形態 - 金銀鑛工業을 中心으로 -」『韓國史論』11, 국사편찬위원회.

원유한, 2007, 「조선전기 화폐사의 역사적 성격」『문명연지』8-1, 한국문명학회.

유현재, 2009, 「조선 초기 화폐 유통의 과정과 그 성격」『朝鮮時代史學報』49.

이경희, 2015, 「朝鮮 明宗代의 佛敎中興과 虛應堂 普雨」『普照思想』44, 普照思想研究院.

李圭根, 1999, 「朝鮮時代 醫療機構와 醫官 - 中央醫療機構를 中心으로 -」『東方學志』104.

이기운, 2019, 「조선 초 국행수륙재를 통해본 밀교사상 연구」『원불교사상과 종교문화』81, 원광대 원불교사상연구원.

이병휴, 1994, 「조선전기 내불당기신재의 혁파논의와 그 추이」『九谷黃鍾東교수정년논총』.

李炳熙, 1988, 「高麗前期 寺院田의 分給과 經營」『韓國史論』18, 서울대 국사학과.

李炳熙, 1991, 「高麗中期 寺院의 助成과 經濟運營」『李元淳敎授停年紀念 歷史學論叢』.

李炳熙, 1992, 「高麗後期 寺院經濟의 研究」, 서울대 국사학과 박사학위논문.

李炳熙, 1997, 「朝鮮時期 寺刹의 數的 推移」『歷史敎育』61.

李炳熙, 1998, 「高麗時期 院의 造成과 機能」『靑藍史學』2.

이병희, 1999, 「高麗時期 伽藍構成과 佛敎信仰」『文化史學』11·12·13합집.

이병희, 2003, 「조준 - 조선국가 경제제도의 밑그림을 그린 현실주의적 경세가 -」『63인의 역사학자가 쓴 한국사 인물 열전』1, 한영우선생정년기념논총 간행위원회.

李炳熙, 2008, 「高麗時期 住持制 運營과 寺院經濟」『史學研究』90.

李炳熙, 2008, 「高麗時期 佛敎界의 布施活動」『禪文化研究』4.

이병희, 2009, 「高麗時期 佛敎界의 連結網」『사회적 네트워크와 공간』(이태진교수 정년논총).

李炳熙, 2009, 「高麗時期 國家의 寺院造營 財政支出」『歷史學研究』37.

이병희, 2013, 「高麗時期 寺院의 술 生産과 消費」『역사와 세계』44.

이병희, 2022, 「조선전기 불교사 연구동향과 과제」『조선전기 불교사 연구』, 한국교원대 출판문화원.

李逢春, 1991, 「朝鮮 成宗朝의 儒敎政治와 排佛政策」『佛敎學報』28.

李逢春, 1992, 「燕山朝의 排佛策과 그 推移의 성격」『佛敎學報』29.

李逢春, 1994, 「世祖朝의 興佛政策과 佛典諺解」『韓國佛敎史의 再照明』, 불교시대사.

이봉춘, 1997, 「중종대의 불교정책과 그 성격」『한국불교학』23.

李逢春, 2002, 「조선전기 崇佛主와 흥불사업」『佛敎學報』38.

李相佰, 1938, 1939, 「儒佛兩敎 交代의 機緣에 관한 一研究」『東洋思想研究』2, 3.

李相協, 1994, 「朝鮮前期 漢城府의 賑濟場에 대한 考察」『鄕土서울』54.

李相協, 1996, 「朝鮮時代 東·西活人署에 대한 考察」『鄕土서울』56.

이성임, 2009, 「16세기 지방 군현의 공물분정(貢物分定)과 수취 - 경상도 성주(星州)를 대상으로 -」『역사와 현실』72.

이성임, 2012, 「16세기 양반 사족의 공납제 참여 방식 - 이문건의『묵재일기』를 중심으로 -」『사학연구』105.

이승준, 2000, 「朝鮮初期 度牒制의 運營과 그 推移」『湖西史學』29.

李英華, 1993, 「朝鮮初期 佛敎儀禮의 性格」『淸溪史學』10.

李載昌, 1986, 「朝鮮朝 社會에 있어서의 佛敎敎團」『韓國史學』7.

이정신, 2007, 「고려시대 기와생산체제와 그 변화」『韓國史學報』29.

이지원, 1990, 「16·17세기 전반 貢物防納의 構造와 流通經濟的 性格」『李載龒博士還曆紀念 韓國史學論叢』.

林基形, 1967, 「朝鮮前期 救恤制度 研究」『歷史學研究』3.

林承禹, 2003, 「조선전기 사원노비의 혁거와 처지 변화」『靑藍史學』7.

林英正, 1992, 「高麗時代의 使役·工匠僧에 대하여」『伽山李智冠스님華甲紀念論叢 韓國佛敎文化思想史』上.

임호민, 2009, 「조선전기 수륙재 설행목적과 법규정비」『嶺東文化』10, 관동대.

장희흥, 2002, 「조선 명종대 환관 활동 - 내수사 운영과 사찰 관리 문제를 중심으로 -」『동국사학』38.

전상욱, 2022, 「16세기 강원도지역 공납제 운영」『江原史學』38.

전상운, 2000, 「세종 시대의 산업 기술」『세종문화사대계』2, 세종대왕기념사업회.

全暎俊, 2004, 「麗末鮮初 度牒制 運用과 僧徒의 性格」『白山學報』70.

全暎俊, 2004, 「麗末鮮初 國家 土木工事와 供役僧」『東國史學』40.

전영준, 2014, 「조선 전기 別瓦窯의 설치와 財政 運營」『藏書閣』31, 한국학중앙연구원.

정성일, 2004, 「朝鮮의 銅錢과 日本의 銀貨 - 貨幣의 流通을 통해 본 15〜17世紀 韓日關係 -」『韓日關係史研究』20.

정요근, 2020. 「고려〜조선 시대 院 시설 유적의 특성과 院 시설의 유형 분류」『사학연구』140.

趙圭煥, 1998, 「16세기 賑濟政策의 변화」『漢城史學』10.

진나라, 2004, 「조선전기 社長의 성격과 기능」『한국사상사학』22.

車文燮, 1969, 「朝鮮成宗朝의 王室佛敎와 役僧是非」『李弘稙博士回甲紀念 韓國史學論叢』.

최경환, 2021, 「세조대 刊經都監 설치와 佛書 간행」, 서울대 국사학과 박사학위논문.

최문환, 2011, 「조선시대 기와 유통 연구 - 가마의 위치와 운송을 중심으로 -」『사학지』42.

崔森燮, 1977, 「高麗時代 寺院財政의 研究」『白山學報』23.

최연식, 2016, 「고려시대 院館 사찰의 출현과 변천과정」『梨花史學研究』52.

崔永好, 2001, 「고려시대 사원수공업의 발전기반과 그 운영」『國史館論叢』95.

崔在京, 1975, 「朝鮮時代 院에 대하여」『嶺南史學』4, 영남대 사학회.

최재복, 2011, 「朝鮮初期 王室佛敎 研究」, 한국학중앙연구원 박사학위논문.

崔孝軾, 1997, 「朝鮮前期의 院 經營에 관한 考察」『竹堂李炫熙敎授華甲紀念 韓國史學論叢』, 東方圖書.

탁효정, 2016, 「조선초기 陵寢寺의 역사적 유래와 특징」『朝鮮時代史學報』77.

河宗睦, 2000, 「조선 초기 사원 경제 - 국가 및 왕실 관련 사원을 중심으로 -」『大丘史學』60.

韓基汶, 1997, 「高麗時代 寺院 住持制度」『佛敎史研究』1.

한상길, 2009, 「조선전기 수륙재 설행의 사회적 의미」『한국선학』23.

韓永愚, 1969, 「太宗·世宗朝의 對私田施策」『韓國史研究』3.

韓㳓劤, 1957, 「麗末鮮初의 佛敎政策」『서울大學校 論文集 - 人文社會科學 -』6.

韓㳓劤, 1964,「世宗朝에 있어서의 對佛敎施策」『震檀學報』25·26·27합집.
韓春順, 1999,「명종대 왕실의 불교정책」『인문학연구』4, 경희대 인문학연구소.
한춘순, 2013,「조선 명종대 불교정책과 그 성격」『韓國思想史學』44.
韓嬉淑, 1992,「朝鮮初期의 院主」『西巖趙恒來敎授華甲紀念 韓國史學論叢』, 亞
　　　細亞文化社.
한희숙, 2004,「조선전기 장례문화와 歸厚署」『朝鮮時代史學報』31.

菅野修一, 1994,「朝鮮朝初期における義倉制の開始 - 國家の賑恤政策と烟戶米
　　　法 -」『朝鮮學報』153.
宮原兎一, 1951,「朝鮮初期の銅錢について」『朝鮮學報』2.
深谷敏鐵, 1940,「科田法から職田法へ」『史學雜誌』51-9·10.
有井智德, 1976,「李朝初期における收租地としての寺社田」『朝鮮學報』81.
有井智德, 1979,「李朝初期における私的土地所有としての寺社田」『旗田巍古
　　　稀記念 朝鮮歷史論集』上.

찾 아 보 기

이병희李炳熙

서울 신정동 출생
서울대학교 사범대학 역사과 졸업
서울대학교 대학원 국사학과 석사·박사과정 졸업(문학박사)
목포대학교 사학과 교수 역임
현재 한국교원대학교 역사교육과 교수

〈저서 및 논문〉
『뿌리깊은 한국사 샘이 깊은 이야기3(고려편)』, 『高麗後期 寺院經濟 研究』, 『高麗時期 寺院經濟 研究』1·2, 『농사직설 역해』, 『고려시기 사냥꾼 楊水尺과 定住 社會』, 『高麗時期 生態環境 研究』, 『高麗時期 家門 研究』(공저), 『아틀라스 한국사』(공저), 『조선전기 불교사 연구』(공저), 「高麗時期 寺刹의 數的 推移」, 「조선전기 도자기 수공업의 편제와 운영」, 「高麗後期 農地開墾과 新生村」, 「고려 현종대 사상과 문화정책」, 「고려시기 벽란도의 '해양도시'적 성격」, 「조선전기 琉球國 농업의 이해」, 「고려 현종대 진휼정책과 권농정책」, 「조선시기 동물의 수적 변동과 그 의미」 외 다수

朝鮮前期 寺院經濟 研究

2023년 08월 15일 초판 인쇄
2023년 08월 22일 초판 발행

지 은 이   이병희
발 행 인   한정희
발 행 처   경인문화사
편 집 부   김지선 유지혜 박지현 한주연 이다빈
마 케 팅   전병관 하재일 유인순
출판신고   제406-1973-000003호
주   소   경기도 파주시 회동길 445-1 경인빌딩 B동 4층
대표전화   031-955-9300   팩   스 031-955-9310
홈페이지   http://www.kyunginp.co.kr
이 메 일   kyungin@kyunginp.co.kr

ISBN 978-89-499-6739-4 93910
값 28,000원